はしがき

密教の法身思想は，初期仏教まで遡る。その初期仏教の法身の意味は「教えの本体」「教えの集合体」を意味し，それは大乗仏教の般若経をはじめとする法身思想を通して，密教まで展開する。この法身思想の法とは，ブッダが弟子に汝は何者かと問われたら，「わたしは世尊の真子であり，口より生じたものであり，法より生じたものであり，法より化現したものであり，法の相続者である」と言うべし，と言われた師資相承句（筆者の仮の呼称）の「法」を指す。そこで，筆者は，この師資相承句の「法」を水先案内として，法および法身思想の展開を捉えれば，初期仏教から密教までの法身思想の展開を明らかにすることができると考えた。

まず，初期仏教の法と法身思想の概念を押さえるために，*Aggañña-suttanta* の師資相承句に着目した。すると，そこには，ブッダを法身と捉え如来と捉える記述があり，法身であるブッダが説法するという法身説法が説かれていた。ブッダが涅槃を迎え肉体が滅すると，ブッダの心（むね）に在った悟りの教えが宇宙に遍満すると考えられるようになる。その思想は，宇宙に遍満する身密・語密・心密として華厳経「十地品」に展開し，密教では『五秘密儀軌』に灌頂儀式の師資相承の法財として継承される。

法の真言化については，初期仏教の真実 sacca が般若経に真実語 satya-vacana として継承され，さらには，この真実語が般若波羅蜜多の明呪 vidyā へと展開し，それが密教の真言 mantra へと展開する。また，般若経や華厳経所説の四十二字門の阿字本不生が『大日経』の三十四字門に受容されると，「阿字・法身」として展開し，阿字一字の中に法身の教えが内包される。ここに法身の真言化が認められる。

さらに，釈迦牟尼如来は，華厳経になると法身・毘盧遮那如来として登場する。この釈迦牟尼から毘盧遮那へと展開する思想は，その思想的展開の跡を『理趣経』に留め，『理趣経』の10種の類本は釈迦牟尼世尊が大毘盧遮那へと展開する過程を鮮明に示す。

シッダールタ太子と一切義成就菩薩の釈迦の幼名は，金剛頂経系の仏伝では，一切義成就菩薩として登場する。そして，一切義成就菩薩は，密教の五相成身観によって悟りを得た受用身の毘盧遮那となり，法身毘盧遮那は受用身の心に住する大毘盧遮那の智となって展開する。

また，毘盧遮那の仏伝は，華厳経「入法界品」や，『初会金剛頂経』の注釈類に詳しく記され，菩薩形の毘盧遮那の記述も表れる。この菩薩形の毘盧遮那の出現は，従来の研究ではその思想の歴史的背景が不明であるとされてきたものである。さらに興味深いのは，この諸仏の心に内包される法身思想が，すでに『八千頌般若経』の法身思想に見られることである。そこでは，如来は法身であるとされた上で，複数形の法身が示され，一切如来の各々に法身が内包され，その法身は三千大千世界に遍満するとされる。この思想は，密教の法身毘盧遮那如来から生み出された曼荼羅諸尊を四種法身と捉える思想や，法曼荼羅へと展開する。

これらの点を視野に入れ，初期仏教から密教までの法身思想を眺めると，思想的立場は異なるものの，その根幹を貫く「教えの本体」「教えの集合体」という法身思想は，連綿と初期仏教から密教まで展開していることを知る。

したがって，密教の法身思想は，今後は初期仏教に立ち返り，法身の真の意味を尋ねなければならなくなった。

最後に一言付け加えなければならないのは，本書と密接に関連する重要な法身思想の先行研究を多く見落としている点である。それは，初期仏教の法身思想が大乗仏教にも展開したとする研究が最近始まったばかりであり，それに立脚したため，それ以前の研究成果を一々検証し引用できなかったためである。それらについては，今後の研究でカバーしていかねばならないと考えている。

＊　＊　＊

今は亡き恩師・酒井真典博士には，公私にわたってご薫陶，ご指導をいただいた。先生について『大日経』の研究に入ったのは，入学当時からご指導をいただいた松長有慶博士のお勧めであった。学部で卒業論文のテーマに『大日経』の菩提心を選んだとき，松長先生から，『大日経』の研究を将来も続けるのであれば，酒井先生にご指導を仰ぐようにと勧められたからである。

筆者が助教授の頃，『酒井真典著作集』全4巻の出版企画が持ち上がり，幸いにも編集の仕事を任された。先生の，特にチベット関係の諸論文と原典資料との照合を通じて，長年研究されてきた先生の学識の一端に触れ，大変啓蒙され，知識が広がった。編集期間も筆者の都合から7年という年月を要したが，その間，先生のご自坊を訪ねるたびに，温かいご教導をいただき，当時が懐かしく思い出されてしかたがない。

また，僧侶としては，高室院の斎藤興隆前官の室に入り，出家・得度・加行等を寺内で指導し伝授していただき，わが子のように接していただいた。

このたび本書を刊行するにあたり，その慶びを両師のご霊前に報告し，積年のご恩に報いたいと思う。

博士論文の作成に当たっては，高木訷元博士の温かいご高配を頂戴し，身に余るご指導とご鞭撻をいただいた。また，当時大学院研究科長の席にあった生井智紹博士には主査として温かい励ましとご助言をいただき，博士の助言等がなければ，論文の完成も危ういものがあった。また学友の藤村隆淳博士，谷川泰教博士にも有益な助言をいただき，その他多くの方々からも身に余る学恩をいただいて，平成14年に『法身思想の展開と密教』により，高野山大学から博士（密教学）の論文博士（乙）第1号を取得することができた。これも偏に恩師，畏友の方々の学恩の賜と，衷心より感謝の誠を捧げる次第である。

出版に当たっては，法藏館の西村明高社長，編集部の戸城三千代編集長と津曲真一氏には温かいお励ましをいただいた。校正等に当たっては，高野山大学大学院生の谷口真梁君と徳重弘志君の手助けを得た。

思えば，多くの方々の励ましと助力の結集がなければ，とうてい本書は世に出ることがなかったであろう。関係の皆様に衷心より感謝申し上げる次第である。

平成21年3月吉日

摩竭庵にて

越智淳仁　識

凡　例

1．漢訳については，『大正新脩大蔵経』の頁数等をつぎのように記載する。

例　大正18，No. 848，p. 3a は，『大正新脩大蔵経』第18巻，No. 848，3頁上段（b は中段，c は下段）を示す。また，大正 2，No. 99（五〇一）の（　）内は経典番号を示す。

2．チベット訳については，原則としてデルゲ版を使用し，目録番号は東北目録（宇井伯寿等編纂『西蔵大蔵経総目録総索引』，名著出版，昭和45年）による。また，北京版は，『影印北京版・西蔵大蔵経総目録・索引』(財)鈴木学術財団，昭和37年）による。

例　東北 No. 494，tha 帙，fol. $5a^3$ は，『西蔵大蔵経目録』No. 494，tha 帙，5葉の表3行目。

北京 No. 126，fol. $10b^5$ は，『影印北京版・西蔵大蔵経』No. 126，10葉の裏5行目。

3．テキストのタイトルはイタリックで示した。またサンスクリット本については，所用テキストと No. とページ数をつぎのように示した。

例　*Anupadasutta*（*MN.*, vol. Ⅲ，p. 29）は，Anupadasutta, Pāli Text Society, Majjhima Nikāya, ed. by Robert Chalmers, London, 1899, 第Ⅲ巻，29頁。

Aṣṭasāhasrikāprajñāpāramitāsūtra, Vaidya, No. 4, p. 253^{21} は，Buddhist Sanskrit Texts 第 4 巻，Aṣṭasāhasrikāprajñāpāramitāsūtra ed. by Dr. P. L. Vaidya, The Mithil Institute, 1960，253頁の21行目。

4．カッコ類については，『　』は経典論書等の書物，「　」引用経文等，〔　〕は補訳，（　）は意味および言い換え語などを示す。

法身思想の展開と密教儀礼 ―――――――――――――――― 目　次

はしがき
凡　例

序　章　法身思想の研究方法と法の概念規定……3
第１節　問題意識と法の概念規定……3
１．法身研究の水先案内役としての師資相承句……3
２．師資相承句の「法」の概念規定……3
第２節　初期仏教における法の記述……5
１．法を示す６つの特色……5
２．現世利益と神通……7

第１章　初期仏教における師資相承句と法身思想……13
第１節　*Aggañña-suttanta* と師資相承句の成立……13
１．バラモンの慣用句とブッダの師資相承句……14
２．真子と心より生じた子の意味……16
３．法の相続者の意味……16
第２節　初期仏教における師資相承句……17
１．師資相承句の変遷……17
２．師資相承句の意味……18

第２章　般若経の師資相承句と法身思想……25
第１節　般若経類本における師資相承句……25
１．般若経の師資相承句……25
２．『大智度論』の師資相承句……26
第２節　不来不去の定型句と真言……27
１．真言の不来不去……29
２．真言の住処……30
３．『大日経』の法身の真言化……32
第３節　仏出世不出世の定型句……34

1．初期仏教の仏出世不出世……34
2．般若経から華厳経への仏出世不出世の定型句……35
第4節　四十二字門と五十字門……37
1．般若経と『大日経』の字門……39
2．四十二字門と五十字門の五大の種子……40
3．『大日経』の三十四字門の特色……45

第3章　般若経の仏身説と法身思想……55

第1節　般若経の仏身説……55
1．Aグループの二身説……58
2．Bグループの二身説から三身説へ……62
3．Cグループのその他の仏身説……64
i）二身説　64　ii）六身説　65　iii）十身説　66
第2節　『大智度論』の二身説と法身思想……67
1．『大智度論』の「法身仏常放光明常説法」……67
2．『大智度論』に見る法身・報身・化身……68
i）『大智度論』の二身説(A)　72　ii）『大智度論』の二身説(B)　74
iii）『大智度論』の二身説(C)　75　iv）『大智度論』の化仏思想　77
第3節　『金剛般若論』の言説法身と証得法身……81

第4章　法華経の師資相承句と法身思想……97

第1節　『妙法蓮華経』「譬喩品第三」の師資相承句……97
第2節　「長者窮子」に見られる師資相承句……99
第3節　法華経の法身思想……102
1．法身と大智……102
2．法身と舎利……104
第4節　多宝塔如来の全身舎利と如来の全身……106
1．如来の全身と如来の分身……106
2．「見宝塔品」の如来の全身と如来の分身……108
3．加持と神力……112

第５章　華厳経の師資相承句と法身思想……………………………… 123

第１節　華厳経の師資相承句…………………………………………… 123

第２節　華厳経の毘盧遮那 ……………………………………………… 133

１.「如来名号品」の毘盧遮那……………………………………… 133

２. 毘盧遮那の兜率天からの下生 ………………………………… 136

第３節　一切義成就菩薩とシッダールタ …………………………… 138

１.「入法界品」の仏伝……………………………………………… 138

２. 華厳経と密教の仏伝 ……………………………………………… 142

第４節 毘盧遮那の三密の働き ………………………………………… 143

１. 法身と如来の身・智・音 ………………………………………… 143

２. 説法と法鼓 ………………………………………………………… 147

３. 師子奮迅三昧 ……………………………………………………… 148

第６章　華厳経の法身思想………………………………………………… 161

第１節　śarīra, ātma-bhāva, kāya ………………………………… 161

１. 十波羅蜜と10種の如来の清浄法身 …………………………… 162

２. 清浄法身と清浄色身 ……………………………………………… 167

第２節　清浄法身と無礙…………………………………………………… 169

１. 菩薩の清浄法身と如来の清浄色身 …………………………… 169

２. 法身・智身・誓願身・色身 ……………………………………… 171

第３節　華厳経の神変加持 ……………………………………………… 174

１. 華厳経以前の加持 ………………………………………………… 174

２.『大日経』の神変加持……………………………………………… 177

第４節　華厳経の神変と加持のメカニズム…………………………… 179

１. 仏の神変と加持 …………………………………………………… 179

２. 菩薩の神変と加持 ………………………………………………… 183

第５節　心の浄化から肉身の浄化へ…………………………………… 185

第７章　涅槃経の師資相承句と法身思想……193

第１節　第１類の涅槃経……193

1．法身と穢食身……193

2．常楽我浄……195

第２節　第２類の涅槃経の法身思想……197

1．生身と法身と方便身……197

2．清浄法身と清浄妙法身……199

3．法身と月輪……201

第３節　『勝鬘経』の師資相承句と法身思想……201

第８章　『楞伽経』の師資相承句と法身思想……211

第１節　『楞伽経』の師資相承句……211

第２節　『楞伽経』の法身思想……214

1．如来の法身……214

2．意生身と意生法身……214

第３節　『楞伽経』の教えの集合体……216

1．『入楞伽経』「法身品」の法身思想……216

2．成道の地・色究竟天……218

第４節　『楞伽経』の四身説……220

第５節　『楞伽経』の法性仏と等流仏……222

1．ジュニャーナシュリーバドラとジュニャーナヴァジュラの解釈……222

2．法性仏と等流仏のジュニャーナシュリーバドラの解釈……223

3．法性仏と等流仏のジュニャーナヴァジュラの解釈……224

4．法性仏としての毘盧遮那と大毘盧遮那……225

5．等流と変化の両者の解釈……226

第６節　ジュニャーナヴァジュラの論駁……228

第９章　唯識・如来蔵系経論の師資相承句と法身思想……………………243

第１節　『現観荘厳論』の四身説……………………………………………………243

第２節　『現観荘厳論』の注釈類における三身説と四身説……………………247

1．『二万五千頌般若経』と関連するもの……………………………………248

2．『八千頌般若経』と関連するもの…………………………………………249

3．『十万頌』，『二万五千頌』，『一万八千頌』の各般若経と関連するもの ……249

4．般若経と関連せず『現観荘厳論』を注釈するもの ………………………250

第３節　各節の検討 ……………………………………………………………………252

1．三身説の意味するもの ……………………………………………………………252

2．四種身の意味するもの ……………………………………………………………256

3．般若経と関連しない立場の見解 …………………………………………………260

第10章　密教の師資相承句……………………………………………………………271

第１節　『大日経』の師資相承句……………………………………………………271

1．大日経系の師資相承句 ……………………………………………………………271

2．灌頂の儀式と師資相承句 …………………………………………………………273

第２節　金剛頂経系の師資相承句 …………………………………………………279

第３節　陀羅尼経系の師資相承句 …………………………………………………280

第４節　密教経典に見られる三昧耶戒 ……………………………………………281

1．師資相承句と戒………………………………………………………………………281

2．『大日経』「具縁品」所説の三昧耶戒…………………………………………282

3．『大日経』「受方便学処品」所説の三昧耶戒…………………………………284

第５節　『金剛頂瑜伽中略出念誦経』所説の三昧耶戒 …………………………285

第６節　華厳経所説の三昧耶戒の原形　 ……………………………………………286

第７節　密教菩薩道の理念……………………………………………………………290

1．三昧耶戒の戒相………………………………………………………………………290

2．『不空三蔵表制集』の師資相承句…………………………………………………291

第11章 密教の法身思想……297

第1節 密教の阿字と法身……297
第2節 密教の仏身思想……299
1．二身説……299
2．三身説……300
3．四身説……302
i）『大日経』「住心品」所説の本地法身 302
ii）『大日経』「具縁品」所説の本地法身 304
4．五身説……308
5．二身説から五身説へ……312
第3節 ブッダグフヤの仏身説……312
1．ブッダグフヤの四身説……312
i）法 身 313 ii）現等覚身 313 iii）受用身 314
iv）変化身 315 v）大悲胎蔵生曼荼羅の構成上における四身の位置 315

第12章 金剛頂経系の法身思想……323

第1節 『聖位経』の四身説と報身と受用身……323
1．『聖位経』の四種法身……324
2．受用身と報身……326
第2節 シャーキャミトラとアーナンダガルバとプトンの解釈……330
1．プトンの『瑜伽タントラの海に入る筏』の諸説……330
i）シャーキャミトラの解釈 330 ii）アーナンダガルバの解釈 331
iii）プトンの解釈 331
2．自受用身と他受用身……333
3．チベット資料に散見される四種身中の報身と受用身……338
第3節 法身と大毘盧遮那……341
1．パドマヴァジュラの法身が教師であるという説……343
2．他説Ⅰ……346
3．他説Ⅱ……347
4．他説Ⅲ……350

第４節　各説の検討 ………………………………………………………… 352
１．アーナンダガルバの解釈 ……………………………………… 352
２．シャーキャミトラの解釈 ……………………………………… 353
第５節　四身の特色 ………………………………………………………… 355

第13章　密教の五相成身観 ………………………………………………… 363

第１節　五相成身観 ………………………………………………………… 363
１．心の行境 …………………………………………………………… 363
２．五相成身観の名称 ……………………………………………… 364
３．五相成身観の資料 ……………………………………………… 365
第２節　五相成身観の７種の解釈 ……………………………………… 367
１．シャーキャミトラの解釈 ……………………………………… 367
２．ブッダグフヤの解釈 …………………………………………… 368
３．アーナンダガルバの解釈 ……………………………………… 368
４．パドマヴァジュラの第１説 …………………………………… 369
５．パドマヴァジュラの第２説 …………………………………… 370
６．パドマヴァジュラの他説Ⅰ …………………………………… 371
７．パドマヴァジュラの他説Ⅱ …………………………………… 371
第３節　梵文『初会金剛頂経』における五相成身観の実践 ………… 372
１．第一通達本心 ……………………………………………………… 373
２．第二修菩提心 ……………………………………………………… 374
３．第三成金剛心 ……………………………………………………… 375
４．第四証金剛身 ……………………………………………………… 375
５．第五仏身円満 ……………………………………………………… 376
i）加持現証　377　　ii）金剛界如来の成道　377
iii）宝灌頂　378　　iv）金剛界如来の会座　379
第４節　*Vajraśekharatantra* の心の観察と真言 ……………………… 379
第５節　*Vajraśekharatantra* 所説の五相成身観 ……………………… 381
１．第一通達本心 ……………………………………………………… 381
２．第二修菩提心 ……………………………………………………… 381
３．第三成金剛心 ……………………………………………………… 382

法身思想の展開と密教儀礼

序　章　法身思想の研究方法と法の概念規定

第1節　問題意識と法の概念規定

1．法身研究の水先案内役としての師資相承句

不空三蔵は臨終に際して，死後の自らの遺産の分配や葬儀，墓標等について細かく指示したのち，「汝等諸子は是れ仏口より生じ，法より化生し，仏の法分を得たり。」という「師資相承句」を述べ(1)，弟子たちに，わが教えと灌頂を相伝していくようにと遺言した。この阿闍梨である不空三蔵が弟子を灌頂するとき唱えた師資相承句は，すでに不空自身が訳した『五秘密儀軌』に「其の人一切如来の心より生じ，仏口より生じ，仏法より生じ，法より化生し，仏の法財を得。法財とは謂く三密の菩提心の教法なり。」として相承されていたものである(2)。

この師資相承句を初期仏教の原形までたどっていくうちに，この定型句の「法」が「法身」と深く関連していることが判明した。そこで，この師資相承の定型句を水先案内として，初期仏教から大乗仏教の密教まで，諸経典，諸論書等における法身思想の展開をたどることが可能であることに着目した。

2．師資相承句の「法」の概念規定

まず最初に，筆者が本論の共通の場を得るために行っておかねばならないことは，この師資相承句の「法」の概念規定である。

従来，仏教における法 dharma の概念を明確にしようとする試みは多くの学者によってなされてきた(3)。その煩雑で多義を有する法概念の中で，師資相承句の「法」と「法身」との関係を見ると，その概念規定は，かなり明確に絞り込まれる。

まさにそれは，水野弘元博士の「法の四特質」(4)の概念規定に当たる。その

「法の四特質」とは，「教法」（ブッダの説かれた教え）と，「真理」（縁起の理法）と，「徳」（宗教的・倫理的善）と，「無我性のもの」（現象的なもの）の4項目である。それを師資相承句の「法」と「法身」に当てはめて考えると，その概念がつぎのように浮かび上がってくる。

初期仏教から密教に至る法身の「法」の定義とは，「菩提樹下で悟りを得た縁起の真理（理法）」と，「その悟りの境地を説示する教えの言葉（教法）」と，「ブッダの絶対善としての威光（功徳）」と，その無我性を悟って初めて完成する「初期仏教の人無我と，大乗仏教の人法二無我および無自性空」の四義にまとめることができる。当然それらは，相互に関連し合うものであり，「教えの本体（悟りの理法）」「教えの集合体（言葉の教法）」に集約できるものであるとともに，瞑想からかけ離れたものではない。

ブッダの悟った真理は，縁起の理であり，その悟りは心(むね) hadaya（hṛdaya）に存すると初期仏教から考えられてきた[5]。この心にある悟りの法が，教えの本体であり，それが口から発せられるとき，教えの言葉となる。この悟りの住まいを心とする思想は，密教の法身である月輪を心(むね) hṛdaya に置く瞑想へと展開する。また，法身としての教えの言葉（集合体）は，般若経や華厳経の四十二字門の阿字本不生に集約されて密教の「阿字・法身毘盧遮那」へと展開し，法（種字）曼荼羅として結実する。

また，他方，ブッダの法身の威光は，大乗仏教になると菩薩の清浄法身（朔日から14日までの月の功徳）と如来の清浄法身（満月の功徳）に喩えられ，密教の月輪観まで展開する[6]。

この法身の法とその悟りについて，玉城康四郎博士は，法の目覚めとして，つぎのように言う[7]。

> 仏教の根本義が，人間存在の迷妄から目覚める点にあることはいうまでもない。もし，法の意味が，そのきわめて多義的ななかで，この目覚めるということにかかわっているものがあるとすれば，それこそ法のもっとも根源的な意味であることは論を待たないであろう。

この「目覚め」を密教の視点から捉えれば，初期仏教からの法身である「教えの本体」を「法曼荼羅」や「阿字・法身」に昇華し，それを「印・真言・三摩地」の三密で瑜伽することにより，常に法の目覚めが得られるとする密教の悟りに当たり，真言化した法身を唱え瞑想することで，如来の姿を実際に見，教えの言葉を実際に聞き，如来の思いを感じることができる(8)。それには，師を通じて如来と弟子を繋ぐ師資相承の「わたしは，世尊の真子であり，口より生じたものであり，法より生じたものであり，法より化現したものであり，法の相続者である。」という定型句を密教の灌頂で受け，修行で悟りの根源である法身と積極的に瑜伽する必要がある。

第2節　初期仏教における法の記述

1．法を示す6つの特色

初期仏教の法を具体的に示す記述は，つぎのような6つが考えられる。この六義の中には，上記の四義を悉く含んでいる。

第1は，ブッダが悟った「法」の記述。第2は，肉身のブッダを指していう「法身」の記述。第3は，師資相承句に説かれる「法」の記述。第4は，「法と律」とを汝の師とすべしと説いた「法」の記述。第5は，肉身は滅したが法身は存在するとされた「法身」の記述。第6は，法から生まれたものへの無我性を説く「不来不去」や，「仏出世不出世」の比喩である。

第1の，ブッダが悟った法の記述とは，ブッダが菩提樹下で瞑想に入り，縁起の理法を修して悟りを得たのちも座を立たず7日間瞑想に入り，同じ日の初夜・中夜・後夜の三時に3つの偈が唱えられた(9)。その後夜の偈に，悟りを得て智恵の光で虚空を照らすブッダを「あたかも太陽が虚空を照らしているように，彼（ブッダ）は魔軍を粉砕しながら住している」(10)と表現し，この悟りの法をつぎのようにいう。

> 世尊が悟りを開いてまもなく尼蓮禅河のほとりのアジャパーラ榕樹のもとで瞑想に耽っていたとき，ブッダの心に「わたしが自身で悟ったのはまさにこの「法」である。まさにこの「法」を尊敬し，敬い，依止するように

しよう。yaṃ nūnāhaṃ yevāyaṃ dhammo mayā abhisambuddho tam eva dhammaṃ sakkatvā garukatvā upanissāya vihareyyan ti」との思いが浮かんだ(11)。

まさに，このブッダが悟った「法」こそが，説法の根本にある悟りの真理を表す「法身」であり，中国仏教で呼ぶ「理法身」に当たる。

この縁起の理法を悟ったとき，「わたしに，眼が生じ，智恵が生じ，般若が生じ，明が生じ，光明が生じた。me …… cakkhum udapādi ñāṇam udapādi paññā udapādi vijjā udapādi āloko udapādi」(12)とされるものは，まさに後に「智法身」と呼ばれる仏格の智の内容である。

第2の，肉身のブッダを指していう「法身」の記述とは，悟りを開いた肉身のブッダを「法身」と呼ぶ表現である。この法身には，縁起を悟った真理の側面とその悟りから発せられる説法の教えと功徳とがブッダの肉身（生身）に宿っている。だから，*Aggañña-suttanta* が，人々がパセーナディ王を尊敬するように，王がブッダを尊敬するのは，ブッダの姿や形ではなく，ブッダの内面の法身に対して行われるのであるとする(13)のである。

第3の，師資相承句に説かれる「法」とは，ブッダの心 hadaya にある悟りから口を介して発せられる説法の「法（教え）」を意味する。この「法」は，大乗仏教ではしばしば「法身」と言い換えられるものであり，説法の教えの言葉を示している。

第4の，「法と律」とを汝の師とすべしと説いた「法」とは，ブッダがヴェーサリーで病に臥せっていたとき，アーナンダに，自分の亡きあとは「法を灯明とし，法をよりどころとせよ」(14)と説かれた「法」と，クシナガラで悲しむアーナンダを諭して，悲しむことはない，愛するものとはいつかは別れねばならぬ。「アーナンダよ，わが亡きあとは，わが説き教えた法と律とが汝らの師である」(15)と説かれた「法」が，初期仏教の「教えの集合体」としての「法身」である。

さらに，この「法身」を「教えの集合体」と示す用例は，「五分法身」の「戒・定・恵・解脱・解脱智見」の5つの教法を法身に摂して捉える(16)ものや，

『仏垂般涅槃略説教誡経』(『仏遺教経』)の「今より已後，我が諸の弟子が展転してこれを行ずれば，則ちこれ如来の法身は常に在して滅せざるなり」(17)と示されたものである。

第5の，肉身は滅したが法身は存在するとされた「法身」とは，『増一阿含経』巻第四十四の「我が釈迦文仏の寿命は極て長し。所以いかん，肉身は滅度を取ると雖ども法身は存在す」(18)とされた経文による。これは，ブッダの涅槃後，荼毘に付されて肉体が滅したとき，ブッダの法身が永遠に存在すると信じられた思想で，第4の記述のブッダ亡きあとの師とすべき「法と律」がまさに「法身」であると呼ばれたものである。

第6の，法から生まれたものへの無我性の「不来不去」と「仏出世不出世」の比喩とは，『八千頌般若経』の「不来不去」(19)や，*Aṅguttara-Nikāya*をはじめとする「如来が世に出ても，あるいはいまだ出なくても，この法界は常住」(20)であり，その「諸法は一相なり。所謂る無相なり。是の如く無相にして既に有相にあらず，また無相にもあらず。」(21)の「無我性」を観想する記述である。

以上の6つの記述から，初期仏教の「法身」の意味が，上記に見たように，「縁起の真理（理法)」と，「教えの言葉（教法)」と，「絶対善としての威光（功徳)」と，「無我性」の四義を摂したものであることが知られる。

2．現世利益と神通

初期仏教における世尊の現世利益や神通力については，未曾有経系をはじめ，様々な経典に多く記される。その中で，いくつかの興味深い記述を取り上げ，その一端をかいま見てみたい。

「光明」については，『雑阿含経』の*Candima*に，羅睺羅阿修羅Rāhu-asuriṇḍaが災いし，月蝕という恐怖を与えるので，世尊に月天子たちが加護を求める話がある。これは，世尊の命を受けた毘盧遮那Verocana（skt. Virocana）が，闇を破壊する光明を放って虚空を照らし，兎を救って羅睺羅を退散させる話である(22)。

ここでは，ブッダと毘盧遮那 Verocana との関係が説かれていないが，すでに見た「あたかも太陽が虚空を照らしているように，彼（ブッダ）は魔軍を粉砕しながら住している。」[23]の記述などから，のちの華厳経や密教が，太陽に喩える毘盧遮那 Vairocana を「法身」と捉える先駆思想の一資料として興味深い。

『増一阿含経』巻第四十六では，世尊の神通力によって，「僂者伸を得，盲者眼目を得，冥者明を見るを得る如く，沙門瞿曇も亦復是の如く無数の方便を我に与へ法を説く」[24]とされる現世利益が説かれる。

『雑阿含経』巻第二十三では，同じく，世尊が，王舎城迦蘭陀竹林に住されていたとき，大勢の比丘僧と一緒に朝早く托鉢に出かけた。城門の境界地を足で踏むと，たちまち六種神変の奇瑞が起こり，その世尊の威神力で身体障害者の諸々の障害が回復し，普通の人と同じく見聞きし，話すことができるようになったと記す[25]。

このように，初期仏教経典から大乗経典[26]や密教経典に至るまで，教化の方便として，様々な神通力や現世利益の奇瑞が説かれることになる。

その神通力による弟子への教化の１つが，つぎのように説かれている。世尊が王舎城の迦蘭陀竹林におられ，大目連が王舎城の耆闍崛山中で修行していたときのことである。目連が「無覚無観」の三昧に入ろうとして心を集中させるが，どうしても集中できない。その目連の心を知ったブッダは，竹園精舎から姿を消し，耆闍崛山中の目連の目の前に姿を顕して導くという話である[27]。彼は，第二禅に引き続き，第三禅の瞑想においても，同様の方法でブッダの教えを受けたという。その結果，彼はブッダの真の弟子であるとして，師資相承のつぎの定型句を唱える[28]。

> 我れ即ち復た有覚有観息み内は浄一心となりて，無覚無観三昧の喜楽を生じ，第三禅に住したり。若し正く仏子にして，仏口より生じ，法より化生し，仏の法分を得ると説くものあらば，則ち我が身が是れなり。所以いかん。我れは是れ仏子なり。仏口より生じ，法より化生し，仏の法分を得たり。少方便を以って禅により解脱を得て，三昧を正受す。譬えば転輪聖王

の長太子の如く，未だ灌頂せずと雖も已に王法を得て，勤方便せざるに能く五欲の功徳を得たり。我も亦た是の如く，仏の子と為って，勤方便せざるに，禅による解脱を得て三昧を正受せり。一日の中，世尊は神通力を以って，三たび我が所に至たり，三たび我に教授せり。

このように，ブッダの現実的な現世利益や神通力が，一般衆生や弟子たちに加えられ，衆生は摩訶不思議な力で不治の病を克服し，その教えによって悟りの境地を究めた弟子は師資相承の句を高らかに謳いあげるのである。

註

（1）「師資相承句」の名称は，筆者が便宜的に付けたものである。唐圓照集『不空三蔵表制集』「三蔵和上遺書一首」（大正52，No. 2120，p. 845a）。

（2）『五秘密儀軌』，正しくは『金剛頂瑜伽金剛薩埵五秘密修行念誦儀軌』（大正20，No. 1125，p. 535c）。拙稿「『五秘密儀軌』の法の定型句」（小野塚幾澄博士古希記念論文集『空海の思想と文化(上)』，ノンブル社，2004年，pp. 407-425）。ここでは，師資相承句を「法の定型句」として扱った。

（3）主に金倉博士と平川博士との仏教の法の解釈について，その研究史を扱ったものに，小谷信千代「仏教における「法」解釈の変遷―ブッダゴーサからプトンへ」（『大谷大学研究年報』第41集，1989年）がある。同「釈尊はなぜ「法」を採用したか」（『仏教学セミナー』第58号，1993年）参照。

（4）『法集論注』（水野弘元『仏教要語の基礎知識』，春秋社，1972年，pp. 99-103）参照。

（5）*DN.*, XXVIII., II. *Aggañña-sutta-vaṇṇanā*, p. 865.

（6）『テーラガーター』五四六，一二五二（『南伝大蔵経』大正新脩大蔵経刊行会）。『勝天王般若波羅蜜経』（大正８，No. 231，p. 696c）や『四十華厳』（大正10，No. 293，p. 808a），『大日経』「世間成就品第五」（大正18，No. 848，p. 17b）や同巻第七，p. 52a 等の月輪に阿字を現ずる点や，『初会金剛頂経』「金剛界品」の五相成身観等を指す。

（7）玉城康四郎「仏教における法の根源態」（平川彰博士還暦記念論集『仏教における法の研究』，春秋社，1977年，p. 46）。

（8）薄伽梵は即ち毘盧遮那の本地法身なり。……而も〔心王毘盧遮那は，その〕自在神力を以て，一切衆生をして，身密の色を見，語密の声を聞き，意密の法を悟らしむ。（『大日経疏』巻第一，大正39，No. 1796，p. 580a）。

（9）*Vinaya*, vol. I, I.1, p.1. *Mahāvagga*.

(10) *Vinaya,* vol. I, I. 6, p. 2. *Mahāvagga*「yadā have pātubhavanti dhammā ātāpino jhāyato brāhmaṇassa vidhūpayaṃ tiṭṭhati Māra-senaṃ suriyo 'va obhāsayam antalikkhan ti //7//」（註(7)前掲，玉城「仏教における法の根源態」，p. 58），中村元『ゴータマ・ブッダ（Ｉ）』（中村元選集［決定版］第11巻，春秋社，2001年，p. 398），玉城康四郎「般若波羅蜜多の究明」（真野龍海博士頌寿記念論文集『般若波羅蜜多思想論集』，山喜房佛書林，1992年，p. 68）。

(11) *SN.,* Ⅵ, 1, 2. vol. I, pp. 138-140. 註(10)前掲，中村『ゴータマ・ブッダ（Ｉ）』（pp. 419-420）参照。

(12)「nirodho nirodho ti kho me bhikkhave pubbe ananussutesu dhammesu cakkhum udapādi ñāṇam udapādi paññā udapādi vijjā udapādi āloko udapādi // //」（*SN.,* XⅡ, 65. 18. vol. Ⅱ, p. 105）.『雑阿含経』巻第十二（二八七 *Nagara*）（大正２，No. 99, p. 80b），『増一阿含経』巻第三十一（大正２，No. 125，p. 718a）には該当文なし。*SN.,* vol. Ⅱ, p. 7, p. 9 etc. には，過去七仏が目覚めるときに，この句が述べられたことが，玉城康四郎「法華仏教における仏陀観の問題―原始経典から『法華経』へ」（渡辺宝陽編『法華仏教の仏陀論と衆生論』，平楽寺書店，第２刷，1990年，p. 6）に挙げられている。

(13) *Aggañña-suttanta* に，パセーナディー王がブッダを讃えて言う言葉の中に，この趣旨が語られる（註(12)前掲，玉城「法華仏教における仏陀観の問題」，p. 38参照）。

(14)「Ānanda atta-dīpā viharatha atta-saraṇā anañña-saraṇā, dhamma-dīpā dhamma-saraṇā anañña-saraṇā」（*DN.,* vol. Ⅱ, p. 100），平川彰『初期大乗仏教の研究』（春秋社，1968年，pp. 790-791）参照。

(15)「yo vo Ānanda mayā dhammo ca vinayo ca desito paññatto, so vo mam' accayena satthā」（*DN.,* vol. Ⅱ, p. 154）.

(16) この用例は，初期仏教においては，*Anupada-sutta*（*MN.* vol. Ⅲ, p. 29），『増一阿含経』巻第二十九（大正２，No. 125，p. 711c）をはじめ，同 p. 712c，同 p. 772c，大正４，No. 202，p. 351a などにある。註(4)前掲，水野『仏教要語の基礎知識』（p. 67）も参照。

(17) 大正12，No. 389，p. 1112b.

(18) 大正２，No. 125，p. 787b.

(19) Vaidya，No. 4，p. 253[21]. 大正８，No. 228，p. 674a.

(20) *Aṅguttara-Nikāya* I, p. 266,『雑阿含経』巻第三十（大正２，No. 99，p. 217c），同巻第十二「彼の如来が出世するも及び未だ出世せざるも，法界は常住なり」（p. 85b）。

(21)『大般若波羅蜜多経』（大正６，No. 220，p. 908b）.

(22) 大正２，No. 99（五八三），p. 155a. *SN.,* Ⅱ. 1. 9. (vol. I, p. 50) *Candima.*

(23) 註(10)前掲。

(24)　大正２，No. 125，p. 799b.

(25)　大正２，No. 99，p. 161b.

(26)　大正５，No. 220，p. 2b.　大正９，No. 278，p. 596b.　大正10，No. 292，p. 643c.　大正12，No. 362，p. 313c.

(27)　大正２，No. 99（五〇一），p. 132a.　同（五〇二），p. 132b.

(28)　同上，p. 132b.

第1章　初期仏教における師資相承句と法身思想

第1節　*Aggañña-suttanta*と師資相承句の成立

弟子たちが，師であるブッダの法を聞き，師と精神的に結ばれていることを示す「私は世尊自身の子であり，口より生じたものであり，法より生じたものであり，法より化現したものであり，法の相続者である。」という師資相承の定型句は，初期仏教の *Aggañña-suttanta* から始まり，灌頂儀式の重要な句として密教の『五秘密儀軌』(1)まで継承される。

この定型句の法は，*Aggañña-suttanta*(2)において，法身 dhamma-kāya であり，法性 dhamma-bhūta であるともされた。その法身は，この師資相承句と密接な関連をもちながら，悟りの教え，教えの本体，教えの集合体として，法身の正確な意味を伝える。

そこでまず，この句が初期仏教で，どのように展開しているかを見てみよう。初期仏教の師資相承句は，これ以外にパーリ聖典の *Anupada-sutta*(3)，*Cīvaraṃ*(4), *Itivuttaka-nikāya*(5)の3文献と，漢訳の『仏般泥洹経』巻上(6)，『請請経』(7)，『雑阿含経』巻第十八（五〇一）(8)，『雑阿含経』巻第十九（五〇二）(9)，『雑阿含経』巻第二十三(10)の5文献に見られる。

これらの文献の中で，師資相承句の起源を記すものが *Aggañña-suttanta* である。その意味で，まず *Aggañña-suttanta* の定型句の考察から始める。

Aggañña-suttanta の漢訳には，『小縁経』(11)『婆羅婆堂経』(12)『白衣金幢二婆羅門縁起経』(13)の3本があるが，いずれにも法身の語がない。それに対しパーリ文(14)には，ブッダの師資相承の句とともに如来 tathāgata の法の同義語として，法身 dhamma-kāya・梵身 brahma-kāya・法体 dhamma-bhūta・梵体 brahma-bhūta の語が見えている。これら漢訳に法身の語がないことから，

パーリ文献の法身等の記述は，のちの付加の可能性が考えられるが，その付加されたパーリ文献の思想的年代は，古いと認められている(15)。また，本経の構成には，いくつかの話が貼り合わされているが(16)，古層に属する(17)師資相承句の説かれた経文の直後に，このように初期仏教の法の意味を示す法身の語が説かれる。

この「教えの本体」「教えの集合体」を意味する初期仏教の法身思想は，大乗仏教の密教まで展開する。

1．バラモンの慣用句とブッダの師資相承句

Aggañña-suttanta の師資相承句は，バラモンの家系に伝わる慣用句の１つが，つぎのようにブッダの師資相承句に置き換えられた経緯を示す。

その経緯とは，あるときゴータマ・ブッダが舎衛城の清信園林にある鹿母講堂 Migāramātu-pāsāda にいたとき，バラモン出身のヴァーセッタ Vāseṭṭha とバーラドゥヴァージャ Bhāradvāja の２人が両親の反対を押し切って比丘僧伽に入る。ヴァーセッタは，瞑想を終えて室外を散歩するブッダを見て，バーラドゥヴァージャに，世尊の所へ行ってみよう，ひょっとしたら教えを聞くことができるかもしれないと言う。そこで，２人は世尊の散歩の後を追う。そして世尊がヴァーセッタたちに言葉をかけ，バラモンの君たちが出家という家もない集団に入るにはさぞかし反対があったであろうと言う。するとバラモンたちがヴァーセッタをバラモン独特の定型句で責め立てたことを打ち明ける。その定型句とは，この師資相承句の原形となった，つぎのものである(18)。ヴァーセッタは言う。

> [brāhmaṇā bhante evam āhaṃsu:] brāhmaṇo va seṭṭho vaṇṇo, hīno añño vaṇṇo; brāhmaṇo va sukko vaṇṇo, kaṇho añño vaṇṇo; brāhmaṇā va sujjhanti no a-brāhmaṇā; <u>brāhmaṇā va brahmuno puttā orasā mukhato jātā brahma-jā brahma-nimmitā brahma-dāyādā.</u>
>
> [尊者〔ゴータマ・ブッダ〕よ，バラモンたちはつぎのように言う。] バラモンこそ最上の種族であり，その他は劣った種族である。バラモンこそ白

き肌であり，その他は黒き肌なり。バラモンたちこそ清浄であり，非バラモンたちはそうではない。バラモンたちこそ梵天自身の子たちであり，口より生じたものたちであり，梵天より生じたものたちであり，梵天より化現したものたちであり，梵天の相続者たちである。

このように定型句を述べた後，さらにヴァーセッタは続けて言う。それなのに，この最上の種族であるバラモンの家柄を捨てて，剃髪した沙門たちや足から生まれた卑しき黒人・シュードラの比丘たちがいる僧伽に入って彼らと親しくするのかと。この定型句を3度聞[19]いた後に，ブッダは，自らが悟った法が人類の最上のものであることを示してから，バラモンの定型句をつぎのように，師資相承の句[20]に言い換えて示された。

“ke tumhe ti?” puṭṭhā samānā, “samaṇā sakya-puttiy’ amha ti” paṭijānātha. …… “bhagavato ’mhi putto oraso mukhato jāto dhamma-jo dhamma-nimmito dhamma-dāyādo” ti. taṃ kissa hetu? tathāgatassa h’ etaṃ vāseṭṭha adhivacanaṃ — “dhamma-kāyo iti pi brahma-kāyo iti pi, dhamma-bhūto iti pi brahma-bhūto iti pīti.”

汝らは何ものぞと尋ねられたら，そのとき汝は答えるべし。われらは釈迦族の子孫にして，彼に従う沙門であると。……

わたしは，世尊自身の子であり，口より生じたものであり，法より生じたものであり，法より化現したものであり[21]，法の相続者であると。

それは，何故かとならば，ヴァーセッタよ，実にこ〔の法〕は如来の同義語である。すなわち，法身でもあり，梵身でもあり，法体でもあり，梵体でもあるから，と言う。

このように，ここでは定型句の「法」が，如来であり，法身であり，法体であると説かれている。

この師資相承の定型句は，この経典以後，他の初期仏教経典・大乗経典・密教経典および各論書等に，様々な形で引かれる[22]。

2．真子と心より生じた子の意味

上記の用例では，ほとんどの漢訳が，putto oraso (skt. putra aurasaḥ) を「真子」等と訳してきた。それに対し，以下の文献では漢蔵ともに「心より生じた子」と訳し，密教文献に引き継がれる(23)。

それは『大般若波羅蜜多経』巻第三十六の，

汝は真に仏子なり。仏の心より生じ，仏口より生じ，仏法より生じ，法より化生し，仏の法分を受けて，財分を受けず。

や，そのチベット訳(24)の

khyod ni bcom ldan ḥdas kyi sras thugs las skes pa / shal nas byuṅ ba / chos las skyes pa / chos kyis sprul pa / chos kyi bgo skal ba / ṅaṅ gi skal ba ma yin pa /

汝は世尊の御心より生じた御子であり，口より生じたものであり，法より生じたものであり，法により化生したものであり，法の相続者であり，財の相続者ではない。

に見え(25)，また『十住毘婆沙論』巻第二(26)，『無上依経』巻上(27)，さらには，密教の『金剛頂瑜伽金剛薩埵五秘密修行念誦儀軌』(以下『五秘密儀軌』)(28)，『底哩三昧耶不動尊聖者念誦秘密法』巻下(29)の文献でも，aurasa の意味を「心の」「心より生じた」という精神的な正嫡子の意味に訳す。

3．法の相続者の意味

Aggañña-suttanta の「法の相続者である。dhamma-dāyāda」の相続の法とは，ブッダがアーナンダに自分の亡きあとは「法と律」とを師とすべしとされたように，その「法と律」が相続すべき「法」である。この句に，さらに「財の相続者ではない。no āmisa-dāyādo」を加える用例は，*Anupada-sutta* と *Itivuttaka-nikāya* の定型句(30)に見られる。そこでは，シャーリプトラが三界の最高峰の「非想非非想処」を超越し，戒・定・恵・解脱・解脱知見の五分法身を得たことを世尊が讃えて，「〔汝は,〕世尊自身の子であり，口より生じたものであり，法より生じたものであり，法より化現したものであり，法の相続者であり，財

の相続者ではない。」とされる。

このAnupada-suttaのāmisa（skt. āmiṣa）の意味は，「財産」とは別に「肉体」の意味をもち，のちの『仏説大般泥洹経』では，「飲んだり食べたりする身 shal zas yi sku」(31)あるいは「肉体 śaḥi sku」(32)と訳される。これに対し漢訳は，ともに「穢食身」(33)と訳している。

第2節　初期仏教における師資相承句

1．師資相承句の変遷

すでに見たように，*Aggañña-suttanta*の定型句は，ブッダ自身がバラモンの定型句から転用したものであった。その定型句は，*Anupada-sutta*と*Itivuttaka-nikāya*(34)になると，最後の部分にさらに「財の相続者ではない。no āmisa-dāyādo」(35)が加えられることは，すでに見た。

経題*Cīvaraṃ*が「衣」を意味するのは，阿難が飢饉のとき，若い比丘たちを連れて南山に遊行する。その途中で30人の比丘が学を捨てて還俗してしまい，子どもたちだけが残る。しかし，阿難はそれでも遊行を続け，王舎城の大迦葉を訪ねる。すると，大迦葉は，阿難尊者の無謀さを詰問する。それを聞いていたトッラナンダー比丘が阿難をかばって大迦葉を密かに非難する言葉を吐く。大迦葉は天耳でそれを聞き，トッラナンダー比丘を非難する。大迦葉は，この阿難との話の中で，以下のような自身とブッダとの出会いの話を始める。

あるとき，ブッダに出会って入信し，瞑想に入って8日目に智を悟った大迦葉は，ブッダがある木の下に坐ろうとしたとき，自身の高価な大衣 saṅghāṭī を敷き，世尊に坐したまわんことを請う。世尊は坐してその大衣の軽いことと手触りの良いことを讃える。彼はそこで，ブッダにその大衣を寄進し，ブッダ自身の脱ぎ捨てた麻の糞掃衣 paṃsukūla を授かって，大変喜ぶ。そのときの話を舎利弗にするとき，友よ，と呼びかけながら，この麻の糞掃衣をブッダから受けた一句を添えて師資相承句を述べ，自身がブッダの正嫡子であることをつぎのように自慢する(36)。

友よ，もし誰かをまさしく世尊自身の子であり，口より生じたものであり，法より生じたものであり，法より化現したものであり，法の相続者でり，脱ぎ捨てられた麻の糞掃衣を授かったものであるというのであれば，わたしをまさしく世尊自身の子であり，口より生じたものであり，法より生じたものであり，法より化現したものであり，法の相続者でり，脱ぎ捨てた麻の糞掃衣を授かったものであるというべきである。

このように，定型句の最後には，しばしばそれを唱えるものの私的な句が付け加えられることがある。また，定型句の最初にも，その文脈により，一人称や二人称，三人称が使われるが，しかし主語に世尊以外の複数形の如来が使われるケースは，大乗仏教になってからであり，初期仏教では見られない。

2．師資相承句の意味

以上，*Aggañña-suttanta* をはじめとする師資相承句を見てきたが，つぎにその意味について検討してみよう。

この「わたしは，世尊自身の子であり，口より生まれたものであり，法より生まれたものであり，法より化現したものであり，法の相続者である。」という定型句の中の「世尊自身の子 bhagavato putto oraso」とは，バラモン句の「梵天自身の子たちであり brahmuno puttā orasā」からの転用であり，ブッダの教団に入信し，ブッダの法を聞いて修行するすべての弟子を指す句である。それは，putto oraso のパーリ文からも知られるように，ブッダに入信し，ブッダの心 hadaya にある悟りの法を聞いて悟りに向かう弟子は，精神的なブッダの長男であり，正嫡子としての真子である。そこには師と弟子の血よりも濃い相承の関係が表現されている。

「口より生まれたもの mukhato jāto」とは，バラモン句のバラモンが「〔プルシャの〕口より生まれたものたちであり mukhato jātā」からの転用であり，それはリグヴェーダの原人・プルシャの口より生まれたもの(37)が最高のバラモン種族であることを示していた。そのように，ここではブッダの精神的な弟子を，ブッダの口より生じたものもと表現している。

「法より生まれたもの dhamma-jo」とは，バラモン句の「梵天より生じたものたちであり brahma-jā」からの転用であり，ブッダの口より発せられた法の言葉は，ブッダの心にある悟りそのものであることから，この法は「教えの本体」「教えの集合体」「悟りの功徳」を意味する「法身」と同義語である。また，この法は，ブッダがアーナンダに「わが亡きあとは，わが説き教えた法と律とが汝らの師である」(38)と言われた，その法を指している。これらの点から，弟子が師である法（法身）を聞き瞑想することによってブッダの精神的な子として生まれ変わることを表現している。

「法より化現したもの dhamma-nimmito」とは，バラモン句の「梵天より化現したものたちであり brahma-nimmitā」からの転用であり，ブッダの定型句のサンスクリット文献では「法より化現したもの dharma-nirmita」とし，チベット文献では「法によって化現したもの chos kyis sprul pa」とすることから，「nimmito」はサンスクリット語の「nirmita」に相当する。したがって，法を聞き瞑想することから化現（変化）することを表現している。

漢訳の返り点では，この句を「法化より生じ」と読ませる用例が多くある。それは，「ブッダが竹園精舎から姿を消し，耆闍崛山中の目連の目の前に化現した姿を顕して導く」(39)そのことを指し示すようにも理解されるが，パーリ語の「dhamma-nimmito」とサンスクリット語の「dharma-nirmitaḥ」から考えるに，「dhamma-nimmita」の後に「-jo」が省略されていると見て，「法の化より生じたもの dhamma-nimmita-jo」とは考えにくいし，またこの用例はどの文献にもない。したがって，漢訳の「従法化生」は「法より化生し」と読む(40)。

また，この句は，大乗仏教になると法身から無量の光が生み出され，三千大千世界を覆う変化身を意味するようにもなる(41)。もしこの句が，初期仏教の所産であるならば，すでに釈尊一尊から法の化現として多くの身が生み出され，その法の一々が弟子たちに当たるという思想が，この *Aggañña-suttanta* に見られるということになる。

「法の相続者である」とは，バラモン句の「梵天の相続者たちである

brahma-dāyādā」からの転用であり，師であるブッダの教えを相承する弟子たちを意味する。したがって，この弟子は，ブッダの遺伝子を相続する肉身でもなく，物質的な財産の相続者でもない。それ故に「法の相続者であって，財の相続者ではない。dhamma-dāyādo no āmisa-dāyādo (skt. dharma-dāyādo nāmiṣa-dāyādaḥ)」[42]と明言されている。

この法財は，すでに見たように，大迦葉が提案した第一結集で多聞第一のアーナンダたちが誦出した「法」と，持律第一のウパーリたちが誦出した「律」とが法財である。それは，ブッダの身・口・心の教法とも見られ，『雑阿含経』巻第四十五（一二一二）[43]等に，つぎのように述べられる。

> 汝は我が子なり。仏の口より生じ，法より化生し，法の余財を得。諸の比丘よ，当に我を懐受すべし。我が身口心に嫌責すべきことあらしむなかれ。
> 我等世尊の身口心に嫌責すべき事あるを見ず。

このように，夏安居の最後の自恣で，弟子たちにブッダ自身が自分の身口心の過ちのないことを確認すると，弟子の長老が世尊の身口心の行為に過失はないと答える。この身口心の法財は，まさに師であるブッダの善としての道徳倫理の規範であり，弟子である比丘たちの教法でもあった。したがって，上記の言葉は，この身口心の教法を夏安居の最後の自恣で確認し合っているのである。

この身口心の教法は，密教の法財として『五秘密儀軌』に受け継がれる。そこでは，師資相承句の最後の「仏の法財」を「法財とは謂く三密の菩提心の教法なり」[44]として，阿闍梨が如来と弟子との間に入り，灌頂儀式でこの師資相承句を弟子に授ける。そして，一切衆生は，大日如来の加持力によって「如来の身密の色を見，語密の声を聞き，意密の法を悟らせる」のである[45]。

以上のように，この定型句の法 dhamma は，ブッダが悟りを得た教えを意味し，その法が法身 dhamma-kāya として捉えられるとき，「法の本体」「法の集合体」を意味した。そして，この定型句は，まさに師たるブッダから弟子に法が相承され，その法が次から次へと途切れることなく継承される師資相承の句を意味している。

註

（１）『五秘密儀軌』（大正20，No. 1125，p. 535c）。

（２）*DN.*, vol. Ⅲ，xxvii. 9，p. 84，『(五)小縁経』(『仏説長阿含経』巻第六，大正１，No. 1，pp. 36c-37b)，『(一五四）婆羅婆堂』(『中阿含経』第三十九，大正１，No. 26，p. 674a)，『仏説白衣金幢二婆羅門縁起経』巻中（大正１，No. 10，p. 218a)。

（３）*MN.*, vol. Ⅲ, p. 29，漢訳なし。

（４）*SN.*, vol. Ⅱ, p. 221，『雑阿含経』巻第四十一［一一四四］（大正２，No. 99，p. 303c)，『別訳雑阿含経』巻第六［一一九］（大正２，No. 100，p. 418c)。

（５）*Itivuttaka*（高崎直道『宝性論』，インド古典叢書，講談社，1989年，p. 261，訳註55頁＊2 参照).

（６）大正１，No. 5，p. 167a.

（７）*Pavāraṇā*,『中阿含経』巻第二十九［一二一］（大正１，No. 26，p. 610a).『雑阿含経』巻第四十五［一二一二］（大正２，No. 99，p. 33a，c).『別訳雑阿含経』巻第十二［二二八］（大正２，No. 100，p. 457b).

（８）*Korito*,［501］（大正２，No. 99，p. 132b).

（９）*Animitto*,［502］（大正２，No. 99，p. 132b).

（10）*Divyāvadāna*,［604］（大正２，No. 99，p. 169a).

（11）*DN.* vol. Ⅲ, p. 84，『仏説長阿含経』巻第六［五］（大正１，No. 1，p. 37b)。

（12）『中阿含経』巻第三十九［一五四］（大正１，No. 26，p. 674a-b)。

（13）『仏説白衣金幢二婆羅門縁起経』巻中（大正１，No. 10，p. 218a)。

（14）*DN.*, vol. Ⅲ, p. 84。

（15）*Aggañña-suttanta* の「如来 tathāgata の法の同義語として，法身 dhamma-kāya・梵身 brahma-kāya・法体 dhamma-bhūta・梵体 brahma-bhūta」が原始仏教の法の意味を示すものとして挙げられている（平川彰「原始仏教における法の意味」，平川彰博士還暦記念論集『仏教における法の研究』，春秋社，1977年，p. 29参照)。

（16）Steven Sollins 氏は，このテキストが，前半の物語としての#９（師資相承句を説き終わるところ）と，#10以下とは，話の続き方に違和感があり，いくつかの話が貼り合わされてできていると指摘する（*The Discourse on What is Primary* (*Aggañña-sutta*) *An Annotated translation*〈*JOURNAL OF INDIAN PHILOSOPHY*, VOL. 21, No. 4, 1993〉, p. 312)。

（17）釈尊を「バラモン brāhmaṇa」と呼ぶ文献は，初期仏教の最初期のものを指し示すという示唆がある（中村元『ゴータマ・ブッダ(Ⅰ)』〈中村元選集［決定版］第11巻，春秋社，2001年〉p. 398，参照)。

（18）*DN.*, vol. Ⅲ, p. 84.

（19）大正１，No. 1「(五)，第二分初，『小縁経』第一」，p. 36c，「虚仮自称婆羅門種最為第一余者卑劣。我種清白余者黒冥。我婆羅門種出自梵天。従梵口生。現得清浄後亦清浄。」（*DN.*, vol.Ⅲ, p. 81, ibid.）「於我法中終不得成無上証也。」（*DN.*, vol.Ⅲ, p. 82, ibid.），「婆羅門種最為第一余者卑劣。我種清白余者黒冥。我婆羅門種出自梵天。従梵口生。現得清浄後亦清浄。」（*DN.*, vol.Ⅲ, p. 83）。

(20) *DN.*, vol.Ⅲ, p. 84．全文はつぎの通り。

tumhe khv attha vāseṭṭha nānā-jaccā nānā-nāmā nānā-gottā nānā-kulā agārasmā anagāriyaṃ pabbajitā. "ke tumhe ti?" puṭṭhā samānā, "samaṇā sakya-puttiy' amha ti" paṭijānātha. yassa kho pan' assa vāseṭṭha tathāgate saddhā niviṭṭhā mūla-jātā patiṭṭhitā daḷhā asaṃhārikā samaṇena vā brāhmaṇena vā devena vā mārena vā brahmunā vā kenaci vā lokasmiṃ, tass' etaṃ kallaṃ vacanāya; "bhagavato 'mhi putto oraso mukhato jāto dhamma-jo dhamma-nimmito dhamma-dāyādo" ti. taṃ kissa hetu? tathāgatassa h' etaṃ vāseṭṭha adhivacanaṃ — "dhamma-kāyo iti pi brahma-kāyo iti pi, dhamma-bhūto iti pi brahma-bhūto iti pīti."

ヴァーセッタよ，生まれが異なり，名前が異なり，姓が異なり，家系が異なる汝たちは，出家して家なき生活に入る。汝らは何ものぞと尋ねられたら，そのとき汝は答えるべし。われらは釈迦族の子孫にして，彼に従う沙門であると。ヴァーセッタよ，信が如来に対して，確立し，根ざし，定立し，堅固となり，沙門によっても，バラモンによっても，天によっても，悪魔によっても，梵天によっても，また世間のいかなるものによっても動かされない人は，つぎのように言うのがふさわしい。わたしは，世尊自身の子であり，口より生じたものであり，法より生じたものであり，法より化現したものであり，法の相続者であると。それは，何故かとならば，ヴァーセッタよ，実にこ〔の法〕は如来の同義語である。すなわち，法身でもあり，梵身でもあり，法体でもあり，梵体でもあるから，と言う。

(21) 漢訳では，伝統的にこの句を「法化より生じ」と読ませている。

(22) その句々の用例は，156回にものぼる。大正２，No. 99, p. 169a. 大正９，No. 278, p. 404b. 大正11, No. 310, p. 380a, p. 554c. 大正２，No. 100, p. 457b. 大正５，No. 220, p. 202c. 大正20, No. 1125, p. 535c. 大正21, No. 1201, p. 19c. 大正８，No. 223, p. 234a. 大正９，No. 268, p. 283c. 大正12, No. 353, p. 222a. 大正13, No. 410, p. 689a. 大正２，No. 100, p. 419c. 大正５，No. 220, p. 202c. 大正８，No. 223, p. 234a. 大正12. No. 376. p. 880a. 東北No. 120, tha 帙, fol. 91a[6]. 大正８，No. 223, p. 234a. 東北No. 9, ka 帙, fol. 125a[7]. N. Dutt: *The Pañcaviṃśatisāhasrikā-Prajñāpāramitā,* Calcutta Oriental Series, No. 28, 1934, p. 122[21]. *SADDHARMA-PUṆḌARĪKA,* ed. by Prof. H. Kern and Prof. Bunyiu Nanjio, 1912, BIBLIOTHECA BUDDHICA, X, p. 61[1], *B. S. T.* No. 6, *Saddharmapuṇḍarīka-sūtra,* ed. by Dr. P. L. Vaidya, p. 44[16]. 大正36, No. 1736, p. 497b. 拙稿「『華厳経』から『大日経』への

神変加持思想の変遷」(佐藤隆賢博士古希記念論文集『仏教教理思想の研究』，山喜房佛書林，1998年)参照。同経の三密の用例は，『十地経』に最初の用例が見られる(大正20，No. 1125，p. 535c)。

(23)　チベット訳では，全般にputto oraso (putra aurasaḥ)を「心から生じたもの」と訳す傾向にあるが，その用例はここでは省く。

(24)　チベット訳東北No. 9，ka帙，fol. 125a7 (大正5，No. 220，p. 202c)。これと同文が，『摩訶般若波羅蜜経』巻第三「勧学品第八」(大正8，No. 223，p. 234a)の「tad yathāpi nāma bhagavataḥ putra auraso mukhato jāto dharma-jo dharma-nirmito dharma-dāyādo nāmiṣa-dāyādaḥ」(N. Dutt: *The Pañcaviṃśatisāhasrikā-Prajñāpāramitā*, p. 122[21]) にあり。

(25)　『別訳雑阿含経』巻第十二にも，「その時，世尊は諸の比丘に告ぐ。……汝等皆な我が子なり。悉く我が心口より生ず。是れ我が法子にして，法より化生す。」(大正2，No. 100(二二八)，p. 45b)とある。

(26)　大正26，No. 1521，p. 29c.

(27)　大正16，No. 669，p. 472a.

(28)　大正20，No. 1125，p. 535c.

(29)　大正21，No. 1201，p. 19c.

(30)　*MN.*, vol. Ⅲ, p. 29.

(31)　大正12，No. 376，p. 866b，p. 880a. 東北No. 120，tha帙，fol. 26a3，fol. 47a3.

(32)　大正12，No. 376，p. 880a. 東北No. 120，tha帙，fol. 91a6.

(33)　「穢食身」(大正12，No. 376，p. 866b，p. 880a)。

(34)　*Itivuttaka-nikāya*では，p. 101に「puttā orasā mukhato jātā dhamma-jā dhamma-nimmitā dhamma-dāyādā no āmisa-dāyādā」とある(註(5)前掲，高崎『宝性論』，p. 261，訳註55頁*2参照)。

(35)　『不断経』*MN.*, vol. Ⅲ, p. 29.

yaṃ kho taṃ, bhikkave, sammā-vadamāno vadeyya: bhagavato putto oraso mukhato jāto dhamma-jo dhamma-nimmito dhamma-dāyādo no āmisa-dāyādo ti, Sāriputtam eva taṃ sammā-vadamāno vadeyya: bhagavato putto oraso mukhato jāto dhamma-jo dhamma-nimmito dhamma-dāyādo no āmisa-dāyādo ti. (玉城康四郎「インド仏教における真理観」，『講座仏教思想』第5巻，理想社，1982年参照)。

(36)　yañhi taṃ āvuso sammāvadamāno vadeyya bhagavato putto oraso mukhato jāto dhamma-jo dhamma-nimmito dhamma-dāyādo paṭiggahitāni sāṇāni paṃsukūlāni nibbasanānīti //mamantaṃ sammāvadamāño vadeyya bhagavato putto oraso mukhato jāto dhamma-jo dhamma-nimmito dhamma-dāyādo paṭiggahitāni sāṇāni paṃsukūlāni nibbasanānīti // // (『衣』*SN.*, part Ⅱ, p. 221. 『南伝』相応部経典二，pp. 318-

324. 大正２，No. 99，p. 303c. 大正２，No. 100，p. 418c).

(37) 辻直四郎訳『リグ・ヴェーダ讃歌』，岩波文庫，1974年，p. 320参照。

(38) *DN.*, vol. Ⅱ, p. 154.

(39) 大正２，No. 99（五〇一），p. 132a.

(40) 玉城康四郎「仏教における法の根源態」（平川彰博士還暦記念論集『仏教における法の研究』，春秋社，1977年，pp. 67-72）参照。

(41) 日本仏教では，空也上人の口から法の化仏が発せられている表現で表されている（中村元編著『図説仏教語大辞典』，東京書籍，1989年，p. 365の「⑦鉦鼓をかけた空也上人像」参照）。

(42) N. Dutt: *The Pañcaviṃśatisāhasrikā-Prajñāpāramitā*, p. 122[20].

(43) 『雑阿含経』巻第四十五［一二一二］（大正２，No. 99，p. 330a），『別訳雑阿含経』巻第十二（二二八）。

汝等皆是我子。悉従於我心口而生。是我法子。従法化生。我今欲自恣。我身口意。無過失不。爾時尊者舎利弗。在衆中坐。従坐而起。整其衣服。合掌向白仏言。世尊。如仏所説。我是婆羅門。於般涅槃。受最後身。無上良医。抜於毒箭。汝等皆是我子。悉従於我心口而生。是我法子。従法化生。我等不見如来身口有少過失。（大正２，No. 100，p. 457b）。

(44) 拙稿「『五秘密儀軌』の法の定型句」（小野塚幾澄博士古希記念論文集『空海の思想と文化(上)』，ノンブル社，2004年，pp. 407-425）参照。

(45) 『大毘盧遮那成仏経疏』（大正39，No. 1796，p. 580a）。

第2章　般若経の師資相承句と法身思想

第1節　般若経類本における師資相承句

1．般若経の師資相承句

般若経典類で師資相承句をもつものは，大品系の『摩訶般若波羅蜜経』(1)と，『放光般若経』(2)『勝天王般若波羅蜜経』(3)および『大般若波羅蜜多経』(4)である。

この大品系『二万五千頌般若経』類本を成立史の上から見たとき，『一万八千頌般若経』(5)から『二万五千頌般若経』系のテキストが成立し，さらに『一万頌般若経』が成立したと推定されている。ここに挙げる『放光般若経』は，『一万八千頌般若経』に近く，『一万八千頌般若経』から『二万五千頌般若経』への展開期に成立したと推定されるものである。これらを含む漢訳『大般若経』600巻は2部に大別され，初会から第五会までは増広で，第六会以降と異なっている。すなわち，初会400巻が『十万頌般若経』に相当し，第二会以下に大品系と小品系（『八千頌般若経』）の『道行般若経』など，第六会に『勝天王般若波羅蜜経』，第七会に『文殊般若経』，第八会に『濡首菩薩経』，第九会に『能断金剛般若経』，第十会に密教の理趣経系に属する『般若理趣分』，第十一会以後は玄奘が新たに翻訳したものである(6)。

般若経典類の中で，完全な形で師資相承の定型句を説くものは，『二万五千頌般若経』「勧学品第八」(7)である。そこでは舎利弗が須菩提 Subhūti に菩薩の心相を尋ねると，この心は「自性清浄」(8)であり，「心には，変異なく，分別もない。cittam avikāram avikalpam」(9)と説く。その後に，つぎのように師資相承句を説く。

śāriputra āha / sādhu sādhu āyuṣman subhūte tad yathāpi nāma bhagavataḥ putra auraso mukhato jāto dharma-jo dharma-nirmito dharma-dāyādo nāmiṣa-dāyādaḥ /

舎利弗は言った。長老須菩提よ，よろしい，よろしい，いわゆるそれは，世尊自身の子であり，口より生じたものであり，法より生じたものであり，法より化現したものであり，法の相続者であり，財の相続者ではない。

この法は，般若波羅蜜多であるから，ここでの「法より生じたもの」とは，般若波羅蜜多から生じたものを意味し，その生じたものが仏の真子である。

この点を『放光般若経』巻第十二は，須菩提は諸弟子の中で仏の真子であるが，その理由は「如来の如より生じた真の仏子」(10)であるからという。この如来を法身と捉える解釈は『八千頌般若経』(11)に説かれ，さらに如は「真如 tathatā」(12)「法性 dharmatā」(13)と解釈される。前者においてはブッダが悟った縁起の理法（真理）を意味し，後者においてはブッダの心（むね）にあるとされた悟りの法そのものを指す。そして，その如来の如を「仏は如より生じて無去，無来なり。須菩提の如も亦た不来にして亦た不去なり。」とし，真如の無我性を説く。したがって，これは初期仏教の法の真理と如来の法の無我性に相当する。

それをまた，『大般若波羅蜜多経』巻第四百四十七(14)は，つぎのように説く。

如来の真如は無来無去なり。善現の真如も亦た来去無し。故に善現は如来に随いて生ずと説く。……如来の真如は常住を相となす。

この如来の真如が無来無去であるとする用例の中，「如来の真如は常住を相となす」(15)とするのは，のちに見る法界の常住と関連する。

2．『大智度論』の師資相承句

つぎに，『二万五千頌般若経』の注釈者が師資相承句の法と法身をどのように見ているかを知るために，『大智度論』(16)の師資相承句の解釈からまず見てみよう。『大智度論』巻第四十二の師資相承句は，つぎの『二万五千頌般若経』の経文の釈中に見られる。

汝は真に是れ仏子なり。仏口より生じ，法を見るより生じ，法より化生し，法分を取り，財分を取らず。

この定型句の原形にある「法より生じ」を「法を見るより生じ」とした経文

について，『大智度論』巻第四十二[17]は，つぎのように注釈する。

爾の時，舎利弗は須菩提を讃じて言わく。善哉善哉と。仏は時に黙然として須菩提の答うる所を聴きたまえり。亦た可(よ)し，舎利弗の歎ずる所，「仏口より生ず」とは，有る人の言く，婆羅門は梵天王の口の辺より生ずるが故に，四姓の衆生の中に於て第一なりと。是を以ての故に舎利弗は讃じて言く。「汝は真に仏口より生ず」。所以いかん，「法を見」，法を知れるが故なり。未だ得道有らざる者も亦た仏に依るが故に供養を得。是を「財分を取る」と名く。又弊悪の子の父の教えに随わずして但だ財分を取るが如し。「法分を取る」とは，諸の禅定，根力，覚道の種種の善法を取る。是を「法分を取る」と名づく。

ここでの「法より生じ」の句を「法を見ることである」とするのは，初期仏教のブッダが縁起を観て悟りを得たその縁起の理性を見ることを「法を見る」と表現したのであろう。これはのちの『勝鬘師子吼一乗大方便方広経』(『勝鬘経』)[18]等の「正しく見るもの」へと展開する。

その他の「婆羅門は梵天王の口の辺より生ずるが故に，四姓の中に於て第一なり」とは，リグヴェーダで原人(プルシャ)が解体するとき，バラモンが原人の口から生まれたこと[19]や，*Aggañña-suttanta* に見たヴァーセッタたちが世尊に申し上げた婆羅門側定型句[20]を踏襲した上で，注釈されていることが知られる。

また，「法の相続者である」を，まだ悟りを得ていないものが世間の信者から供物等の供養の財を得ることではなく，ブッダの正しい教えを相承し，ブッダの真の教えの後継者となることであるとする点には，『大智度論』の注釈家の信条が見え隠れする。

第2節　不来不去の定型句と真言

法身である如来への執着を不来不去の喩えをもって破す用例が，小品系『八千頌般若経』「常啼菩薩品第三十」[21]に見られる。

それは，常啼 Sadāprarudita 菩薩が般若波羅蜜多をたずね求めながらある森にいるとき，最初に空中から如来の声が聞こえてきた。つぎの２回目には，如来が目の前に姿を顕し，ここから500ヨージャナ東に行ったところにガンダヴァティーという都市があり，そこに法涌 Dharmodgata 菩薩が般若波羅蜜多を説いているから行けと教えられる。如来の姿が消えると，常啼菩薩に「如来はどこから来てどこに去られたのか」という疑問が湧いてきた。そこで法涌菩薩に会ったとき，まず最初に質問しようと考えていたのが，この如来の来去である。これに対して法涌菩薩は，陽炎の喩えを出して答える。その喩えをつぎの経文に見てみよう。

善男子よ，ちょうどそのように，如来の姿 rūpa や声 ghoṣa に執着しているものはだれでも，如来が来られる āgamana とか，去られる gamana とかと妄想する。しかし，如来の去来を妄想するものはすべて，あたかも〔蜃気楼の〕水でないものに水という観念を抱くその男のように，愚かで知恵の劣ったものというべきである。それは，なぜかというと，如来は色身として見られるべきではなく na hi tathāgato rūpa-kāyato draṣṭavya, 如来たちは法身なのだから tathāgatās dharma-kāyās。善男子よ，法性 dharmatā が来たり去ったりしないように，善男子よ，ちょうどそのように，如来たちには去来は存在しないのである。

この常啼菩薩が法涌菩薩に尋ねた言葉が，「如来の不来不去」の定型句となって，般若経以後に展開する。

『大般若経』巻第四百では，『八千頌般若経』「常啼菩薩品第三十」と同じく，尋香城の比喩を挙げる。しかし，『八千頌般若経』中には，これと同じ喩えは説かれない。ここでは，法涌菩薩が常啼菩薩に善男子と呼びかけ，如幻，如陽炎等の喩えを用いて一切如来がこの世に顕れ出るが，この一切如来の覚者は顕れたり姿を消したりするのであろうか。もし，そうだと考える者がいたら，その者は無智であると説く。その尋香城の比喩を用いて説く箇所の問答を見てみよう(22)。

善男子よ，一切如来応正等覚は色身を以て見るべからず。夫れ如来とは即ち是れ法身なり。善男子よ，如来の法身は即ち是れ諸法の真如法界なり。

真如法界は既に来あり去ありと説くべからず。如来の法身も亦た復た是の如く来なく去なし。復た次に善男子よ，尋香城に物類ありて現ずるが如く，是の如く物類暫くありても無に還る。善男子よ，意において云何。是の尋香城の所有ゆる物類は，何より来りて，何所に至りて去るとや為せん。

この問いに対して，常啼菩薩が答える。この尋香城（gandharva-nagara 乾闥婆城）には姿形（物類）があるが，すべて実在しないものである。それ故に，どうしてどこから来て，どこへ去ったと言えようか。この答えに対して，法涌菩薩がいう。汝が言う通りである。尋香城を実在と捉え，どこから来てどこへ去るかと考える人は愚かである。これと同じく，如来をもどこから来てどこへ去るのかと考える人も愚かである。どうしてかといえば，として，その後に上記引用の法涌菩薩の言葉を繰り返す。

ここでは，定型句の主語の一切如来応正等覚を「色身を以て見るべからず」とし，「法身」を「真如法界」と捉えるところに，般若経の特色が見られる。

また『放光般若経』巻第十二(23)では，仏より生じた須菩提が「真の仏子」であるのは，仏が如より生じて無去無来であるのと同様に，須菩提の如も不来不去であるからという。

『大迦葉問大宝積正法経』巻第五(24)では，須菩提が苾芻尊者に「汝はいずこに去りて，いまいずこより来たるや」と尋ねると，「本より去る所あらず，いま亦た来たらず」と答える。さらに，須菩提が仏に「この所説の法の其の義云何ん」と尋ねると，仏は「所説の法（法身）に生もなく，滅もなし」と答える。

同様に，『思益梵天所問経』巻第四(25)でも，法についての去来を「この法はどこから来たりてどこに去るか」と尋ね，「一切諸法は来たらずして生ず〔常〕住なる法性と等しと知るべし。chos kun ḥoṅ ba ma yin byuṅ ba yin // gnas pa chos ñid mtshuṅs par rab tu śes //」として，法性の常住を説く。

1．真言の不来不去

これら如来の法身や法性の不来不去の定型句を受けて，『大毘盧遮那成仏神変加持経』（『大日経』）「成就悉地品第七」(26)では，その法身を「真言」に置き換えた定型句をつぎのように説く。

時に具吉祥金剛手は　希有となって目を見開いた
すると〔世尊から〕金剛の光が　電光を発するが如く輝いて
この一切仏国土を　普く照らした snaṅ bar byas。そこで
一切法に自在なる牟尼に　懇請の言葉をつぎのように述べた
真言の行 ḥjug pa を釈されたが　その行も未だ悟らざれば
真言はどこから来てまた　どこに去るや。主よ，汝は
そのすべてを願わくば我に釈したまえ

（漢訳）

時に吉祥金剛　奇特開敷の眼あり
手に金剛印を転じ　流散して火光の如し
其の明普遍して　一切の諸の仏刹を照す
微妙の音をもって　法自在牟尼を称歎し
諸の真言の行を説きたまう　彼の行は不可得なり
真言は何れより来り　去る所何れの所にか至らん
諸仏是の如く　更に無過上の句を説きたまえ

このように，真言行では，ブッダの心 hṛdaya から発せられた「法の集合体（法身）」を真言と捉え，法の不来不去と同様に，真言の不来不去を通じて無我であり，無自性であると示す。

2．真言の住処

この真言の不来不去を説いたのちに，続いて真言が心 hṛdaya にあることを，『大日経』「成就悉地品第七」につぎのように説く(27)。

（蔵訳）

大薩埵よ，曼荼羅の　依処は意 yid であると釈された
されば心（むね）sñiṅ は真言の住処なりと　知るならば〔悉地の〕果を得よう
白黄赤〔青黒等の五輪〕(28)は　意 yid で思惟すべきものであって
それを識別するところの　そのものが心 sems の所作である

心 sems 歓喜してそれが転ずる	そこは心(むね) sñiṅ なりと釈された
そこに住する諸真言は	広大な果を授けるであろう

（漢訳）

摩訶薩の意処を	説いて漫荼羅と名く
諸の真言の心位を	了知するときは果を成ずることを得
諸(およそ)分別する所あるは	悉く皆意より生ず
白黄赤を分弁する	是等は心より起る
決定の心をもって歓喜するを	説いて内心処と名く
真言は斯の位に住して	能く広大の果を授く

ここでの漢訳とチベット訳では，アンダーラインの如く，真言は心位 hṛdaya にありと師資相承の定型句の関連で述べる。したがって，曼荼羅の観想の場所は心(むね) hṛdaya であるが，ここでの意 manas の用例は心(むね) hṛdaya と心 citta を合わせた広い意味に解している。

また密教では，「心」をチッタ citta とフリダヤ hṛdaya とに分け，citta は心の働き一般を指し，フリダヤは瞑想のとき真言（種字）を観想する心(むね)とする。そのフリダヤの上に八葉蓮華を観想し，その上に法身である阿字を観想し，この阿字を転じて法身・毘盧遮那 Vairocana とする。このように法身と真言（阿字）と毘盧遮那が一体として説かれ，このフリダヤに顕れた毘盧遮那と行者が一体となることで，悟りを獲得する(29)。

さらに，『大日経疏』「悉地出現品第六」では，「此の阿字は，即ち是れ仏口なり。即ち是れ仏心なり。即ち是れ説者なり。」(30)と注釈し，阿字を師資相承句の仏口 mukha，仏心 aurasa，説者 dharma-bhāṇaka とする。

また，すでに指摘したように，金剛頂経系の『五秘密儀軌』にも「其の人一切如来の心より生じ，仏口より生じ，仏法より生じ，法より化生し，仏の法財を得。法財とは謂く三密の菩提心の教法なり。」と説き，師資相承句の「真子 putto oraso」を，もう１つの意味である「心より生じた子」として，精神的な後継者の意味で「如来の心より生じたもの」と捉える。その上で，灌頂儀式で投華得仏する曼荼羅の諸如来を「一切如来」と捉えている。

上記のフリダヤは，*Aggañña-suttanta*の注釈(31)で見た，教えの本体である「法身」が心(むね) hṛdayaにあるという思想に立脚し，師資想承の句にある「法」を阿字をはじめとする「真言」に置き換え，手に印を結び，口に真言を唱え，心を三摩地で集中させる三密瑜伽へと昇華し，不来不去である真言の無自性を悟る。

3．『大日経』の法身の真言化

この法身を真言に置き換える法身の真言化は，初期仏教の真実sacca(32)から『八千頌般若経』の真実satyaと真実語satya-vacanaの加持に展開し，それと同様に『八千頌般若経』(33)と『二万五千頌般若経』(34)の般若波羅蜜多を大明呪mahā-vidyā・無上呪anuttarā vidyā・無等呪asamā vidyā・無等等呪asama-samā vidyāと捉え(35)，その明呪vidyāの般若波羅蜜多は法身(36)・法性・真如であるとも捉える(37)。さらにその明呪vidyāが，『般若心経』(38)になると，真実satyaの効能とともに，以下のように，

> tasmāj jñātavyaḥ prajñāpāramitā-mahā-maṃtraḥ mahā-vidyā-maṃtro 'nuttara-maṃtro 'samasama-maṃtraḥ sarva-duḥkha-praśamanaḥ satyam amithyatvāt.
>
> それ故に，知るべきである。般若波羅蜜多は，大真言であり，大明呪の真言であり，無上の真言であり，無等等の真言であり，一切の苦を鎮めるものであり，偽りがないから真実satyaである。

と，真言mantraに置き換えられる。

さらに，これを詳しく見れば，『八千頌般若経』の「サダープラルディタ菩薩」の章には，真言の功徳を「真実の加持satyādhiṣṭhāna」と「真実語の加持satyavacanādhiṣṭhāna」とする用例が見られる。この用例は，華厳経や『妙法蓮華経』『大日経』などにも見られる重要なものである。

そこでまず，この点を『八千頌般若経』から見てみよう。この用例は，シャクラが若き梵天に姿を変えて，祖先の供犠のために人間の心臓と，血液と，骨と，骨の髄を買いたいと言って，サダープラルディタの決心を試す。すると，

かれは喜んで自らの刀で腕から血を流し，骨の髄を取り出すために太ももの肉をそぎ，骨を断ち切ろうとする。

やがて，それがシャクラの自分を試す行為であることを知ったサダープラルディタは，自分で「その真実と真実語で，わたしのこの身体が元通りになりますように」と唱えて加持し，傷を元通りに治す(39)。

このときの真実と真実語の加持は，ブッダの神力 buddhānubhāva を受けて可能となるのであるが，その「真実 satya」が『般若心経』にも，上記に見たように「偽りがないから，真実 satya である」(40)と説かれる。

したがって，この『般若心経』の般若波羅蜜多の大真言 mahā-maṃtra が，すべての目的を成就させる「真実 satya」であるとするニュアンスは，『八千頌般若経』の真実と真実語の用例からの踏襲である。

つぎに，その用例を華厳経「入法界品」(41)に見てみよう。

> 彼は答えた。善男子よ，わたしは真実の加持 satyādhiṣṭhāna によって行います。……「その真実語の加持 satya-vacanādhiṣṭhāna によって，わたしのこの目的が成就しますように」と唱えると，そのとき，わたしにすべてが思いのままに成就するのです。

さらにこの用例は，法華経(42)の，腕で火をともして火傷によって腕をなくした菩薩が，「その真実と，真実語によって，わたしのこの腕が元通りになりますように tena satyena satyavacanena ayaṃ mama bāhur yathāpaurāṇo bhavatu」と唱えると，腕は元通りに治ったという記述と類似する。

したがって，この『八千頌般若経』と『般若心経』，華厳経と法華経の真実と真実語の加持の用例は，つぎに見る『大日経』の真言の加持と変わらないものである。

そこで，つぎに，この真実語 satyavacana の加持が密教のマントラ mantra（真言）の加持へと展開する用例を『大日経』に見てみよう。

漢訳『大日経』では，マントラ mantra の訳語を真実・真実語・真言として記す用例が，「阿闍梨真実智品第十六」に見られる。

> 即ち是れ真語者 sṅags pa と　　　持吉祥真言 gsaṅ sṅags ḥchaṅ と

真実語の王 dpal ldan sṅags rgyal となり　執金剛の印を持つ(43)

これと同様の用例が，『大日経』の第七巻『供養法』(44)にも見られる。この真実語 satyavacana と真言 mantra の関係を，ブッダグフヤは『大日経広釈』(45)でつぎのように説く。

如来が多劫に積集したその真実語 bden paḥi tshig（satyavacana）を真言 gsaṅ sṅags（mantra）の字母に加持したから，成就しようとするものは誰でも，真実語を守護すべきだと知りなさい。

したがって，真言とは，如来の真実語を加持したものであるということになる。それゆえに，漢訳『大日経』においても，マントラを真実語 satyavacana と同意趣と解して，「真実語」と訳している場合があるのである。

このように，法身の真言化(46)が，般若経から『大日経』への過程で完成されたことは重要であり，密教の真言の加持へと展開するものとして注目される。

第3節　仏出世不出世の定型句

1．初期仏教の仏出世不出世

上記の「不来不去」の定型句と同様に，さらに法無我性として「如来の出世不出世」の定型句も見られる。大乗以前の定型句としては，『雑阿含経』巻第十二(47)に縁起と関連させながら「彼の如来が出世するも，及び未だ出世せざるも，法界は常住なり。」と記される。

その縁起の法は，誰によって作られたものでもなく，如来が出現し，しないにもかかわらず，法界として常に確立しているという「法界常住」の思想に結びつく。この「法界」は，『雑阿含経』巻第三十(48)に「如来が出世するも，及び出世せざるも，法性は常住なり。」と説く用例と一致する。

しかしながら，この「法界常住」の思想が直ちに初期仏教の文献にあるかといえば，疑問の余地もある。何故ならば，前田慧学博士が言うように，雑阿含系の原形の成立年代を一応世紀後200年から400年の間と押さえ，中国で翻訳されて以後，現在のように手を加えられたのが5世紀から6世紀(49)だとすると，この法界常住の思想には，般若経をはじめとし，『十地経』や『大乗涅槃経』などの影響が加わったことが充分に考えられるからである(50)。

2．般若経から華厳経への仏出世不出世の定型句

この法界常住と法爾の思想は，『大般若波羅蜜多経』巻第三百七十と同経の他の5カ所(51)に説かれている。すなわち，『大般若波羅蜜多経』巻第三百七十では，「有相に非ず，無相にも非ず」の立場から「如来が出世し，若しは出世せざれども，法界は常住なり」(52)と説かれ，『大般若波羅蜜多経』巻第三百八十五(53)では「諸法の法爾（常住)」が説かれる。

この般若経系の「仏出世不出世」の定型句が，華厳経で最も早く成立した『十地経』巻第六(54)にも，つぎのように展開する。

> eṣā sarva-dharmāṇāṃ dharmatā / utpādād vā tathāgatānām anutpādād vā sthitaivaiṣā dharmatā dharma-dhātu-sthitiḥ yad idaṃ sarva-dharma-śūnyatā sarva-dharmānupalabdhiḥ /
>
> これが，一切諸法の法性である。諸如来が〔世に〕出ても，〔世に〕出なくても，この法性と法界の住はつぎのように存している。すなわち，一切諸法の空性として，一切諸法の不可得としてである。

ここでも法性と法界は常に住すとされ，この法性と法界に執着してはならないために，空の立場から「一切諸法の空性として，一切諸法の不可得として」存すと「不可得空」を説く。

『大宝積経』巻第六「清浄陀羅尼品第三之一」(55)に，世尊が神通力で衆会の菩薩たちに十方無量に遍満する諸仏の姿を見せ，諸仏の所説の法を聞かせてから(56)，その所説の法について説いたものが，この「諸法の自性は本性常住なり。法界は住性にして，法界は定性なり。」の定型句である。さらに，諸仏の教説の自性が本性上常住であることを示し，その諸法の自性（法性）は，法界と同義語であるとも説く。

四十巻『大般涅槃経』巻第三十二には「有仏無仏なれども法界は常住なり」(57)とか，三十六巻『大般涅槃経』巻第三十一には涅槃経独特の「法身は即

ち是れ常楽我浄なり。……若し仏け出世し及び出世せざれども，常住にして動ぜず，変易あることなし。」[58]と，法身の常住を常楽我浄と併せて説く。

さらに『大般泥洹経』巻第二[59]では，「如来の法身は常住なり」「金剛のごとく不壊なり」と説き，法身が病死等に変易されることのない比喩として金剛の不壊を説く。

さらにまた，これら諸法が自性上常住の性をもち，諸法の法爾 dharmatā 常住[60]と合したものが，密教の『大日経』「具縁品」に，つぎのように説かれる[61]。

秘密主よ，また，諸の真言の特色は，一切諸仏が作られたものでもなく，作らせたものでもなく，随喜させるものでもない。それはどうしてかというと，こ〔の真言〕は諸法の法性であって，このように諸如来は出現してもよく，出現せざるもよく，その諸法の法性 chos ñid は本来〔常〕住するもの ye nas gnas pa であって，それはまたいわゆる，諸の真言の真言の法性 chos ñid であるから。

ここでの諸の真言の特色が，一切諸仏が作られたものでもなく，作らせたものでもないとする表現は，すでに見た『雑阿含経』巻第十二[62]の「縁起の法は世尊の作となすや，余人の作となすや。」と関連する。また，「諸の真言の真言の法性 chos ñid」を，漢訳では「諸の真言の真言の法爾」と訳し，真言の法爾常住と解している。

さらに密教の『守護国界主陀羅尼経』「入如来不思議甚深事業品」[63]では，『大日経』の三句の法門を引用しながら[64]，その定型句をつぎのように，

此の無生滅は若し仏出世するも，若し出世せざれども，法界は常住なり。法界の常なるが如く，此の智の成就も亦復た是の如し。

と説き，法界が常住であるのと同様に，智の常住も述べられる。

以上によって，「仏出世不出世」の定型句は，初期仏教から大乗へ，さらに密教へと展開し，真如・法性・法界・法身・真言・智が常住であり，法爾であると示されていることを，ここに確認できた。

したがって，以上の定型句の展開から，『大日経』の定型句の起源を少なく

とも『大般若経』にまで遡らせ得ることが可能であるから，『大日経』の先駆思想も，般若経まで遡らせることができるということになる。

第4節　四十二字門と五十字門

大品系に属する『光讃経』[65]巻第七には四十二字門が説かれ，巻第九「摩訶般若波羅蜜等三世品第二十三」には，字と般若波羅蜜との2つをともに「空にして不可得」[66]であると説く。また，『放光般若経』巻第一[67]にも，菩薩が般若波羅蜜多をどのように行ずべきかを説き，「般若波羅蜜を行ずる菩薩は，諸法の字を見ず。所見無きを以ての故に所入無し。」と説く。このように，文字の不可得空の立場に立って説かれたアルファベットが，四十二字門である。

四十二字門系は，般若経系に5カ所[68]，華厳経系に8カ所[69]，『大方等大集経』巻第十[70]，『観察諸法行経』巻第二[71]，『海意菩薩所問浄印法門経』巻第十三[72]，『守護国界主陀羅尼経』巻第三[73]に，以下のように説かれている。

a, ra, pa, ca, na,　la, da, ba, ḍa, ṣa,　va, ta, ya, ṣṭa, ka,　sa, ma, ga, tha, ja, śva,　[sva], dha, śa, kha, kṣa,　sta, jha, rtha, [ha], bha, cha,　sma, hva, tsa, gha, ṭha,　ṇa, pha, ska, ysa, śca,　ṭa, ḍha.[74]

これに対し，五十字門は，*Lalitavistara*の漢訳『普曜経』巻第三[75]と『方広大荘厳経』巻第四[76]，『仏本行集経』巻第十一[77]，『大般涅槃経』巻第八[78]，『大般泥洹経』巻第五[79]，『文殊師利問経』巻上[80]，『文殊問経』巻第十四[81]，『瑜伽金剛頂経釈字母品』巻第十八[82]に，以下のように説かれている。

a, ā, i, ī, u, ū, ṛ, ṝ, ḷ, ḹ[83],　e, ai, o, au, aṃ, aḥ,　ka, kha, ga, gha, ṅa, ca, cha, ja, jha, ña,　ṭa, ṭha, ḍa, ḍha, ṇa,　ta, tha, da, dha, na,　pa, pha, ba, bha, ma,　ya, ra, la, va, śa,　ṣa, sa, ha, kṣa.

これら両者の字門には，アンダーラインを付した字門に見られるように，『大日経』の五大のa，va，ra，ha，khaがともに含まれている。

表1　三十四字門と四十二字門の対比

三十四字門	『大日経』	一致するものへの線	四十二字門	『般若経』
a	**阿字門一切諸法本不生故。**		a	**入梶字門。悟一切法本不生故。**
ka	迦字門一切諸法離作業故。		ra	**入洛字門。悟一切法離塵垢故。**
kha	**佉字門一切諸法等虚空不可得故。**		pa	入跛字門。悟一切法勝義教故。
ga	哦字門一切諸法一切行不可得故。		ca	入者字門。悟一切法無死生故。
gha	伽（重声）字門一切諸法一合不可得故。		na	入娜字門。悟一切法遠離名相無得失故。
ca	遮字門一切諸法離一切遷変故。		la	入砢字門。悟一切法出世間故。愛支因縁永不現故。
cha	車字門一切諸法影像不可得故。		da	入柁字門。悟一切法調伏寂静真如平等無分別故。
ja	若字門一切諸法生不可得故。		ba	入婆字門。悟一切法離繫縛故。
jha	社字門一切諸法戦敵不可得故。		ḍa	入荼字門。悟一切法離熱矯穢得清浄故。
ṭa	吒字門一切諸法慢不可得故。		ṣa	入沙字門。悟一切法無罣礙故。
ṭha	咤字門一切諸法長養不可得故。		va	**入縛字門。悟一切法言音道断故。**
ḍa	拏字門一切諸法怨対不可得故。		ta	入頞字門。悟一切法真如不動故。
ḍha	荼（重声）字門一切諸法執持不可得故。		ya	入也字門。悟一切法如実不生故。
ta	多字門一切諸法如如不可得故。		ṣṭa	入瑟吒字門。悟一切法制伏任持相不可得故。
tha	他字門一切諸法住処不可得故。		ka	入迦字門。悟一切法作者不可得故
da	娜字門一切諸法施不可得故。		sa	入娑字門。悟一切法時平等性不可得故。
dha	駄（重声）字門一切諸法法界不可得故。		ma	入磨字門。悟一切法我及我所性不可得故。
pa	波字門一切諸法第一義諦不可得故。		ga	入伽字門。悟一切法行取性不可得故。
pha	頗字門一切諸法不堅如聚沫故。		tha	入他字門。悟一切法処所不可得故。
ba	麼字門一切諸法縛不可得故。		ja	入闍字門。悟一切法生起不可得故。
bha	婆字門一切諸法一切有不可得故。		śva [sva]	入湿縛字門。悟一切法安隠性不可得故。
(ma)	(死不可得の故に ma は一切法の門なり。)(88)【チベット訳のみ】			
ya	野字門一切諸法一切乗不可得故。		dha	入達字門。悟一切法界性不可得故。
ra	**囉字門一切諸法離一切諸塵染故。**		śa	入捨字門。悟一切法寂静不可得故。
la	邏字門一切諸法一切相不可得故。		kha	**入佉字門。悟一切法如虚空性不可得故。**
va	**縛字門一切諸法語言道断故。**		kṣa	入羼字門。悟一切法窮尽性不可得故。
śa	奢字門一切諸法本性寂故。		sta	入薩頞字門。悟一切法任持処非処令不動転性不可得故。

ṣa	沙字門一切諸法性鈍故。		jha	入若字門。悟一切法所了知性不可得故。
sa	娑字門一切諸法一切諦不可得故。		rtha	入辣他字門。悟一切法執著義性不可得故。
ha	**訶字門一切諸法因不可得故。**		ha	**入呵字門。悟一切法因性不可得故。**
ṅa			bha	入薄字門。悟一切法可破壊性不可得故。
ña			cha	入綽字門。悟一切法欲楽覆性不可得故。
ṇa			sma	入颯磨字門。悟一切法可慨念性不可得故。
na			<u>hva</u>	入嗑縛字門。悟一切法可呼召性不可得故。
ma	（漢蔵ともにあるが，蔵文ではすでに pa 行で ma 字門として挙げる）		tsa	入蹉字門。悟一切法勇健性不可得故。
			gha	入鍵字門。悟一切法厚平等性不可得故。
			ṭha	入搋字門。悟一切法積集性。不可得故。
			ṇa	入拏字門。悟一切法離諸喧諍無往無来行住坐臥不可得故。
			pha	入頗字門。悟一切法遍満果報不可得故。
			ska	入塞迦字門。悟一切法聚積蘊性不可得故。
			ysa	入逸娑字門。悟一切法衰老性相不可得故。
			śca	入酌字門。悟一切法聚集足跡不可得故。
			ṭa	入吒字門。悟一切法相駆迫性不可得故。
			ḍha	入択字門。悟一切法究竟処所不可得故。

1．般若経と『大日経』の字門

従来，五十字門系と見られてきた『大日経』の三十四字門(84)，は，般若経系の四十二字門と密接に関連していることが判明した。

『大日経』の字門では，「a・ka・kha・ga・gha・ca・cha・ja・jha(85)・ṭa・ṭha・ḍa・ḍha・ta・tha・da・dha・pa・pha・ba・bha・[ma](86)・ya・ra・la・va・śa・ṣa・sa・ha・ṅa・ña・ṇa・na・ma」の34字のみを説き，五十字門の他の ā・i・ī・u・ū・ṛ・ṝ・ḷ・ḹ・e・ai・o・au・aṃ・aḥ・kṣa の16字を欠く。

この『大日経』の三十四字門と『大般若波羅蜜多経』巻第五十三(87)の四十二字門を対比して，ほぼ一致するものを点線で結ぶと表1のようになる。

この表1からもわかるように，『大日経』の三十四字門のすべてが四十二字門系の記述中に存在する。また，『大日経』の ṅa・ña・ṇa・na・ma の5字は，最後に一括して挙げられ字門の意味を記さないが，四十二字門系では，これらの字門の意味も記す。このように，『大日経』の34字は，般若経系の四十二字門の流れを汲み，a・ka・kha・ga・ja・ta・tha・dha・pa・ba・ra・va・śa・ha の14字は，その意味内容がほぼ一致する。

2．四十二字門と五十字門の五大の種子

したがって，この14字中にある a・va・ra・ha・kha の五字の意味も，ほぼ完全に一致している。そこで，つぎに，これら両者間で一致する14字中の五字厳身観の五字（a・va・ra・ha・kha）について，四十二字門系と五十字門系の関連を表2によって見てみよう。

これらの四十二字門系の資料の中で，A・VA・RA・HA・KHA の五字の意味が，『大日経』とほぼ一致するものを抽出すると，A『大般若波羅蜜多経』第五巻(90)とB『大般若波羅蜜多経』第七巻(91)がそれに当たる。また，HA 字門は記されないが，それ以外のほぼ一致するものとして，『唐梵翻対字音般若波羅蜜多心経』(92)，『華厳経入法界品四十二字観門』(93)，『守護国界主陀羅尼経』巻第三(94)，『大智度論』(95)が挙げられる。

これに対し，五十字門系の資料では，密教の『大日経』と『瑜伽金剛頂経釈字母品』以外には全く一致するものがない。

いま，四十二字門系の五字すべてを記すA『大般若波羅蜜多経』第五巻と『大日経』の五字の意味を対比すると，表3のようになる。

これからも知られるように，『大日経』の五字厳身観の5字の意味(96)

gzod nas ma skyes paḥi phyir A ni chos thams cad kyi sgoḥo //…

ṅag gi lam daṅ bral baḥi phyir BA ni chos thams cad kyi sgoḥo//…

rdul tham cad daṅ bral baḥi phyir RA ni chos thams cad kyi sgoḥo //…

表2　五字厳身観の五字の関連

五大(順番)	A	VA	RA	HA	KHA
字門 / 経典(大正No.)	四十二字門（中の34字） a・ka・kha・ga・gha・ca・cha・ja・jha・ṭa・ṭha・ḍa・ḍha・ta・tha・da・dha・pa・pha・ba・bha・[ma]・ya・ra・la・va・śa・ṣa・sa・ha・ṅa・ña・ṇa・na・ma				
巻第5 No. 220 p. 302b-c (般若経A)	入A裒字門。悟一切法本不生故。	入VA縛字門。悟一切法言音道断故。 【BAとVAあり】	入RA洛字門。悟一切法離塵垢故。	入HA呵字門。悟一切法因性不可得故。	入KHA佉門。悟一切法如虚空性不可得故。
巻第7 No. 220 p. 489b-c (般若経B)	入裒字門。悟一切法本不生故。	入縛字門。悟一切法言音道断故。 【BAとVAあり】	入洛字門。悟一切法離塵垢故。	入呵字門。悟一切法能為因性不可得故。	入佉字門。悟一切法如太虚空平等之性不可得故。
巻第8 No. 221 p. 26b-c	一者阿。阿者謂諸法来入不見有起者。	十一者和。和者諸法言行已断。 【BAとVAあり】	二者羅。羅者垢貌於諸法無有塵。	（欠）	二十四者佉。佉者諸法虚空不可得。
巻第8 No. 222 p. 195c-6a	(文字門。文字所入。何謂文字門文字所入因縁之門。一切諸法以過去者亦無所起。其門所作。)	是恕之門。断除一切諸法音声句跡所趣。 【BAとVAあり】	是羅之門。法離諸垢。	（欠）	是呿之門。一切諸法猶如虚空而無所生。
巻第8 No. 223 p. 256a-b	阿字門。一切法初不生故。	和字門。入諸法語言道断故。 【BAとVAあり】	羅字門。一切法離垢故。	（欠）	呿字門。入諸法虚空不可得故。
巻第9 No. 278 華厳経60 p. 765c-6a	唱阿字時。入般若波羅蜜門。名菩薩威徳各別境界。	唱婆字時。入般若波羅蜜門。名金剛場。 【BAのみ】	唱羅字時。人般若波羅蜜門。名平等一味最無辺。	（欠）	唱佉字時。人般若波羅蜜門。名浄修因地現前智蔵。
巻第10 No. 279 華厳経80 p. 418a-b	唱阿字時。入般若波羅蜜門。名以菩薩威力入無差別境界。	唱縛（房可切）字時。入般若波羅蜜門。名普生安住。 【BAとVAあり】	唱多字時。入般若波羅蜜門。名無辺差別門。	（欠）	唱佉字時。入般若波羅蜜門。名修因地智恵蔵。
巻第19 No. 1019 p. 707c- 華厳経入法界品四十二字観門	𑖀阿（上）字時名由菩薩威徳入無差別境界般若波羅蜜門。悟一切法本不生故。	𑖪嚩字時。入普遍生安住般若波羅蜜門。悟一切求言語道断故。 【BAとVAあり】	𑖨囉字時。入無辺際差別般若波羅蜜門。悟一切法離塵垢故。	（欠）	𑖏佉（上）字時。入現行因地智恵蔵般若波羅蜜門。悟一切法如虚空性不可得故。

巻第10 No. 293 p. 804a-c 華厳経40巻	唱婀字時。能甚深入般若波羅蜜門。名以菩薩勝威徳力顕示諸法本無生義。	唱嚩（無可反）字時。能甚深入般若波羅蜜門。名普遍動心出生安住。 【BA と VA あり】	唱囉字時。能甚深入般若波羅蜜門。名普遍顕示無辺際微細解。	（欠）	唱佉（上）字時。能甚深入般若波羅蜜門。名因地前智恵蔵。
巻第10 No. 295 p. 877a-b 華厳経入法界品1巻	唱阿字時。入般若婆羅蜜門。名菩薩威徳各別境界。	唱他字時。入般若波羅蜜門。名普生安住。 【BA のみ】	唱羅字時。入般若波羅蜜門。名平等一味最上無辺。	（欠）	唱佉字時。入般若波羅蜜。名浄修因地現前智蔵。
巻第19 No. 1020 p. 709b 華厳経入法界品瑜伽儀軌	 四十二字頌曰 a, ra, pa, ca, na, la, da, ba, ḍa, ṣa, va, ta, ya, ṣṭa, ka, sa, ma, ga, tha, ja, śva, [sva], dha, śa, kha, kṣa, sta, jha, rtha, [ha], bha, cha, sma, hva, tsa, gha, ṭha, ṇa, pha, ska, ysa, śca, ṭa, ḍha. 円明字輪　【BA とVA あり】				
巻第13 No. 397 p. 65c （二十五字門のみ）	阿字一切法門。阿者言無。一切諸法皆悉無常。	（欠）	（欠）	（欠）	佉亦一切法門。佉者一切諸法猶如虚空。
巻第15 No. 649 p. 731c（十六字門のみ）	阿字不生義故。	（欠）	（欠）	（欠）	（欠）
巻第13 No. 400 p. 506c-1a （十九字門のみ）	阿字門。表示一切法無生義。	（欠）	（欠）	（欠）	佉字門。表示一切法虚空煥明義。
巻第19 No. 997 p. 534c-5a （38字門のみ）守護国界主陀羅尼経巻第三	婀（上短）字印者。以一切法性無生故。	嚩字印者。不二之道言語断故 【BA と VA あり】	囉字印者。以一切法無染著故。	（欠）	佉字印者。悟如虚空無尽法故

五大	A	VA	RA	HA	KHA
字門 / 経典	五十字門 a, ā, i, ī, u, ū, ṛ, ṝ, ḷ, ḹ (89), e, ai, o, au, aṃ, aḥ, ka, kha, ga, gha, ṅa, ca, cha, ja, jha, ña, ṭa, ṭha, ḍa, ḍha, ṇa, ta, tha, da, dha, na, pa, pha, ba, bha, ma, ya, ra, la, va, śa, ṣa, sa, ha, kṣa.				
巻第3 No. 186 p. 498c	アaの字を唱えるその時には「一切諸行無常	ヴァvaの字を唱える時には「最勝乗	ラraの字を唱える時には「楽不楽勝義楽	ハhaの字を唱える時には「除煩悩離貪欲	クハkhaの字を唱える時には「一切法如虚
和訳 *Lalitavistara* の研究 （p. 881-886）（skt. 四十六字，漢訳四十一字門のみ）	anityaḥ sarva-saṃskāra」なる音が出たり。（其言無者。宣於無常苦空非我之音。）	varayāna」なる音が(出たり)。（其言恵者。出布施戒博聞之恵無妄想音。）	raty-arati-para-mārtha-rati」なる音が(出たり)。（其言除者。出不貪己除五蓋音。）	hata-kleśa-virāga」なる音が(出たり)。 （漢訳欠。）	khasama-sarva-dhara」なる音が(出たり)。（其言没者。出消瞋厭諍訟之音。）
巻第4 No. 187 p. 559c-560b（四十六字門のみ）	唱阿字時。出一切諸行無常声。	唱婆（上声）字時。出最勝乗声。	唱羅字時。出厭離生死欣第一義諦声。	唱呵字時。出永害業煩悩声。	唱佉字時。出一切諸法如虚空声。
巻第3 No. 190 p. 704a-c（三十八字門のみ）	唱阿字時。諸行無常。出如是声。	唱婆字時。断一切身根本種子。出如是声。	唱囉字時。当有三宝。出如是声。	唱叟字時。当打一切諸煩惱 。出如是声。	唱佉字時。教拔一切煩香根本。出如是声。
巻第12 No. 375 p. 653c-655a 大般涅槃経巻第八（四十三字門のみ）	短阿者不破壊故。不破壊者名曰三宝。喩如金剛。又復阿者不流故。不流者即是如来。	和者如来世尊為諸衆生雨大法雨。所謂世間術経書。是故名和。	囉者能壊貪欲瞋恚愚癡説真実法。是故説囉。	呵者名心歓喜。奇哉世尊離一切行。怪哉如来人般涅槃。是故名呵。	呿者名非善友。非善友者名為雑穢。不信如来秘密之蔵。是故名呿。
	如来九孔無所流故。是故不流。又無九孔是故不流。不流即常。常即如来。如来無作。是故不流。又復阿者名為功徳。功徳者即是三宝。是故名阿。				
巻第12 No. 376 p. 887c-888c 大般泥洹経巻第五（四十五字門のみ）	短阿者吉義。吉者三宝義。……復次阿者。有所長養皆依於聖。一切真実正行之本。	和者一切世間呪術制作。菩薩悉説。是故説和。	羅者滅婬怒癡入真実法。是故説羅。	呵者驚声也。怪哉諸行悉皆究竟。怪哉如来而般泥洹離諸喜楽。是故説呵。	呿者掘也。発掘如来甚深法蔵。智恵深入無有堅固。是故説呿。
	孝養二親皆依是知。暁了正法住摩訶衍。……又復阿者。世界言語法之所依。如言善男子阿伽車。如言男子莫作阿那遮邏（akṣara）。是故阿者亦是世間言語所依。				

巻第14 No. 468 p. 498a 文殊師利問経巻上（五十字門）	説阿字是出無常声。	説婆字出勝乗声。	説囉字出楽不楽第一義声。	説訶字出正殺煩悩声。	説佉字出虚空等一切諸法声。
巻第14 No. 469 p. 509b-510a文殊問経字母品第十四（五十字門）	称阿（上）字時是無常声。	称嚩（無可反）字時是最上乗声。	称囉（梨仮反）字時是楽不楽勝義声。	称賀字時是害煩悩離欲声。	称佉（上）字時是出一切法等虚空声。
巻第18 No. 848 p. 10a『大日経』具縁品 東北 No. 494 fol. 170b（三十四字門のみ）	本来不生の故に，ア a は一切法の門なり。（阿字門一切諸法本不生故。）	言語道を離れたるが故に，バ ba (va) は一切法の門なり。（va 縛字門一切諸法語言道断故。）（ba 麼字門一切諸法縛不可得故。）	一切の塵垢を離れている故に，ラ ra は一切法の門なり。（囉字門一切諸法離一切諸塵染故。）	因不可得の故に，ハ ha は一切法の門なり。（訶字門一切諸法因不可得故。）	虚空と等しく不可得の故に，カハ kha は一切法の門なり。（佉字門一切諸法等虚空不可得故。）
巻第18 No. 880 p. 338b『瑜伽金剛頂経釈字母品』（五十字門）	𑖀阿（上）字門一切法本不生故。	𑖪嚩字門一切法語言道断故。	𑖨囉字門一切法離諸塵染故。	𑖮賀字門一切法因不可得故。	𑖏佉（上）字門一切法等虚空不可得故。

表 3　四十二字門系の五字の対比

	四十二字門系	四十二字門系
	『大日経』の五字	『大般若波羅蜜多経』第五巻の五字
A	一切諸法本不生	一切法本不生
VA	一切諸法語言道断	一切法言音道断
RA	一切諸法離一切諸塵染	一切法離塵垢
HA[HVA]	一切法因不可得	一切法因性不可得
KHA	一切法等虚空不可得	一切法如虚空性不可得

rgyu dmigs su med paḥi phyir HA ni chos thams cad kyi sgoḥo / …
nam mkhaḥ daṅ ḥdra bar dmigs su med paḥi phyir KHA ni chos thams cad kyi sgoḥo //

本不生なるが故にAアは一切法の門なり。…
語言道より離れたるが故にBA（=VA）バ（ヴァ）は一切法の門なり。…
一切の塵垢より離れたるが故にRAラは一切法の門なり。…
因不可得の故にHAハは一切法の門なり。…
虚空と等しく不可得なるが故にKHAクハは一切法の門なり。

は，五十字門系ではない四十二字門系の般若経から採用していることが知られる。

3．『大日経』の三十四字門の特色

以上によって，『大日経』の三十四字門は，そのほとんどを般若経系の四十二字門から採用している。それはおそらく，密教瞑想でアーリ（a, ā, i, ī, u, ū, ṛ, ṝ, ḷ, ḹ, e, ai, o, au, aṃ, aḥ）と，カーリ（ka, kha, ga, gha, ṅa, ca, cha, ja, jha, ña, jṭa, ṭha, ḍa, ḍha, ṇa, ta, tha, da, dha, na, pa, pha, ba(97), bha, ma, ya, ra, la, va, śa, sa, ha）を利用する金剛頂経系の儀軌化に先駆けて，般若経系の四十二字門から三十四字門を採用した『大日経』が，それらを五十字門系の順序に並び替えたものであろうと推測される。

したがって，『瑜伽金剛頂経釈字母品』の五十字門では，『大日経』の四十二字門の関連として，さらにアーリを完備し，鼻音を加えながら完全な五十字門系の順序に整理されている。この点から見ると，それら『瑜伽金剛頂経釈字母品』の字門は『大日経』の三十四字門を基本とし，さらにそれを充実させて五十字門に完成させており，『瑜伽金剛頂経釈字母品』を『大日経』系からの発展と見なければならない。

また，この『大日経』の三十四字門と，『瑜伽金剛頂経釈字母品』の四十二字門との五十字門の混合系は，四十二字門系の字義を五十字門系の順序に合わせたものであり，他の五十字門系と完全に区別されなければならないものである。したがって，五十字門系には，『大日経』『瑜伽金剛頂経釈字母品』系と，それ以外との2種類の系統が存在することとなる。

註

（1） 大正8，No. 223.

（2） 大正8，No. 221，pp. 83c-84a.

（3） N. Dutt: *Pañcaviṃśatisāhasrikā prajñāpāramiā,* Calcutta Oriental Series No. 28, 1934, p. 122[20]，大正8，No. 223，pp. 233c-234a. 東北No. 9，ka 帙，fol. 125a[7].

（4） 大正5，No. 220.

（5） 『一万八千頌般若経』*Aṣṭādaśasāhasrikā prajñāpāramitā* の梵本は，中央アジアで発見された断片と，ギルギットで発見された写本があり，その主要な部分がコンゼ（E. Conze: Serie Orientale Roma. nos. 26, 45）によって第五十五章から八十二章の部分のローマナイズ化として報告されている（勝崎裕彦・小峰弥彦・下田正弘・渡邊章悟編『大乗経典解説事典』，北辰堂，1997年，pp. 48-49参照）。

（6） 註（5）前掲，『大乗経典解説事典』，p. 47-88「I　般若部」参照。

（7） N. Dutt: *Pañcaviṃśatisāhasrikā prajñāpāramitā* (p. 122[20])，「de nas tshe daṅ ldan pa śa rdwa tiḥi bus / tshe daṅ ldan pa rab ḥbyor la legs so shes bya ba byin te / tshe daṅ ldan pa rab ḥyor legs so legs so // khyod ni bcom ldan ḥdas kyi sras thugs las skyes pa / shal nas byuṅ ba / chos las skyes pa / chos kyis sprul pa / chos kyi bgo skal ba / ṅaṅ gi skal ba ma yin pa /」（東北No. 9，ka 帙，fol. 125a[7]）．漢訳はこの句の「法より生じたものであり」を「従見法生」とする（大正8，No. 223，pp. 233c-234a）が，チベット訳にもない。また定型句の後に「仏の所説の如く真実にして虚しからず」の句があるが，梵・蔵にはない。

（8） 大正8，No. 223，p. 233c，Dutt 本 pp. 121[14]-122[3]．東北No. 9，ka 帙，fol. 124a[2].

（9） 大正8，No. 223，p. 234a, Dutt 本 p. 122[19]．東北No. 9，ka 帙，fol. 125a[2]．N. Dutt: *Pañcaviṃśatisāhasrikā prajñāpāramitā,* p. 122[12].

（10） 爾の時，諸の欲天子と諸の色天子は倶に仏に白して言さく，世尊よ，尊者須菩提は諸弟子の中で仏の真子なり。何を以ての故に，説く所は但だ空にして縛の法なしと説くや。時に須菩提は諸の欲と色の天子に語りて言わく。卿が説く所の如く，諸弟子の中で我は真の弟子なり。云何んが真子なりや。諸の天子，須菩提に報て言わく，仏は如より生じて無去，無来なり。須菩提の如も亦た不来にして亦た不去なり。是を以ての故に，須菩提は仏より生じたり。……尊者須菩提は乃ち如来の如より生じた真の仏子なり。（大正8，No. 221，pp. 83c-84a）。

（11） dharma-kāyās tathāgatāḥ /（*Aṣṭasāhasrikāprajñāpāramitāsūtra,* Vaidya，No. 4，p.

253[21], 『仏母出生三法蔵般若波羅蜜多経』巻第二十五，大正8，No. 228，p. 674a. 東北No. 12，ka帙，fol. 277b[1]).

(12)　『方広大荘厳経』(大正3，No. 186，p. 560a)。

(13)　真如がdharmatāに当たるとする用例は，法身思想と密接に関連する。

(14)　大正7，No. 220，p. 253b.「汝（舎利子）は真の仏子なり。仏心より生じ，仏口より生じ，仏法より生じ，法より化生し，仏の法分を受け財分を受けず。」(大正5，No. 220，巻第三十六「初分勤学品第八」p. 202c)。なお，仏の「心より生じ」とするのは，*Aggañña-suttanta*の定型句中のputto orasoの語をチベット訳がしばしば訳すように，「心より生じた子」と合う。

(15)　大正7，No. 220，p. 619c.

(16)　『大智度論』巻第四十二（大正25，No. 1509，p. 362c)。

(17)　『大智度論』巻第四十二（大正25，No. 1509，p. 363b)。同第七十六巻（大正25，No. 1509，p. 564a）に「仏子有五皆従口生法生。須陀洹乃至阿羅漢入正位菩薩。辟支仏雖仏法中種因縁。無仏時自能得道。不得言従仏口生。因縁遠故。」等とある。

(18)　『勝鬘経』「顚倒真実章第十三」，大正12，No. 353，p. 222a. 東北No. 92，cha帙，fols.273b[6]-274a[2]. 『究竟一乗宝性論』への引用文は，大正31，No. 1611，p. 829b[29]. 東北No. 4025，phi帙，fol. 91a[3].

(19)　辻直四郎『リグ・ヴェーダ讃歌』(岩波文庫，1974年，p. 320)。

(20)　虚仮自称婆羅門種最為第一余者卑劣。我種清白余者黒冥。我婆羅門種出自梵天。従梵口生。現得清浄後亦清浄。(大正1，No. 1(五)，第二分初，『小縁経』第一，p. 36c)，*DN.*, xxvii, 4, p. 81.

(21)　*Aṣṭasāhasrikāprajñāpāramitāsūtra* (Vaidya, No. 4, p. 253[21])「evam eva kulaputra ye kecit tathāgata-rūpeṇa vā ghoṣeṇa vā abhiniviṣṭāḥ, te tathāgatasyāgamanaṃ ca gamanaṃ ca kalpayanti / ye ca tathāgatasyāgamanaṃ ca gamanaṃ ca kalpayanti / sarve te bāla-jātīyā duṣprajña-jātīyā iti vaktavyāḥ, tadyathāpi nāma sa eva puruṣo yo 'nudake udaka-saṃjñām utpādayati / tat kasya hetoḥ na hi tathāgato rūpa-kāyato draṣṭavyaḥ / dharma-kāyās tathāgatāḥ / na ca kulaputra dharmatā āgacchati vā gacchati vā / evam eva kulaputra nāsti tathāgatānām āgamanaṃ vā gamanaṃ vā /」(『仏母出生三法蔵般若波羅蜜多経』巻第二十五〈大正8，No. 228，p. 674a，東北No. 12，ka帙，fol. 277b[1]〉).

(22)　大正6，No. 220，p. 1068c. これの繰り返し文が，この前後に数度あり。

(23)　大正8，No. 221，pp. 83c-84a.

(24)　大正12，No. 352，p. 215b.

(25)　大正15，No. 586，p. 59a. 東北No. 160，ba帙，fol. 33a[5].

(26)　大正18. No. 848，p. 21c. 東北No. 494，tha帙，fol. 188b[5-7]. 東北No. 2663続，tu

帙，fol. 26a[2].

de nas dpal ldan rdo rje ḥdsin / / ṅo mtshar gyur nas mig bgrad de //
de tshe rdo rje ḥod zer ni / / me stag ḥphro ba ḥdrar gsor shiṅ //
saṅs rgyas shiṅ ni ḥdi thams cad / / kun tu snaṅ bar byas nas su //
chos kun dbaṅ phyug thub pa la / / tshig sñan ḥdi skad ces gsol to //
sṅags kyi ḥjug pa bśad lags na / / ḥjug pa de yaṅ ma rtogs na //
gsaṅ sṅags gaṅ nas ḥoṅ ba daṅ / / gaṅ du ḥgro ba gtso khyod kyis //
de kun bdag la bśed du gsol // / …….

(27) 東北No. 494, tha 帙, fol. 188b[7]. 東北No. 2663続, tu 帙, fols. 26b[1]-27a[3]. 大正18. No. 848. p. 21c.

sems dpaḥ chen po dkyil ḥkhor gyi / / gnas ni yid ces bśad pa yin //
sñiṅ ni gsaṅ sṅags gnas yin par / / śes na ḥbras bu thob par ḥgyur //
dkar po ser po dmar po gaṅ / / yid kyis sems par byed pa ste //
de la yoṅs su gcod pa gaṅ / / de ni sems kyi byed pa yin //
sems ni mgu nas ṅes gyur pa / / de ni sñiṅ shes bśad pa yin //
der gnas pa yi gsaṅ sṅags rnams / / ḥbras bu rgya cher ster bar ḥgyur //.

(28) 「「白黄赤（等の五輪）」とは，地・水・火・風・空の五輪を指すと説く。」（酒井真典著作集第２巻『大日経広釈全訳』，法藏館，1987年，p. 243）。

(29) 『大日経疏』大正39，No. 1796，p. 623a.

(30) 大正39，No. 1796，p. 694b.

(31) *DN.*, xxvii, I, I. *Aggañña-suttanta-vaṇṇanā*, p. 865. 玉城康四郎「法華仏教における仏陀観の問題—原始経典から『法華経』へ」（渡辺宝陽編『法華仏教の仏陀論と衆生論』，平楽寺書店，1990年，p. 41の注(12)）参照。

(32) サンスクリット語の真実satyaの用例は，初期仏教でパーリ語の真実saccaとして展開していたことがすでに報告されている。奈良康明「「真実語」について—仏教呪術の一側面」（『日本仏教学会年報』第38号，1973年，pp. 19-38），Yusho Wakahara: The Truth-utterance (satyavacana) in Mahāyāna Buddhism（北畠典生教授・北川豊藝教授定年記念『仏教学研究』第56号，2002年，pp. 58-69）参照。

(33) Vaidya, No. 4, p. 27[29]. p. 37[12].

(34) *PAÑCAVIṂŚATISĀHASRIKĀ PRAJÑĀPĀRAMITĀ* Ⅱ・Ⅲ, ed. by Takayasu Kimura, SANKIBO, 1986, Ⅱ, p. 70[16]. この箇所には，「無等呪asamā vidyā」の語はない。

(35) 註(32)前掲，奈良「「真実語」について—仏教呪術の一側面」pp. 19-38, Wakahara: The Truth-utterance (satyavacana) in Mahāyāna Buddhism, pp. 58-69, 平川彰著作集第３巻『初期大乗仏教の研究（Ⅰ）』（春秋社，1989年，pp. 340-342）参照。松

長有慶『密教経典成立史論』（法藏館，1980年，pp. 83-114）参照。mantra-pada については，吹田隆道「東トルキスタン有部の読誦経— Nagaropamavyākaraṇa（＝Nagarasūtra）と魔除け」（『三康文化研究年報』第20号，1987年）参照。

（36）「如来は法身である。」（Vaidya, No. 4, p. 253[25]），「般若波羅蜜多は法身である。」（Vaidya, No. 4, p. 228[14]）。一切諸法において執著なく諸の菩薩行を修す菩薩を「法身の子」と示す用例は「第十六会般若波羅蜜多分之二」（第五百九十四巻）にある（大正７，No. 220, p. 1073b）。

（37）『八千頌般若経』（Vaidya, No. 4, p. 253[21]，大正８，No. 228, p. 674a，東北No. 12, ka 帙，fol. 277b[1]，etc.）

（38）『般若心経』（中村元・紀野一義訳注『般若心経・金剛般若経』，岩波文庫，1974年，p. 177）。

（39） svayam evāham atra devendra satyādhiṣṭhānaṃ kariṣyāmi / ……tena devendra satyena satya-vacanena mama yathāpaurāṇo' yam ātmabhāvo bhavatu / atha khalu tat kṣaṇaṃ tal lavaṃ tan muhūrtaṃ sadāpraruditasya bodhisattvasya mahāsattvasya buddhānubhāvena āśaya-pariśuddhyā ca yathāpaurāṇo' sya kāyaḥ saṃsthito' bhūt, arogo nirupadravaś ca / （Vaidya, No. 4, p. 247[10]）.
以汝帝釈天主実語力故。又復以我自所願力自実語力。及仏世尊威神力故。……願我此身平復如故。爾時常啼菩薩摩訶薩発是言已。於須臾間身即平復。乃至無有瘢痕等相。（『仏母出生三法蔵般若波羅蜜多経巻第一九』（大正８，No. 228, p. 671c）。

（40） tasmāj jñātavyaḥ prajñāpāramitā-mahā-maṃtro mahā-vidyā-maṃtro 'nuttara-maṃtro 'samasama-maṃtraḥ sarva-duḥkhapraśamanaḥ satyam amithyatvāt.（註(38) 前掲，中村・紀野訳注『般若心経・金剛般若経』，p. 177）。

（41） so avocat — ahaṃ kulaputra satyādhiṣṭhānena carāmi / yena satyena satya-vacanena tryadhvasu na kaścid bodhisattvo 'nuttarāyāḥ samyaksaṃbodher vivṛttaḥ, na vivartate, na vivartiṣyati, tena satya-vacanādhiṣṭhānena idaṃ ca me kāryaṃ saṃṛdhyatv iti / tan me yathābhiprāyaṃ sarvaṃ saṃṛdhyati / etenāhaṃ kulaputra satya-vacanādhiṣṭhānena sarva-kāryāṇi sādhayāmi / etam ahaṃ kulaputra satyādhiṣṭhānaṃ jānāmi / kiṃ mayā śakyaṃ satyānuparivartanī vākpratilabdhānāṃ bodhisattvānāṃ caryāṃ jñātuṃ guṇān vā vaktuṃ // (*Gaṇḍavyūhasūtram,* Vaidya, No. 5, p. 359[8]).

（42） *Saddharmapuṇḍarīkasūtram.* Vaidya, No. 6, p. 240[2].

（43） 大正18, No. 848, p. 38b, 東北No. 494, tha 帙, fol. 217a[6].

（44） 大正18, No. 848, p. 47a. 東北No. 2664, tu 帙, fol. 119b[5].
当に定慧の手を合して　二空の輪を並べ建て
遍く諸の支分を触けて　真実語 gsaṅ sṅags を誦持せよ

入仏三昧耶明曰 namaḥ samantabuddhānām asame trisame samaye svāhā /
（普き諸仏に帰命します。無等なるものよ，三平等なる三昧耶よ，スヴァーハー。).

（45） 東北No. 2663，ñu 帙，fol. 337b[3]．酒井真典著作集第２巻『大日経広釈全訳』（法藏館，1987年，p. 90，pp. 150-151，p. 180）参照。

（46） 酒井紫朗（真典）「法身偈の真言化について」（『密教文化』第111号，1975年）。

（47） 大正２，No. 99，p. 85b.

（48） 大正２，No. 99，p. 217c.

（49） 前田慧学『原始仏教聖典の成立史研究』（山喜房佛書林，1964年，pp. 648-662）参照。

（50） 下田正弘『涅槃経の研究—大乗経典の研究方法試論』（春秋社，1997年，p. 202）参照。

（51） 『大般若波羅蜜多経』巻第五十（大正５，No. 220，p. 291c），巻第二百九十六（大正６，No. 220，p. 506a），巻第三百五十（大正６，No. 220，p. 798b），巻第三百七十（大正６，No. 220，p. 908b），巻第三百八十五（大正６，No. 220，p. 990b-c），巻第三百九十二（大正６，No. 220，p. 1027a).

（52） 大正６，No. 220，p. 908b.

（53） 大正６，No. 220，p. 990b-c.

（54） 大正10，No. 287，p. 559c．*Daśabhūmika-sūtra*（Vaidya，No. 7，p. 43[9]).

（55） 大正11，No. 310，p. 34a．東北No. 46，ka 帙，fol. 104a[2].

de bshin gśegs pa rnams kyi skye ba med pa daṅ / de bshin gśegs pa rnams kyi gnas pa gaṅ yin pa de chos rnams kyi ṅo bo ñid kyi raṅ bshin gnas pa daṅ / chos kyi dbyiṅs gnas pa daṅ / chos skyon med pa ñid yin no // bkod pa mthaḥ yas chos thams cad ni skyon med par gyur pa yin te / ḥdi ltar skyon ni yaṅ dag pa ma yin pa las kun brtags pa yin no //.

（56） 大正11，No. 310，p. 33c．東北No. 46，ka 帙，fol. 103b[3].

（57） 大正12，No. 374，p. 555c.

（58） 大正12，No. 375，p. 813b．註(50)前掲，下田『涅槃経の研究—大乗経典の研究方法試論』，p. 203参照。

（59） 大正12，No. 375，p. 866c．東北No. 120，tha 帙，fol. 47a[3].

（60） 大正12，No. 375，p. 990b-c.

（61） 東北No. 494，tha 帙，fol. 170a[7].

gsaṅ ba paḥi bdag po gshan yaṅ gsaṅ sṅags rnams kyi mtshan ñid ni / saṅs rgyas thams cad kyis ma byas / byed du ma bcug / rjes su yi raṅ ba ma yin no // de ciḥi phyir she na / ḥdi ni chos rnams kyi chos ñid de / ḥdi ltar de bshin gśegs pa rnams byuṅ yaṅ ruṅ / ma byuṅ yaṅ ruṅ / chos rnams kyi chos ñid de ni ye nas gnas pa ste / de yaṅ ḥdi ltar gsaṅ sṅags rnams kyi gsaṅ sṅags kyi chos ñid do //（漢訳）復た次に秘密主，此の真言の相は一切諸仏の所作に非ず，他をして作さしめず，亦た随喜せず。何を以ての故に是れは諸法の法として是の如くなるを以ての故に。若しは諸の如来が出現したまうにもあれ，若しは諸の如来が出でたまわざるにもあれ，諸法は法爾として是の如く住す。謂く諸の真言の真言の法爾なるが故に。（大正18，No. 848，p. 10a），拙稿「新校訂チベット文『大日経』（続）―第2章「入曼荼羅具縁真言品」」（『高野山大学論叢』第32巻，1997年，p. 28）。

(62)　大正2，No. 99，p. 85b.

(63)　大正2，No. 99，p. 547c.

(64)　大正19，No. 997，p. 527b-c.

(65)　『光讃経』十巻（大正8，No. 222）は，286年に竺法護 Dharmarakṣa によって漢訳された。

(66)　大正8，No. 222，p. 206b.

(67)　大正8，No. 221，pp. 4c-5a. この経は，291年に無羅叉 Mokṣa によって訳された。

(68)　『大般若波羅蜜多経』巻第五十三（大正5，No. 220，p. 303b），同巻第四百九十（大正7，No. 220，p. 489b），『放光般若経』巻第四（大正8，No. 221，p. 26b-c），『光讃経』巻第七（大正8，No. 222，p. 195c），『摩訶般若波羅蜜経』巻第五（大正8，No. 223，p. 256a）。四十三字門は『二万五千頌般若経』の注釈書『大智度論』巻第四十八に2カ所（大正25，No. 1509，p. 407c，p. 408a）。

(69)　六十巻『大方広仏華厳経』巻第五十七（大正9，No. 278，pp. 765c-766a），八十巻『大方広仏華厳経』巻第七十六（大正10，No. 279，p. 418a），『大方広仏華厳経入法界品』（大正10，No. 295，p. 877a），四十巻『大方広仏華厳経』巻第三十一（大正10，No. 293，pp. 804a-805a），『大方広仏華厳経入法界品四十二字門観門』（大正19，No. 1019，p. 707c），『大方広仏華厳経入法界品頓証毘盧遮那法身字輪瑜伽儀軌』「華厳経心陀羅尼」（大正19，No. 1020，p. 709b），『華厳経心陀羅尼』（大正19，No. 1021，p. 709b）。

(70)　大正13，No. 397，pp. 23c-24a.

(71)　大正15，No. 649，p. 731c.

(72)　大正13，No. 400，p. 504a.

(73)　大正19，No. 997，pp. 534c-535a.

(74)　四十四字門中，[sva] と [ha̱] は，他の文字と交代して省かれる。

(75)　大正3，No. 186，p. 498c，p. 499a（skt. *Lalitavistara* 四十六字，漢訳は四十一門字のみ，外薗『ラリタヴィスタラの研究(上巻)』，pp. 881-883).

(76)　大正3，No. 187，pp. 559c-560b（四十六字門のみ).

(77)　大正3，No. 190，p. 704a-c（三十八字門のみ).

（78） 大正12，No. 375，pp. 653c-655a（四十三字門のみ）.

（79） 大正12，No. 376，pp. 887c-888c（四十五字門のみ）.

（80） 大正14，No. 468，p. 498a（五十字門）.

（81） 大正14，No. 469，pp. 509b-510a「字母品」（五十字門）.

（82） 大正18，No. 880，p. 338b（五十字門）.

（83） 五十字門系で「ṛ，ṝ，ḷ，ḹ」の４文字を説かない資料は，大正 Nos. 168，187，190，375，376，848，1796であり，説くものは大正 Nos. 468，469，880である。また，『初会金剛頂経』の五相成身観の瞑想の中でも説かれる。

（84） 『大日経疏』「具縁品」，大正18，No. 848，p. 10a．東北No. 494，tha 帙，fol. 170b（三十四字門のみ）．『大日経疏』第七「具縁品第二之余」（大正39，No. 1796，pp. 651a-656c）．大正18，No. 848，p. 41b-c，「百字成就持誦品」第二十二（二十九字門のみ）．拙稿「『大日経』の五十字門の性格」（『智山学報』第56号，2007年）参照。

（85） この jha 字門も『普曜経』（大正３，No. 186，p. 498c）にある「ja 言止者。出世俗力無畏之音」と「jha 言生者。出度衆苦老病死音」の内容からして，無縁ではない。

（86） チベット訳『大日経』のみにあり，漢訳にはない。漢・蔵ともに最後の鼻音の五字の中に ma を挙げるので，チベット訳のみ重複することとなる。

（87） 大正５，No. 220，p. 302b.

（88） チベット訳『大日経』では ṅa・ña・ṇa・na・ma の五字を字門の最後に挙げながら，その中の ma 字門を bha 字門のつぎに二重に記す。このほかにも ṅa・ña・ṇa・na・ma の五字を文中に挿入するものに，大正３，No. 190，p. 704a．大正３，No. 187，p. 560a．大正12，No. 357，p. 654c．大正14，No. 468，p. 498b．大正14，No. 469，p. 509c．大正18，No. 880，p. 339aなどがあり，ma 字の記述を「唱摩字時。説諸生死一切恐怖最為可畏。出如是声」（大正３，No. 190，p. 704a），「唱摩（上声）字時。出銷滅一切憍慢声」（大正３，No. 187，p. 560a）などとする。

（89） 五十字門系で「ṛ，ṝ，ḷ，ḹ」の４文字を説かない資料は，大正 Nos. 168，187，190，375，376，848，1796であり，説くものは大正 Nos. 468，469，880である。また，『初会金剛頂経』の五相成身観の瞑想の中でも，この４字は説かれている。

（90） 大正５，No. 220，p. 302b-c.

（91） 大正７，No. 220，p. 489b-c.

（92） 大正８，No. 223，p. 256a-b.

（93） 大正19，No. 1019，p. 707c.

（94） 大正19，No. 997，pp. 534c-535a.

（95） 大正25，No. 1509，pp. 407c-408a.

（96） 東北No. 494，tha 帙，fol. 170b[7].

（97） *Gaṇḍavyūhasūtra* では，Ba と Va の両字についてつぎのように記す。「Bakāraṃ

parikīrtayato vajramaṇḍalaṃ nāma prajñāpāramitāmukham avakrāntam / Ba 字を唱えるとき，金剛道場という般若波羅蜜門に悟入する。」(Vaidya, No. 5, *Gaṇḍavyūha-sūtra,* p. 353[15])，「Vakāraṃ parikīrtayataḥ samantavirūḍhaviṭhapanaṃ nāma prajñā-pāramitāmukham avakrāntam / Va 字を唱えるとき，普き増長を確立するという般若波羅蜜門に悟入する。」(Vaidya, No. 5, *Gaṇḍavyūhasūtra.* p. 353[17])。『大日経』の漢訳では，BA 字門を「①麼（BA）字門は一切諸法は縛不可得なるが故」とし，VA 字門を「②縛（VA）字門は一切諸法は語言道断なるが故に」として，BA 字門と VA 字門の両者を挙げる。この点は，善無畏の『大日経疏』も同じである。これに対しチベット訳では，PHA と BHA の間にある BA 字門に「③語言道より離れたるが故に BA（＝VA）バ（ヴァ）は一切法の門なり」として置き，LA と ŚA の間にある VA 字門を欠く。この点ブッダグフヤ Buddhaguhya の『大日経広釈未校訂本』では反対に，VA 字門を LA と ŚA の間に置き，PHA と BHA の間にある BA 字門を欠く。また，シーレンドラボーディ Śīlendrabodhi とペルツェク dpal brtsegs 訳の蔵文『大日経』を使って15世紀にシュンヌペル gshon nu dpal が校訂したブッダグフヤの『大日経広釈校訂本』では，『大日経広釈未校訂本』の LA と ŚA の間にある VA 字門を PHA と BHA の間に移し，LA と ŚA の間にある VA 字門を欠く。これは，校訂の際に蔵文『大日経』に合わせたためである（『校訂本』東北No. 2663続，tu 帙，fols. 339b-340a.『未校訂本』東北No. 2663，ñu 帙，fol. 143b)。

第3章　般若経の仏身説と法身思想

第1節　般若経の仏身説

般若経の法身思想は，小品系『八千頌般若経』と大品系『二万五千頌般若経』と十万頌般若の『大般若波羅蜜多経』にわたって，それぞれ展開発展しながら説かれている。それらはともに，如来の舎利と般若波羅蜜多のどちらを重視するかというテーマの下で説かれ，小品系と大品系の両者では，法身・色身の二身説を説き，『大般若波羅蜜多経』では法身・色身・智恵身の三身説を説く。さらには，『勝天王般若波羅蜜経』では法身・寂静身・無等等身・無量身・不共身・金剛身の六身と，平等身・清浄身・無尽身・善修得身・法身・不可覚知身・不思議身・寂静身・虚空等身・智身の十身を説く。

まず，小品系『八千頌般若経』の記述から見てみよう。ここでは，すでに触れたように，如来の舎利供養の信仰と般若経の経巻受持の信仰(1)とのどちらの徳が大きいかについて記し，「如来の諸の舎利は般若波羅蜜多から生じたものであるから prajñāpāramitā-nirjātatvāt tathāgata-śarīrāṇām」(2)という理由から，般若波羅蜜多を採るとされる。

『八千頌般若経』の以下の経文では(3)，如来の舎利と般若波羅蜜多に法身を関連させながら，つぎのように記す。

> 世尊よ，もし，わたしに，このジャンブドゥヴィーパが如来の舎利でその頂きまでいっぱいに満たされて進呈され，また，この般若波羅蜜多が書き記されて与えられるとします。
>
> そこで，与えられたこれら2つの分け前のうち，いずれか一方を与えられるとすれば，世尊よ，わたしはこの般若波羅蜜多を採ります。それはなぜかというと，もちろん〔般若波羅蜜多は,〕如来の法（理趣）を文字に画

いたもの（如負債人）netrī-citrī-kāra(4)であるから。実に，これこそ如来の実義身 bhūtārthikaṃ śarīram(5)なのです。それはなぜかというと，世尊はつぎのように仰せられたではありませんか。「尊きブッダたちは，法身である。そして，比丘たちよ，けっしてこの物質的に存する〔色〕身(6)を〔ブッダの法〕身と考えてはならない。比丘たちよ，私のことを，完成された法身と見なさい」と。この如来の身体は，般若波羅蜜多という真実際から顕れたものと見なければなりません。

けれども，世尊よ，わたしがこれら如来の舎利を尊重しないわけではありません。世尊よ，わたしはこれら如来の舎利を尊重します。しかし，また世尊よ，この般若波羅蜜多から生じた如来の舎利が供養を受けるのです。それ故に，世尊よ，この般若波羅蜜多が供養されることによって，それら如来の舎利も完全に供養されるのです。それはどうしてかというと，如来の舎利は般若波羅蜜多から生じたものであるから。

ここでは，神々の主シャクラと世尊との対話の中で，ジャンブドゥヴィーパが如来の舎利で頂きまでいっぱいに満たされて進呈され，他方でこの般若波羅蜜多が書き記されて差し出されるとすると，シャクラであるカウシカならどちらを採るのかと世尊が尋ねる。シャクラは般若波羅蜜多を採るといい，その理由を「如来の舎利は般若波羅蜜多から生じたものであるから」という。

この中で，その般若波羅蜜多を書き記したものを，漢訳では「如負債人」とし，チベット訳は「如来の理趣（真理）を文字に描いたもの de bshin gśegs paḥi tshul la ri mor(7) bgyi ba」とし，「如来の実義身」については梵・蔵・漢ともに同じである。

この「如来の理趣（真理）を文字に描いたもの（如負債人）」とは，ブッダが説法した般若の理趣（真理）を文字に書いたものを意味し，「実義身」とはその般若波羅蜜多の真実義としての本体を指し示している。

それ故に，如来の舎利は般若波羅蜜多から生じたものであるから，般若波羅蜜多を供養することが即ち如来の舎利を供養することに繋がるとして，如来の舎利供養の功徳を『般若経』の経巻受持の功徳の中に摂している。

したがって，この般若経の法身思想も，初期仏教に見られる「教えの本体」および「教えの集合体」とする法身思想と同じである。この点が，最近，ランカスター博士や梶山雄一博士によって唱えられている。

ランカスター博士は[8]，『八千頌般若経』の「アーナンダよ，〔般若波羅蜜多は，〕過去・未来・現在の如来・応供・等正覚者たちの法身にほかならない。atītānāgata-praty-utpannānāṃ hi ānanda tathāgatānām arhatāṃ samyaksaṃ-buddhānāṃ dharma-kāyatā」[9]の中の「如来・応供・等正覚者たちの法身」の句を，初期の般若経系漢訳の『道行般若経』巻第九では「仏経身」[10]とし，『大明度経』巻第五では「仏経等」[11]とし，『小品般若波羅蜜経』巻第九では「諸仏法蔵」[12]として翻訳されている実例を挙げ，これは初期仏教の法身思想が般若経に受け継がれている根拠であると指摘する[13]。

また，梶山雄一博士は[14]，この小品系の『道行般若経』[15]と『大明度経』[16]と『摩訶般若鈔経』[17]の最古の漢訳3本に，ランカスター博士が指摘する箇所とは別の，すでに見た梵文の「尊きブッダたちは，法身である。そして，比丘たちよ，けっしてこの物質的に存する〔色〕身を〔ブッダの法〕身と考えてはならない。比丘たちよ，私のことを，完成された法身と見なさい」という箇所の法身の記述がないことと，この梵文の当該記述が後代の挿入であることを指摘する。

この事実により，般若経の最初期の『八千頌般若経』では，「法身」と「色身」から成るブッダの二身説が存在しないことになるが，後の梵本が遅くとも4世紀中葉には成立していたであろうし，ナーガールジュナ（Nāgārjuna 龍樹，150～250頃）の『宝行王正論』*Ratnāvalī* 第三章第11，13頌[18]に「法身」と「色身」の2語を出していることから，それらを加味参酌すれば，『八千頌般若経』の二身説は200年前後に成立していたということになるとされる[19]。したがって，この梶山説によれば，3世紀の初頭までには，初期の般若経における「法身」と「色身」の二身説が成立していたことになる。

この二身説のうち，色身を父母生身とする『大智度論』の説[20]は今はおき，上記の点を踏まえて，この法身と色身の二身説が，やがて『二万五千頌般若経』や『大般若波羅蜜多経』になると，法身と色身と智身の三身説となり，さらに六身説や十身説へと発展する。それらが般若経系の経典でどのように記されているかをつぎに見てみよう。

これらの仏身説の用例は，以下のような3グループにまとめることができる。

Aグループ：「諸仏如来は色身を以て見るべからず，諸仏如来はみな是れ法身なるが故に。」の文脈をもつもの。

羅什訳『小品般若波羅蜜経』巻第十[21]（小品般若）：

施護訳『仏母出生三法蔵般若波羅蜜多経』巻第二十五[22]（小品系般若）：

羅什訳『摩訶般若波羅蜜経』巻第二十七[23]（大品系般若）：

玄奘訳『大般若波羅蜜多経』巻第三百九十九[24]（大般若系）：

Bグループ：「十方無量阿僧祇の諸の世界の中に仏の法身と色身〔と智身〕を見んと欲わば，この人般若波羅蜜を聞き受持し読誦し憶念し他人の為に演説すべし。」の文脈をもつもの。

羅什訳『摩訶般若波羅蜜経』巻第十[25]（大品系般若）：

玄奘訳『大般若波羅蜜多経』巻第四百三十[26]（大品系般若）：

玄奘訳『大般若波羅蜜多経』巻第五百三[27]（大品系般若）：

Cグループ：その他の二身説と六身説と十身説。

月婆首那訳『勝天王般若波羅蜜経』巻第三「法性品第五」[28]：

玄奘訳『大般若波羅蜜多経』巻第五百九十四[29]（大般若系第十六会）：

玄奘訳『大般若波羅蜜多経』巻第二百九十三[30]（大般若系）：

1．Aグループの二身説

このグループは，法身は色身をもって見るべからずと強調する二身説である。このグループの中で小品系般若に属するものは，羅什訳『小品般若波羅蜜経』巻第十と施護訳『仏母出生三法蔵般若波羅蜜多経』巻第二十五である。この両漢訳の二身説の記述は，『八千頌般若経』第三十一章「法涌菩薩」の内容に該当する。

つぎの経文は，すでに前章で如来の不来不去[31]の関連として見たが，「如来の法身と色身」の記述を出す重要な文章であるために再出する[32]。

ここでは，常啼菩薩が般若波羅蜜多の法を聞きたいと念じていたとき，如来が目の前に顕れて彼に東方のガンダヴァティーで法涌菩薩が般若波羅蜜多の法を説いているから行って聞けと教える。この啓示を受けて法涌菩薩を訪れた常啼菩薩は，あの如来は「どこから来て，どこに去られたのであろうか」と思い続けていたその疑問を尋ねる。すると，法涌菩薩がそれに対し「如来は来たり，去ったりするものではない」と答える話の中に，法身と色身の二身がつぎのように説かれる。

tat kasya ketoḥ? na hi tathāgato rūpa-kāyato draṣṭavyaḥ / dharma-kāyās tathāgatāḥ / na ca kulaputra dharmatā āgacchati vā gacchati vā /
それはどうしてかというと，如来は色身であると見られるべきではない。諸の如来たちは諸の法身なのだから。善男子よ，法性は来ることもなく，去ることもない。

ここでは，色身と如来の関係が同格の単数形で示され，法身と如来の関係が同格の複数形で表されている。このことは，法身が十方無量阿僧祇の世界に遍満する複数の如来たちに含蔵されていることを示している。したがって，十方世界に遍満する如来たちの一尊一尊に法身が内在するとする般若経の思想は，密教のすべての諸尊に法身が内在するとする曼荼羅思想へと直結している。

また，この法身が「去来なきもの」として示され，法身の自性（法性 dharmatā）が無来無去であり，それは即ち，空であり，無自性であると捉えられていることはすでに見た。

この小品系の法身思想には，如来を「真理を身体とするもの」[33]と，初期仏教に見た「教えの言葉」であると捉える２つの側面を有している。この点を考慮に入れながら，つぎの大品系『二万五千頌般若経』[34]の二身説を見てみよう。

如来は法身であるから，色身と見るべからず。善男子よ，法性には，行くことも，来ることもない。したがって，善男子よ，同様に，諸の如来にも来ることも，去ることもない。

この記述は，すでに見た小品系『八千頌般若経』第三十一章「法涌菩薩」の記述とほぼ同じである。

さらに，この経文もすでに見た「尋香城」と関連するものであるが，玄奘訳『大般若波羅蜜多経』巻第三百九十九(35)では，その十喩の「響」を引用しながら，「一切如来応正等覚は色身を以て見る可からず。夫れ如来は即ち是れ法身なり。」と同様の句を挙げている。さらに，ここでは上記の記述に法身の説明として「法身は真如法界である」との既出の経文に見られなかった新たな解釈を付け加える。つぎにそれを見てみよう。

> 復た次に善男子，谷等の中に諸の響現ずることあるが如く，是の如き諸の響は暫くありても無に還る。善男子よ，意に於て云何ん，是の谷等の響は何れより来て去りて何れの所に至ると為せん。常啼答えて言わく，諸の響は実には非ず。如何が来去する処ありと説く可きや。法涌菩薩は常啼に語りて言く，是の如し是の如し，汝の所説の如し。若し諸の響に来去ありと執せば，当に知るべし，彼の人愚癡にして無智なり。若し如来応正等覚に来あり去ありと謂うも，亦復た是の如し。当に知るべし，是の人愚癡にして無智なり。何を以ての故に，善男子よ，一切如来応正等覚は色身を以て見る可からず。夫れ如来は即ち是れ法身なり。善男子よ，如来の法身は即ち是れ諸法の真如法界なり。真如法界は既に来ることあり去ることありと説く可からず。如来の法身も亦復た是の如く来ることもなく去ることもなし。

この「色身を以て見る可からず。夫れ如来は即ち是れ法身なり。」という句は，すでに見た小品系と大品系般若の思想と共通している。

この思想は，『増一阿含経』巻第四十四(36)のつぎの記述とも関連する。

> 我が釈迦文仏の寿命は極て長し。所以いかん，肉身は滅度を取ると雖ども法身は存在す。

この記述は，ブッダがクシナガラで80歳で入滅し，肉身が滅すると，ブッダの悟りの教えが法身として弟子や民衆の心に残り，さらに宇宙に遍満すると考えられていたことを物語っている。したがって，この「肉身と法身」の関係に，般若経がいうような「色身と法身」の二身説が読み取れるか否かは慎重を期さねばならないが，『大智度論』が色身を父母生身（肉身）と捉えることから判断して，この『増一阿含経』の肉身と法身が後の般若経の二身説と全く無関係であり得るはずもない。それとともに，『増一阿含経』の様々な思想が大乗仏教の興起時に修飾増加されているという事実から考えても，ブッダの肉身に存した法身思想が，色身（父母生身）と法身の思想へと修飾増加された可能性も大きい(37)。

しかしまた，法身が「真如法界」であり，この真如法界が法身と同様に「無来無去」であるという思想が，大乗仏教の決定的な特徴を示していることも，すでに見た事実である(38)。したがって，この『増一阿含経』には，「色身を以て見る可からず。夫れ如来は即ち是れ法身なり。」という初期仏教の思想と，「如来の法身は即ち是れ諸法の真如法界なり。真如法界は既に来ること有り去ること有りと説く可からず。」という大乗仏教の思想をも併せもっていると見なければならない。

つぎに，この真如法界の「法界 dharma-dhātu」と「真如 yathā-bhūta」について，『中阿含経』巻第四十七(39)につぎのように記す。

> 世尊よ，云何が比丘は界を知るべきや。世尊答えて曰く。阿難よ，若し比丘あって，十八界を見て，如真は，眼界色界眼識界，耳界声界耳識界，鼻界香界鼻識界，舌界味界舌識界，身界触界身識界，意界法界意識界なりと知れば，阿難よ，此の十八界を見て如真と知らん。

ここでの如真（真如）が法界であるとされるのは，十八界の最後の「意界法界意識界」の法界を直接的に指していわれている。この真如法界については，さらに『大般若波羅蜜多経』巻第三百五(40)に，つぎのように10種の同義語とともに説かれる。

> 一切の真如法界と，法性，不虚妄性，不変異性，平等性，離生性，法定，法住，実際，虚空界，不思議界は，皆是の如き甚深の般若波羅蜜多に由りて現ずることを得るが故に。

この真如法界は，みな般若波羅蜜多より生ずと説かれ，この同義語のうちの，離生の性（無生の法），実際（真実際 yaṅ dag paḥi mthaḥ, bhūta-koṭi の法），虚空界

（虚空の性）は，上記に見た小品系『仏母出生三法蔵般若波羅蜜多経』巻第二十五(41)に，陽炎の喩えとともに，真如は如来であり法身であるとして，つぎのように説かれる。

真如なるところのそれは，如来なり。善男子よ，その無生なるもの〔に〕は，去来なし。無生なるところのそれは如来なり。善男子よ，真実際には来去なし。真実際なるところのそれは如来なり。……善男子よ，虚空界には来去なし。虚空界なるところのそれは真如なり。……それはどうしてかというと，如来は法身であって，色身と見るべきではない。諸如来は諸の法身であるから。善男子よ，法性には来去なし。善男子よ，同様に諸如来にも去来なし(42)。

この経文によって，「真如＝如来＝法身＝法性」の関係が明確に説かれ，その上に立って「如来は法身であって，色身と見るべきではない」とされる。この点に，初期大乗仏教の般若思想が色濃く表現されていると見ることができる(43)。

また，法界を『中阿含経』巻第四十七で，十八界の「意界法界意識界」と捉え，真如法界は，みな般若波羅蜜多より生ずと捉える思想は，密教の曼荼羅諸尊の心にある法身大毘盧遮那が法界であるとする思想へと展開する(44)。

2．Bグループの二身説から三身説へ

ここでの二身説は，羅什訳『摩訶般若波羅蜜経』巻第十(45)と玄奘訳『大般若波羅蜜多経』巻第四百三十(46)，同巻第五百三の3カ所に述べられている。

『摩訶般若波羅蜜経』巻第十(47)を代表して，その内容を梵・蔵・漢によって見れば，二身説から三身説への展開がつぎのように見られる。

punar aparaṃ bhagavan ye daśasu dikṣu tathāgatā arhantaḥ samyaksambuddhā asaṃkhyeyeṣv prameyeṣu loka-dhātuṣu tiṣṭhanti dhriyante yāpayanti dharmaṃ ca deśayanti. tāṃś ca dharma-kāyena ca rūpa-kāyena ca draṣṭu-kāmena iyam eva prajñāpāramitā śrotavyodgrahītavyā dhārayitavyā vācayitavyā kartavyā. sacet kulaputro vā kuladuhitā vā tān daśasu diksu tathāgatān arhantaḥ samyaksambuddhān icched draṣṭuṃ, tena kulaputrena vā kuladuhitrā vā prajñāpāramitāyāṃ caratā buddhānusmṛtir bhāvayitavyā.

世尊よ，また，およそ如来・応供・正等覚者たちが十方無量無数の世界に住し，保護し，養育し，説法されている。そして，彼ら〔如来たち〕を法身と色身として見ようと望んで，まさにこの般若波羅蜜多を，聞き，習い，覚え，唱えているのである。もし，善男子，善女人が十方にかの如来・応供・等正覚者たちを見んと思わば，かの善男子，善女人は般若波羅蜜多を行じ，ブッダを随念すべし。

『摩訶般若波羅蜜経』巻第十(48)には，

復次世尊。有人欲見十方無量阿僧祇諸世界中現在仏法身色身。是人応聞受持般若波羅蜜読誦正憶念為他人演説。如是善男子善女人。当見十方無量阿僧祇世界中諸仏法身色身。

チベット訳(49)には，「法身と色身と智身 chos kyi sku daṅ / gzugs kyi sku daṅ / ye śes kyi sku」とあって，チベット訳のみが法身と色身と智身の三身を説く。この経文は，十万頌の『大般若波羅蜜多経』巻第一百二十九「初分校量功徳品第三十之二十七」の漢・蔵とほぼ一致する(50)。

この法身・色身・智身の三身の中，『二万五千頌般若経』の箇所に当たる蔵文では，「法身と色身」の直前にある「転輪〔王〕の身 cakravarty-ātmabhāva」(51)をはじめとする多くの身 ātmabhāva（法華経では「全身」）を「見ようと望んで draṣṭu-kāmena」の語の前に「智身」としてまとめて挿入する。この智身は，291年に漢訳された『放光般若経』と286年に漢訳された『光讃般若経』と，404年に鳩摩羅什によって漢訳された当経には見当らない。

したがって，この「智身」が『大般若波羅蜜多経』の漢蔵に説かれていることから，この『大般若波羅蜜多経』(52)と，それ以前の『二万五千頌般若経』のチベット訳に依用したサンスクリット写本とが異なっていた可能性がある。

これらから，『八千頌般若経』の法身と色身の二身説は，『二万五千頌般若経』に引き継がれながらも，法身・色身・智身の三身説へと展開し，それが

『大般若波羅蜜多経』で完成したと見るべきであろう。

3．Cグループのその他の仏身説

i）二身説

ここでは，月婆首那訳『勝天王般若波羅蜜経』(以下『勝天王経』) 巻第三「法性品第五」[53]と玄奘訳『大般若波羅蜜多経』(以下『大般若経』) 巻第五百九十四[54]には，法身と色身の語を見出す。

『勝天王経』巻第三「法性品第五」[55]の記述では，つぎのようにいう。

> 諸法は不生なり。……是を法身と名づく。清浄にして変ぜざること猶し虚空の如く無等等なり……菩薩摩訶薩は般若波羅蜜を修行し，此の法を修行して清浄に通達すれば，三千大千世界，若しくは閻浮提の城邑聚落において菩薩は悉く能く色身を示現す。

ここでは最初に，法身とは諸法不生であると説かれる。この思想は般若経の四十二字門の「阿字本不生」の「不生」と関連するものであり，この展開[56]は，すでに前章で見た通りである。

また，法身の自性を示す喩えとして「虚空」の清浄さが説かれるが[57]，虚空清浄については，『大般若経』巻第二百九十三[58]に，「虚空は清浄なるが故に般若波羅蜜多も清浄なり。」とし，その無我性を「虚空には生なく滅なく染なく浄なきが故に清浄にして，虚空清浄なるが故に般若波羅蜜多も清浄なり。」と説く。

さらに，『大般若経』巻第五百九十四[59]には，「かくの如く如来応正等覚はこれ大法主にして大法王なり。自然に諸仏の真子を召集し大法蔵を以て分布してこれを与う。……是くの如く慶喜よ，唯だ如来応正等覚の法身の子のみあり。」とあり，ここでは，「諸仏の真子」を「如来応正等覚の法身の子」と表現し直している。このように，大乗仏教になると，師資相承句に説かれる法から生まれた如来の「真子」が「法身の子」とされるようになるのである。

したがって，この『大般若経』の「法身」が，師資相承句の「法」を指し示す点から考えても，梶山雄一博士が言うように，『八千頌般若経』をはじめとする般若経典類における法身解釈も，「経典の集合体」[60]としての初期仏教が捉える法身と同一であることになる[61]。

さらにここで重要なことは，「菩薩は悉く能く色身を示現す。」との記述である。従来の法身と色身の二身は，釈尊の色身とその教えの法（法身）を指して説かれていたが，ここでは色身が菩薩から示現されると説かれる。この菩薩が清浄な般若波羅蜜多の瞑想によって法身を悟り，その法身から色身を示現するとする思想は，1世紀頃の成立とされる華厳経「入法界品」の「清浄法身」と「清浄色身」の記述にすでに見えており，般若訳四十巻『華厳経』（『四十華厳』）で詳しく説かれる。この思想は，つぎに見る多身説とも関連する。

ii）六身説

ここでは，『勝天王経』と『大般若経』の六身説について考察する。『勝天王経』*Devarājapravaraprajñāpāramitā* には梵本は現存せず，565年に月婆首那 Upaśūnya が訳した『勝天王般若波羅蜜経』と，663年に玄奘が訳した第六会の『大般若波羅蜜多経』の2種の漢訳がある。その『勝天王経』巻第一には，異なった2種の多身説を説く。

その最初の用例[62]は，如来の法身・寂静身・無等等身・無量身・不共身・金剛身の六身である[63]。それをつぎに見てみよう。

> 大王よ，菩薩摩訶薩は般若波羅蜜を行じ，能く如来の三種の清浄を信じ，是の思惟を作す。修多羅は如来の法身と，寂静身と，無等等身と，無量身と，不共身と，金剛身なりと説く。此の決定心に於いては疑惑なし。是を能く如来の身浄なりと信ずと名づく。……復た次に思惟すべし。修多羅は如来の口浄なり。……復た次に修多羅は如来の意浄なりと説く。

ここでは，小品系や大品系で見た「般若波羅蜜多」が，「修多羅 sūtra」に置き換えられて説かれている。それとともに，「修多羅」が如来の身清浄・語清浄・意清浄の三種清浄であると説き，その最初の如来の身浄にこの六身が説かれている。

ここでの『勝天王経』と『大般若経』の記述は，つぎのように，その文脈を異にする。すなわち，『勝天王経』は「修多羅は如来の法身と，……金剛身なりと説く」のに対して,『大般若経』(64)には「契経の中に如来の身浄を説く。所謂る,法身と……金剛身となり。」とあり,前者は修多羅が如来の法身等の6種であるとし,後者は修多羅の中に如来の浄身として法身等の6種があると説く。この点は,般若波羅蜜多が如来の法身であるという小品系等の解釈からすれば,前者の表現が適切である。

この思想は,初期仏教の法が大乗仏教の般若経になると「般若波羅蜜多」へと展開し,それが般若波羅蜜多の「経」へと展開した用例である。これは,さらには「八万四千の法門」(65)へと展開する。

この如来の身・語・意清浄の三業が,修多羅(般若波羅蜜多経)の法財であるとされることから考えると,これは,密教の三密を法財とする『五秘密儀軌』(66)の先駆思想となる。

iii)十身説

『勝天王経』と『大般若経』の十身説は,十波羅蜜に配当されて,『勝天王経』巻第二「法界品第三」(67)に,つぎのように記される。

> 大王よ,菩薩摩訶薩は般若波羅蜜を行じ,能く如来の清浄の身を得。所謂る平等身,清浄身,無尽身,善修得身,法身,不可覚知身,不思議身,寂静身,虚空等身,智身なり。

ここでは,菩薩が如来の清浄身として,平等身等の十身を得ることが説かれているが,これはすでに見た『勝天王経』巻第三「法性品第五」の「菩薩は悉く能く色身を示現す。」(68)と関連するものである。

この「法界品第三」の記述の後に,この菩薩の初地から十地までの一々に身と行位の内容を配した十身を説く。この漢訳2種の間には,訳語の異なりがあり,それを対比したのが,表4である。

この十地と十身の記述は,般若三蔵(795~798)訳出の『四十華厳』に同文がある(69)が,5世紀の仏駄跋陀羅訳六十巻『華厳経』(以下『六十華厳』)と7世紀の実叉難陀訳八十巻『華厳経』(以下『八十華厳』)にはない。このことは,『勝天王経』が法華経の先駆経典(70)と見なされることから考え合わせて,この『四十華厳』の十地と十身の思想が『勝天王経』からの展開ということになる。

表4　十地における十身と行位

	『勝天王経』		『大般若経』	
十地	十　身	行位の内容	十　身	行位の内容
初　地	平等身	離諸邪曲通達法性見平等故	平等身	通達法性離諸邪曲見平等故
第二地	清浄身	清浄戒故	清浄身	離犯戒失戒清浄故
第三地	無尽身	離瞋恚故	無尽身	離欲貪瞋得勝定故
第四地	善修身	常勤精進修仏法故	善修身	常勤修習菩提分故
第五地	法　身	見諸諦理故	法性身	観諸諦理証法性故
第六地	離覚観身	観因縁理非覚観所知故	離尋伺身	観縁起理離尋伺故
第七地	不思議身	具足方便故	不思議身	方便善巧智行満故
第八地	寂静身	離一切戯論無煩悩故	寂静身	離諸煩悩戯論事故
第九地	等虚空身	身相不可量遍一切処故	虚空身	身相無尽遍一切故
第十地	智　身	成就一切種智故	妙智身	一切種智修円満故

また，第五地の法身が「諸の諦理(71)を見る。」とは，第六地の般若波羅蜜多に悟入する直前の菩薩が「真実の理法」を見ることを示している。

さらに，菩薩が十方世界の衆生を救済する諸身を光明として生み出す身相は不可量であり，虚空に等しいとされる第九地の「等虚空身」とは，『二万五千頌般若経』の三千大千世界を覆う如来の光明 raśmi に始まり，華厳経の「世尊の白毫から無数百千億ナユタの光が出て，無辺の世界を悉く照らし，……虚空の辺際を尽くし，一切無辺の世界を余さず覆う。」(72)という仏格と基本的に一致する。

この仏格の上に立って，「一切種智を成就する」が故に第十地では，三千大千世界を覆い衆生を教化する仏格を「智身」とする。この第五・六地と第九・十地の四智で，理と智の仏格を円満している。この思想は，中国密教から日本密教に至る理法身と智法身の思想に当たる。

第2節　『大智度論』の二身説と法身思想

1.『大智度論』の「法身仏常放光明常説法」

般若経の法身説法の記述は，『大智度論』巻第九に，「法身仏は常に光明を放って常に説法す。」を引いて注釈される(73)。この一節は，『摩訶般若波羅蜜経』巻第一のつぎの経文に対する注釈である[74]。

つぎに東の方角のガンジス河の砂と等しい数を過ぎた一番端の仏国土に多宝 rin chen yod pa という世界があって，そこに宝生という如来・応供・正等覚者が住しながら，養育者として，彼は諸の菩薩摩訶薩にこの般若波羅蜜多をお説きになられている。

この経文に対する注釈を『大智度論』[75]は，問答形式を用いて行う。まず鬼神王がつぎのように世尊に質問する。十方世界に無量の諸仏と諸菩薩が居られるならば，今多くの衆生たちが三悪道に堕ち苦しんでいるのに，何故に諸仏や諸菩薩は顕れないのか。この質問に対して，「衆生の罪が重すぎるから」であるという。さらに答えて，じつは仏菩薩たちは常に衆生の眼前に顕れているけれども，重罪を犯した衆生たちには見えない。たとえば，太陽が出ているのに視力障害者には見えないように，雷霆が地を轟かすように鳴り響いても聴力障害者には聞こえないように，このように「法身仏は常に光明を放ち，常に説法している。」[76]けれど，衆生には無量劫に積み重ねた厚い罪の苦しみがあるので，見ることも，聞くこともできないという。

この「法身仏常放光明常説法」[77]の思想は，法身の常住とその説法を示し，のちの毘盧遮那が十方を加持の光で照らし出す華厳経の思想や，密教の毘盧遮那如来の法身説法に繋がるものである。

2.『大智度論』に見る法身・報身・化身

この『大智度論』の先行研究では，この法身には後世の法身と報身を合わせた仏格を含み，しかも報身が表面的で，なおかつ法身と不離の関係にあるとする[78]。また生身は，化身であり実際上応身に相当することが多いが，この生身には理論的には異類身を流出できないので，応身と化身の両者をこの生身に含んでいると捉える。

また，この『大智度論』の「法身仏常放光明常説法」では，栂尾祥雲博士が昭和14年に『密教思想と生活』において，一般仏教の法相・三論・天台・華厳にも法身思想は説かれるが，そこでは法身を真如，法性，空性という抽象的な

理念や理体と捉え現実の仏として取り扱っていない。しかし密教の法身説法は，

これに反し，この法身を以て霊格を具備せる常恒の現在仏とし，かの歴史上の釈尊は，已に涅槃の雲に隠れて，今は現在しないけれども，この法身仏のみは，常に宇宙に遍在し，常に光明を放って常に説法し，常に一切を度して，須臾も息むときがないのである。而も，凡夫は罪を以ての故に，見ず聞かざること，恰も，太陽は赫々として居っても，盲者は見ず，雷霆は地を振るわして居っても，聾者は聞かないようなものであるとして，この法身仏説法を力説し，宇宙の神秘を開扉するところに，真言密教の密教たる所詮がある(79)。

と捉え，これこそ密教の法身説法を指し示す典拠とした。

これに対し，栂尾説から後れること25年後の昭和39年に，宇井伯寿博士は『印度哲学研究』第四において，『大智度論』の「法身仏常放光明常説法」を引きながら，暗に栂尾博士の密教の法身説法説を批判して，

以上引用の如き文に基いて龍樹に既に後世密教で主張する如き法身説法の考えが存したとなすのも当を得たものでない。これは唯法身なる名に捕われての解釈であって，その法身の内容意味を精査して居ない速断に外ならぬと考えられる(80)。

とした。しかしながら，これに対して田久保周誉博士は，同釈文に関してこの「法性身」の仏格が華厳経の毘盧遮那・報身と，密教の理法身に近いとし，間接的に栂尾説を擁護する(81)。

この点に関して，これと関連するつぎの『二万五千頌般若経』(82)の経文を繙いてみたい。

そのとき，世尊はその師子座に坐して，この三千大千世界で特尊となり，光 ābhā と色 varṇa と威徳 śrī とご威光 tejas によって，如来として住し tiṣṭhati，光り bhāsate，輝き tapati，照らした virocate。東南西北上下〔四〕維のガンジス河の砂と等しい世界で特尊となり，如来として住し光り輝いた。あたかも，須弥山王がいかなる山々よりも勝れているように，光と色と威徳とご威光によって，住し，光り，輝き，照らすのである(83)。

この経文は，『二万五千頌般若経』の最初の経文であるが，さらに同経の「序品第一」(84)では，仏陀が三昧王三昧に入り，やがてその三昧から覚めて，天眼をもって世界を観て，身を震わせて微笑し，足の下の千輻の相輪から六百万億の光明 raśmi を放つ記述がつぎのように説かれる。

atha khalu bhagavān smṛtimān samprajānaṃs tasmāt samādher vyutthāya divyena cakṣuṣā sarva-loka-dhātuṃ vyavalokya sarvakāyāt smritam akarot / tasyādhastāt pāda-talayoḥ sahasrārābhyāṃ cakābhyāṃ ṣaṣṭi-ṣaṣṭī-raśmi-koṭī-niyuta-śata-sahasrāṇi niśceruḥ …… hṛdaya-śrīvatsāt mahā-puruṣa-lakṣaṇāt / evaṃ ṣaṣṭi-ṣaṣṭir daśabhyo hastāṅgulibhyaḥ ṣaṣṭi-ṣaṣṭir dvābhyāṃ bāhubhyāṃ ṣaṣṭi-ṣaṣṭir …… yai raśmibhir ayaṃ tri-sāhasra-mahā-sāhasro loka-dhātur avabhāsito 'bhūt parisphuṭaḥ / pūrvasyāṃ diśi gaṇgā-nadī-bālukopamā lokadhātavas tena mahatā raśmy-abhāsena sphuṭā avabhāsitāś pūrva-cābhūvan / evaṃ paścimāyāṃ dakśiṇasyāṃ diśi paścimāyām uttarasyām uttara-pūrvasyāṃ dakśiṇasyāṃ paścimottarasyām adhastāṭ upariṣṭād diśi gaṇgā-nadī-bālukopamā dakśiṇa-lokadhātavas tena mahatā raśmy-avabhāsena sphuṭā avabhāsitāś cābhūvan / ye ca sattvās tena mahatā raśmy-avabhāsena sphuṭā avabhāsitāś te sarve niyatā abhūvan anuttarāyāṃ samyaksam-bodhau /

そのとき，また世尊は，思いを安じた。それ故に，〔三昧王〕三昧から立ち上がって，天眼をもって一切の世界を観察し，全身から光明を発した。その両足の下の両千輻輪から六百万億ずつの光明が生じた。……偉人の特相である胸の卍から〔も光明が生じた〕。……それらの光明によって，この三千大千世界は，遍く照らされた。東方のガンジス河の砂と等しい世界をこの大光明の光で照らし覆われた。このように，南方と西方と北方と北東と東南と南西と西北と下方と上方とのガンジス河の砂と等しい世界をこの大光明の光でまた照らし覆われた。そして，この大光明の光で照らし覆われた衆生たちの，彼らすべては必ず 阿耨多羅三藐三菩提を得たのであった。

この記述に関しては，漢訳3本のうち，鳩摩羅什訳（404年）の『摩訶般若波羅蜜経』にのみ，つぎのように，足下等から放たれた六百万億ずつの諸光から，さらに大光明が放たれたとする[85]。

各各から六百万億の光明を放ち，是の諸光より大光明を出し，遍く三千大千国土を照らした。

この漢訳の部分が，チベット訳では，以下のようになっている[86]。

ḥod zer bye ba khrag khrig brgya stoṅ drug cu po de dag thams cad kyis / stoṅ gsum gyi stoṅ chen poḥi ḥjig rten gyi khams ḥdi dag thams cad snaṅ ba chen pos kyab par byas te /

六百万億のそれら一切の光明をもって〔照らし〕，これら一切の三千大千世界を大光明で覆われた。すなわち，（以下，具体的に全身の一々から六百万億ずつの光明を放つ記述に繋がる。）

このように，チベット訳では，両足の下から六百万億ずつの光明を出してから，頭頂の肉髻までの全身から同様の光明を出し三千大千世界を照らしたとし，六百万億ずつの諸光から，さらに大光明が放たれたとはしない。この点は，サンスクリット文とともに漢訳の『摩訶般若波羅蜜経』と異なっている。この漢訳だけの相違は，のちに見るように法華経の影響を鳩摩羅什が受けたためと考えられる。この点については，法華経所説の如来の全身と分身のところで詳説する。

この『八千頌般若経』[87]には，ブッダ一尊から光明として無量の如来が生み出され，それら如来のすべてに法身を内在するとする思想のあることはすでに見たが，しかしこの『摩訶般若波羅蜜経』が訳出するような，ブッダ一尊の全身から放たれた諸の光明から，さらに大光明を放つという表現は，他の般若経の小品系にも大品系にもまだ見られない思想である。

このように，ブッダ一尊の全身から放たれた諸の光明が，三千大千世界に常恒に遍満すると捉えた『大智度論』の「法身仏常放光明常説法」の解釈は，宇井博士によっては密教の法身説法と異なるとされたが，栂尾博士は自性仏の法身説法と捉え，田久保周誉博士も密教の法身説法と深く関連する記述と捉えた。

したがって，すでに見た『八千頌般若経』(88)のブッダ一尊から生み出された如来のすべてに法身が内在されるとする思想や，『摩訶般若波羅蜜経』の足下等から放たれた六百万億ずつの諸光から，さらに大光明が放たれたとする記述などから考え合わせて，この『大智度論』の「法身仏常放光明常説法」の思想が，栂尾博士が言うように，密教の法身説法と深く関連し合っていると理解して差し支えない。

ⅰ）『大智度論』の二身説(A)

つぎに，『二万五千頌般若経』で二身説として説かれた法身と色身が，『大智度論』巻第九(89)では，法身を法性身とし色身を父母生身とした二身説が，つぎのように説かれる。

> 復た次に仏に二種身あり。一には法性身，二には父母生身なり。是の法性身は十方虚空に満ち無量無辺にして，色像端正にして相好荘厳せり。無量の光明と無量の音声あり。聴法の衆も亦た虚空に満てり。此の衆も亦た是れ法性身なり。生死の人の見るを得る所に非ず。常に種種の身と種種の名号と種種の生処と種種の方便を出だして衆生を度す。常に一切を度すに須臾も息む時なし。是の如きは法性身仏なり(90)。能く十方世界の衆生の諸の罪報を受くる者を度するは，是れ生身仏なり。生身仏は次第に説法して，人法の如し。二種の仏あるを以ての故に，諸の罪を受くるに咎(とが)なし。

ここでは，仏に法性身（法性身仏）と父母生身（生身仏）の２種あることが記される。この「法性身」という仏格が「無量の光明」と「音声」を有して十方虚空に遍満しているという記述の中，上記の引用経文の前文にあるように「三昧王三昧」に入ったブッダがその三昧より立ち上がり，天眼を以て世界を観て，身を震わせて微笑し，身体の各肢分から六百万億の光明を放ち，その大光明によって遍く三千大千世界を照らしたときの，その光明が「無量の光明」であり，その光明に映し出されるブッダたちの姿や形や色が「無量無辺の法性身」であり，その光明の中から聞こえるブッダの声が「音声」である。

このように，ここでは身業と語業の２つが明確に説かれるが，心業は説かれない。しかし，この心業を虚空に遍満する法身の働きと受け取れば，この『大智度論』の記述は，ブッダの三業を表していることになる。この法性身の三業は，すでにCグループの『勝天王経』の三業思想に見たように，光明の中に秘められたブッダの身・語・心の働き[91]となって展開する思想である。

ブッダの肉身なき今，般若経では，この如来たちを生み出す法身は，「般若波羅蜜多」という法そのもの dharmatā（法性身）として，光明を発して三千大千世界を照らし出し，十方虚空界に遍満して，衆生の願いを満たす受用身や報身に近い仏格である。したがって，この「法性身仏 dharmatā-buddha」という永遠の生命体を得たブッダは，常に虚空に遍満し，姿や音声をもって一切衆生を救済しているのである。

さらに考察を進めると，すでに見た小品系般若で，般若波羅蜜多という法身から無量無辺の如来が生み出されて虚空界に遍満するという思想と，大品系の『摩訶般若波羅蜜多経』に見た，ブッダの発した諸光から，さらに大光明が発せられるとする思想をも加味参酌すると，のちの華厳経の「一即多」「多即一」の思想をここに見ることができる。

また，引き続いての注釈文の「聴法の衆も亦た虚空に満てり。此の衆も亦た是れ法性身なり。生死の人の見るを得る所に非ず。」とは，たとえば東方仏国土には宝生如来 rin chen ḥbyuṅ gnas がいて，多くの聴衆者を従えているとする場合の聴衆者たちもみな法性身である[92]ということである。このように，虚空に遍満する一切諸仏と菩薩たちを，法身を内在する受用身に近い仏格と見れば，この仏格には，後の唯識思想で説かれる三十二相と八十種好で荘厳された「受用身（報身）」や，「等流仏 niṣyanda-buddha」を彷彿とさせるものがある[93]。

さらに，「常に種種の身と種種の名号と種種の生処と種種の方便を出だして衆生を度す」とは，般若経の「般若」と「方便」との両面から，すなわち，三千大千世界の仏国土や，如来の姿，色，形，音声，文字などを「諸法皆空」「無自性空」と破しながら，方便として具体的に顕し出す，その「方便」をここで「種種の身」等として示していると理解できる[94]。

この如来の種々の名号については，後の華厳経「如来名号品」で十種の名号を挙げ，これらの名号が須弥の四洲で衆生たちに呼ばれているとされる記述と関連するし[95]，ブッダが姿と形をとって顕れるとする具体的な点では，理趣経類本の記述がそれに答える[96]。

さらに，「常に一切を度すに須臾も息む時なし」とは，のちに見る大乗の涅槃経などの「常住法身」の思想と関連するであろう。さらにまた，この法性身は，華厳経[97]や密教[98]の法身・大毘盧遮那 Mahā-vairocana の仏格と密接な関連を有してくる。

父母生身（生身仏）については，「能く十方世界の衆生の諸の罪報を受くる者を度す」とされていることから，この仏格も唯識思想の初地以前の衆生を教化する変化身の仏格であることが知られる。

この変化身の名称は，小品系と大品系ではまだ現れていなかったが，『大智度論』になって初めて「神通変化身」[99]「化身」[100]「化仏」[101]として登場する。

したがって，龍樹（150～250頃）[102]が『大智度論』を注釈するときに，当時の諸思想を加味参酌して注釈したこと[103]は想像に難くないから，『二万五千頌般若経』にない思想もかなり含まれていると考えなければならない。しかしそれはそれとして，この『大智度論』に受用身や変化身の仏格の萌芽が見られることは，注目してよい。

ii）『大智度論』の二身説（B）

前述した法性身と父母生身とは異なった二身説が，『大智度論』巻第三十に説かれる。それは，真身と化身の二身である。これは，「一切衆生の願う所の依服，飲食，臥具，塗香，車乗，房舎，牀榻，灯燭等を満たさんと欲せば，当に般若波羅蜜を学すべし。」[104]と説く経文の注釈として『大智度論』巻第三十に[105]，つぎのように説かれる。

> 仏身に二種有り。一には真身，二には化身なり。衆生，仏の真身を見れば，願として満たさざることなし。仏の真身は，虚空に満ち光明遍く十方を照らし，説法の音声も亦た遍く十方無量恒河沙に等しき世界の中に満ち，大衆皆な共に法を聴き説法して息まず。一時の頃だに各々聞く所に随って解悟することを得。劫尽き已るが如きは，衆生の業を行じたる因縁の故に，大雨を澍ぎ下し，間に断絶なく，三大も制する能わざる所，惟だ劫尽くる

あれば十方に風起こり，更に互に相い対して能く此の水を持す。是の如く，法性身仏は説法する所あり。十住の菩薩を除けば，三乗の人は皆な持すること能はず。惟だ十住の菩薩のみ不可思議なる方便智力あって悉く能く聴受す。衆生，其の法身仏を見ることあり。三毒あることなく，及び衆の煩悩，寒熱の諸苦，一切皆な滅し願として満たさざるなし。

ここでは，仏の「真身」と「化身」の二身の中，「真身」は「法性身仏」であり「法身仏」であると言葉を替えて表現しながら，その「真身」と「法性身仏」にすべて「説法」ありとする。その説法を聞き，仏の姿を見る衆生は，「その法身仏を見ることあり」とあるから，この「法身仏」にも説法ありということになる。したがって，「法性身仏＝法身仏」というこの仏格は，虚空界に遍満する複数の仏格であり，三千大千世界の十方虚空界に遍満する「法身仏」が「説法」しているということになる。この説法する「法身仏」は，「二身説(A)」の法性身とほぼ同じ意味合いで説かれているから，「法性身」とも理解できる。

つぎに「化身」の記述を見るに，「化身」についてはここでの注釈文には明確な説明はない。しかし，この注釈文に続く最後の部分(106)に，つぎのように記す。

諸礙を除くが故に，弾指の頃に無量の身を化して，遍く十方に至り，能く一切衆生の所願を満たす。是の如きの神通利益は，要ず般若より出生す。この故に菩薩は，一切衆生の願を満たさんと欲わば，当に般若波羅蜜を学すべし。

ここでの「化身」を出生するのは，「諸礙を除いて」悟りを得た菩薩である。菩薩は，指をパチンと弾く瞬間に，無量の「化身」を十方虚空界に遍満し，一切衆生の願を満たすという。この「化身」も法身と同じく般若波羅蜜から出生するのである。

iii)『大智度論』の二身説(C)

『大智度論』巻第三十四には，つぎのような二身説を説く。その注釈の引用文となった経文は「我れ，阿耨多羅三藐三菩提を得る時，十方の恒河沙に等しきが如き世界の中の衆生にして，我が名を聞く者は，必ず阿耨多羅三藐三菩提を得ん。是の如き等の功徳を得んと欲せば，当に般若波羅蜜を学ぶべし。」(107)である。この注釈の中に，つぎのような二身説が説かれる。

上に已に説けり。二種の仏あり。一には法性生身仏。二には随衆生優劣現化仏なり。法性生身仏の為の故に，ないし名を聞いて得度すと説き，衆生に随って身を現ずる仏の為の故に，仏と共に住すと雖も，業因縁に随って地獄に堕ちるものありと説く。法性生身仏は，事として済(な)さざるなく，願として満たさざることなし。

ここでの「法性生身仏」とは，「二身説(B)」で見た「法性身仏」で，「法そのものより生じた仏身」である。また，この「法性生身仏」がブッダ釈尊を指していることは，のちの釈で「釈迦文仏は亦た是れ法性生身と分かれて異体あることなし」(108)と記されることからも知られる。

この法性生身は，衆生の諸願を満たす仏格として説かれ，具体的には，初地から第五地までに功徳（福徳）を積集し，第六地で智恵（般若）を得て福徳と智恵を積集した仏格である(109)。

また，「衆生の優劣に随って化を現ずる仏」とは，衆生に随って身を現ずる仏である。この句は，「ある人が仏に値って，仏の教えを聞いているものでも，地獄に堕ちるものがいるのに，ブッダから遠く離れた恒河沙と等しき数の世界に住する衆生が仏の名前を聞くだけで悟りを得るというのはどうしてか」という質問に対して，彼ら衆生は悪なる「業因縁によって地獄に堕ちた」ものたちであり，他方善き業因縁のものは「仏の名前を聞くだけで悟りを得る」と説く(110)。これは，つぎの記述と関連する(111)。

問うて曰く，恒河沙に等しきが如き世界を過ぎて，誰か此の名を伝えて，彼をして聞くことを得せしむるや。答えて曰く，仏は神力を以て，身の毛孔を挙げて無量の光明を放ち，一一の光の上に皆な宝華あり，一一の華上に皆な坐仏あり。一一の諸仏は，各妙法を説き，以て衆生を度し，又諸仏の名字を説きたまう。是を以ての故に聞く。放光〔般若経〕(112)の中に説くが如し。

この記述は，極めて興味深いものをいくつか含んでいる。たとえば，この「仏は神力を以て」という「神力」とは，anubhāvaの訳であろう。そうすると，「神力 anubhāva」と「加持 adhiṣṭhāna」は『八千頌般若経』から同意趣で使用される(113)から，この「仏は神力を以て，身の毛孔を挙げて無量の光明を放つ」とは，三摩地に入ったブッダが加持の力で身体のすべての毛穴から光明を放ち，衆生の願を満たすことを示している。また「一一の光の上に皆な宝華」があり，その一一の華上に「化仏」が坐し，六波羅蜜の妙法を説いているとされる記述は，図像学的な表現としても注目される。

したがって，これら化仏とともに虚空界に遍満する諸仏と法性生身仏たちは，(A)(B)で見た二身説と同一の仏格である。

iv）『大智度論』の化仏思想

化仏については，上記に見たものと同様の記述が，『大智度論』巻第九十三「成仏国土品第八十三の下を釈す」に見られる。それは，ブッダの一々の毛孔から生み出された化仏から，さらに無量の化仏が生み出されるとするものである(114)。

ここでは引用経文の最初に，法華経を引用するから，法華経の影響(115)を考慮しなければならない。まずは，『大智度論』の注釈文を見てみよう(116)。

> 是の中には，是れ法性身仏は，身に無量無辺の光明ありて，説法の音声遍く十方国土に満ち，国中の衆生にして皆な是れ仏道に近づく者，無量阿僧祇由旬あり。衆中の説法は，無量億阿僧祇の日月の光明に勝る。常に身より仏を出だし，衆生をして見せしめれば，則ち見ることを得，若し聴かざる時は則ち見ず。是の仏は一一の毛孔の辺より常に無量無辺阿僧祇の仏を出だし，一一の諸仏は等しくして異ることなく，化仏の辺に於て展転して復た出す。度すべき衆生に随って，仏を見るに優劣あり。根本の真仏には大小の異なりを分別すること有ることなし。是の如き等をば若しくは見，若しくは名を聞き，若しくは是の如くの功徳を聞いて深信し敬重するが故に，種える所の善根，云何んが畢定して仏と作らざることあらん。

ここでの「是れ法性身仏は，身に無量無辺の光明ありて，説法の音声遍く十方国土に満ち」云々は,『二万五千頌般若経』「序品第一」(117)で見た光明を放つ釈迦牟尼世尊の働きと同じである。したがって,この「法性身仏」は釈尊を指している言葉である。

つぎの「衆中の説法は,無量億阿僧祇の日月の光明に勝る」とは,この法性身仏の説法が光明によってなされるが,この説法の光明は,世間の太陽や月の光より勝れていることを示す。この解釈は,まさに『大日経疏』の毘盧遮那の光明を「除闇遍明」(118)と説明する内容と同意趣である。

> 梵音の毘盧遮那とは,是れ日の別名,即ち除暗遍明の義なり。然るに世間の日は,即ち方分ありて,若し其の外を照らすときは,内に及ばず,明恵の日光は,則ち是の如くにはあらず。一切処に遍じて大照明を作す。内外方処,昼夜の別あることなし。

さらに『大智度論』の「常に身より仏を出だし……是の仏は一一の毛孔の辺より常に無量無辺阿僧祇の仏を出だし……化仏の辺に於て展転して復た出す。」の思想は,一仏から多仏を生み出し,その多仏からさらに多仏を生み出す思想であり,すでに見た鳩摩羅什訳『摩訶般若波羅蜜経』に見られた記述と同じである(119)。したがって,『大智度論』の作者とされる龍樹(150～250頃)は,この404年に漢訳された鳩摩羅什訳『摩訶般若波羅蜜経』にしか存在しないこの思想の影響を受けていることになり,この点からも本書が龍樹作とされる点に疑問が残る。

つぎの「度すべき衆生に随って,仏を見るに優劣あり」とは,衆生の願を満たすために衆生の願に応じて化現する身像に,優劣のあることを示す。

この菩薩が三摩地に入って示すさまを具体的に示せば,たとえば衆生が教化を受ける化仏について,菩薩を欲する者には菩薩を化現し,声聞を欲する者には声聞を化現する。このような内容をもつ記述は,華厳経から『大日経』へと展開する。

『六十華厳』「十地品」の第八地・不動地 acalā では,つぎのように記される(120)。

> 彼は沙門の集会におては沙門の色相を示し,ブラーフマナの集会において

はブラーフマナの色相を示し，クシャトリヤの集会においてはクシャトリヤの色相を示し，ヴァイシュヤの集会においてはヴァイシュヤの色相を示し，シュードラの集会においてはシュードラの色相を示し，居士の集会においては居士の色相を示し，四大〔天〕王の集会においては四大〔天〕王の色相を示し，三十三〔天〕の集会においては三十三〔天〕の色相を示す。同様に，夜摩〔天〕の集会，兜率〔天〕の集会，化楽〔天〕の集会，他化自在〔天〕の集会，魔の集会においても〔それぞれの色相を示し〕，梵〔天〕の集会においては梵天の色相を示し，乃至色究竟〔天〕の集会においては色究竟〔天〕の色〔相〕を示す。彼は，声聞〔乗〕を以て度す衆生には声聞身の色相を示し，縁覚〔乗〕を以て度す衆生には縁覚身の色相を示し，菩薩〔乗〕を以て度す衆生には菩薩身の色相を示し，如来を以て度す衆生には如来身の色相を示す。

このように，衆生の信仰心（信楽）に応じて種々の身が説かれた後に，菩薩が身相への分別を離れ，すべてが平等であるという境地に達したとき，智身と法身を含む衆生身・国土身・業報身・声聞身・辟支仏身・菩薩身・如来身・智身・法身・虚空身の十種身を知るとされる。この十種身は，つぎのように説かれる(121)。

sa sarva-kāya-vikalpa-vigataḥ kāya-samatā-prāptas (tac cāsya kāya-saṃdarśanam akṣūṇam avaṃdhyaṃ ca sattva-paripāka-vinayāya) / sa sattva-kāyaṃ ca prajānāti / kṣetra-kāyaṃ ca karma-vipāka-kāyaṃ ca śrāvaka-kāyaṃ ca pratyekabuddha-kāyaṃ ca bodhisattva-kāyaṃ ca tathāgata-kāyaṃ ca jñāna-kāyaṃ ca dharma-kāyaṃ cākāśa-kāyaṃ ca prajñanāti /

彼はあらゆる身の分別を離れ，身の平等性を得ると，（それがまた，衆生を成熟し調伏するために，彼の身を顕現し，失わず，果を多く結ぶこととなった。）彼は，衆生身を知り，国土身と業報身と声聞身と縁覚身と菩薩身と如来身と智身と法身と虚空身とを知る。

このように，菩薩は，種々の身の差別を離れたために身の平等性を獲得し，様々な身を化現して衆生を成熟させる。その化現し顕現する身が，衆生身・国土身・業報身・声聞身・縁覚身・菩薩身・如来身・智身・法身・虚空身の十種身である。

さらに，この十種身の各々をもって，衆生の願いに応じて加持し顕現することについて，さらにつぎのようにいう(122)。

sa sattvānāṃ cittāśayābhinirhāram ājñāya yathā-kāla-paripāka-vinayam an-atikramād ākāṃkṣaṃ sattva-kāyaṃ sva-kāyam adhitiṣṭhiti / evaṃ kṣetra-kāyaṃ karmavipāka-kāyaṃ śrāvaka-kāyaṃ pratyekabuddha-kāyaṃ bodhisattva-kāyaṃ tathāgata-kāyaṃ jñāna-kāyaṃ dharma-kāyaṃ ākāśa-kāyam ātma-kāyaṃ adhitiṣṭhati /

彼は，諸の衆生が心の所願を成就したいと思っているのを知っていて，時に応じて成熟し調伏することを見逃さない故に，願うがままに，衆生身を自身に加持する。同様に，国土身と業異熟身と声聞身と縁覚身と菩薩身と如来身と智身と法身と虚空身とを自身に加持する。

ここでは，衆生の意願に応じて顕現する身に，智身や法身，虚空身まで含ませている。

これら上記の華厳経と同じ表現が，密教の『大日経』「住心品」(123)につぎのように整理されて記される。

その場合，ある衆生には，仏をもって教化すべきものたちには，仏身を示し，あるものには声聞身を，あるものには縁覚身を，あるものには菩薩身を，あるものには大自在天の身を，あるものには梵天の身を，あるものには那羅延の身を，あるものには毘沙門天の身を，乃至，あるものには摩睺羅伽と人と非人に至るまで示して，各々の語言道と種々の行道を示す。その場合のその一切智智もまた，つぎのように，如来の解脱味と一味である。

さらに，説法の教師に法身(124)と受用身と変化身を認めるパドマヴァジュラ Padmavajra の *Tantrārthāvatāravyākhyāna* では，仏身を法身に代えて，「あるものには法身が説法することもあり，あるものには受用身が説法することもあり，あるものには変化身が説法することもあって，衆生が信解するままに説法する。」(125)とする。

このように，華厳経や『大日経』になると，菩薩が一切衆生の信と願に従って種々の諸尊を顕現し教化するようになり，さらに『初会金剛頂経』になると法身が諸仏に替わって説法の教師となる。

第3節　『金剛般若論』の言説法身と証得法身

無著（Asaṅga 4世紀頃）の『金剛般若論』[126]は『金剛般若経』*Vajracchedikā-prajñāpāramitā*[127]の注釈である。『金剛般若経』には，羅什訳『金剛般若波羅蜜経』の最後に般若仏母の真言をもつ[128]。経典自身の内容は，般若思想を説きながらも，「空」「大乗」という言葉はいっさい見えない。このような点から，本経の成立は4世紀頃とされる[129]。

また，『金剛般若論』の「言説法身」の語は『大智度論』[130]に引かれないが，法蔵（643～712）の『華厳経探玄記』[131]や澄観（738～839）の『華厳随疏演義鈔』[132]に引用される。

この「言説法身」と「証得法身」の二種法身は，『金剛般若経』に，つぎのように説かれる[133]。

> abhyācakṣīta māṃ sa subhūte a-satād udgṛhītena / tat kasya hetor dharma-deśanā dharma-deśaneti subhūte nāsti sa kaścid dharmo yo dharma-deśanā nāmopalabhyate /
>
> スブーティよ，かれは，真実でないものに執着して，わたしを謗る。それはなぜかというと，スブーティよ，法の教示，法の教示というけれども，法の教示として認められるような法は何も存在しないのに。

これに対する無著の『金剛般若論』では，つぎのように2種の法身を挙げている。

> 法身に復た二種有り，謂く言説法身と証得法身となり。此の証得法身に亦た二種有り，謂く智相と福相なり。言説法身とは，謂く修多羅等なり。此の法身を得んと欲するが為の故に，経に言く，世尊よ，頗る衆生有りて，未来世に於て是の如く等しく，不顛倒の義に於て是を想て実想と為す。応

に知るべし。言う如き義に執する彼は実想に非ず。智相の法身を得んと欲するが為の故に[134]。

ここでは，法身を「言説法身」と「証得法身」との2種とし，言説法身 dharma-deśanā（bstan paḥi chos kyi sku）は「教えとして説かれる法身」の意味をもち，証得法身 rtogs paḥi chos kyi sku とは「悟られる法身」を意味している。

『金剛般若論』の下巻では，無著は「言説法身の要義は，経に言う是の義を以ての故に，如来は常に栰の喩の法門を説く」[135]と言い，弥勒の『宝性論』[136]では，

法は2種である。所説の法 deśanā-dharma と所証の法 adhigama-dharma とである。そのうち，所説の法は経（契経 sūtra）とその他の教えで，名 nāma・句 pada・文の集まり vyañjana-kāya としてまとめられるものである。それはまた，道の完成（現観）を以て終局とするものであるから，筏の如く kolopama であるといわれる。所証の法 adhigama-dharma は，因と果の相違によって2種となる。すなわち，道諦 mārga-satya と滅諦 nirodha-satya とである。それによって通達するもの（手段）と，その通達されるもの自体（目的）というわけである。

という。

ここでの共通する「筏の喩え」とは，ブッダの教えも悟りに至ったときには，捨てられるべきものであるという，「法」を「筏」に喩えた比喩[137]である。

この「筏の喩え」については，無著の『金剛般若論』[138]でも，つぎのように注釈する。

言説法身の要義とは，経に是の義を以て言うが故に，如来は常に筏の喩えの法門を説く。若し此れを解する者は法も尚し捨てるべし。何をか況んや非法をや。故に法も尚し捨てるべしとは，実想を生ずるが故に。何をか況んや非法をやとは，理に応ぜざらんが故に，略説して菩薩に顕示す。言説法身を得んと欲わば，応に不実の想を作すべからず。智相を得んと欲するが為に，法身の住処を得るに至るが故に。

このように，『金剛般若論』では，二種身のうち「言説法身」については，その言説の「法」も究極的には捨てられるべきものとして，「筏の喩え」をセットとして示されている。この用例は，上に見たように，如来蔵経典の代表である『宝性論』の中でも，「筏の喩え」とともに記されていることに，注意を払わなければならない。

したがって，この二種法身の「法身」とは，『金剛般若経』と『宝性論』の用例からも知られるように，dharma を「法身」と訳したのであるから，『宝性論』の所説の法 deśanā-dharma と所証の法 adhigama-dharma の意味に解するのが妥当である。

また，この二種身は，密教の『大日経広釈』(139)では「証悟の法 rtogs paḥi chos」と「口説の法 luṅ gi chos」として説かれ(140)，「証悟の法」では勝義の立場で真如の智海から「真言」を光として放ち，世俗においては如来の身より真言を出し，諸仏を生み出して三界に遍満することと説く。また「口説の法」とは，アン Aṃ 字から多くの真言（百字真言）を流出して一切法界に遍満させることであるとされる(141)。

この密教思想は，『宝性論』から引用した『楞伽経』にも見えていて，そこでは「所証の法 adhigama-dharma」を「清浄法界」と呼び，「所説の法 deśanā-dharma」を「法界の等流」と呼んでいることとも関連する(142)。このように，『金剛般若論』等の二種身の思想が，密教まで展開し受け継がれていることに注意を払わなければならない。

つぎに，羅什訳の『金剛般若経』の最後に記される真言にも触れておきたい。この真言は漢訳の羅什訳にしか存在しない。したがって，すでに触れたように，この真言は不空（705～774）訳の『修習般若波羅蜜多観行念誦儀軌』に説かれるもので，それ以前の文献といえば，この『金剛般若経』である。おそらく，この真言は後世になってから，しかも8世紀頃になってから『金剛般若経』に付加された可能性が高い。

これは，般若仏母の三尊の種子を含む真言として説かれている。以下，その真言の漢音とローマナイズと和訳を挙げる。

那謨　婆伽跋帝　鉢喇壊　波羅弭多曳　唵　伊利　底　伊室利　輸盧駄
毘舎那　（毘舎耶）莎婆訶(143)

Namo bhagavate prajñāpāramitāyai Oṃ Śrīḥ Dhīḥ Hrīḥ śurti-vijaye svāhā /

世尊・般若波羅蜜多母に帰命します。オーム　シュリーヒ（帝釈天の種子）ディーヒ（般若仏母の種子）　フリーヒ（梵天の種子）　聞恵の最勝者よ，スヴァーハー。

この真言は，『陀羅尼集経』巻第三の「般若波羅蜜多大心経」(144)に引かれる。そして，般若経系成就法の *Prajñāpāramitā-sādhana*(145)の中でこの真言は，三尊曼荼羅の種字，すなわち，中央に般若仏母の種字「Dhīḥ」，右に帝釈天の種字「Śrīḥ」，左に梵天の種字「Hrīḥ」を含む般若仏母の曼荼羅の三尊真言として，瞑想法の中で重要な役割を果たすようになる。

註

（1）　梶山雄一「般若思想の生成」（平川彰・梶山雄一・高崎直道『般若思想』新装版，講座・大乗仏教第2巻，春秋社，1995年）参照。平川彰「大乗仏教における法華経の位置」（平川彰・梶山雄一・高崎直道『法華思想』新装版，講座・大乗仏教第4巻，春秋社，1996年），pp. 15-24参照。梶山雄一「法華経における如来全身」（『創価大学国際仏教高等研究所年報』2000年度，第4号）参照。

（2）　Vaidya, No. 4, p. 48[15].

（3）　Vaidya, No. 4, p. 48[4].

sacen me bhagavan ayaṃ jambudvīpaḥ paripūrṇaś cūlikā-baddhas tathāgta-śarīrāṇāṃ dīyeta, iyaṃ ca prajñāpāramitā likhitvopanāmyeta, tata ekatareṇa bhāgena pravāryamāṇo 'nayor dvayor bhāgayoḥ sthāpitayor imām evāhaṃ bhagavan pajñāpāramitāṃ parigṛhṇīyām / tat kasya hetoḥ? yathāpi nāma tathāgata-netrī-citrī-kāreṇaṃ etad dhi tathāgatānāṃ bhūtārthikaṃ śarīram / tat kasya hetoḥ? uktaṃ hy etad bhagavatā —— dharma-kāyā buddhā bhagavantaḥ / mā khalu punar imaṃ bhikṣavaḥ sat-kāyaṃ kāyaṃ manyadhvam / dharma-kāya-pariniṣpattito māṃ bhikṣavo drakṣyatha / eṣa ca tathāgata-kāyo bhūta-koṭi-prabhāvito draṣṭavyo yaduta prajñāpāramitā / na khalu punar me bhagavaṃs teṣu tathāgata-śarīreṣv agauravam / gauravam eva me bhagavaṃs teṣu tathāgata-śarīreṣu / api tu khalu punar bhagavan itaḥ prajñāpāramitāto nirjātāni tathāgata-śarīrāṇi pūjāṃ labhante / tasmāt tarhi bhagavan anayaiva prajñā-pāramitayā pūjitayā teṣām api tathāgata-śarīrāṇāṃ paripūrṇā pūjā kṛtā bhavati / tat kasya hetoḥ? prajñāpāramitā-nirjātatvāt tathāgata-śarīrāṇām /（大正8，No. 228，p. 601c．東北No. 12，ka 帙，fol. 53a[7]).

（4） tshul la ri mor bgyi baḥi slad duḥo //（東北No. 12，ka 帙，fol. 53a[7]），『道行般若経』巻第二「如負債人」（大正8，No. 224，p. 435c），『摩訶般若鈔経』巻第二「如負債之人」（大正8，No. 226，p. 517c），梶山雄一訳「案内人（である知恵の完成）を崇拝するからです」（大乗仏典2『八千頌般若経Ⅰ』，中央公論社，1974年，p. 128)。

（5） yaṅ dag paḥi don gyi sku (東北No. 12，ka 帙，fol. 53b[1]).

（6） 梶山雄一「仏陀観の発展」(『仏教大学総合研究所紀要』第3号，1996年，pp. 29-35)，同「般若思想の生成」(註(1)前掲『般若思想』) p. 55参照。

（7） チベットの旧訳の用例に随って「ri mo」を「文字 yi geḥi ri mo」と訳す。

（8） Lewis R. Lancaster, *The Oldest Mahāyāna Sūtra: its Significance for the Study of Buddhist Development, Eastern Buddhist,* New Series vol.Ⅷ, No. 1, May, 1975, 36ff. 梶山雄一「塔・仏母・法身」(高井隆秀教授還暦記念論集『密教思想』，種智院大学密教学会，1977年，pp. 43-58) 参照。

（9） Vaidya, No. 4, p. 228[13].

(10) 『道行般若経』巻第九，大正8，No. 224，p. 468c.

(11) 『大明度経』巻第五「累教品第二十五」(大正8，No. 225，p. 502c)，「chos kyi sku yin no shes chos ñid de tshad mar byaḥo //」(東北No. 12，ka 帙，fol. 249b[3]).

(12) 『小品般若波羅蜜経』巻第九「摩訶般若波羅蜜嘱累品第二十四」(大正8，No. 227，p. 577c).

(13) 註(1)前掲，梶山「般若思想の生成」，p. 57参照。

(14) 同上，p. 56参照。

(15) 『道行般若経』巻第二（大正8，No. 224，p. 435c)。

(16) 『大明度経』巻第二（大正8，No. 225，p. 485b)。

(17) 『摩訶般若鈔経』巻第二（大正8，No. 226，p. 517b)。

(18) 『宝行王正論』(大正32，No. 1656，p. 498a)。漢訳では第三章第10，12頌である。

諸仏色身因　尚如世無量　況仏法身因　而当有辺際
世間因雖小　若果大難量　仏因既無量　果量云何思
諸仏有色身　皆従福行起　大王仏法身　由智恵行成

(19) 註(1)前掲，梶山「般若思想の生成」，p. 58参照。

(20) 大正25，No. 1509，pp. 121c-122a.

(21) 大正8，No. 227，p. 584b.

(22) 大正8，No. 228，p. 674a.

(23) 諸仏は色身を以て見る可からず。諸仏の法身は無来無去なり。諸仏の来処も去処も

亦た是の如し。(大正8, No. 223, p. 421c)

de bshin gśegs pa ni chos kyi sku yin pas / gzugs kyi skur mi bltaḥo / rigs kyi bu chos ñid la ni ḥgro ba ḥam / ḥoṅ ba med de/ rigs kyi bu de bshin du de bshin gśegs pa rnams la yaṅ byon baḥam / bshud pa med do // (東北No. 9, fol. 371a[2]).

(24) 大正6, No. 220, p. 1068b.

(25) 人有て十方無量阿僧祇の諸の世界の中に仏の法身と色身在るを見んと欲わば，是の人，応に般若波羅蜜を聞き受持し読誦し正しく憶念し，他人の為に演説すべし。是の如くの善男子善女人は，当に十方無量阿僧祇世界の中の諸仏の法身と色身を見るべし。(大正8, No. 223, p. 292b)。

(26) 大正7, No. 220, p. 164b.

(27) 大正7, No. 220, p. 564a.

(28) 大正8, No. 231, p. 701c.

(29) 大正7, No. 220, p. 1073b『第十六会般若波羅蜜多分』.

(30) 大正6, No. 220, p. 491b.

(31) Vaidya, No. 4, p. 253[2].

(32) 大正8, No. 227, p. 584b.

諸の如来が若しは来たり若しは去ると観じ分別を起す者は，当に知るべし。是の人愚癡にして無智なり，虚妄と見る所なり。何を以ての故に，如来は是れ即ち法身なり。色身と見る可きに非ず。善男子よ，法性は無来無去なり。(Vaidya, No. 4, p. 253[24]. 註(4)前掲，梶山訳『八千頌般若経Ⅱ』, pp. 352-354)。

(33) 註(4)前掲，梶山訳『八千頌般若経Ⅱ』, p. 354参照。ここでは，法身の法を「真理」と訳している。

(34) 註(23)参照。

(35) 大正6, No. 220, p. 1068b.

(36) 大正2, No. 125, p. 787b.

(37) この経典の思想を大衆部の所伝と見る赤沼智善博士の見解と，それに疑念をもつ平川彰博士の見解がある。赤沼智善著作選集巻第3『仏教経典史論』(法藏館，1981年，pp. 38-39), 平川彰『初期大乗仏教の研究』(春秋社，1968年，pp. 29-46) 参照。

(38) 平川博士は，法空の思想と法身・真如の思想が表れたのが，大乗の決定的な特徴であると言う (註(37)前掲，平川『初期大乗仏教の研究』, p. 4参照)。

(39) 大正1, No. 26, p. 723b (一八一・多界経).

(40) 大正6, No. 220, p. 553a.

(41) 『仏母出生三法蔵般若波羅蜜多経』巻第二十五 (大正8, No. 228, p. 674a)

de bshin ñid gaṅ yin de/ rigs kyi bu de bshin gśegs paḥo // rigs kyi bu skye ba med pa de ni ḥgro baḥam ḥoṅ ba med de / skye ba med pa gaṅ yin pa de ni de bshin gśegs paḥo // …… rigs kyi bu nam mkhaḥi dbyiṅs la ni ḥoṅ ba ḥam ḥgro ba med de / nam mkhaḥi dbyiṅs gaṅ yin pa de ni de bshin gśegs paḥo //……dper na mi shig chu med pa la / chur ḥdu śes skyed pa bshin no // de chiḥi phyir she na / de bshin gśegs pa ni chos kyi sku yin pas / gzugs kyi skur mi bltaḥo // rigs kyi bu chos ñid la ni ḥgro baḥam / ḥoṅ ba med de / rigs kyi bu de bshin du de bshin gśegs pa rnams la yaṅ byon baḥam / bshud pa med do //（東北No. 12, ka 帙, fol. 277b[1]）. *Aṣṭasāhasrikāprajñāpāramitāsūtra* (Vaidya, No. 4, p. 253[21]).

（42）『大智度論』巻第四十六でも，この「法界」について，つぎのように言う。

何等をか諸法空と為すや。諸法は色受想行識，眼耳鼻舌身意，色声香味触法，眼界色界眼識界乃至意界法界意識界と名く。是の諸法は諸法空にして，常に非ず滅に非ざるが故に。（大正25，No. 1509，p. 394a）。

（43）高崎直道『如来蔵思想の形成』（春秋社，1947年，pp. 758-763）参照。

（44）Ānandagarbha の *Tantratattvālokakarī*，東北No. 2510，li 帙，fol. 31a[2].

（45）大正８，No. 223，p. 292b.

（46）大正７，No. 220，p. 164b.

（47）*PAÑCAVIṂŚATISĀHASRIKĀ PRAJÑAPĀRAMITĀ*, Ⅱ, ed. by Takayasu Kimura, SANKIBO, 1986, p. 96[15-20].

（48）『摩訶般若波羅蜜経』巻第十（大正８，No. 223，p. 292b）。

（49）de bshin gśegs paḥi sku gduṅ rnams la yaṅ rim gro daṅ / bkur sti daṅ / bsti staṅ daṅ/ mchod pa bgyid par ḥgyur ro // bcom ldan ḥdas gshan yaṅ phyogs bcuḥi ḥjig rten gyi khams tshad daṅ graṅs ma mchis pa dag na / de bshin gśegs pa dgra bcom pa yaṅ dag par rdsogs paḥi saṅs rgyas ji sñed cig bshugs śiṅ ḥtsho skyoṅ ba daṅ / chos ston pa de dag chos kyi sku daṅ / gzugs kyi sku daṅ/ ye śes kyi skur mthoṅ bar ḥtshal shiṅ mchod par ḥtshal bas / śes rab kyi pha rol tu phyin pa ḥdi ñid gzuṅ bar bgyi / bcaṇ bar bgyi / klag par bgyi / kun chub bar bgyi / mchod par bgyi / gshan la yaṅ rgya cher yaṅ dag par bstan par bgyi / tshul bshin du yaṅ yid la bgyi te / rigs kyi bu ḥam / rigs kyi bu mo des ni / phyogs bcuḥi ḥjig rten gyi khams graṅs daṅ / tshad ma mchis paḥi de bshin gśegs pa dgra bcom pa yaṅ dag par rdsogs paḥi saṅs rgyas rnams mthoṅ bar ḥgyur ro //（東北No. 9, kha 帙, fol. 110a[2]）.

（50）de bshin gśegs paḥi sku gduṅ rnams la yaṅ / rim gro daṅ / bkur sti daṅ / phu dud daṅ / mchod par bgyis par ḥgyur bcom ldan ḥdas gshan yaṅ phyogs bcuḥi ḥjig rten gyi khams tshad daṅ graṅs ma mchis pa dag na / de bshin gśegs pa dgra bcom pa yaṅ dag par rdsogs paḥi saṅs rgyas ji sñed cig bshugs śiṅ ḥtsho skyoṅ ba daṅ/ chos ston pa de dag chos kyi sku daṅ / gzugs kyi sku daṅ/ ye śes kyi skur mthoṅ bar ḥtshal shiṅ / mchod par ḥtshal bas / śes rab kyi pha rol tu phyin pa ḥdi ñid gzuṅ bar bgyi / bcaṅ bar bgyi / klag par bgyi / kun chub par bgyi (/) mchod par bgyi / gshan la rgya cher yaṅ dag par bstan par bgyi / tshul bshin du yid la bgyi ste / rigs kyi buḥam / rigs kyi bu mo des ni phyogs bcuḥi ḥjig rten gyi khams graṅs daṅ tshad ma mchis paḥi de bshin gśegs pa dgra bcom pa yaṅ dag par rdsogs paḥi saṅs rgyas rnams mthoṅ bar ḥgyur ro // de bas na rigs kyi bu ḥam rigs kyi bu mo śes rab kyi pha rol tu phyin pa la spyod pa des / chos ñid du saṅs rgyas rdses su dran pa bsgom par bgyiḥo // (東北No. 8, ca 帙, fol. 360a[1]).

復次世尊。若善男子善女人等。欲得常見十方無数無辺世界現説妙法一切如来応正等覚法身色身智恵身等。当於如是甚深般若波羅蜜多供養恭敬尊重讃歎。至心聴聞受持読誦。精勤修学如理思惟。広為有情宣説流布。世尊。若善男子善女人等。欲得常見此仏士中現在如来応正等覚法身色身智恵身等当於如是甚深般若波羅蜜多供養恭敬尊重讃歎。至心聴聞受持読誦。精勤修学如理思惟。広為有情宣説流布。(世尊。若善男子善女人等。欲得常見十方三世一切如来応正等覚法身色身智恵身等。当於如是甚深般若波羅蜜多供養恭敬尊重讃歎。至心聴聞受持読誦。精勤修学如理思惟。広為有情宣説流布。世尊。若善男子善女人等。修行般若波羅蜜多。応以法性於諸如来応正等覚修随仏念。)(大正5, No. 220, p. 704a-b)。

(51) Takayasu Kimura, op.cit., p. 96[8].

(52) 『十万頌般若経』*Śatasāhasrikāprajñāpāramitā* のサンスクリット原典は，1902年に最初の13章の冒頭（漢訳「初会　無所得品第十八之三」）までが出版されている。P. Ghoṣa: *Bibliotheca Indica, New Series,* Nos. 1006, 1007, 1012, 1025, 1040, 1068, 1080, 1092, 1103, 1120, 1123, 1137, 1224, 1242, 1269, 1292, 1330, 1378, 1382, Part 1, 18 fascles; Part 2, 1 fascle, Calcutta, 1902-1914.（勝崎裕彦・小峰弥彦・下田正弘・渡邊章悟編『大乗経典解説事典』，北辰堂，1997年，p. 71参照）。

(53) 大正8, No. 231, p. 701c.

(54) 大正8, No. 220, p. 107b.

(55) 大正8, No. 231, p. 701c.

(56) この思想は『華厳経』を経て直線的に密教の阿字・法身・毘盧遮那の本不生へと展開する。

(57) まず，虚空の展開については，『長阿含経』巻第一（大正1, No. 1, p. 8b. ㈠『大本経』）の記述から見ると，ここでは虚空はただ単なる鳥が飛び風が流れる「そら」ほどの意味である。

鳥が虚空に遊ぶが如く　　東西に風に随いて遊ぶ
菩薩は衆結を断じ　　風の如く軽衣を靡かす

この虚空の用例が，『僧伽羅刹所集経』巻中（大正4, No. 194, p. 126a）になると，清浄の本質を表す喩えとして，つぎのように示される。

彼れ若し一浴池を見ば清浄にして塵垢有ること無し。挟池の両辺は清涼にして風起きる有り。魚龍の遊び戯れるを視て水の底を見ん。虚空も清浄にして亦た雲曀無し。

(58)　大正6，No. 220，p. 491b，『放光般若経』巻第九．

須菩提。虚空清浄故般若波羅蜜清浄。世尊。云何虚空清浄般若波羅蜜清浄。仏言。虚空不生不滅無所有。是故虚空清浄。世尊。云何虚空無所有般若波羅蜜清浄。仏言。虚空不可護持故。般若波羅蜜清浄如虚空事故般若波羅蜜清浄。世尊。云何如虚空事故般若波羅蜜清浄。仏言。如虚空無二寂。以是事般若波羅蜜清浄。仏言。如虚空無行般若波羅蜜清浄。世尊。云何虚空無行般若波羅蜜清浄。仏言。以虚空無所行故般若波羅蜜清浄。仏言。以虚空無所倚般若波羅蜜清浄。世尊。云何虚空無所倚。般若波羅蜜清浄。仏言。如虚空無所累故。般若波羅蜜清浄。(大正8，No. 221，p. 67a)

『摩訶般若波羅蜜経』巻第十二．

復次須菩提。虚空清浄故般若波羅蜜清浄。世尊。云何虚空清浄故般若波羅蜜清浄。仏言。虚空不生不滅故清浄。般若波羅蜜亦如是。(大正8，No. 223，p. 310b)。

(59)　大正7，No. 220，p. 1073a-b.

(60)　註(1)前掲，梶山「法華経における如来全身」，pp. 16-17参照。

(61)　この思想は，後の中国密教と日本密教でいう「理法身」と「智法身」の両面が法身の中に含まれているとする理智法身思想へと繋がっていく。

(62)　大正8，No. 231，p. 692b（六種身），p. 696c（十種身）.

(63)　六種身は，『大般若波羅蜜多経』巻第五百六十七（大正7，No. 220，p. 927c），十種身は，大正7，No. 220，932b-c.

(64)　天王当知。諸菩薩摩訶薩行深般若波羅蜜多。信解如来三種清浄。謂諸菩薩作是思惟。契経中説如来身浄。所謂法身。最寂静身。無等等身。無量身。不共身。金剛身。於此決定心無疑惑。是名信解如来身浄。復次思惟契経中説如来語浄。如為異生授記作仏。亦為菩薩授作仏記。信如是語理不相違。所以者何。如来永離一切過失。尽諸随眠無復煩悩寂静清浄。若天魔梵及諸沙門婆羅門等。能得如来語業失者無有是処。是名信解如来語浄。復次思惟契経中説如来意浄。諸仏世尊心所思法。声聞独覚菩薩天人及余有情無能知者。何以故。如来之心甚深難入。離諸尋伺非思量境。無量無辺同虚空界。如是信知心不疑惑。是名信解如来意浄。(大正7，No. 220，p. 927c)。

(65)　『海意菩薩所問浄印法門経』大正13，No. 400，p. 507a-c.

(66)　大正20，No. 1125，p. 535b-c.

(67)　大正8，No. 231，pp. 696c-697a. 同文『大般若波羅蜜多経』巻第五百六十八（大正7，No. 220，p. 932b）。

(68)　大正8，No. 231，p. 701c.

(69) 大正10, No. 293, p. 808a.

(70) 渡辺楳雄『法華経を中心とした大乗経典の研究』(臨川書店, 1989年復刻版, pp. 37-61) 参照。

(71)「諦理」の意味については,『俱舎論』に「諦理は真実なり」という (大正29, No. 1558, p. 130a)。

(72) 拙稿「『華厳経』から『大日経』への神変加持思想の変遷」(佐藤隆賢博士古希記念論文集『仏教教理思想の研究』, 山喜房佛書林, 1998年, pp. 728-735)。

(73)『大智度論』巻第九, 大正25, No. 1509, p. 126b.

(74) 経 是時東方過如恒河沙等諸仏世界。其世界最在辺世界名多宝仏号宝積。今現在為諸菩薩摩訶薩説般若波羅蜜。(大正 8, No. 223, p. 218a,『大智度論』巻第九. 大正25, No. 1509, p. 124a)。

de nas śar phyogs logs su ḥjig rten gyi khams gaṅ gāḥi kluṅ gi bye ma sñed ḥdas pa kun gyi pha rol na / ḥjig rten gyi khams rin chen yod pa shes bya ba yod de / de na de bshin gśegs pa dgra bcom pa yaṅ dag par rdsogs paḥi rgyas rin chen ḥbyuṅ gnas shes bya ba bshugs śiṅ ḥtsho skyoṅ / de byaṅ chub sems dpaḥ sems dpaḥ chen po rnams la śes rab kyi pha rol tu phyin pa ḥdi yaṅ dag par ston pa mdsad do // (東北No. 9, ka 帙, fol. 8b[3]).

(75)『大智度論』巻第九, 大正25, No. 1509, p. 126b.

(76) 大正25, No. 1509, p. 126b.

(77) この記述を梶山博士は法身説法との関連では見ていない (註(6)前掲, 梶山「仏陀観の発展」, p. 26参照)。

(78) 宇井博士は15の経文を引用整理して論じる (宇井伯寿『印度哲学研究』第四, 岩波書店, 1965年, pp. 409-424)。さらにこの宇井説を引きながら『大智度論』の仏身説を再検討しているものに, 田久保周誉『敦煌出土于闐語秘密経典集の研究』(春秋社, 1975年, pp. 433-440参照) がある。この部分の関連として, 平川彰「仏陀観と心—大智度論を中心として」(『仏教学』第9・10特集号, 1980年), 氏家覚勝「法身と色身」(『密教学研究』第16号, 1984年) を参照。

(79) 宇井博士は, 栂尾祥雲博士の密教の法身説法説 (栂尾祥雲全集Ⅲ『密教思想と生活』, 高野山大学出版部, 1939年, p. 182) を暗に批判している (註(78)前掲『印度哲学研究』第四, pp. 409-424)。拙稿「『大日経』の神変加持思想」(松長有慶編著『インド密教の形成と展開』, 法藏館, 1998年), pp. 423-424, pp. 138-179参照。

(80) 註(78)前掲, 宇井『印度哲学研究』第四, p. 413参照。

(81) 註(78)前掲, 田久保『敦煌出土于闐語秘密経典集の研究』, p. 435[20], p. 436[12]参照。

(82) 大正8, No. 223, pp. 217c-218a. N. Dutt, *The Pañcaviṃśatisāhasrikā-Prajñāpāramitā*, p. 10[9].

atha khalu bhagavāṃs tasminn eva siṃhāsane niṣaṇṇaḥ imaṃ trisāhasra-mahā-sāhasraṃ loka-dhātum abhibhūya tathāgatas tiṣṭhati bhāsate tapati virocate sma ābhayā varṇena śriyā tejasā ca / pūrvasyāṃ diśi dakṣiṇasyāṃ paścimāyām uttarasyām adhastād ūrdhva digvidikṣu gaṅgā-nadī-bālukopamān lokadhātūn abhibhūya tathāgatas tiṣṭhati bhāsate / tadyathāpi nāma sumeruḥ parvatarājaḥ sarvaparvatān abhibhūya tiṣṭhati bhāsate (as above up to) tapati virocate sma ābhayā varṇena śriyā tejasā ca（東北No. 9，ka 帙，fol. 6a[7]）.

(83)　梵・蔵・漢 を対比してみると，チベット訳が突出して異なるところが大きい。

(84)　N. Dutt, *The Pañcaviṃśatisāhasrikā Prajñāpāramitā*, p. 5[15]-p. 6[17]．東北No. 9，ka 帙，fol. 3b[4]．大正 8，No. 223，p. 217b.

(85)　大正 8，No. 223，p. 217b.

(86)　東北No. 9，ka 帙，fol. 4a[2].

(87)　大正 8，No. 227，p. 584b．Vaidya，No. 4，p. 253[24]．註(4)前掲，梶山訳『八千頌般若経 II』，pp. 352-354.

(88)　大正 8，No. 227，p. 584b.「諸の如来が若しは来たり若しは去ると観じ分別を起す者は，当に知るべし。是の人愚癡にして無智なり，虚妄と見る所なり。何を以ての故に，如来は是れ即ち法身なり。色身と見る可きに非ず。善男子よ，法性は無来無去なり。」（Vaidya，No. 4，p. 253[24]．註(4)前掲，梶山訳『八千頌般若経 II』，pp. 352-354）。

(89)　『大智度論』巻第九（大正25，No. 1509，pp. 121c-122a）。

(90)　註(78)前掲，田久保『敦煌出土于闐語秘密経典集の研究』の435頁(2)では，「常に一切を度すに須臾も息む時き無し。是の如き法性身の仏は能く一切の衆生にして諸々の罪報を受くる者を度す……（是れ生身仏なり）。生身仏は次第に説法すること人法の如し。二種の仏有るを以ての故に諸罪を受くるも咎（とが）無し。」と読むが，読みに無理がある。

(91)　ここでは，法性身＝身，音声＝語，光明（の中の思い＝心）と理解できる。『華厳経』の解釈は，註(72)前掲，拙稿「『華厳経』から『大日経』への神変加持思想の変遷」，pp. 719-722参照。生井智紹「如来秘密―三密行との関わりから―」（『高野山大学密教文化研究所紀要』別冊 2，2000年）参照。

(92)　『摩訶般若波羅蜜経』巻第一，大正 8，No. 223，p. 218a．東北No. 9，ka 帙，fol. 7a[2].

(93)　『大乗本生心地観経』巻第二（大正 3，No. 159，p. 298c）

爾時菩薩入金剛定。断除一切微細所知諸煩悩障。証得阿耨多羅三藐三菩提。如是妙果名現報利益。是真報身有始無終。寿命劫数無有限量。初成正覚窮未来際。諸根相好徧周法界。四智円満。是真報身受用法楽。一大円鏡智。転異熟識得此智恵。如大円鏡現

諸色像。如是如来鏡智之中。能現衆生諸善悪業。以是因縁。此智名為大円鏡智。依大悲故恒縁衆生。依大智故常如法性。双観真俗無有間断。常能執持無漏根身。一切功徳為所依止。」とあるも，この経典自身が大乗仏教末期の成立であるので，最初期の出典と見ることはできない。

『菩薩本生鬘論』巻第八（大正3，No. 160，p. 354a）

自性澄寂蘊覆義利。有布施力清浄聞持。為報身本福徳無壊。遷変之行有為真実。

これ以外では，『大荘厳論経』巻第十五（大正4，No. 201，p. 347b）「王無所与喩未得現報身無所得」などがある。

(94) 『大智度論』，大正25，No. 1509，p. 314a.

(95) 「一切義成就・円満月・師子吼・釈迦牟尼・第七仙・毘盧遮那・瞿曇氏・大沙門・最勝・導師」の十名号（大正10，No. 279，p. 58c）。

(96) 栂尾祥雲『理趣経の研究』（密教文化研究所，1970年，pp. 79-89，特に p. 87）参照。

(97) 若知煩悩無所起　永不没溺於生死　則獲功徳法性身　以法威力現世間
若獲功徳法性身　以法威力現世間　則獲十地十自在　修行諸度勝解脱
（『大方広仏華厳経』巻第十四，大正10，No. 279，p. 73b）。

(98) 堀内寛仁編『梵蔵漢対照　初会金剛頂経の研究　梵本校訂篇(上)』（大学密教文化研究所，1983年），p. 23(18)「bodhisattvasya sāṃbhogikaiḥ kāyair darśanaṃ dattvaivam āhuḥ / 菩薩に受用身を示現して，つぎのように言った」。

(99) 『大智度論』巻第十，大正25，No. 1509，p. 131c.

(100) 『大智度論』巻第三十，大正25，No. 1509，p. 278a.

(101) 『大智度論』巻第八十四，大正25，No. 1509，p. 648a.

(102) 龍樹が『大智度論』の作者とされることには，疑義が呈されている。

(103) 既に，『法華経』，『華厳経』「十地品」（『十地経』）と「入法界品」（『不可思議解脱経』），『思益梵天所問経』（『網明菩薩経』）などが引用されている。

(104) 『摩訶般若波羅蜜経』巻第一，大正8，No. 223，p. 219b. 『大智度論』巻第九，大正25，No. 1509，p. 277b.

(105) 『大智度論』巻第九，大正25，No. 1509，p. 278a.

(106) 『大智度論』巻第九，大正25，No. 1509，p. 279a-b.

(107) 『摩訶般若波羅蜜経』巻第一，大正8，No. 223，p. 221a. 『大智度論』巻第三十四，大正25，No. 1509，p. 313a-b.

(108) 同上。

(109) 『大智度論』巻第三十五，大正25，No. 1509，p. 313b.

(110) 『大智度論』巻第三十五，大正25，No. 1509，p. 313a[25-28]の趣意。

(111) 『大智度論』巻第三十五，大正25，No. 1509，p. 314a.

(112) 大正8，No. 221，p. 1b.

(113)　拙稿「『八千頌般若経』の加持の研究」(仏教文化学会十周年北條賢三博士古希記念論文集『インド学諸思想とその周延』, 山喜房佛書林, 2004年)。

(114)　『大智度論』巻第九十三, 大正25, No. 1509, p. 712b.

(115)　大正25, No. 1509, p. 313b「人の観自在菩薩を念ずれば厄難を脱するが如き」などが,『法華経』からの記述である。ほかにも『華厳経』の『不可思議解脱経』(「入法界品」),『十地経』(「十地品」) が引用され,『網明菩薩経』(『思益梵天所問経』) が引用されている (註(52)前掲, 勝崎他『大乗経典解説事典』)。

(116)　大正25, No. 1509, p. 314a.

(117)　N. Dutt, *The Pañcaviṃśatisāhasrikā Prajñāpāramitā* (pp. 5[15]-6[17], 東北No. 9, ka 帙, fol. 3b[4], 大正8, No. 223, p. 217b).

(118)　大正39, No. 1795, p. 579a.

(119)　大正8, No. 223, p. 217b.

(120)　大正9, No. 278, p. 565b.

sa śramaṇa-parṣanmaṇḍaleṣu śramaṇa-varṇa-rūpam ādarśayati / brāhmaṇa-parṣanmaṇḍaleṣu brāhmaṇa-varṇa-rūpam ādarśayati / kṣatriya-parṣanmaṇḍaleṣu kṣatriya-varṇa-rūpam ādarśayati vaiśya-parṣanmaṇḍaleṣu vaiśya-varṇa-rūpam ādarśayati / sūdra-parṣanmaṇḍaleṣu śudra-varṇa-rūpam ādarśayati / gṛhapati-parṣanmaṇḍaleṣu gṛhapati-varṇa-rūpam ādarśayati / catur-mahā-rājika-parṣanmaṇḍaleṣu catur-mahā-rājika-varṇa-rūpam ādarśayati / trayas-triṃśat-parṣanmaṇḍaleṣu trayas-triṃśad-varṇa-rūpam ādarśayati / evaṃ yāma-parṣanmaṇḍaleṣu tuṣita-parṣanmaṇḍaleṣu nirmāṇa-rati-parṣanmaṇḍaleṣu para-nirmita-vaśavarti-parṣanmaṇḍaleṣu māra-parṣanmaṇḍaleṣu / brahma-parṣanmaṇḍaleṣu brahma-varṇa-rūpam ādarśayati/ yāvad akaniṣṭa-parṣanmaṇḍaleṣu akaniṣṭa-varṇa-rūpam ādarśayati / sa śrāvaka-vaineyikānāṃ sattvānāṃ śrāvaka-kāya-varṇa-rūpam ādarśayati / pratyekabuddha-vaineyikānāṃ sattvānāṃ pratyekabuddha-kāya-varṇa-rūpam ādarśayati / bodhisattva-vaineyikānāṃ sattvānāṃ bodhisattva-kāya-varṇam ādarśayati / tathāgata-vaineyikānāṃ sattvānāṃ tathāgata-kāya-varṇa-rūpam ādarśayati / (R. Kondo, *Daśabhūmīśvaro nāma mahāyānasūtraṃ,* Rinsen book, 1983, p. 140[11]).

(121)　R. Kondo, ibid., p. 141[7]. Vaidya, No. 7, p. 45[16]. 大正9, No. 278, p. 565b. 大正10, No. 279, p. 200a.『十住経』「知衆生身。国土身。業報身。声聞身。独覚身。菩薩身。如来身。智身。法身。虚空身。」(大正10, No. 286, p. 522a),『仏説十地経』「知有情刹土身。業果身。声聞身。独覚身。菩薩身。如来身。智身。法身。虚空身。」(大正10, No. 287, p. 560c)。

(122)　Vidya, No. 7, pp. 222-224. 大正9, No. 278, p. 565b. 大正10, No. 279, p. 200a.

大正10, No. 293, p. 808a.

(123) de la sems can la la saṅs rgyas kyis gdul bar bya ba dag gis ni saṅs rgyas kyi gzugs su mthoṅ / la las ni ñan thos kyi gzugs su / la las ni raṅ saṅs rgyas kyi gzugs su / la las ni byaṅ chub sems dpaḥi gzugs su / la las ni dbaṅ phyug chen poḥi gzugs su / la las ni tshaṅs paḥi gzugs su / la las ni sred med kyi buḥi gzugs su / la las ni rnam thos kyi buḥi gzugs su nas / la las ni lho ḥphye chen po daṅ / mi daṅ mi ma yin paḥi bar du mthoṅ ste / raṅ raṅ gi tshig brjod paḥi tshul dag daṅ / spyod lam sna tshogs su mthoṅ la / thams cad mkhyen paḥi ye śes de yaṅ ḥdi ltar de bshin gśegs paḥi rnam par grol baḥi ror ro gcig pa lags so // (東北No. 494, tha 帙, fol. 152b[3], 大正18, No. 848, p. 1b).

酒井真典著作集第2巻『大日経広釈全訳』(法藏館, 1987年), p. 5, p. 19参照。

(124) 法身が衆生に見られることなく，説法もないという記述は，『摂大乗論』の無性釈にある（長尾雅人『摂大乗論　和訳と注解(下)』，インド古典叢書，講談社，1999年，注解(1)，pp. 424-425参照)。

(125) 東北No. 2502, ḥi 帙, fol. 92a[3]. 北京No. 3325, fol. 99a[4].

(126) 大正25, No. 1510.

(127) 大正８, No. 235. 中村元・紀野一義訳注『般若心経・金剛般若経』(岩波文庫, 1974年), 梶芳光運『金剛般若経』(大蔵出版, 1972年), 長尾雅人「金剛般若経」(大乗仏典１『般若部経典』, 中央公論社, 1973年)。

(128) 東北No. 16, ka 帙, fol. 132bには真言なし。東北No. 3816, ma 帙, fol. 203b[2]には異なる真言を出す。註(127)中村・紀野訳注『般若心経・金剛般若経』に出すつぎの真言の出所は確認できない。Namo bhagavate / prajñāpāramitāye / oṃ na tad ti ta / i li śi / i li śi / mi li śi / mi li śi / bhi na yan / bhi na yan / namo bhagavate / prad ty aṃ pra ti / i ri ti / i ri ti / mi ri ti / mi ri ti / śu ri ti / śu ri ti / u śu ri / u śu ri / bhu yu ye / bhu yu ye / svāhā /.

(129) 註(52)前掲, 勝崎他『大乗経典解説事典』, p. 72参照。しかし，この真言は，おそらく４世紀には成立していない可能性が高い。その理由は，不空訳『修習般若波羅蜜多観行念誦儀軌』(大正20, No. 1151, 梵・蔵欠）に見られるのを初見とするからである。拙著『密教瞑想から読む般若心経―空海般若心経秘鍵と成就法の世界』(大法輪閣, 2004年, pp. 217-218, pp. 277-296）参照。

(130) 大正25, No. 1510.

(131) 大正35, No. 1733, p. 413b.

(132) 大正36, No. 1736, p. 301b「証得法身」.

(133) G. Tucci, *MINOR BUDDHIST TEXTS*, part I, p. 188 は，漢訳およびチベット訳と合わない。漢訳「須菩提よ，汝は如来の是の念を作して，我当に法を説く所 dharmo

deśita あるべしとすと謂うこと勿かれ。是の念を作すことなかれ。何を以ての故に，若し人，来如には説く所の法有りと言わば，即ち仏を謗ることと為ればなり。我が説く所を解すること能わざる故なり。須菩提よ，法を説く dharma-deśanā というも，法として説く可きもの dharma-deśanā 無ければなり。是を法を説く dharma-deśanā と名くるなり。」(大正８，No. 235，p. 751c)。東北No. 16，ka 帙，fol. 130a[7]. 註(127)前掲，中村・紀野訳注『般若心経・金剛般若経』の訳，p. 107参照。E. Conze trs., *Buddhist Wisdom Books: the Diamond Sutra and the Heart Sutra,* Unwin Hyman, 1988 の英訳，p. 61(21a)参照。

(134)　大正25，No. 1510，p. 757b.

(135)　大正25，No. 1510，p. 761a.

(136)　*The Ratnagotravibhāga Mahāyānottaratantraśāstra,* eds. by E. H. Johnston and D. Litt, Bihar Reserch Society, 1950, pp. 18[14]-19[1]. 高崎直道『宝性論』(インド古典叢書，講談社，1989年，p. 32）参照。

(137)　この「筏の喩」は，パーリ聖典『蛇喩経（第二二)』(*MN.,* vol. I, pp. 134-135),『金剛般若波羅蜜経』(大正８，No. 235，p. 747b）参照。

(138)　大正25，No. 1510，p. 671a.『大乗法苑義林』巻第七（大正45，No. 1861，p. 358c, p. 362a）参照。

(139)　東北No. 2663. 和訳に註(123)前掲，酒井真典著作集第２巻『大日経広釈全訳』がある。

(140)　註(123)前掲，酒井『大日経広釈全訳』，p. 409参照。東北No. 2663，tu 帙，fol. 92a[7].

(141)　註(123)前掲，酒井『大日経広釈全訳』，pp. 408-409参照。

(142)　高崎直道『楞伽経』(仏典講座17，大蔵出版，1980）p. 369参照。

(143)　大正８，No. 235，p. 752c.

(144)　大正18，No. 901，p. 806b，般若無尽蔵陀羅尼「那上謨上婆伽筏帝一　鉢囉二合上若若冶反波囉弭上多上曳二唵三唎伊伊棄反起音二合下同四地伊二合五室唎上音二合六輪嚧二合陀七毘社曳八莎訶九」。

(145)　拙稿「Prajñāpāramitā-hṛdaya-sādhana と Prajñāpāramitā-sādhana」(『伊原照蓮古希記念論文集』，伊原照蓮博士古稀記念会，1991年）p. 95，拙稿「『般若心経秘鍵』に引かれる二種の漢訳儀軌」(『密教文化』第23号，1991年）p. 37，拙稿「『般若心経秘鍵』と成就法」(『豊山論叢』創刊号，2000年）pp. 158-196，註(129)前掲，拙著『密教瞑想から読む般若心経—空海般若心経秘鍵と成就法の世界』，pp. 212-219参照。曼荼羅の三尊形式については，同拙著『密教瞑想から読む般若心経』，p. 260参照。

第4章　法華経の師資相承句と法身思想

第1節　『妙法蓮華経』「譬喩品第三」の師資相承句

法華経の漢訳には6種あったが，現在3種だけしか存在しない。西晋・竺法護訳(276)『正法華経』十巻(1)，姚秦・鳩摩羅什訳(406)『妙法蓮華経』七巻(2)と隋・闍那崛多と達摩笈多訳(601)『添品妙法蓮華経』七巻(3)の3本があり，それぞれ原本を異にしている。初訳の竺法護訳『正法華経』十巻は，難解な訳文であり，少なくとも4段階の新古の層があるとされ，法華経の原形の成立は般若経より少し遅れた紀元2世紀前後とされる(4)。『添品妙法蓮華経』は，鳩摩羅什訳『妙法蓮華経』七巻を修訂補訳したものであり，現存のサンスクリット本と一致する。また別訳には，失訳『薩曇分陀利経』一巻(5)がある。梵本 *SADDHARMAPUṆḌARĪKA* には，H. Kern と Nanjio の校訂本等(6)があり，チベット訳(7)も存する。梵本はそれぞれ27品構成になっていて，これら諸本には，文章の出入がある。これら漢訳3本では，鳩摩羅什訳『妙法蓮華経』七巻の原本が最も古いと認められている。

辛嶋静志博士は法華経の成立について，つぎのように各章の成立に沿って3類に分類する(8)。

第1類（triṣṭubh の部分を第1期・śloka と散文の部分を第2期）

2方便品第二　3譬喩品第三　4信解品第四　5薬草喩品第五
6授記品第六　7化城喩品第七　8五百弟子受記品第八
9授学無学人記品第九

第2類

10法師品第十　11見宝塔品第十一　12提婆達多品第十二
13勧持品第十三　14安楽行品第十四　15従地踊出品第十五

16如来寿量品第十六　17分別功徳品第十七　18随喜功徳品第十八
19法師功徳品第十九　20常不軽菩薩品第二十　21如来神力品二十一
1序品第一　22嘱累品二十二

第3類

23薬王菩薩本事品第二十三　24妙音菩薩品第二十四
25観世音菩薩普門品第二十五　26陀羅尼品第二十六
27妙荘厳王本事品第二十七　28普賢菩薩勧発品第二十八

法華経の師資相承句は，漢訳3本の『正法華経』巻第一「善権品第二」(9)と巻第三「信楽品第四」(10)，『妙法蓮華経』巻第一「方便品第二」(11)と巻第二「譬喩品第三」(12)と「信解品第四」(13)，『添品妙法蓮華経』巻第一「方便品第二」(14)と巻第二「譬喩品第三」(15)と巻第二「信解品第四」(16)に様々な形で説かれる。

その中で，第1類の第2期に属する『妙法蓮華経』巻第二「譬喩品第三」の梵・蔵・漢に，完全な師資相承句が，つぎのように説かれる。

（梵）adyāsmi bhagavan nirvāṇa-prāptaḥ / adyāsmi bhagavan parinirvṛtaḥ / adya me bhagavan arhattvaṃ prāptam / adyāhaṃ bhagavan bhagavataḥ putro jyeṣṭha auraso mukhato jāto dharma-jo dharma-nirmito dharma-dāyādo dharma-nirvṛttaḥ /(17)

世尊よ，今日，わたしは悟りの境地に達しました。世尊よ，今日，わたしは完全な悟りを得ました。世尊よ，今日，わたしは阿羅漢の境地に達しました。世尊よ，今日，わたしは世尊自身の長子となり，口より生じたものとなり，法より生じたものとなり，法より化現したものとなり，法の相続者となり，法を悟ったものとなりました。

この完全な師資相承句は，漢訳ではこの『妙法蓮華経』(18)と『添品妙法蓮華経』(19)にあり，『正法華経』にはない。この定型句の「法」は，大乗の法華一乗で，具体的には「三車火宅」の比喩で解説される「三乗の開会」(「開三顕一」)(20)である(21)。

この定型句では，舎利弗がブッダから小乗の小法ではなく，大乗の大法である法華一乗の教えを聞いて，今日ただいま舎利弗が悟りを得たと謳いあげている[22]。また，ブッダ自身の「長（男）jyeṣṭha」とは，諸の弟子の中の長老であり，最高位の弟子である舎利弗や大迦葉[23]に許された表現である。

最後の「法を悟ったものとなりました」の句は，前の「法の相続者である dharma-dāyādo」と関連させて，様々に解し得る[24]が，法華一乗をブッダから直接聞いて舎利弗が今日悟ったのであるから，それを受けてこのように「dharma-nirvṛttaḥ」と言ったとすれば，その意味は，今日わたしは「法を悟ったものとなりました」という意味になるであろう[25]。

チベット訳の最後の「すなわち，今日，わたしは苦痛が完全になくなりました」は，定型句の最後の「法の相続者である」に続く「世尊よ，わたしは今日，世尊の面前で，このような，いまだ聞いたこともない希有な教えのお声を聞いて，苦痛がなくなりました。apagata-paridāho 'smy adya bhagavan imam evaṃ-rūpam adbhuta-dharmam aśruta-pūrvaṃ bhagavato 'ntikād ghoṣaṃ śrutvā //」という最初の文だけを翻訳したものである。そして，チベット文には，これに続くサンスクリット文の訳は欠けている[26]。

また，漢訳で最も古いとされる『妙法蓮華経』とサンスクリットにある「世尊よ，わたしは今日，世尊の面前で，このような，いまだ聞いたこともない希有な教えのお声を聞いて，苦痛がなくなりました（「而今従仏聞所未聞未曾有法。断諸疑悔。」）[27]の句は，『添品妙法蓮華経』にはない。

さらにまた，ここに挙げた以外の師資相承句の一部分が，漢訳の他の箇所に検出される。必要に応じて取り上げるが，他の部分的な定型句の考察は省き，注記に留めた[28]。

内容においては，初期仏教の *Aggañña-suttanta* から『二万五千頌般若経』に伝わった師資相承句の流れを汲むものである。

第2節　「長者窮子」に見られる師資相承句

この定型句は，『妙法蓮華経』「信解品」第四の「長者窮子」[29]の譬喩を説く部分に記される。ここでは，如来を父とし，真の弟子（仏真子）を子と見て，つぎのように語られる。

ある所に父子がいた。子は幼くしてある者にだまされて父の下を逃げ去る。その後，子は成長したが貧乏のため諸国を渡り歩き，その日暮らしをしていた。父もわが子を捜して国を出たが，やがて他国で一旗揚げ，億万長者となっていた。子である男はその父が住む国に衣食を求めてやって来て，贅を極めた椅子に坐る羽振りのよい金持ちの父を見るが，それが自分が捨てた父だとは気がつかなかった。そればかりか，その権勢に恐れをなし，捕らえられて苦難に遭うことを避けようと逃げ去る。それを父は見た。行方不明になったわが子であった。父は，その男を召使いに連れもどさせるが，その男が父の権勢を嫌い，栄耀栄華を拒んでいるのを知って，ふたたび別の召使いに言いつけてその男を解き放つ。そこで父は改めて貧相な２人の男を雇うと，その者たちに言いつけて自分の息子である男を雇い，汲み取りの仕事を与え，近くのわら葺き小屋に住まわせた。

何日も物陰に隠れて息子を見ていた父は，やがてきらびやかな服を脱ぎ，貧しい衣類に着替えて手足に泥を塗り，籠を右手にわが子に近づき，実の父であることを隠して声をかける。久しく話をし，その仕事ぶりを観察しながら何日も過ごす。やがて父は，その男につぎのように言う。おまえは，ここでずっと働け。今日まで真面目に陰ひなたなく働き，自分にいろいろと尽くしてくれたから，おまえの欲するものは何でも与えよう。これからは実の父と思ってここで働けと。その後もその男は息子のように仕えながら貧しさに何一つ不服を言わず，真面目に，陰ひなたなく汲み取りの仕事に精を出した。

やがて20年が過ぎ去った。父は老衰し，死期の近づくのを知った。父はその男に言った。おまえにわたしの財産のすべてを譲ろう。浪費することなく財を護るようにと。父が見込んだ通り，息子はその財産に何一つ手をつけなかった。そして，今まで通りにわら葺き小屋に住み，質素で真面目に働いた。父は息子が有能で財産を護るのにも適し，心が高潔であるために謙虚で貧乏を恥じない性格と知って安心した。息子を親族のものに紹介し，王や大臣，町の人たちにもつぎのように言った。この子は，50年前にわたしの前から姿を消した本当のわが子である。この子の本当の名前はこれこれと。わたしはかつて何々という国に住んでいたこれこれという者である。わたしはこの子を捜し求めてこの町にやって来た。この者は本当のわたしの息子である。そしてこの者にわたしの全財産を譲り，わたしの後継者にすることにしたと宣言した。

この喩え話を聴き終えたスブーティたちは，つぎのように言う（ここは，漢訳の文章が勝れているので，それによって見る）[30]。

> 仏は我等の心に小法を楽（ねが）うを知りて，方便力を以て我等に随いて説きたもうに，而も我等は真に是れ仏子なりと知らず。今，我等は方（まさ）に知る，世尊は仏の智恵において悋惜（りんじゃく）するところなしと。所以はいかん。我等は昔よりこのかた，真に是れ仏子なれども，而も但だ小法を楽えり。若し我等に大〔法〕を楽う心あれば，仏は則ち我が為に大乗の法を説きたまう。今，此の経の中に，唯だ一乗のみを説きたもう。而して昔は，菩薩の前で，声聞の小法を楽う者を毀呰（きし）したれども，然も仏は実には大乗を以て教化したまえり。是の故に我等にはもと心に悕（ねが）い求むる所有（あらゆ）るものなし。今，法王の大宝が自然に至り，仏子の応に得べき所の如くは皆な已にこれを得たり，と説くなり。

この『妙法蓮華経』所説の師資相承句からすれば，父が如来（世尊）であり，息子がスブーティをはじめとする世尊自身の真子であり，父親の蓄えた宝蔵の財産が相続すべき「法王の大宝」である。

その「宝蔵の相続」を「法王の大宝」と呼び，「如来の智恵の相続 tathāgata-jñāna-dāyādā」と記しているのが，「信解品第三」[31]のつぎの文である。

> 如来は，巧妙な方便によってわたしたちの信解を知り，世尊によってこのように，今日，「わたしたちが世尊の息子となった」と仰ったことと，世尊がわたしたちに如来の智恵の相続者であると思い出させてくれたことも，わたしたちは全く知らず，悟りもしませんでした。

この精神的な「教え」を物質的な財産とする喩えは，すでに見た『大般若

経』巻第五百九十四[32]の「諸仏の真子」に見られたことは，記憶に新しい。すなわち，

> 時に諸の王子は既に衆珍を獲て，父王に倍して深く敬愛を生じ，各々是の念を作さん。我等は今父王と我とが同利なりと審かに知りたり。是の如く如来応正等覚は是れ大法主にして大法王と為れり。自然に諸の仏真子を召集して，大法蔵を以て分布して之に与う。其の心が都て誑惑し偏党なき時，諸の仏子は既に妙法を獲て，如来に倍して深く敬愛を生ぜり[33]。

すなわち，「大宝蔵」を分かち与えた「妙法」を，わかりやすく世間の喩えとして示したのが，大王が分け与えた「衆珍（財宝）」であった。

したがって，この『妙法蓮華経』「信解品」の「宝蔵」の喩えも，『摩訶般若波羅蜜経』が強く誡める「財分」[34]を取ることにはならない。

特に注意すべきは，今まで聞いたこともないこの大乗の『妙法蓮華経』を聞いたとき，弟子たちがこれまで小法（小乗法）しか欲しなかったので小法しか説かれなかったが，大法（大乗法）を欲すれば大法をもって教化されたのであるとの記述である。これは，ブッダがこの大乗法である『妙法蓮華経』を説かれた根拠を示している。

また，この大乗法については，『妙法蓮華経』「比喩品」で舎利弗に「汝は愚かな人間の前で，このように勝れた経典を決して語ってはならない」[35]と戒め，「この大乗の経典を信奉し，しかも他の経典を好むことなく，他経から一詩頌さえも信捧しようとしない人に，汝はこの勝れた経典を説け。」[36]と説かれた意図が，この法華経の師資相承句の本旨に込められていることも注意しなければならない。

第3節　法華経の法身思想

1．法身と大智

法華経では，「法身」の用例が「薬草品」と「宝塔品」（「提婆達多品」）の二品に3回見えるだけであるが，これ以外に「法師品」と「宝塔品」の如来の全

身 tathāgatātmabhāva 思想の中に，「法身」の解釈が見えている。以下それらの用例を検討する。

法身 dharma-kāya と大智 mahā-prajñā の用例は，漢訳『添品妙法蓮華経』と，『妙法蓮華経』の梵・蔵の「薬草喩品」の śloka の最後に存し，この品は第1類の第2期に属するが，鳩摩羅什訳『妙法蓮華経』と『正法華経』にはない(37)。梵・蔵・漢の順に，その記述を見てみよう。

● *Saddharmapuṇḍarīkasūtra*(38)

sarva-dharmān samāñ śūnyān nir-nānā-karaṇātmakān /
na caitān prekṣate nāpi kiṃ cid dharmaṃ vipaśyati //81//
sa paśyati mahāprajño dharma-kāyam aśeṣataḥ /
nāsti yāna-trayaṃ kiṃ cid eka-yānam ihāsti tu //82//
一切諸法は平等にして空なり，差別なきを本質とす
またこれらをも認識せず，またそのいずれをも法と見ざれば
大般若をもてるものにして，彼は法身を残りなく見る
三乗なくして，この世にはただ一乗のみあり

● チベット訳 *Saddharmapuṇḍarīka nāma mahāyānasūtra*

chos kun stoṅ shiṅ mñam pa ste / / tha dad dbyer med bdag ñid do //
de dag la ni mi rtogs te / / chos ni gaṅ yaṅ mthoṅ med na //
chos kyi sku ni ma lus par / / śes rab chen po des mthoṅ ṅo //
theg pa gsum du yod med de / / ḥdi na theg pa gcig pu yod //(39)
一切諸法は空にして平等なり　すなわち，差別なき自性なり
それらをも未だ分別せずして　法のいずれを見ても無なれば
法身を残らず　彼の大智をもって見るなり
三乗にあらずして　ここには一乗のみあり

● 『添品妙法蓮華経』「薬草喩品第五」(40)

諸法は平等にして空なり　体に異なり有ることなければ
此れ亦た見る所もなく　一法をも観ざるなり
彼れは大智者なり　法身と余残なく見るに

三乗有ることなくして　一乗此の中に有り

この頌は，法華一乗によって悟りを得た菩薩が，大般若 mahā-prajñā によって法華経の教えを法身 dharma-kāya と見るものである[41]。

この「法身」が般若波羅蜜多であり，般若波羅蜜多から舎利が生み出されたとする思想が小品系般若に見られることは，すでに論じた[42]。そうすると，般若経の経典受持思想が展開した宝塔如来の全身を「法身」[43]と捉える法華経思想は，初期仏教や般若経の法身思想と同じく，「教えの集合体」を意味する。

したがって，後のプラブータ・ラトナ如来の全身の形をした宝塔を「法身」と捉え，「如来の全身 tathāgatātmabhāva」を般若波羅蜜多と同等に捉え展開する思想は，法華経の法身説を見る場合に欠かせない思想となるが，この法身は以下に見るように法性身にこよなく近づいている。

2．法身と舎利

つぎに，「舎利 śarīra」を「法身」と訳している記述を見てみよう。漢訳三本の法華経の「提婆達多品」に，つぎのごとく説かれるが，『妙法蓮華経』以外の２訳では各々「宝塔品」の中に「提婆達多品」を含んでいる。

●『妙法蓮華経』巻第四「提婆達多品第十二」[44]

深く罪福の相に達せし　遍く十方を照らしたもう
微妙の浄き法身は　相を具せること三十二
八十種好を以て　用いて法身を荘厳せり
天人の戴仰ぐ所にして　龍神の咸く恭敬し
一切衆生の類にして　宗奉（たっと）ばざる者なし

● *Saddharmapuṇḍarīkasūtra:*

puṇyaṃ puṇyaṃ ganbhīraṃ ca diśaḥ sphurati sarvaśaḥ /
sūkṣmaṃ śarīraṃ dvātriṃśal lakṣaṇaiḥ samalaṃ-kṛtam //49//
anuvyañjana-yuktaṃ ca sarva-sattva-namas-kṛtam /
sarva-sattvābhigamyaṃ ca antar-āpaṇa-vad yathā //50//

〔行の〕福と〔果の〕福は甚深にして　遍く〔十〕方を照らし
微細な身体は三十二相によって飾られたり（49頌）
〔八十種〕好を具し，一切衆生の恭敬されるところ
一切衆生に集われる方，あたかも市中の如くなり（50頌）

●チベット訳 *Saddharmapuṇḍarīka nāma mahāyānasūtra*(45)

bsod nams bsod nams śin tu zab /　　/phyogs rnams kun tu khyab pa lags //
sum cu rtsa gñis mtshan rnams kyis /　/phra baḥi sku ni legs par brgyan //
dpe byad bzaṅ bo rnams daṅ ldan /　/sems can kun gyis phyag kyaṅ bgyis //
sems can thams cad ḥdu ba ni /　/dper na groṅ par ḥdra ba lags //

〔行の〕福と〔果の〕福は甚深にして　諸方を遍く照らし
諸の三十二相によって　微細な身体は飾られたり
諸の〔八十〕種好を具し　一切衆生にも恭敬され
一切衆生に集われる方にして　例えば市中の人の如くなり

●『添品妙法蓮華経』巻第四「見宝塔品第十一」(46)

（『妙法蓮華経』と同文なので略す）

●『正法華経』巻第六「七宝塔品十一」(47)

功祚は殊妙に達し　相を現ずること三十二
諸天の敬侍する所　神龍皆戴仰せり
一切衆生の類にして　宗奉（たっと）ばざる者なし
今我れ成仏せば　説法し群生を救わんと欲す

上記の梵・蔵・漢のうち，漢訳では『正法華経』に当該の「śarīra」の訳語はない。他の『妙法蓮華経』と『添品妙法蓮華経』には，「śarīra」の訳語が「法身」として2度見られるが，サンスクリット文から見ると前者の「諸の三十二相によって　微細な身体は飾られたり」にのみ「śarīra」の語があって，後者の「(八十種) 好を具し，一切衆生の恭敬されるところ」には「śarīra」の語はない。

漢訳は「三十二相」の説明でその śarīra の仏格を「法身」と捉えたから，「八十種好」の説明でも，その仏格を「法身」と捉えて śarīra を補って訳して

いる。それとともに，この法身と訳す śarīra は，三十二相と八十種好を有する仏格であると見ている。これは，のちの「報身」「受用身」とされる vipāka-kāya や saṃbhoga-kāya の仏格の特色であり，ここでの「法身」がのちに「法性」としての仏格をもつようになる。

『八千頌般若経』と法華経の用例では，梵語の単数形の śarīram が「身」，複数形の śarīrāṇi が「舎利＝遺骨」の意味をもっているとの研究成果を受けて(48)，以下においては，コンテキスト上その方が意味の通じる場合はそれに従った。しかし，これらのチベット訳を見ると，単数形の śarīram を「遺骨 sku gduṅ」と訳し，漢訳でも「舎利」と訳す用例が見えているので，その点は柔軟に対処する。

さて，以上のように法華経の法身思想を舎利の用例の下に見てきたが，これだけでは充分にその思想的意味を把握することができない。そこで，さらに法華経の心髄ともいえる多宝塔如来 Prabhūta-ratna の「全身舎利」「如来の全身」の解明に考察を進めよう。

第４節　多宝塔如来の全身舎利と如来の全身

1．如来の全身と如来の分身

如来の全身 tathāgatātmabhāva の思想は，般若経の思想的影響を受けていると見られる法華経の第２類(49)のうちの「法師品第十」と「見宝塔品第十一」に主に見られる。それらの記述を最初に概観しておきたい。

『妙法蓮華経』「法師品第十」(50)の「如来の全身」の記述は，つぎのようである。

> 薬王よ，在在処処（ありとしあらゆるところ）に，若しくは説き，若しくは読み，若しくは誦じ，若しくは書き，若しくは経巻所住の処にも皆，応に七宝の塔を起てて，極めて高く広くして厳飾あらしむべし。復た舎利を安んずべからず。所以はいかん，此の中には已に如来の全身有（いま）せばなり。

これに対する『添品妙法蓮華経』「法師品第十」(51)は，上記の『妙法蓮華経』と同文であるから省き，つぎにその蔵文[52]と合わせた梵文[53]を見てみよう。

yasmin khalu punar bhaiṣajya-rāja pṛthivī-pradeśe 'yaṃ dharma-paryāyo bhāṣyeta vā deśyeta vā likhyeta vā likhite vā pustaka-gataḥ svādhyāyeta vā saṃgāyeta vā tasmin bhaiṣajya-rāja pṛthivī-pradeśe tathāgata-caityaṃ kārayitavyaṃ mahantaṃ ratna-mayamuccaṃ pragṛhītaṃ, na ca tasminn avaśyaṃ tathāgata-śarīrāṇi pratiṣṭhāpayitavyāni, tat kasya hetoḥ, eka-ghanam eva tasmiṃs tathāgata-śarīram upanikṣiptaṃ bhavati

また，薬王よ，いかなる土地であれ，この法門が語られたり，教示されたり，あるいは書写されたり，あるいは書写されて書物にされたり，吟誦されたり，朗読されたりする土地では，高く聳える大きな宝石づくりの如来の塔 tathāgata-caitya が建立されるべきであるが，そこに如来の舎利 sku gduṅ が安置される必要はない。それは何故であるかと言えば，そこには如来の身体 tathāgata-śarīra（sku gduṅ）[54]が一塊り eka-ghana となって安置されているからである upanikṣiptaṃ bhavati。

ここでの「この法門が語られたり，教示されたり，あるいは書写されたり，あるいは書写されて書物にされたり，吟誦されたり，朗読されたりする」という記述は，般若経系の経典受持の思想を受けた記述である。

この思想は，大品系『摩訶般若波羅蜜経』の般若波羅蜜多を法身と捉え，そこから舎利が生み出されるとする思想[55]とも関連する。

さらに，如来の舎利については，『八千頌般若経』等で，如来の舎利（遺骨）より般若波羅蜜多が勝れているから般若波羅蜜多を受持すべしと強調され，『勝天王経』[56]になると般若波羅蜜多がスートラ（経典）に置き換えられたことは，すでに見た。法華経のここでは，如来の舎利をテーマにするが，如来の塔 tathāgata-caitya[57] には如来の舎利 tathāgata-śarīra が一塊り eka-ghana となって安置されているから，さらに如来の舎利 tathāgata-śarīrāṇi を安置する必要がないという。

ここでの漢訳は，tathāgata-śarīrāṇi を「如来の全身」[58]と訳し，チベット訳では両箇所とも「如来の舎利 sku gduṅ」と訳す。

2.「見宝塔品」の如来の全身と如来の分身

この用例をさらに詳しく見るために，『妙法蓮華経』「見宝塔品第十一」[59]の記述を，梵・蔵を合わせて見てみよう。

梵・蔵の *Saddharmapuṇḍarīkasūtra*[60] では，つぎのように説く。

そのとき，マハー・プラティバーナ Mahā-pratibhāna という菩薩摩訶薩は，神 sa-deva も人間 mānuṣa もアスラ asura もすべて，この世に住む者 loka が好奇心 kautūhala を起こしたこと prāpta を知って viditvā，世尊にこのように言った。「世尊よ，どのような原因があり，どのような縁があって，このような大きな宝塔 mahā-ratna-stūpa がこの世 loka に現れ出たのですか prādurbhāvāya。また世尊よ，誰があのような声 śabda をこの大きな宝塔 mahā-ratna-stūpa から響かせるのですか niścārayati」。このように言うと，世尊はマハー・プラティバーナ菩薩摩訶薩につぎのように言われた。「マハー・プラティバーナよ，この大きな宝塔 mahā-ratna-stūpa の中には一塊りになった ekaghana 如来の身（全身）tathāgatasyātma-bhāva が安置されている tiṣṭhati，これがその塔 stūpa であり，これこそが声 śabda を響かせるのである niścārayati」。マハー・プラティバーナよ，下方に千万億 loka-dhātu-koṭī-nayuta-śata-sahasra の無数の世界 loka-dhātu を超えた atikramya 所の下に，ラトナ・ヴィシュッダー Ratna-viśuddhā という世界 loka-dhātu がある。そこにプラブータ・ラトナ Prabhūta-ratna という如来・応供・正等覚者 tathāgato arhan samyak-saṃbuddha がいた abhūt。尊きこの方は，前世にこのような誓願を立てた pūrva-praṇidānam abhūt。「わたしは，かつて，前世 pūrva において菩薩行 bodhisattva-caryā を行じていたときには caramāṇo，わたしは菩薩を教導する bodhi-sattvāvavāda このような『妙法蓮華経』の法門 saddharma-puṇḍarīka-dharma-paryāya を聴いたことがありませんでしたし na śruto 'bhūt，それまで，無上正等覚 anuttara-samyak-saṃbodhi に達することはありませんでした。しかし，この『妙法蓮華経』の法門を聴いた śrutas paścād 後，わたしは無上正等覚に到達しました parinispanno 'bhūvam」。さらにまた，マハー・プラティバーナよ，この尊いプラブータ・ラトナという如来・応供・正等覚者は，入滅に達したとき parinirvāṇa-kāla-samaya，天 sa-devaka・人 loka・悪魔 sa-māraka・梵 sa-brahmaka・沙門 sa-śramaṇa・婆羅門 brāhmaṇika の人々の前で，つぎのように言いました。「比丘 bhikṣa たちよ，わたしが入滅した parinirvṛta とき，この如来の身（全身）を形づくる tathāgatātma-bhāva-vigraha ために，大きな宝塔 mahā-ratna-stūpa が一つ eka 建立されるべきです kartavyaḥ。また，他の諸の塔 stūpa もわたしのために mamoddiśya，建立されるべきです kartavyāḥ」。また，マハー・プラティバーナよ，彼の尊きプラブータ・ラトナ如来・応供・正等覚者は，このような加持をなされました adhiṣṭhānam abhūt。「わたしのこの塔 stūpa は，十方の一切世界 sarva-loka-dhātu のいかなる仏国土 buddha-kṣetra であれ，この『妙法蓮華経』の法門が説かれる saṃprakāśyeta とき，それぞれの所に，わたしのこの身（全身）の形をした塔 mamātma-bhāva-vigraha-stūpa が現れますように samabhyudgacchet。諸の尊きブッダたちによって，この『妙法蓮華経』の法門が説かれるとき bhāṣyamāṇe，集会 parṣan-maṇḍala の上空に止まりたまえ tiṣṭhet。そして，これら尊きブッダたちがこの『妙法蓮華経』の法門を説いているとき bhāṣamāṇānām，このわたしの身（全身）の形をした塔 mamātma-bhāva-vigraha-stūpa が，賞賛の言葉を与えよう sādhu-kāraṃ dadyāt。それ故に，マハー・プラティバーナよ，この尊きプラブータ・ラトナ如来・応供・正等覚者の身体の塔 śarīra-stūpa が，このサハー世界において sahāyāṃ loka-dhātau，この『妙法蓮華経』の法門をわたしが説いているとき bhāṣyamāṇe，この集会の真ん中 parṣanmaṇḍala-madhya から出現して abhyudgamya，上空の虚空 upary antarīkṣe vaihāyasaṃ に止まって shitvā，賞賛の言葉を与えるのだ sādhu-kāraṃ dadāti sma」。

そこで，マハー・プラティバーナ菩薩摩訶薩は，世尊につぎのように申し上げた etad avocat。「世尊よ，わたしたちは世尊の神力 anubhāva によって，この如来の身形 tathāgata-vigraha を見ることができます paśyāma」。このように申し上げると，世尊は，マハー・プラティバーナ菩薩摩訶薩にこのように言った。「さらに，マハー・プラティバーナよ，尊きプラブータ・ラトナ如来・応供・正等覚者には，重大な誓願があった praṇidhānaṃ gurukam abhūt。その誓願とは，つぎのものである。もしも他の仏国土 buddha-kṣetra で尊きブッダたちがこの『妙法蓮華経』の法門を語ることがあれば bhāṣeyus，そのとき，わたしの身（全身）の形をした塔 mamātma-bhāva-vigraha-stūpa は，この『妙法蓮華経』の法門を聴くために śravaṇāya，如来 tathāgata たちのそば antika に行きたいと思う gacchet。そして，もし尊きブッダたちがわたしの身（全身）の形をした〔塔〕 mamātma-bhāva-vigraha を開いて udghāṭya，四種 catur の集会 parṣad に見せようと思うときには darśayitukāmā bhaveyuś，そのとき，彼ら如来たちが十方の各々の仏国土において，〔如来の〕身（全身）から化現した ātma-bhāva-nirmita 如来の身形（分身）tathāgata-vigrahā が，各々の名で anyonya-nāmadheyāḥ，それぞれの仏国土で teṣu teṣu buddha-kṣetreṣu，衆生たちに法を説いていても，それらすべてを集めて saṃnipātya，その身（全身）から化現した ātma-bhāva-nirmita 如来の身形（分身）tathāgata-vigraha とともに，のちに，このわたしの身（全身）の形をした塔 mamātma-bhāva-vigraha-stūpa が開かれて samuddhāṭya，四種の集会に見せるべきである upadarśa-yitavyaś。その故に，マハー・プラティバーナよ，わたし（ゴータマ）によって，たくさんの如来の身形（分身）tathāgata-vigraha が化現 nirmita され，それらが十方各々の幾千にも上る仏国土で daṣasu dikśv anyonyeṣu deśayanti, buddha-kṣetreṣu loka-dhātu-sahasreṣu 衆生たちに法 dharma を説いているのであるがまた，それらすべてが，ここに集まってくるであろう ihānayitavyā bhaviṣyanti」。

そこで，マハー・プラティバーナ菩薩摩訶薩は，世尊に，このように言ったetad avocat。「世尊よ，ともあれ，如来が化現したtathāgata-nirmita如来の身（全身）tathāgatātma-bhāvaのすべてを拝みましょうvandāmahai」。そこで世尊は，そのとき，白毫ūrṇā-kośaから光明raśmiを放ちながらprāmuñcat，その光明raśmiが放たれるや否やsamanantara-pramukta，東方pūrva diśにおいてガンジス河の砂の数に等しいgaṇgā-nadī-vālukā-sama千万億の世界に住むviharanti sma尊いブッダたちの，その〔姿〕がすべて見られたsaṃdṛśyante sma。

ここでは，マハー・プラティバーナ菩薩摩訶薩が，世尊に，どのようなわけで宝塔がこの世に現れ，誰があのような声を響かせるのかと尋ねる。これに対する世尊の答えが，つぎの経文である(61)。

asmin mahā-pratibhāna mahā-ratna-stūpe tathāgatasyātma-bhāvas tiṣṭhaty ekaghanas tasyaiṣa stūpaḥ / sa eṣa śabdaṃ niścārayati /
マハー・プラティバーナよ，この大きな宝塔の中には一塊りになった如来の身（全身）が安置されている，これがその塔であり，これこそが声を響かせるのである。

この「如来の身（全身）tathāgatasyātma-bhāvas」の句を，『正法華経』(62)は「如来身」と訳し，『妙法蓮華経』(63)は「如来全身」と訳す(64)。またチベット訳では「如来の身de bshin gśegs paḥi sku」と訳す。

ここでは，一塊りになった如来身śarīraとしての全身が大宝塔の中にあり，その如来の全身の形をした塔ātma-bhāva-vigraha-stūpaが如来の身塔śarīra-stūpaであり，それがこの塔の中から声を響かせているとする。

すでに見た『妙法蓮華経』「提婆達多品」では，この分身vigrahaを生み出す塔を「法身」(65)と捉え，般若経では法身＝般若波羅蜜多＝如来の舎利とも捉えたのであるから，法身の仏格を宝塔という方便で示し，法身自身はその宝塔の中心内部にあって，目には見えない仏格として示されていると理解される。

この法華経と同時代の『二万五千頌般若経』(66)では，すでに見たように，このātma-bhāvaをつぎのように智身（化身）の仏格として捉えていた。

cakravarty-ātma-bhāvaṃ parigṛhya kṣatriya-mahāśāla-kul' ātma-bhāvaṃ parigṛhya brāhmaṇa-mahāśāla-kul' ātma-bhāvaṃ parigṛhya gṛhapati-mahāśāla-kul' ātma-bhāvaṃ parigṛhya sattvān paripācayiṣyati

転輪〔王〕の身となり，クシャトリヤの大家族の身となり，バラモンの大家族の身となり，長者の大家族の身となって，衆生たちを成熟させる。

この『二万五千頌般若経』の ātma-bhāva が，『妙法蓮華経』では，「如来の全身」を意味する tathāgatātma-bhāva, tathāgatasyātma-bhāva として使用されているのである。

また，この ātma-bhāva の用例は，のちに見る華厳経「入法界品」(67)では，kāya や śarīra の同義語としても説かれている。

このように，上記に見た『妙法蓮華経』の用例では，一塊りになった如来の「全身から化現されたもの ātma-bhāva-nirmita」が「如来の分身 tathāgata-nirmita, tathāgata-vigrahā」とされた。そして，プラブータ・ラトナ如来の誓願によって，法華経の説かれる所ならどこでも，大宝塔を地中から湧き出させ空中に止まり，賞賛の言葉を響かせるその大宝塔を開くと，そこには宝塔の全身であり法身であったプラブータ・ラトナ如来が姿を顕し，釈迦牟尼如来とともに並んで坐している。

この宝塔の中に姿を顕したプラブータ・ラトナ如来は，まさに「法身そのもの dharmatā」としての法性仏であり，三十二相・八十種好を有する如来である。このように，大宝塔とプラブータ・ラトナ如来の関係を見たとき，法華経の法身思想が『大智度論』が示す「法性身」にこよなく近づいていることを知る。

また，法華経を人々に説くブッダは色身の釈迦牟尼如来であるが，大宝塔の中でプラブータ・ラトナ如来とともに坐すブッダは，プラブータ・ラトナ如来と同様の三十二相・八十種好を有する如来とも理解される(68)。

3．加持と神力

ここでの「加持 adhiṣṭhāna」と「神力 anubhāva」は，つぎのように説かれる。まず，加持 adhiṣṭhāna の用例から見てみよう(69)。

> tasya khalu punar mahā-pratibhāna bhagavataḥ prabhūta-ratnasya tathāgatasyārhataḥ samyaksaṃbuddhasyaitad adhiṣṭhānam abhūt / ayaṃ mama stūpo daśasu dikṣu sarva-loka-dhātuṣu yeṣu buddha-kṣetreṣv ayaṃ saddharma-puṇḍarīko dharma-paryāyaḥ saṃprakāśyeta teṣu teṣv ayaṃ mamātma-bhāva-vigraha-stūpaḥ samabhyudgacchet / tais tair buddhair bhagavadbhir asmin saddharma-puṇḍarīke dharma-paryāye bhāṣyamāṇe parṣan-maṇḍalasyopari vaihāyasaṃ tiṣṭhet / teṣāṃ ca buddhānāṃ bhagavatāṃ imaṃ saddharma-puṇḍarīkaṃ dharma-paryāyaṃ bhāṣamāṇānāṃ ayaṃ mamātma-bhāva-vigraha-stūpaḥ sādhu-kāraṃ dadyāt /
>
> また，マハー・プラティバーナよ，彼の尊きプラブータ・ラトナ如来・応供・正等覚者は，このような加持 adhiṣṭhāna をなされました。わたしのこの塔は，十方の一切世界のいかなる仏国土であれ，この『妙法蓮華経』の法門が説かれるとき，それぞれの所に，このわたしの身（全身）の形をした塔が顕れますように。諸の尊きブッダたちによって，この『妙法蓮華経』の法門が説かれるとき，集会の上空に止まりたまえ。そして，これら尊きブッダたちがこの『妙法蓮華経』の法門を説いているとき，このわたしの身（全身）の形をした塔が，賞賛の言葉を与えよう。

これが，プラブータ・ラトナ如来の加持 adhiṣṭhāna の内容である。一見，誓願のようにも取れるが，空中に宝塔が聳え立ち，その中から如来の声がする摩訶不思議な現象は，如来の加持の力によるものである(70)。

さらに，これに続いて，この空中に聳え立つ宝塔をわれわれが見ることのできるのは，つぎのように，釈迦牟尼如来の「神力 anubhāva」によるという。

> 世尊よ，わたしたちは世尊の神力によって如来の身形（分身 vigraha）を見ることができます。

このように，プラブータ・ラトナ如来の加持 adhiṣṭhāna によって大宝塔が現れ，声が聞こえるのに対し，比丘たちが如来の宝塔を見ることのできるのはこの世尊の「神力 anubhāva」によってであるという。したがって，この両者の働きは，相違するかのように見られるが，しかし『八千頌般若経』や『八十華厳』では，このadhiṣṭhānaとanubhāvaが同じ意味合いで使われていることから(71)，この法華経の加持と神力の働きも，強いて区別する必要はない。

また，この法華経を講説するところに顕れて，法華経の教えがいかに正しいかを証明し，それを説く者を賞賛する等は，経典受持に繫がると見て，この思想を仏塔信仰と経典受持との接点を意味するとも捉えられる(72)。

また，この「法身」を象徴する宝塔を，「如来の全身」を安置するところと捉え，そのものを法身と漢訳した「提婆達多品」(73)や「見宝塔品」(74)の用例も，この思想から考えて，あながち理解に苦しむものではない。したがって，この法華経では「化身nirmita-kāya」という言葉はまだ使われていないが，化現したものからさらに化現するという般若経(75)になかったこの色身（化身）の仏格が，このあたりから具体的に「化身」の思想として表れはじめたと捉えることができる。また，この点はすでに見た『大智度論』の化身説とも関連する。

そうすると，密教の『大日経』の法界塔婆といわれる五字厳身観で瞑想される五輪塔婆も，同じく世俗に顕れ出た毘盧遮那の幖幟samayaであり，密教ではこの法界塔婆を「法身」と捉える。その意味では，法華経の宝塔の思想と，『大日経』の法界塔婆の関係は，大宝塔の内部（中心）を「法身」と捉える思想や，その塔から顕現した如来を法性仏として捉える観点などからすれば，深い関連性をもっている。

このブッダ観は，先に見た般若経の一仏から多仏を生み出す思想を受け継ぎ，やがて華厳経の「一即一切」の思想へ繫がり，さらに密教の曼荼羅の仏身説へと展開する。そこで，つぎに華厳経へと論を進めよう。

註

（1） 大正9，No. 263.

（2） 大正9，No. 262.

（3） 大正9，No. 264.

（4） *SADDHARMAPUṆḌARĪKA*の写本類等については，勝崎裕彦・小峰弥彦・下田正弘・渡邊章悟編『大乗経典解説事典』（北辰堂，1997年，pp. 100-106），水野弘元監

修『新仏典解題事典』（春秋社，1966年，pp. 82-84）参照。

（5）大正9，No. 265.

（6）*SADDHARMAPUṆḌARĪKA,* ed. by Prof. H. Kern and Bunyiu Nanjio (BIBLIOTHECA BUDDHICA X. St. Petersbourg 1908-1912. *SADDHARMAPUṆḌARĪKASŪTRA,* ed. by Dr. P. L. Vaidya, No. 6, Mithila Institute, 1960. *SADDHARMAPUṆḌARĪKASŪTRA,* Central Asian Mss. Romanized Text, ed. by Hirofumi Toda, 1981. Sanskrit Manuscirpts of *Saddharmapuṇḍarīka,* Collected from Nepal, Kashmir and Central Asia, Romanized Texts and Index, by Keisho Tsukamoto, Ryugen Taga, Ryojun Mitomo and Moriichi Yamazaki, Tokyo, 1986. サンスクリット写本については，註(4)前掲『大乗経典解説事典』（pp. 100-106）と前掲Toda本の p. 1vii以下の NOTES を参照。

（7）東北No. 113.

（8）辛嶋静志「法華経における乗（yāna）と智恵（jñāna）—大乗仏教における yāna の起源について」（田賀龍彦編『法華経の受容と展開』，平楽寺書店，1993年），p. 138参照。これとは正反対に同時成立説を立てるものに，勝呂信静『増訂　法華経の成立と思想』（大東出版社，1993年）がある。

（9）大正9，No. 263，p. 69a.『正法華経』巻第一「善権品第二」には，「最勝の諸の子等は　皆叉手して帰命したてまつる。正に聞んと欲す是の時　願わくは為に分別して説きたまえ」。また『正法華経』巻第二「応時品第三」には，「所建立願不以頻数。唯然世尊。鄙当爾時用自剋責。昼夜寝念。雖従法生不得自在。偏蒙聖恩得離悪趣。」（大正9，No. 263，p. 73b）とある。

（10）大正9，No. 263，p. 81a.

（11）巻第一「方便品第二」（大正9，No. 262，p. 6c）．註(6)前掲，Kern: *SADDHARMAPUṆḌARĪKA,* p. 35[10]，TODA: *SADDHARMAPUṆḌARĪKASŪTRA,* p. 21, 42a (35.2-35.13) の5，Vaidya，No. 6，p. 25，東北No. 113，ja 帙，fol. 15a[5]，坂本幸男・岩本裕訳注『法華経(上)』（岩波文庫，1997年），p. 81。

仏の口より生れし所の子は　合掌して瞻仰して待ちたてまつる
願わくは微妙の音を出して　時に為に実の如く説きたまえ

pramuñca ghoṣaṃ vara-dundubhi-svarā udāharas vā yatha eṣa dharmaḥ /
ime sthitā putra jinasya aurasā vyavalokayantaś ca kṛtāñjalī jinam //30//

最高の太鼓の音声〔を発する〕方は声を聞かせたまえ。あたかもこの法であるかのように説きたまえ。勝者自身の子たちはここに立って，また合掌して勝者を見たてまつる。

rṅa mchog dbyaṅs kyis rab tu gsuṅ phyuṅ ste // chos ḥdi ji lta lags pa bśad du gsol // rgyal sras thugs sras mchis pa ḥdi dag rnams // thal mo sbyar bar bgyis nas rgyal la lta //.

(12) 大正 9，No. 262，p. 10c.

(13) 大正 9，No. 262，p. 17b-c.

(14) 大正 9，No. 264，p. 139b.

(15) 大正 9，No. 264，p. 143c.

(16) 大正 9，No. 264，p. 150a-b.

(17) Kern, p. 61. Vaidya, p. 44[15]. TODA, p. 35 ［66 a（60.14-61.5）］の4-6「adyāhaṃ bhagavān bhagavataḥ putro jyeṣṭha orasau mukhato jāto dharma-jo dharma-nirmito dharmatā jāto dharma-dāyādo dharma-nirvṛttaḥ」. 久保継成「法華経の宗教的実践—法華経の菩薩思想」（平川彰・梶山雄一・高崎直道『法華思想』新装版，講座・大乗仏教第 4 巻，春秋社，1996年）p. 111では「真にこれ仏の子（sugatasya aurasa）」とある。久保継成「法華経興期の担い手—そのサンスクリット呼称と羅什訳語」（坂本幸男編『法華経の中国的展開』，平楽寺書店，1972年）参照。東北No. 113，ja 帙，fol. 15a[5]. 『二万五千頌般若経』の師資相承句で，dharma-nirmita のチベット訳が，「chos kyis sprul pa」とあることから，kyi を kyis に訂正。

bcom ldan ḥdas deṅ bdag bsil bar gyur to // bcom ldan ḥdas deṅ bdag yoṅs su mya ṅan las ḥdas so // bcom ldan ḥdas deṅ bdag gis dgra bcom pa thob bo // bcom ldan ḥdas deṅ bdag bcom ldan ḥdas kyi sras thu bo / thugs kyi sras śal nas skyes pa chos las skyes pa / chos kyi sprul pa / chos kyi bgo skal la spyod pa chos kyis grub pa ste / deṅ bdag yoṅs su gduṅ ba daṅ bral lo //（東北No. 9，ka 帙，fol. 125a[7]，Dutt，p. 122[20]）.

(18)『妙法蓮華経』

世尊。我従昔来終日竟夜毎自剋責。而今従仏聞所未聞未曾有法。断諸疑悔。身意泰然快得安隠。而今従仏聞所未聞未曾有法。断諸疑悔。今日乃知真是仏子。従仏口生。従法化生。得仏法分。（大正 9，No. 262，p. 10c）。

(19) 大正 9，No. 264，p. 143c.

(20) 平川彰「大乗仏教における法華経の位置」（註(17)前掲『法華思想』，pp. 5-14），平川彰「開三顕一の背景とその形成」（中村瑞隆編『法華経の思想と基盤』，平楽寺書店，1980年，p. 150）参照。

(21) 師資相承句は，『妙法蓮華経』の最も古い第 1 類の「方便品第二」と「譬喩品第三」，さらに「譬喩品」の「三車火宅」と「寿量品」の「良医治子」によっては悟りに導く比喩を説き，「信解品」の「長者窮子」によっては「師資相承の定型句」を説く。即ち，ここでは如来と弟子の関係を父子に喩え，「法の相続」を財産の相続として表している。勝呂博士は，この三喩を父子の喩えによる仏と仏子の関係を表すとする（註(8)前掲，勝呂『増訂　法華経の成立と思想』，p. 251）。

(22)　高崎博士は，この点について「この一乗の真実法を聴いて初めて〈仏子〉となったと語らせるところに，『法華経』の立場，主張の確信を読みとることができるであろう。」と指摘する（『如来蔵思想の形成』，春秋社，1947年，p. 438参照）。

(23)　『別訳雑阿含経』巻第六，大正２，No. 100，p. 418c. 大迦葉が「我れは是れ仏の長子なり，仏の口より生じ，法より化生し，仏の法家を持す」とある。*Cīvaraṃ* にはなし（*SN.*, vol. II, p. 221）。

(24)　「教えの遺産を相続する教えの後継者となりました。」（註(11)前掲，坂本・岩本訳注『法華経(上)』，p. 137），「ダルマの相続者であり，ダルマから起こったものであります。」（玉城康四郎「法華仏教における仏陀観の問題―原始経典から『法華経』へ」，渡辺宝陽編『法華仏教の仏陀論と衆生論』，平楽寺書店，1990年，p. 35），「法より生じたものであります。」（註(22)前掲，高崎『如来蔵思想の形成』，p. 437），「法の遺産相続者であり法からあらわれ出たものであります」（註(8)前掲，勝呂『増訂　法華経の成立と思想』，p. 250）。

(25)　この訳は，チベット訳の「法によって悟ったもの chos kyis grub pa」が支持する。玉城博士は，この句を「ダルマから起こったもの」と訳す（註(24)前掲，玉城「法華仏教における仏陀論の問題―原始経典から『法華経』へ」，p. 35参照）。

(26)　東北No. 113. fol. 25b[1].

(27)　大正９，No. 262，p. 10c.

(28)　『正法華経』「我仏長子　今故啓勸」（大正９，No. 263，p. 69b），「雖従法生不得自在」（p. 73b），「皆是我子　一切等給　是時諸子……皆是我子　為三界欲　所見纏縛」（p. 77c）。『妙法蓮華経』「我為仏長子　唯垂分別説」（大正９，No. 262，p. 6c），「而我等不知真是仏子。今我等方知。世尊於作仏智恵無所悋惜。所以者何。我等昔来真是仏子。」（p. 17c），「読持此経　是真仏子」（p. 34b）。『添品妙法蓮華経序』「許以真子之位。同入法性」（大正９，No. 264，p. 134c）。『添品妙法蓮華経巻第四』「能於来世読持此経 是真仏子 住純善地」（大正９，No. 264，p. 168c）。この用例では，「仏子」の用例と「真阿羅漢」「真是声聞」（大正９，No. 264，p. 151b）の用例等は省いた。この点に関しては，註(8)前掲，勝呂『増訂　法華経の成立と思想』，p. 264参照。

(29)　ここでは，「悉有仏性」を説く（註(17)前掲，久保「法華経の宗教的実践―法華経の菩薩思想」，pp. 111-118参照）。

(30)　漢文，大正９，No. 262，p. 17c. 梵文「upāya-kauśalyena tathāgato 'smākam adhimuktiṃ prajānāti / tac ca vayaṃ na jānīmo na buddhyām ahe yad idaṃ bhagavataitarhi kathitam — yathā vayaṃ bhagavato bhūtāḥ putrāḥ, bhagavāṃś cāsmākaṃ smārayati, tathāgata-jñāna-dāyādān / tat kasya hetoḥ? yathāpi nāma vayaṃ tathāgatasya bhūtāḥ putrāḥ iti, api tu khalu punar hīnādimuktāḥ / saced bhagavān asmākaṃ paśyed adhimukti-balam, bodhisattva-śabdaṃ bhagavān asmākam udāharet / vayaṃ punar bhagavatā dve kārye kārāpitāḥ — bodhisattvānāṃ cāgrato hīnādhimuktikā ity uttāḥ, te codārāyāṃ buddha-bodhau samādāpitāḥ / asmākaṃ cedānīṃ bhagavān adhimukti-balaṃ jñātvā idam udāhṛtavān / anena vayaṃ bhagavan paryāyeṇaivaṃ vadāmaḥ — sahasaivāsmābhir niḥspṛhair ākāṇkṣitam amārgitam aparyeṣitam acintitam aprārthinaṃ sarva-jñatā-ratnaṃ pratilabdhaṃ yathāpīdaṃ tathāgatasya putraiḥ//」(Kern, p. 110[2], Vaidya, No. 6, p. 75[14]) の和訳は，註(11)前掲，坂本・岩本訳注『法華経(上)』(pp. 241-243) 参照。

(31) upāya-kauśalyena tathāgato 'smākam adhimuktiṃ prajānāti / tac ca vayaṃ na jānīmo na buddyām ahe yad idaṃ bhagavataitarhi kathitam — yathā vayaṃ bhagavato bhūtāḥ putrāḥ, bhagavāṃś cāsmākaṃ smārayati tathāgata-jñāna-dāyādān / (*SADDHARMAPUṆḌARĪKA*, Kern, p. 110[4]).

(32) 大正 7，No. 220, p. 1073a.

(33) 大正 7，No. 220, p. 1073a-b.

(34) N. Dutt, p. 122[20]. 大正 8，No. 223, pp. 233c-234a.

(35) 註(11)前掲，坂本・岩本訳注『法華経(上)』，p. 217，第136頌。

(36) 同上，p. 221，第146頌。

(37) この法身の梵・蔵の記述については，のちの挿入と見る意見も存する（註(8)前掲，勝呂『増訂　法華経の成立と思想』，pp. 84-96参照)。

(38) Kern, p. 143. Vaidya, No. 6, p. 96[7-10].

(39) 東北No. 113, ja 帙, fol. 54b[4].

(40) 大正 9，No. 264, p. 155a.

(41) 「dharma-kāya は直接には後世の仏身説でいう三身説のそれとして語られているのではなく，法性（dharmatā）の義が強いであろう。」という解釈もある（伊藤瑞叡「法華経の仏性論」〈渡邊宝陽編『法華仏教の仏陀論と衆生論』，平楽寺書店，1990年〉p. 341参照)。

(42) 『勝天王経』(大正 8，No. 231, p. 692b, p. 696c)，『仏母出生般若波羅蜜多経』(大正 8，No. 228, p. 601c).

(43) 岩本博士は「教えの本体」と訳す（註(11)前掲，坂本・岩本訳注『法華経(上)』，p. 299参照)。

(44) 大正 9，No. 262, p. 35a. Kern, p. 264[1]. Vaidya, No. 6, p. 161[4].

(45) 東北No. 113, ja 帙, fols. 99b[7]-100a[1].

(46) 大正 9，No. 264, p. 170a.

(47) 大正 9，No. 263, p. 106a.

(48) 『八千頌般若経』と『法華経』の梵本の用例では，śarīra と単数形の場合は「身体」を表し，śarīrāṇi と複数形を用いる場合には「遺骨」を表す特色のあることが報告されている（梶山「法華経における如来全身」，p. 4参照）。

（49）　註(48)前掲，梶山雄一「法華経における如来全身」，『創価大学国際仏教高等研究所年報』2000年度，第4号，p. 4参照。

（50）　薬王。在在処処。若説若読若誦若書。若経巻所住処。皆応起七宝塔極令高広厳飾。不須復安舎利。所以者何。此中已有如来全身。（大正9，No. 262，p. 31b-c）。

（51）　大正9，No. 264，p. 166a.

（52）　*Saddharmapuṇḍarīka nāma mahāyānasūtra,*「sman gyi rgyal po sa phyogs gaṅ na chos kyi rnam graṅs ḥdi ḥtshad dam ston tam yi ger ḥdri ḥam kha ton byed dam yaṅ dag par rjod paḥi sa phyogs der / sman gyi rgyal po de bshin gśegs paḥi mchod rten rin po che las byas pa mtho shiṅ che ba byaḥo // der de bshin gaśegs paḥi sku gduṅ ṅes par gshag mi dgos so // de ciḥi phyir she na / der de bshin gśegs paḥi sku gduṅ gcig tu gshag par ḥgyur baḥi phyir ro //」（東北No. 113，ja 帙，fol. 86b[2]）.

（53）　Kern, p. 231[17].

（54）　チベット訳では，単数形の śarīram を「遺骨 sku gduṅ」と訳し，岩本訳でも「遺骨」と訳す（註(11)前掲，坂本・岩本訳注『法華経(上)』）。

（55）　「般若波羅蜜より諸仏の舎利生ず。」（大正8，No. 223，p. 292a），『八千頌般若経』にも同意趣の記述がある（大正8，No. 228，p. 601c 参照）。

（56）　大正8，No. 231，p. 692b.

（57）　『妙法蓮華経』「法師品第十」のこの「如来の塔 tathāgata-caitya」は，「宝塔品」では「大宝塔 mahā-ratna-stūpa」と caitya が stūpa になる。

（58）　『妙法蓮華経』（大正9，No. 262，p. 31b），『添品妙法蓮華経』（大正9，No. 264，p. 166a）。

（59）　大正9，No. 262，p. 32c.

（60）　atha khalu tasyāṃ velāyāṃ mahā-pratibhāno nāma bodhisattvo mahāsattvaḥ sa-deva-mānuṣāsuraṃ lokaṃ kautūhala-prāptaṃ viditvā bhagavantam etad avocat — ko bhagavan hetuḥ kaḥ pratyayo 'syaivaṃ-rūpasya mahā-ratna-stūpasya loke prādurbhāvāya / ko vā bhagavan asmān mahā-ratna-stūpād evaṃ-rūpaṃ śabdaṃ niścārayati / evam ukte bhagavān mahā-pratibhānaṃ bodhisattvaṃ mahāsattvam etad avocat / asmin mahā-pratibhāna mahā-ratna-stūpe tathāgatasyātma-bhāvas tiṣṭhaty eka-ghanas tasyaiṣa stūpaḥ / sa eṣa śabdaṃ niścārayati / asti mahā-pratibhānādhastāyāṃ diśy asaṃkhyeyāni loka-dhātu-koṭī-nayuta-śata-sahasrāṇy atikramya ratna-viśuddhā nāma loka-dhātuḥ / tasyāṃ prabhūta-ratno nāma tathāgato 'rhan samyak-saṃbuddho 'bhūt / tasyaitad bhagavataḥ pūrva-praṇidānam abhūt / ahaṃ khalu pūrve bodhisattva-caryāṃ caramāṇo na tāvan niryāto'-

nuttarāyāṃ samyaksaṃbodhau, yāvan mayāyaṃ saddharma-puṇḍarīko dharna-paryāyo bodhi-sattvāvavādo na śruto 'bhūt / yadā tu mayāyaṃ saddharma-puṇḍarīko dharna-paryāyaḥ śrutas tadā paścād ahaṃ pariniṣpanno 'bhūvam anuttarāyāṃ samyaksaṃbodhau / tena khalu punar mahā-pratibhāna bhagavatā prabhūta-ratnena tathāgatenārhatā samyaksaṃ-buddhena parinirvāṇa-kāla-samaye sadevakasya lokasya sa-mārakasya sa-brahmakasya sa-śramaṇa-brāhmaṇikāyāḥ prajāyāḥ purastād evam ārocitam / mama khalu bhikṣavaḥ parinirvṛtasyāsya tathāgatātma-bhāva-vigrahasyaiko mahā-ratna-stūpaḥ kartavyaḥ / śeṣāḥ punaḥ stūpā mamoddiśya kartavyāḥ / tasya khalu punar mahā-pratibhāna bhagavataḥ prabhūta-ratnasya tathāgatasyārhataḥ samyaksaṃ-buddhasyaitad adhiṣṭhānam abhūt / ayaṃ mama stūpo daśasu dikṣu sarva-loka-dhātuṣu yeṣu buddha-kṣetreṣv ayaṃ saddharma-puṇḍarīko dharma-paryāyaḥ saṃprakāśyeta teṣu teṣv ayaṃ mamā tma-bhāva-vigraha-stūpaḥ samabhyudgacchet / tais tair buddhair bhagavadbhir asmin saddharma-puṇḍarīke dharma-paryāye bhāṣyamāṇe parṣan-maṇḍalasyopari vaihāyasaṃ tiṣṭhet / teṣāṃ ca buddhānāṃ bhagavatām imaṃ saddharma-puṇḍarīkaṃ dharma-paryāyaṃ bhāṣamāṇānām ayaṃ mamātma-bhāva-vigraha-stūpaḥ sādhu-kāraṃ dadyāt / tad ayaṃ mahā-pratibhāna tasya bhagavataḥ prabhūta-ratnasya tathāgatasyārhataḥ samyaksaṃ-buddhasya śarīra-stūpo 'syāṃ sahāyāṃ loka-dhātau asmin saddharma-puṇḍarīke dhama-paryāye mayā bhāṣyamāṇe 'smāt parṣanmaṇḍala-madhyād abhyudgamya upary antarīkṣe vaihāyasaṃ shitvā sādhu-kāraṃ dadāti sma // atha khalu mahā-pratibhāno bodhisattvo mahāsattvo bhagavantam etad avocat / paśyāma vayaṃ bhagavan etaṃ tathāgata-vigrahaṃ bhagavato 'nubhāvena / evam ukte bhagavān mahā-pratibhānaṃ bodhisattvaṃ mahāsattvam etad avocat / tasya khalu punar mahā-pratibhāna bhagavataḥ prabhūta-ratnasya tathāgatasyārhataḥ samyak-saṃbuddhasya praṇidhānaṃ gurukam abhūt / etad asya praṇidhānam / yadā khalv anyeṣu buddha-kṣetreṣu buddhā bhagavanta imaṃ saddharma-puṇḍarīkaṃ dharma-paryāyaṃ bhāṣeyus tadāyaṃ mamātma-bhāva-vigraha-stūpo 'sya saddharma-puṇḍarīkasya dharma-paryāyasya śravaṇāya gacchet tathāgatānām antikam / yadā punas te buddhā bhagavanto mamātma-bhāva-vigraham udghāṭya darśayitukāmā bhaveyuś catasṛṇāṃ parṣadām, atha tais tathāgatair daśasu dikṣv anyonyeṣu buddha-kṣetreṣu ya ātma-bhāva-nirmitās tathāgata-vigrahā anyonya-nāmadheyās teṣu teṣu buddha-kṣetreṣu sattvānāṃ dharmaṃ deśayanti, tān sarvān saṃnipātya tair ātma-bhāva-nirmitais tathāgata-vigrahaiḥ sārdhaṃ paścād ayaṃ mamātma-bhāva-vigraha-stūpaḥ samudghāṭyopadarśayitavyaś catasṛṇāṃ parṣadām / tan mayāpi mahā-pratibhāna bahavas tathāgata-vigrahā nirmitāḥ, ye daṣasu dikśv anyonyeṣu buddha-kṣetreṣu loka-dhātu-sahasreṣu sattvānāṃ dharmaṃ deśayanti te sarve khalv ihānayitavyā bhaviṣyanti // atha khalu mahā-pratibhāno bodhisattvo mahāsttvo bhagavantam etat avocat — tān api tāvad bhagavaṃs tathāgatātma-bhāvāṃs tathāgata-nirmitān sarvān vandāmahai // atha khalu bhagavāṃs tasyāṃ velāyām ūrṇā-kośād raśmiṃ prāmuñcat, yayā raśmyā samanantara-pramuktayā pūrvasyāṃ diśi pañcāśatsu gaṇgā-nadī-vālukā-sameṣu loka-dhātu-koṭī-nayuta-śata-sahasreṣu ye buddhā bhagavato viharanti sma, te sarve saṃdṛśyante sma /（Kern, p. 240[7]. Vaidya, No. 6, pp. 149[15]-150[24]. 東北No. 113, ja 帙, fol. 89b[4]),『正法華経』「七宝塔品第十一」(大正9, No. 263, p. 102c)。

(61) Vaidya, No. 6, p. 149[18].

(62) 大正9, No. 263, p. 102c.

(63) 大正9, No. 262, p. 32c.

(64) 法華経の全身と分身については，苅谷定彦「法華経の「分身」」(高井隆秀教授還暦記念論集『密教思想』, 種智院大学密教学会, 1977年, pp. 301-318) を参照。

(65) 註(8)前掲, 勝呂『法華経の成立と思想』(pp. 242-243) 参照。

(66) *PAÑCAVIṂŚATISĀHASRIKĀ PRAJÑĀPĀRAMITĀ* Ⅱ・Ⅲ, ed. by Takayasu Kimura, SANKIBO, 1986, p. 96[5-14]. 東北No. 9, kha 帙, fol. 109b[3].『大般若波羅蜜多経』巻第百二十八（大正No. 5, p. 704a）参照。

(67) *Gaṇḍavyūha-sūtra*, ed. by Dr. P. L. Vaidya, Buddhist Sanskrit Texts no. 5, Mithila Institute, 1960, p. 75, p. 118 など。

(68) 初期仏教の超人的なブッダを捉えるとき，三十二相の報身の仏格をもって捉えようとした仏陀観もある（宇井伯寿『仏教思想研究』, 岩波書店, 1940年, p. 41, 平川彰『初期大乗仏教の研究』, 春秋社, 1968年, p. 161参照)。菩薩の三十二相については，平川, 同書, pp. 171-175参照。

(69) Vaidya, No. 6, p. 149[29].

(70) paśyāma vayaṃ bhagavan etaṃ tathāgata-vigrahaṃ bhagavato 'nubhāvenaṃ/ (Vaidya, No. 6, p. 150[8]).

(71) 東北No. 44, ka 帙, fol. 13a[4]「de nas …… saṅs rgyas kyi mthus …… la rnam par bltas te/」, 東北No. 44, ka 帙, fol. 141b[2]「de nas …… / saṅs rgyas kyi byin gyi rlabs kyis phyogs bcur rnam par bltas te/」等の用例が随所に見られる。拙稿「『八千頌般若経』の加持の研究」(仏教文化学会十周年北條賢三博士古希記念論文集『インド学諸思想とその周延(1)』, 山喜房佛書林, 2004年), 拙稿「『華厳経』から『大日経』への神変加持思想の変遷」(佐藤隆賢博士古希記念論文集『仏教教理思想の研究』, 山喜房佛書林, 1998年) 参照。

(72) 註(20)前掲, 平川「大乗仏教における法華経の位置」, pp. 15-24参照。

(73)　大正９，No. 262，p. 32a.

(74)　大正９，No. 264，p. 170a.

(75)　第１章の般若経の法身説で，『大智度論』にこの思想のあることを指摘したが，『大智度論』の思想がすべて大品系般若の思想とは受けとめられない。即ち，この法華経等を引用していることから，法華経以後の思想の影響も受けている。したがって，この記述は，般若経の思想の中にすでにあったものとは，理解しがたい。

第５章　華厳経の師資相承句と法身思想

第１節　華厳経の師資相承句

般若経以後，法身思想は急速な展開をもたらす。その大きな転換期を担うのが，華厳経である。

すでに見てきたように，般若経と法華経では，法身と色身はブッダ・釈迦牟尼自身の法の身体（法身）と父母生身としての色身の展開であった。それが，６世紀訳の『勝天王般若経』「法性品第五」(1)になると「菩薩摩訶薩は般若波羅蜜を修行し，此の法を修行して清浄（法身）に通達すれば，三千大千世界，若しくは閻浮提の城邑聚落において菩薩は悉く能く色身を示現す。」というように，菩薩の法身から色身が示現されると説かれるようになる。

この思想は，１世紀頃に成立したとされる華厳経「入法界品」に，菩薩が修行によって浄化した心を「清浄法身」と呼び，その法身から流出する色身を「清浄色身」と呼ぶ思想を受けたものである。

さらには，智身 jñāna-kāya，意生身 manomaya-śarīra，法界身 dharma-dhātu-kāya，法界たる理身 dharma-dhātu-naya-śarīra，変化身 nirmāṇa-kāya など，様々な仏身が説かれるようになる。

華厳経の完全訳本には，東晋・仏馱跋陀羅訳（418～420）六十巻『大方広仏華厳経』（『六十華厳』）(2)と唐・実叉難陀訳（695～699）八十巻『大方広仏華厳経』（『八十華厳』）(3)と，チベット訳の Jinamitra, Surendrabodhi, Ye śes sde 訳 *"saṅs rgyas phal po che shes bya ba śin tu rgyas pa chen poḥi mdo (*skt. *Buddhāvataṃsaka nāma mahāvaipūlya-sūtra)"*(4) の３本がある。チベット訳は，『八十華厳』に合う。

この経典の部分訳の主要なものを示せば，「十地品」には，西晋・竺法護訳

『漸備一切智徳経』（5巻）[5]，姚秦・鳩摩羅什訳『十住経』（4巻）[6]，唐・尸羅達摩訳『仏説十地経』（9巻）[7]があり，サンスクリット校訂本[8]も存在する。「十地品」の成立年代は，「入法界品」とともに『小品般若経』の成立以後の1世紀頃までに独立して制作されていたと見なされている[9]。

また，「入法界品」には，唐・地婆訶羅訳『大方広仏華厳経入法界品』（1巻）[10]，西秦・聖堅訳『仏説羅摩伽経』（3巻）[11]と，唐・般若訳（795～798）四十巻『大方広仏華厳経』（『四十華厳』）[12]などがあり，サンスクリット写本[13]も存する[14]。

華厳経の師資相承句の特色は，定型句の中の「善逝の真子であり，法より生じたものであり」として主に表れ，衆生利益に関連させて説かれる。

以下，『六十華厳』を中心に『八十華厳』とチベット訳を参照し，さらに『十住経』と『十地経』を合わせて，定型句の用例を見てみよう。

最初に，華厳経の中で最も成立の早い『十地経』の定型句から検討を始める。「十地品」では第六地にこの師資相承句が「善逝の真子であり，法より生じた者であり」とあり，他の章でも「如来の法より化生し」の用例があり，変化身の仏格を示すようになる。

ここでの定型句とともに見られる「如来の家に生まれる」という句は，「十地品」の初地歓喜地の「如来の家に生まれ」[15]，「如来の家を飾り」[16]と，第四焔恵地の「如来の家に於いて長ずる者となる」[17]にも見られるように，この二地だけに限られるものではなく，十地の各地に説かれるものである。

その用例は，梵文 *Daśabhūmika-sūtra*[18] の「十地品」[19]につぎのように説く。

> yaiḥ punar anubuddhāḥ sarva-dharmeva teṣāṃ bhāvi tatha abhāve iñjanā nāsti kā cit / kṛpa karuṇa jage ca mocanārthaṃ prayuktās te hi sugata-putrā aurasā[20] dharma-jātāḥ //6//
>
> また，まさに一切の法を学んだ彼らには有にも無にもすこしの動揺なし。慈悲もて，また世間の人々を解脱さすために勤める彼らは，善逝の真子たちであり，法より生じたものたちである。

これに対する漢訳2種とチベット訳が，つぎのものである。

『六十華厳』巻第二十五「十地品第二十二之三」(21)

若し人能く一切の　　諸の法性に通達すれば
有に於ても無の中に於ても　　其の心は動揺せず
但だ大悲の心を以て　　為に諸の衆生を度せし
是は諸の仏子にして　　仏の口と法より生ぜしものと名く

『八十華厳』巻第三十七「十地品第二十六之四」(22)

若し能く諸の法性に通達すれば
有に於ても無に於ても心動ぜず
世を救わんと欲するが為に勤めて修行す
此れ仏の口より生ぜし真の仏子なり

これに対するチベット訳 *Buddhāvataṃsaka nāma mahāvaipūlya-sūtra*(23) では，

chos rnams kun la snaṅ ba khoṅ du sus chud pa //
de la dṅos daṅ dṅos med g-yo ba gaṅ yaṅ med //
sñiṅ rje brtse bas ḥgro ba dgrol phyir brtson pa ni //
de daṅ de dag rgyal sras chos kyi sku skyes paḥo //
一切諸法として顕現するものを了悟するものは誰でも
その場合，有と無に動揺すること少しもなし
慈悲もて衆生を解脱さすために精進する
彼らは仏子にして法身〔より〕生じたものたちである。

とあり，さらに，以上の「十地品」に対して，別訳の2種の十地経類では，つぎのように訳す。

●『十住経』巻第三「現前地第六」(24)

但し大悲心を以て　　為に諸の衆生を度せし
是は諸仏子にして　　仏の口と法より生ぜしものと名づく

この経文は，上掲の『六十華厳』「十地品第二十二之三」と同文である。また，

●『十地経』巻第四「菩薩現前地第六之一」(25)

若し能く諸の法性に通達すれば

即ち有無に於いても心動ぜず
世を救わんと欲せんが為に勤めて修行す
此れ仏の口より生ぜし真の仏子なり

も，上掲の『八十華厳』「十地品第二十六之四」と同文である。

これらの記載箇所は，第六地・現前地の記述である。ここでの師資相承句は，梵文の「善逝の真子たちにして，法より生じたものたちである sugata-putrā aurasā dharma-jātāḥ」を，チベット訳は「仏子にして法身〔より〕生じた者たちである」とし，ここでも定型句の「法 dharma」を「法身 chos kyi sku」と理解している。また，『六十華厳』と『十住経』では，「法より生じたもの dharma-jātāḥ」を「口と法より生ぜしもの」とする。

ここでの法とは，華厳経の「有にとらわれて心を動かすことも，無にとらわれて心を動かすこともない」(26)慈悲をもって衆生を解脱させる法である。この法を学び実践するものを華厳経は「法（法身）から生まれた真子」であるという。

華厳経の「十地品」で重要なことは，これまでの般若経や法華経ではあまり強調されなかった菩薩の行位が強調されていることである。即ち，この定型句の法として強調される「慈悲をもって衆生を解脱させるために努力すること」とは，衆生救済のために方便としての加持 adhiṣṭhāna が八地から十地にかけての菩薩の学処とされる点である。その際，菩薩と如来の法身には差別はないが，菩薩の功徳は如来の功徳に及ばず，その両者の差別を表現する言葉として，「清浄の法身 dharmakāya-pariśuddha」と「法身清浄」という言葉が説かれるようになる。その用例を『六十華厳』巻第五十八「入法界品第三十四之五」(27)に見てみよう。

不思議な清浄の信と諸の妙功徳の正法の義を具す者は，悉く一切の仏子を観見することを得。善財よ，汝は今，大いに善利を獲て，次第して諸仏の真子を観て見て，彼れ自ら願行の所得を説くに随うべし。……諸仏に親近して，仏の真子たらんが為に，必ず仏道を成ずるは清浄の解脱なり。諸の悪を除滅して衆苦を遠離し，功徳聚を積むは清浄の法身なり。

ここでは，善財童子が51番目の善知識である弥勒菩薩に会い，弥勒が善財童子に語る言葉の中に，定型句の「仏の真子」が語られている。ここでは，善財童子が訪ねた善知識たちを「諸仏の真子」と呼び，この善知識[28]たちを訪ねて法を聴聞することによって，菩薩は「清浄の解脱」を得，「清浄の法身」を獲得する。この清浄の法身とは，「入法界品」や『四十華厳』[29]や『大乗宝雲経』[30]の如来と菩薩の法身に関するものであるが，これについてはのちに詳論する。

つぎに，この「十地品」とともに華厳経の中心となる「如来性起品」[31]の用例を見るが，『八十華厳』では「如来出現品」となっており，『大日経』の如来を出生する曼荼羅思想とも関連する[32]。

まず，華厳経「如来性起品」のチベット訳[33]から見てみよう。

kye rgyal baḥi sras de bshin du mdo sde rin po che rnam pa ḥdi lta bu ḥdi dag kyaṅ de bshin gśegs pa rnams kyi sras kyi thu bo de bshin gśegs paḥi rigs su byuṅ ba de bshin gśegs pa rnams la dge baḥi rtsa ba bskyed pa rnams ma gtogs par sems can gshan gyi lag tu phyin par mi ḥgyur ro // kye rgyal baḥi sras skyes bu dam pa de lta bu dag med du zin na ni riṅ por mi thogs par mdo sde rnam pa ḥdi lta bu de bshin gśegs paḥi gsaṅ ba chen po chos kyi rnam graṅs de bshin gśegs paḥi tshul rgyun mi ḥchad par byed pa rnams kyaṅ / thams cad kyi thams cad du nub par ḥgyur te mi ḥkhod do //

オー，仏子よ，同様にこのような種類の経宝もまた，諸の如来の長子であり，如来の種族に生まれついた，諸の如来のためのものであって，善根を生ずる者たちを除く他の衆生の手には与えられないだろう。

オー，仏子よ，このような高潔な人たちがまったく居られないならば，久しからずして，このような種類の経典，如来の大いなる秘密，如来になる方法を不断に示す諸の法門もまた，一切のあらゆる所に隠没してなくなってしまうだろう。

ここでは，師資相承句の中で舎利弗に適用された「如来の長子」が，複数形で示されつつ「如来の種族に生まれついた」者たちであるとされる。これは，すでに見たブッダとその弟子たちの関係から脱却して，如来蔵思想の上での善男子善女人を「如来の長子」とし，「如来の種族に生まれた者」と示す。

したがって，この華厳経は，「如来になる方法を不断に示す諸の法門」の経典であり，それ故に「如来の大いなる秘密」であるとされる。

この点を漢訳諸経典はどのようなニュアンスで捉えているのであろうか。『六十華厳』巻第三十六「如来性起品第三十二」(34)では，

> 仏子よ，此の経も是の如く一切衆生の手に入らずんば，唯だ如来の法王の真子，諸の如来の種姓の家より生じ，如来の相と諸の善根を種える者を除く。若し此等仏の子なければ，斯の経則ち滅せり。

とあり，『八十華厳』巻第三十七「如来出現品第三十七之三」(35)では，

> 仏子よ，此の経の珍宝も亦復た是の如く，一切の余の衆生の手に入らず。唯だ如来法王の真子，如来の家に生れ，如来の相の諸の善根を種える者を除く。仏子よ，若し此れ等の仏の真子がなければ，是の如きの法門も久しからずして散滅す。

とあり，解りやすいチベット訳をしのぐものではない。ただし，「諸の如来の長子であり」に相当する句は，「如来の法王の真子」と訳され，法王の後継者が長子であるとすれば，同じニュアンスだということになるが，梵文ではおそらくチベット文の de bshin gśegs pa rnams kyi sras kyi thu bo からすると tathāgatānāṃ putrā jyeṣṭhā aurasāḥ とあったのであろう。

また，善男子善女人のすべてに悟る可能性があるとする思想は，つぎの『六十華厳』巻第十八「金剛幢菩薩迴向品第二十一之五」にも見えている。

チベット訳(36)から見てみよう。

> sems can thams cad saṅs rgyas thams cad kyi chos kyi sku las byuṅ ba / gsuṅ las skyes par gyur te / ṅes par saṅs rgyas kyi sras su gyur cig / …… sems can thams cad byaṅ chub kyi śiṅ druṅ du rnam paḥi mchog thams cad daṅ ldan pa / bla na med pa yaṅ dag par rdsogs paḥi byaṅ chub tu rnam par saṅs rgyas te / chos las skyes pa daṅ / chos las byuṅ

baḥi bu daṅ / bu mo daṅ chuṅ ma rab tu ḥphro bar byed par gyur cig ces / de ltar byaṅ chub sems dpaḥ sems dpaḥ chen po bu daṅ / bu mo daṅ / chuṅ ma yoṅs su btaṅ ba las byuṅ baḥi dge baḥi rtsab de dag bsgribs pa med paḥi ye śes rab tu thob pa daṅ / khams gsum pa thams cad la chags pa med paḥi rnam par thar pa khoṅ du chud par bya baḥi phyir yoṅs su bsṅoḥo //

　一切衆生は一切諸仏の法身より生じ，お言葉より生じて，仏子となるべし。……一切衆生は，菩提樹下で一切の最勝の種を具し，無上正等覚を悟って，法より生じた者と，法より生じた息子と，娘と妻を迴向するものとなるべし。
　以上のように，菩薩摩訶薩よ，息子と娘と妻を布施することから生じたそれら障礙なき善根の智を得て，また，三界の一切に執着しない解脱を証得せんがために，迴向すべし。

これに対する『六十華厳』巻第十八「金剛幢菩薩迴向品第二十一之五」(37)では，

　一切衆生をして，常に仏子と為りて，法より化生せしめ，……一切衆生をして，菩提樹に坐し，最正の覚を得て，無上の道を成じ，無量の真の法より男女を化生せしむ。是れは菩薩摩訶薩の妻妾男女を布施し善根を迴向する為なり。

とある。また『八十華厳』巻第二十八「十迴向品第二十五之六」(38)では，

　願わくば一切衆生は，常に仏子と為りて，法より化生す。……願わくば一切衆生は，菩提樹に坐して，最正覚を成じ，無量に開示して，法より諸の善男女を化生せん。是を菩薩摩訶薩の妻子を布施する善根の迴向と為す。
　衆生をして皆，悉く無礙の解脱と無著の智とを証得せしめんが為の故なり。

とある。
　ここでは，三界のすべてのものに執着しない智を証得させるために，自身や，息子，娘，妻に至る最も大切なものを布施し，迴向せよという。この迴向思想の線上において，「一切衆生は一切諸仏の法身より生じ，お言葉より生じて，

仏子となるべし」というこの「法身より生じ」の「法身」とは，定型句の「法より生じ」の「法（教え）」のことである。「お言葉より生じ」の「言葉」とは定型句の「法より生じ」の「法」を指している。

また，この「法より生じたものと，法より生じた息子と娘と妻を迴向するもの」とを，如来蔵の思想から一切衆生と見ている。さらに，この句にはおそらく「法より化現し dharma-nirmita」の意味も含まれるであろうから，法より化現した最も大切な息子や娘や妻を布施し迴向することによって，執着を断ち解脱の智を得て，覚者として生まれ変わったことを示す。この事情を明確に言い表しているのが，上掲の「是を菩薩摩訶薩の妻子を布施する善根の迴向と為す。衆生をして皆，悉く無礙の解脱と無著の智とを証得せしめんが為の故なり。」(39)である。

また，『六十華厳』巻第八「菩薩十住品第十一」(40)では，十住（十地）の菩薩が執着を断った境界を「如来の法より化生し」とし，

是の如きの十住の諸の菩薩は　　悉く如来の法より化生し
其の方便及び境界に随うといえども　　一切の天人は能く知ることなし

とし，また『六十華厳』巻第十「初発心菩薩功徳品第十三」(41)にも「仏の法より化生せり」と出す。

さらに定型句の中で，この「法より化生し」と「心清浄」を関連させた用例が，すでに菩提心の用例で関説した(42)同じ意味合いで『六十華厳』巻第十六「金剛幢菩薩迴向品第二十一之五」(43)に，「彼れ真に仏子にして心清浄なり　悉く如来の法より化生し　一切功徳の荘厳心は　一切の諸の仏刹に充満す。」(44)と記す。ここでの「心清浄」も，すでに見た『八十華厳』「十迴向品第二十五之六」にいう「無礙の解脱と無著の智とを証得」しているから，その仏子の心が清浄であるといわれるのである。

また，定型句の中の法を法身と捉える用例が，つぎの『六十華厳』巻第二十二「金剛幢菩薩迴向品第二十一之九」(45)に見えている。

菩薩は清浄にして　　微妙の法身を　　悉く諸仏の
真の法より化生し　　明浄の法灯もて　　衆生を饒益するに

無量の法を説きたもう

これに相当するチベット訳(46)を見ると，つぎのようになっている。

de dag chos kyi lus ldan śes daṅ ldan // ḥjig rten mkhas pas chos ñid sprul mdsad pas // chos kyi sgron ma ḥgro la phan paḥi phyir // dmaḥ ba med par mthaḥ yas chos ston to //

彼ら〔菩薩〕は法身と智を具し
世間の智者として法性より化現したまいて
法灯を〔灯して〕衆生を利せんがために
最勝にして無量の法を説きたもう

このようにチベット訳では，彼ら菩薩が「法身と智を具し」て，世間の智者として「法性より化現」し，衆生を利益するために，無量の法を説くとする。

この同箇所を『八十華厳』巻第三十三「十廻向品第二十五之十一」(47)に見ると，

菩薩は妙法の身を成就し　　親しく諸仏の法より化生し
衆生を利せんが為に法灯を作して　　無量の最勝の法を演説したもう

とあって，『六十華厳』の「微妙の法身」に相当する訳語に，チベット訳は「法身と智」，『八十華厳』は「妙法の身」という表現を含ませている。

ここでの「法身」の記述は，この華厳経が初期仏教の法身思想を受け継いでいるか否かを見る上で，非常に重要なものとなる。すなわち，『六十華厳』が「微妙の法身」と訳すところを，師資相承句の「法より生じた者でありdharma-ja」から考えると，これは「微妙の法の身」，すなわち「妙なる教えの本体」とも理解される。この解釈は，同箇所の翻訳に当たる『八十華厳』の「妙法の身」(48)が支持するであろう。

したがって，この華厳経の法身思想は，初期仏教の法身を「教えの本体」「教えの集合体」とする思想を踏襲し展開していることになる。

ここでの法と智については，『六十華厳』「金剛幢菩薩迴向品第二十一之九」(49)に，つぎのように記す。

〔金剛幢菩薩摩訶薩は〕如来の諸の妙勝の法と，無量の智恵の日光と，荘厳せる大智の光明もて，普く一切衆生の法界を照らさんと欲するが故に廻向す。

この「如来の諸の妙勝の法」は，先の「微妙の法身」と同じであり，「無量の智恵の日光と，荘厳せる大智の光明」も，先の「彼ら〔菩薩〕は法身と智を具し」の「智」と同じである。したがって，この金剛幢菩薩摩訶薩が悟りを得たその尊格には，法身と智（＝光明）が併存する「教えの本体（真理）」と，光明として世間を照らす「智」の働きが見られる。この思想は，のちの密教の理・智法身へと展開する。

さらに，この光明と変化身との関係を述べた記述が同品(50)に，つぎのように記される。

無量阿僧祇の妙香もて荘厳す。其の香普く一切世界を熏じて，無量阿僧祇の諸の変化身を出生し，一一の化身と法界は等しく，各々無量阿僧祇の妙宝の光明を放つ。一一の光明は，一切の光を出して，無量阿僧祇の明浄の宝光を以て照耀と為す。

ここでは，薫香の喩えを引いて，香が一切世界を薫じるように，十方世界に変化身を無量に生み出し，その一々の変化身から光明を放って光り輝く。この変化身は，自身を生み出した法身と同じ働きをもって，法界に遍満するとされる。この思想は，華厳経の特色の１つである「一即多，多即一」(51)の思想に繫がる。そしてさらに，この変化身が，法身に随って示されることが，同品(52)の偈頌に入る直前で，「仏の神力を承って」「法身に随順して色身を示現したもう」と述べられてもいる。

華厳経の加持思想では，菩薩のいかなる行為もブッダの神力 anubhāva か加持 adhiṣṭhāna の力を受けてしか実行できない。したがって，ここでの金剛幢菩薩の行為も同様にその制約を受けている。その神力を受けた金剛幢菩薩が「無上の大悲をもって普く一切を覆う」働きとして，「法身に随順して色身を示現」するのである。

上記のごとく，華厳経の師資相承句では，「仏自身の子にして，口より生じ，法より生じ，法より化現し，法の相続者である。」という完全な定型句は見られないが，「仏の口より生ぜし真の仏子」「仏の口と法より生ぜし者」，チベット訳では「彼らは仏子にして法身より生じた者」などが見られた。また，この法より生じた者たちは，如来蔵思想を受けた一切衆生を指し，「如来の長子」であるともされた。

さらには，「法より化現し」に関連する定型句の記述として，変化身が法身から生み出されるとする表現が，この華厳経に至って明確に示されたのである。

これらに関し，この法身と捉えられる法が華厳経の中で，どのように展開しているかを以下で検討するが，まずは法身である毘盧遮那の用例から検討を始める。

第2節　華厳経の毘盧遮那

1.「如来名号品」の毘盧遮那

華厳経所説の毘盧遮那 Vairocana は，教主としての法身・毘盧遮那と，以下のような釈迦牟尼の別名の毘盧遮那として説かれる。『八十華厳』「如来名号品第七」(53)には，その毘盧遮那を含む十種の名前がつぎのように示される。

> そのとき，文殊菩薩は〔毘盧遮那 Vairocana〕仏の加持を受けて，一切の菩薩の衆会をご覧になって，つぎのように言われた。(中略)(54)
> オー仏子たちよ，この〔四魔を〕降伏した四大州という世界では，また如来は「一切義成就 don thams cad grub pa, Sarvārthasiddha(55)」という方として知られ，「円満月」という方として知られ，「師子吼」という方として知られ，「釈迦牟尼」という方として知られ，「優れた正しい〔第七〕仙」という方として知られ，「毘盧遮那 rnam par snaṅ mdsad, Vairocana」という方として知られ，「ゴータマのもの（瞿曇 Gautama）」という方として知られ，「大沙門」という方として知られ，「最勝仏」という方として知られ，「大導師」という方として知られる。

この「如来の名号」では，文殊菩薩が仏子たちに毘盧遮那仏の加持を授けて，須弥山の四方に広がる四天下の国々で衆生の好みに応じて，「種々の身，種々の名，種々の色相，種々の修短，種々の寿量，種々の処所，種々の諸根，種々の生処，種々の語業，種々の観察」(56)を見せることを説く(57)。

この四天下で，衆生に応じて説法する十種の名前のうち，密教と直接関係のある名前は「一切義成就菩薩」と「毘盧遮那」である。すなわち，この中の一切義成就菩薩は，『初会金剛頂経』の五相成身観の主役であり，毘盧遮那は『般若理趣経』で世尊・釈迦牟尼の名前が変遷して大毘盧遮那となる尊名であり，また密教の教主，法身・毘盧遮那如来の尊名でもある。

また，これ以外にも，華厳経「入法界品」の仏伝の記述の中に「シッダールタ Siddhārtha」「一切義成就 Sarvārthasiddha」の名前を挙げるし，さらに「如来名号品」では，十方世界の四天下では，世尊が無数の名前で呼ばれるともいう。この名号信仰は，すでに触れた『大智度論』の十方世界で仏の名号を聞くことによって悟りを得ると説かれる，その仏名信仰によるものである(58)。その最も有名な典拠は，観音菩薩の名号を唱えれば，いかなる願いもかなえられるとする『妙法蓮華経』巻第七「妙法蓮華経観世音菩薩普門品第二十五」(59)である。

この仏名信仰を受け継いだ理趣経類本では，以下の表の如く，釈迦牟尼世尊が毘盧遮那如来の名と相をとって衆生の前に姿を顕す。

表５の数字は，順次(1)『般若理趣分』(60)(2)『実相般若経』(61)(3)『理趣般若経』(62)(4)『七巻理趣経』(63)(5)『金剛場荘厳と名くる大儀軌王』(64)(6)『蔵訳理趣広経』(65)(7)『蔵訳理趣略経』(66)(8)『理趣経』(67)(9)新発見梵本『百五十頌般若波羅蜜多理趣』(68)(10)『遍照般若経』(69)の十種の類本を栂尾祥雲『理趣経の研究』(70)の順に左端の縦にならべて付し，横には釈迦から毘盧遮那へと変遷した重要な法門名を挙げた。この対照表で解るように，Ｂの教主・釈迦とＡ，Ｃ，Ｄの教主・毘盧遮那とが異なり，ＡからＤへと移るにつれて教主である「世尊(釈迦牟尼)」が「世尊（大）毘盧遮那」へと完全に置き換えられている。このように，理趣経類本には釈迦から毘盧遮那への変遷の跡が明確に示されているのである。

この仏名信仰に従って，十方のあらゆる仏国土で仏の名前が説かれるのであ

表5　法門名の変遷

	A　**第四証悟の法門**（栂尾祥雲『理趣経の研究』pp. 142-143）	B　**第五降伏の法門**（pp. 160-161）	C　**第十四有情加持の法門**（pp. 320-321）	D　**第十九深秘の法門**（pp. 376-377）
(1)	世尊は復た遍照如来の相に依りて	世尊は復た…釈迦牟尼如来の相に依りて	世尊は復た一切住持蔵法如来の相に依りて	世尊は復た遍照如来の相に依りて
(2)	世尊は復た一切如来の普く光明の相を以て	世尊は復た…釈迦牟尼の相を以て	世尊は一切如来が衆生の依怙と為る相を以て	世尊は復た一切如来の離戯論の秘密法性の普光明の相を以て
(3)	世尊は復た毘盧遮那如来の相に依りて	世尊は復た…釈迦牟尼の相に依りて	世尊は一切如来が諸の衆生の為に加持を作す相に依って	世尊は復た一切如来の離戯論の秘密法性の毘盧遮那の相に依りて
(4)	大毘盧遮那仏は復た自ら	釈迦牟尼仏は	釈迦牟尼仏は	世尊大毘盧遮那仏は
(5)	世尊毘盧遮那如来は	世尊である…釈迦牟尼如来は	世尊一切如来は	一切如来の秘密の法性を得，一切法の戯論無き世尊毘盧遮那如来は
(6)	世尊毘盧遮那は	釈迦牟尼如来は	世尊毘盧遮那の一切如来は	一切如来の秘密の法性を獲得し，一切法の戯論無き世尊毘盧遮那は
(7)	世尊毘盧遮那如来は	釈迦牟尼世尊如来は	世尊毘盧遮那如来は	一切如来の秘密の法性を獲得し，一切法の戯論無き世尊毘盧遮那は
(8)	縛伽梵毘盧遮那如来は	釈迦牟尼如来は	薄伽梵如来は	薄伽梵毘盧遮那の一切の秘密の法性を得て無戯論なる如来は
(9)	bhagavān vairocanas tathāgataḥ 世尊毘盧遮那如来は(71)	bhagavān sarva-duṣṭa-vinayana-śākyamunis tathāgataḥ 世尊である一切の難調伏者を調伏する釈迦牟尼如来は(72)	（新梵本欠） bhagavāṃs tathāgato vairocanaḥ 世尊毘盧遮那如来は(73)	bhagavān vairocanas tathāgataḥ sarva-tathāgata-guhya-dharmatā-prāptaḥ sarva-dharmāprapañcaḥ 一切如来の秘密の法性を獲得した一切法の無戯論なる世尊毘盧遮那は(74)
(10)	遍照如来は	釈迦如来は	世主如来は	大徧照如来は

るが，この華厳経の「如来名号品」に取り挙げた毘盧遮那 Vairocana 菩薩が，一切義成就 Sarvārthasiddha 菩薩とも，シッダールタ Siddhārtha 菩薩（太子）とも呼ばれている用例がある。それらを仏伝の記述にそって，つぎに考察しよう。

2．毘盧遮那の兜率天からの下生

華厳経の「如来随好光明功徳品」に，毘盧遮那が兜率天から釈迦族のマーヤー夫人の胎内に下生するという，つぎのような仏伝の記述がある。

毘盧遮那が，かつて菩薩であったとき，兜率天宮から大光明を放って十仏国土の微塵数に等しい世界を照らし，そのとき地獄の衆生をも照らし出した。照らし出された地獄の衆生は，その光明によって清められ，地獄から兜率天宮に生まれ変わって天子となった。

また，兜率天宮の天子の中に甚可愛楽という天子がいて，地獄から兜率天宮に生まれ変わった天子たちに，天の鼓を打ち鳴らし，兜率天宮で離垢三昧に入っている毘盧遮那菩薩の所へ行って親近せよという。なぜならば，地獄で大光明に触れ，この兜率天宮に天子として生まれ変わったのは，この毘盧遮那菩薩が加持した光明のお陰であるからという。

そこで，天子たちは連れだって，毘盧遮那菩薩が離垢三昧に入っている宮殿に出かけた。この話の続きが，華厳経「如来随好光明功徳品」(75)に，つぎのように記される。

de nas lhaḥi bu de dag ṅo mtshar daṅ rmad du gyur te / me tog sprin stoṅ phrag bcu daṅ spos kyi sprin stoṅ phrag bcu daṅ / rol moḥi sprin stoṅ phrag bcu daṅ / rgyal mtshan gyi sprin stoṅ phrag bcu daṅ / gdugs kyi sprin stoṅ phrag bcu daṅ / bstoṅ paḥi sprin stoṅ phrag bcu dag mṅon par sprul te / byaṅ chub sems dpaḥ rnam par snaṅ mdsad kyi gshal med khaṅ gaṅ na ba der doṅ ste / phyin nas kyaṅ gshal med khaṅ la phyag ḥtshal shiṅ gnas par gyur kyaṅ / byaṅ chub sems dpaḥ de ma mthoṅ ba daṅ / lhaḥi bu la la ḥdi skad ces ḥdser te / kye grogs po dag byaṅ chub sems dpaḥ de ni lhaḥi yul ḥdi nas śi ḥphos te / miḥi ḥjig rten du rgyal po zas gtsaṅ maḥi khyim du / lha mo sgyu maḥi dkun tsan dan gyi khaṅ pa brtsegs pa yod par brdsus te skyes kyis / lhaḥi bu dag lhaḥi mig gyis legs par ltos śig ces nas / de dag gis bltas pa daṅ / byaṅ chub sems dpaḥ de tshaṅs paḥi ris kyi lhaḥi bu rnams daṅ / de bshin du ḥdod pa la spyod paḥi lhaḥi bu thams cad kyis mchod ciṅ rim gror byas te/ de na ḥdug pa mthoṅ ṅo //

そのとき，彼ら天子たちは非常に希有となり，奇なる気持ちになった。そこで一万の華雲と一万の香雲と一万の音楽雲と一万の法幢雲と一万の天蓋雲と一万の讃歎雲を化作し，毘盧遮那菩薩の宮殿のあるそこに行った。到着してからまた宮殿を礼拝して坐した。しかし，彼の〔毘盧遮那〕菩薩は見えなかった。するとある天子がつぎのように言った。

オー友らよ，彼の〔毘盧遮那〕菩薩はこの天国から没して人間界のシュッドーダナ王の館に〔下生し〕マーヤー妃の子宮の栴檀の楼閣にいらっしゃって化生なされている。だから天子たちよ，天眼でよく見なさい，と言われたので彼らが見てみると，彼の〔毘盧遮那〕菩薩は梵天子たちと同様に欲天子の一切に供養されながらかしずかれ，そこにおられるのが見えた。

これに対する『六十華厳』巻第三十二「仏小相光明功徳品第三十」では，

時諸天子。聞是音声歓喜無量。皆悉化作一万華雲。一万香雲。一万楽雲。一万幢雲。一万蓋雲。一万讃歎雲。作是化已。往詣盧舎那菩薩所住宮殿。恭敬供養於一面住。而不見盧舎那菩薩。時有天子。作如是言。此菩薩者。今已命終。生浄飯王家。乗栴檀楼閣。処摩耶夫人胎。爾時諸天子。以天眼観盧舎那菩薩摩訶薩。見梵身天欲界諸天恭敬供養。

『八十華厳』巻第四十八「如来随好光明功徳品第三十五」では，

時諸天子。聞是音已。得未曾有。即皆化作一万華雲。一万香雲。一万音楽雲。一万幢雲。一万蓋雲。一万歌讃雲。作是化已。即共往詣毘盧遮那菩薩所住宮殿。合掌恭敬。於一面立。欲申瞻覲。而不得見。時有天子。作如是言。毘盧遮那菩薩。已従此没。生於人間浄飯王家。乗栴檀楼閣。処摩耶夫人胎。時諸天子。以天眼。観見菩薩身。処在人間浄飯王家。梵天欲天。承事供養。

とあるように，マーヤー（摩耶）夫人の胎内にいる胎児を，毘盧遮那（盧舎那）菩薩と呼び，『六十華厳』では「盧舎那菩薩摩訶薩」と呼ぶまでに至っている(76)。

なお，この記述は，毘盧遮那菩薩が兜率天宮から降下し，シュッドーダナ王の妃・マーヤー夫人に入胎するときの話である。

第3節　一切義成就菩薩とシッダールタ

1.「入法界品」の仏伝

このマーヤー夫人に入胎する毘盧遮那菩薩は，「入法界品」の仏伝になると，兜率天宮から下生し，マーヤー夫人の栴檀で造られた子宮で天子たちにかしずかれているさまが説かれる。そのときの下生した菩薩名を梵・蔵・漢の文献では，一切義成就（Sarvārthasiddha, don thams cad grub pa 一切の希望をかなえるもの）とも，悉達（シッダールタ Siddhārtha, don grub）(77)とも表現している。つぎにそれを見てみよう(78)。

yāvad antaḥ-pura-madhya-gatasyāpy ahaṃ kulaputra Sarvārthasiddhasya strī-gaṇa-pari-vṛtasya nānā-vimokṣa-naya-sāgarāvatāraiḥ / ekaikasmād roma-vivarād ananta-madhyāṃs try-adhva-naya-sāgarān avatārāmi dharm-adhātv-avatāra-naya-samudrāvatāreṇa //

善男子よ，乃至，種々の解脱の真理（ナヤ）の海に入り，法界へ入る真理の海に入ることによって，一切義成就 Sarvārthasiddha が宮殿の中央にいて女性の群に取り囲まれているとき，〔その菩薩の〕毛孔の一つ一つから〔現れた〕，周辺も中央もない〔ほどに広大な〕三世の真理の海に，私〔ゴーパー〕は入ります。

ここでの『六十華厳』巻第五十六「入法界品」(79)では，

復次仏子。我於菩薩一一毛孔中。念念悉見諸衆生海。各有所住。及其境界諸根不同。於三世中発菩提心。行菩薩行具大願海。浄諸菩薩無量無辺波羅蜜海。及諸菩薩本生之海。無量無辺大慈悲海。摂取衆生悉令歓喜。乃至悉見一切菩薩。現処中宮采女囲遶仏子。我於菩薩一一毛孔中。皆悉観見如是等事。

とあり，『八十華厳』巻第七十五「入法界品」(80)では，

仏子。我於仏刹微塵数劫。念念如是観於菩薩一一毛孔。已所至処而不重至。已所見処而不重見。心其辺際竟不可得。乃至見彼悉達太子。住於宮中。采女囲遶。我以解脱力。観於菩薩一一毛孔。悉見三世法界中事。

とあり，『四十華厳』巻第二十九(81)では，

善男子。我於爾所仏刹極微塵数劫。念念如是観於菩薩一一毛孔所有境界。已所経処更不重経。已所見処更不重見。已所聞処更不重聞。已所得処更不重得。乃至見於悉達太子処。於内宮采女囲遶我以解脱力。観於菩薩一一毛孔。悉見三世一切法界。無辺境界。深入無際。

とあって，梵本の「一切義成就 Sarvārthasiddha」を，『六十華厳』では「一切菩薩」，『八十華厳』『四十華厳』では「悉達太子」とする。そして，この悉達太子を「菩薩」と呼んでいるのである。

ここでは，善財童子が，53人の善知識の第40番目のゴーパーを訪ねたとき，善財童子に語る話の中に，一切義成就菩薩の名前がこのように現れている。

この一切義成就菩薩は，次章となる「第四十一章　菩薩の母マーヤー王妃」では，世尊毘盧遮那の最後身の菩薩として「シッダールタ Siddhārtha 菩薩」(82)の名で，つぎのように登場する。

sāhaṃ kulaputra anena vimokṣeṇa samanvāgatā yāvanti iha lokadhātu-samudre bhagavato Vairocanasya sarva-loka-dhātuṣu sarva-jambudvīpeṣu carama-bhavika-bodhisattva-janma-vikurvitāni pravar-tante, sarveṣāṃ ca teṣāṃ carama-bhavikānāṃ bodhisattvānām ahaṃ jananī / sarve te bodhisattvā mama kukṣau saṃbhavanti / mama dakṣi-ṇāt pārśvān niṣkramanti / ihaiva tāvad ahaṃ kulaputra bhāgavatyāṃ cātur-dvīpikāyāṃ kapilabastuni mahā-nagare rājñaḥ śuddhodanasya kula-baddha-kalpena Siddhārthaṃ bodhisattvaṃ janitravatī mahatācintyena bodhisattva-janma-vikurvitena //

善男子よ，この解脱を得ているわたし〔マーヤー〕は，この世界海にあるあらゆる世界のあらゆるジャンブ州において，世尊毘盧遮那 Vairocana の最後身 carama-bhavika の菩薩として誕生する神変が起こるも，それがどれほどあろうとも，また，わたしは彼ら最後身のすべての菩薩の生母 jananī なのです。彼ら一切の菩薩たちが，わたしの胎内で生を受け，わたしの右脇より生まれるのです。

善男子よ，ついに，わたしは，この四大州から成る祝福されたカピラヴァストゥの大都城において，シュッドーダナ王にふさわしい妃として，菩薩誕生の大変不思議な神変とともに，シッダールタ菩薩 Siddhārthaṃ bodhisattvaṃ を出産しました。

ここでの『六十華厳』「入法界品」(83)では，

答言。仏子。我已成就大願智幻法門。得此法門故。為盧舎那如来母。於此閻浮提迦毘羅城浄飯王宮。従右脇生悉達太子。顕現不可思議自在神力。

とあり，『八十華厳』「入法界品」(84)では，

答言。仏子。我已成就菩薩大願智幻解脱門。是故。常為諸菩薩母。仏子。如我於此閻浮提中迦毘羅城浄飯王家。右脇而生悉達太子。現不思議自在神変。如是乃至尽此世界海。所有一切毘盧遮那如来。皆入我身。示現誕生自在神変。

とあり，『四十華厳』巻第三十(85)では，

善男子。我已成就菩薩大願智幻荘厳解脱門。是故常為諸菩薩母。善男子。如我於此閻浮提中。迦毘羅城浄飯王家。右脇而生悉達太子。現不思議広大荘厳。菩薩受生自在神変。如是乃至。尽此世界海。所有一切毘盧遮那如来住最後身。示現誕生自在神変。我皆一一而為其母。彼諸菩薩皆入我身。右脇而生。成一切智。

とある。これらを華厳経「如来名号品」に注記した用例と加味して，「如来随好光明功徳品」と「入法界品」の記述を整理すると，表6のようになる。

表6　「如来随好光明功徳品」と「入法界品」の記述

華厳経の品（章）	如来名号品			如来随好光明功徳品			入法界品四十章					入法界品四十一章				
梵・蔵・漢 ＼ 菩薩名	蔵	漢六十	漢八十	蔵	漢六十	漢八十	梵	蔵	漢六十	漢八十	漢四十	梵	蔵	漢六十	漢八十	漢四十
rnam par snaṅ mdsad	○							○								
rnam par snaṅ mdsad 菩薩				○												
毘盧遮那			○											○		
毘盧遮那最後身												○	○			
一切毘盧遮那如来住最後身																○
毘盧遮那菩薩						○										
盧舎那		○														
盧舎那菩薩					○											
盧舎那菩薩摩訶薩					○											
Sarvārthasiddha 菩薩							○									
don thams cad grub pa	○															
Siddhārtha 菩薩												○				
don grub 菩薩								○					○			
一切菩薩									○							
菩　　薩				○					○	○						○
菩 薩 身						○										
一切義成			○													
悉　　達		○														
悉達太子										○	○			○	○	○

このように，華厳経では，毘盧遮那の幼名が「毘盧遮那（菩薩）」「一切義成就（菩薩）」「悉達（太子）」等と様々に呼ばれているのである。この中の一切義成就 Sarvārthasiddha 菩薩の名前が，密教の『初会金剛頂経』になると，Sarvārthasiddhi という i 語基の男性名詞で登場する(86)。

2．華厳経と密教の仏伝

この華厳経の仏伝が，密教の金剛頂経系の仏伝資料(87)の，色界の色究竟天で悟った毘盧遮那 Vairocana 菩薩が須弥山の頂上で『金剛頂経』を説いた後，兜率天宮の天子たちに法を説き，その兜率天宮からマーヤー妃の体内に入胎する記述とその説明を同じくしている。

この点は，初期の密教経典のうち，特にダラニ経典類では，その教主がほとんど釈迦牟尼(88)であることや，純密である『大日経』においても教主の毘盧遮那を釈迦牟尼，牟尼，大牟尼，釈迦師子，釈迦師子救世者，両足尊等とも呼び，また『初会金剛頂経』(89)でも色究竟天の毘盧遮那を華厳経と同様に一切義成就（一切の目的を完成しようとするもの Sarvārtha-siddhi）菩薩と呼んでいる。また，この色究竟天の毘盧遮那は菩薩であるから，悟った後も菩薩の姿をとり，そのままの菩薩の姿で下生する。

従来，密教の曼荼羅中台の毘盧遮那如来が，何故に菩薩形で示されるのかの根拠が明らかにされないままになっていた。しかし，今回，胎蔵生曼荼羅や金剛界曼荼羅の毘盧遮那如来が，菩薩の宝冠を戴く菩薩形で表されている根拠が，この華厳経の記述によって新たに知られたことになる。この点は，新しい知見として重要視すべきであろう。

しかしながら，彫刻における仏伝レリーフ中に，装飾で着飾る菩薩形が存在しないことなどから見て，この問題はさらに考察を続ける必要がある(90)。

さらに，毘盧遮那が衆生に対して説法するときには，直接説法をせず，加持の力で光明を放って説法するか，あるいは普賢菩薩やその他の者たちに加持の力を加えて，その者たちを介して説法するのが華厳経の常套手段である。しかし，『六十華厳』および『八十華厳』には，数回(91)，世尊毘盧遮那自身が，言葉で直接語りかける用例がある。

それについて，毘盧遮那の仏伝が記される『六十華厳』「仏小相光明功徳品第三十」(『八十華厳』「如来随好光明功徳品第三十五」)(92)の，つぎの記述を見てみよう。

爾の時，〔毘盧遮那〕仏は宝手菩薩に告て言わく，如来応供等正覚に，〔八十〕随形好有り，名づけて海王と曰う。彼れ光明を出す。名づけて明浄と曰う。七百万阿僧祇の光を以て眷属となす。

これは，毘盧遮那仏が，かつて菩薩であったときの話を，宝手菩薩に言葉で語りかけるくだりである。この華厳経の毘盧遮那が，直接に言葉で語りかけるパターンは，密教の『大日経』「住心品」(93)で，法界宮殿に住する受用身の毘盧遮那が，金剛手をはじめとする菩薩たちに言葉で法を説くシーンと同じである。

第4節　毘盧遮那の三密の働き

1．法身と如来の身・智・音

『大日経』をはじめとする密教では，毘盧遮那の神変 vikurvita の働きを，三摩地から法界に発せられる不可思議な身・語・心の三密の働きとして捉え，具体的には毘盧遮那の加持 adhiṣṭhāna の面から印（心），真言（語），曼荼羅（身）として表現する(94)。

この点を華厳経に見てみると，つぎのように，印，真言，曼荼羅の表現は採らないものの，智（心），身（身），音（語）の3つの働きを神変の働きとして表現する。

この華厳経の毘盧遮那の神変については，『八十華厳』「世主妙厳品第一」(95)のはじめに，つぎのように示される(96)。

(1)　一時仏は摩竭提国の阿蘭若法菩提道場の中に在して，始めて正覚を成じたまいき。(中略)(97)

(2)　爾の時に世尊は此の座に処して一切の法に於て最正覚を成じたまいき。
智は三世に入りて悉く皆平等に，
其の身は一切の世間に充満し，
其の音は普く十方の国土に順ず。
譬えば
〔智は〕虚空の具に衆像を含みて諸の境界に於て分別する所なきが如く，

又虚空の普く一切に遍じて諸の国土において平等に随って入るが如し。

身は恒に遍く一切の道場に座し，菩薩衆の中に威光赫奕たること日輪の出でて世界を照明するが如し。三世に行ぜし所の衆福の大海は悉く已に清浄にして，恒に諸仏の国土に示生し，無辺の色相円満して光明は法界に遍周し，等しくして差別なく，

〔音は〕一切の法を演ぶること大雲の布くが如く，

〔身は〕一一の毛端に悉く能く一切の世界を容受して障礙なく，各無量の神通力を現じて，一切の衆生を教化し調伏し，身は十方に遍じて来往することなく，

智は諸相に入りて法の空寂を了り，三世の諸仏のあらゆる神変は光明の中において咸く覩ざることなく，一切の仏土の不思議劫のあらゆる荘厳を悉く顕現せしむ。（中略）[98]

(3) 十仏世界微塵数の菩薩摩訶薩ありて共に囲繞する所なり。其の名を普賢菩薩摩訶薩，（中略）[99]と曰く。

(4) 是の如き等を上首と為して，十仏世界の微塵の数あり。此の諸の菩薩往昔皆毘盧遮那如来と共に善根を集め，菩薩の行を修し，皆如来の善根海より生じ，諸の波羅蜜を悉く已に円満し，（中略）[100]諸仏の希有にして，広大なる秘密の境に了達し，（中略）[101]一切処において皆随って身を現じ，（中略）[102]恒に得る所の普賢の願海を以て一切衆生をして智身を具足せしむ。是の如き無量の功徳を成就する。

ここでの(1)は，(2)のはじめと同じく釈迦牟尼世尊が摩竭提国のダルマーランニャ（阿蘭若法）の菩提道場で悟りを開いたことを述べている。

つぎの(2)の記述は，その悟りを得た釈迦牟尼が，悟りの働きとして，三摩地から発した神変の光を「智」と「音」と「身」の３つの具体的な顕現に表し出している。

この身・音・智の３種の記述が，華厳経の「十地品」[103]の最初に，さらに，つぎのように説かれる。

sarva-bodhisattva-karma-samādāna-samatāprayoga-sarva-loka-dhātu-kāyapratibāsa-prāptaiḥ / sarva-dharma-dhātv-asaṃga-svara-ruta-ghoṣānuravita-sarva-trya-dhvāsaṃga-citta-jñāna-viṣaya-sphuraṇaiḥ / sarva-bodhisattva-guṇa-pratipatti-suparipūrṇānabhilāpya-kalpādhiṣṭhāna-saṃprakāśanāparikṡīṇa-guṇa-varṇa-nirdeśakaiḥ / yadidaṃ / vajra-garbheṇa ca bodhisattvena mahāsattvena / ……

〔世尊は,〕すべての菩薩の事業を引き受け平等の立場に立って前行として修行するために一切世界に身を顕現させ,一切の法界に障りなき音声と言音と妙音〔の語〕を響かせ,一切三世に障りなき心と智を境界に遍満し,一切菩薩の功徳と修行を完成し,不可説劫に加持をもって顕現するに衰退せず,功徳を讃歎して説き尽くす〔彼ら菩薩衆〕と一緒であった。すなわち,金剛蔵菩薩摩訶薩,……と一緒であった。

これに対応する漢訳2本の経文が,つぎのものである。

『六十華厳』巻第二十三「十地品第二十二之一」(104)では,

常に能く諸の大菩薩の行ずる所の事業を修習し,其の身を普く無量の世界に顕し,其の音を遍く聞かしめ,至らざる所なし。其の心に通達し,明らかに三世の一切菩薩のあらゆる功徳を見せしめ,具足し修習せしむ。是の如き諸の菩薩摩訶薩の功徳は無量にして無辺なり。無数劫において説けども尽きるべからず。其の名を金剛蔵菩薩,……と曰う。

とあり,『八十華厳』巻第三十四「十地品第二十六之一」(105)では,

常に勤めて一切菩薩の行ずる所の事業を修習し,其の身は普く一切世間に現じ,其の音は普く十方の法界に及び,心と智は無礙にして,普く三世一切の菩薩のあらゆる功徳を見せしめ,悉く已に修行して,円満することを得。不可説の劫において,説けども尽くすことあたわず。其の名を,金剛蔵菩薩,……と曰う。

とある。ここでの身・音・心智は菩薩が衆生を教化するために学ぶべき方便である。この世尊とともに住する十地の菩薩たちは,すでに阿耨多羅三藐三菩提において退転しない境地に到達している者たちであるが,この十地の菩薩たちが学んだ3つの働きは,第十地で完成したものとして,つぎのように身密・語

密・心密として，明確に「密 guhya」を伴って記される。

その華厳経「十地品」(106)の第十地・法雲地の記述を見てみよう。

sa yān īmāni tathāgatānām arhatāṃ samyaksaṃbuddhānāṃ guhya-sthānāni / yaduta / kāya-guhyaṃ vā vāg-guhyaṃ vā citta-guhyaṃ…… / bhāṣita-tūṣṇīṃ-bhāva-dhyāna-vimokṣa-samādhi-samāpatti-saṃdarśana-guhyaṃ vā / evaṃ pramukhāny-aprameyāsaṃkhyeyāni tathāgatānāṃ guhya-sthānāni tāni sarvāṇi yathābhūtaṃ prajānāti /

およそ，諸の如来・応供・正等覚者たちのこれら秘密の住所を，いわゆる，身密 kāya-guhya，あるいは語密 vāg-guhya，あるいは心密 citta-guhya，あるいは……発言と沈黙と禅定と解脱と三摩地と等至を示す秘密，これらをはじめとする諸の如来の無量無数のそれら一切の秘密の住所を，ありのままに，か〔の菩薩〕は知るのである。

この用例からも知られるように，菩薩は第十地で如来応供正等覚者たちの秘密の住所として，如来の身・語・心の三密を学ぶのである。したがって，この点から上掲の華厳経「十地品」と「世主妙厳品」の身と音と心智の３つを，如来の三密の具体的な内容として捉えても差し支えない。

また，この「如来の三密」と「菩薩の三密」は，『大宝積経』巻第八「密迹金剛力士会第三之三〜四」(107)と『仏説如来不思議秘密大乗経』(二十巻)(108)に詳しく述べられている。

これらの三密の思想は，やがて密教の『大日経』の法身・毘盧遮那如来の三密の働きへと展開してくる(109)。

(3)は，この世尊釈迦牟尼の説法会に参集し囲繞している菩薩たちが，普賢菩薩をはじめとする十仏世界微塵数の菩薩摩訶薩たちであるという記述である。当然この参集したとされる記述の裏には，のちに触れるように，世尊がかつて学んだ四摂事の力(110)が秘められているとされる。

(4)では，この菩薩たちは，かつて毘盧遮那如来が菩薩であったとき，ともに善根を集め，修行した菩薩たちであったという。

法身・毘盧遮那如来の光明と，その身・智・音の３つの働きを示す用例は，さらに華厳経「世主妙厳品第一之二」(111)に，つぎのように記す。法身の考察の前に，この用例を見ておきたい。

bde gśegs sku daṅ ye śes rnam pa daṅ // de bshin dbyaṅs kyi dkyil ḥkhor mthaḥ med de // chags med sems can saṅs rgyas mṅon du blta // ḥod zer yid ḥod rnam thar ḥdi la ḥdug // chos rje chos kyi gshal med khaṅ bshugs śiṅ // chos kyi sku yi saṅs rgyas rab tu snaṅ // chos kyi raṅ bshin gshal yas mtshan ñid med // rnam thar ḥdi la rgya mtshoḥi ḥod ḥjug go //

(i) 如来の身と智の相と　　　同様に音の輪には辺あることなく
無着にして衆生は仏を目の当たりに見る　　光耀〔天王〕はこの解脱に入る
法王は法の宮殿に住して　　法身仏としてよく輝く
法性は無比無相なり　　　　この解脱に海光(112)〔王〕が入る

如来身相無有辺　　智恵音声亦如是(113)
処世現形無所著　　光耀天王入此門
法王安処妙法宮　　法身光明無不照
法性無比無諸相　　此海音王之解脱

(ii) 法界を尽くす如来身を　　普く衆生に応じて顕現し
一切無辺に法をもって衆生を教化し　　法王たる勝者は衆生に示す(114)

仏身周辺等法界　　普応衆生悉現前
種種教門常化誘　　於法自在能開悟

(i)の身・智・音の如来の３つの働きは，すでに見た衆生に示される如来の三密である。この法の宮殿に住して法身仏として光り輝いている如来は，毘盧遮那自身であるから，この法身は毘盧遮那を指していると理解される。

(ii)では，したがって，この毘盧遮那が如来身をもって法界を尽くし，衆生に応じて教化身を示している記述である。

２．説法と法鼓

さらに，この毘盧遮那の説法を法鼓の音に喩えて示す記述も存する。これは

『大日経』の大悲胎蔵生曼荼羅に示される天鼓雷音仏と関連している。それを『八十華厳』「十行品第二十一之二」(115)に見てみよう。

phyogs rnams kun tu chos kyi rṅa //
brṅuṅ shiṅ ḥjig rten ḥdi dag ston byed paḥi //
chos rab sbyin paḥi bdag po rnams //
ñams med rtogs myed de dag spyod ḥdi yin //
skyil mo kruṅ ḥdug gcig gis kyaṅ //
shiṅ yaṅs brjod du med pa kun tu rgyas byed kyaṅ //
su yi lus la gnod med pa //
chos kyi sku ldan pa de dag spyod ḥdi yin //

一切諸方に〔法〕鼓を　　撃ち鳴らし，これら群生に説法するは
法の施主たちなり　　衰退なく分別なき彼らの所行がこれなり
一人の結跏趺坐によっても　　広大不可説な国土に遍満し，しかも
いかなる者の身体をも害することなき　　法身を具す彼らの所行がこれなり

十方一切国土中　　撃大法鼓悟群生(116)
所法施主最無上　　此不滅者所行道
一身結跏而正坐　　充満十方無量刹
而令其身不迫隘　　此法身者所行道

この『華厳経』の法鼓の喩えは，まさに『大日経』の大悲胎蔵生曼荼羅に示される毘盧遮那の四智の１つ，成所作智を司る北側の天鼓雷音仏 Divyadundubhi-megha-nirghoṣa の仏格と重なり合っている。これは，衆生に大悲をもって働きかける釈迦牟尼如来としても表現される仏格である。

それとともに，「広大不可説な国土に遍満」する「法身を具す彼ら」とあるように，すべての衆生に法身が有されているとされる点は，『四十華厳』の如来蔵思想との関連においても重要である。

３．師子奮迅三昧

この身・智・音の三密を生み出す三摩地 samādhi が，師子奮迅 siṃha-vijṛmbhita 三昧である。師子奮迅三昧は，『放光般若波羅蜜経』(117)や『二万五千頌般若経』(118)，華厳経の「入法界品」，『大日経』では「住心品」に説かれる。ここでは華厳経の「入法界品」の所説(119)を見てみよう。

(1)　そのとき，世尊は彼ら菩薩の心の思いを察知なされて，虚空と等しく無比にして，衆生を照らし荘厳する，大悲の身 śarīra と，大悲の口 mukha と，大悲を先導とし大悲の法と虚空の有様に随順する〔心とを具す〕師子奮迅と名づける三昧 siṃha-vijṛmbhitaṃ nāma samādhi に入られた。

(中略)(120)

そこで世尊〔毘盧遮那〕は彼ら菩薩たちを，まさにこの仏の師子奮迅三昧に従事させるために，一層念を入れて，法界の普き門を顕現させる三世を照らすという，不可説数の仏国土の微塵の数に等しい光線を伴った〔大〕光線を眉間の白毫から放って，十方すべての世界海にあるすべての仏国土の広がりを照らし出した。

(中略)(121)

(2)　〔この神変を見た〕彼らはすべて皆，〔彼らの〕過去の善行にふさわしく，世尊毘盧遮那が四摂事によって摂取した者たちであり，〔その仏を〕見，聞き，想起し，尊敬して成熟し，過去に無上正等覚に心を発こし，あちこちで如来方の下方に近づいて，善い行いによって摂取された〔菩薩たち〕である。〔彼らの〕善根にふさわしく〔彼らは〕一切智性に成熟する方法で摂取されているから，そこで世尊毘盧遮那の法界に広大に遍満し，虚空界を究める不可思議な三昧の神変に入った。(中略)(122)ある者たちは法身に入り，ある者たちは色身に入り，(中略)(123)それらをはじめとする十不可説数の仏国土の微塵の数ほどの仏の神変の海に入った。

ここでの(1)は，『大日経』所説の師子奮迅三昧に酷似している。例えば，師子奮迅三昧が，世尊毘盧遮那の三密の働きを含む大悲行であるとする点がそれである。

この点を『大日経』の「住心品」(124)に見てみよう。

そのとき，彼ら普賢菩薩をはじめとする者たちと，彼ら秘密主をはじめとする執金剛たちは，世尊毘盧遮那の加持を受けて，身平等性無尽荘厳蔵の〔師子〕奮迅〔三昧〕に入られた。同様に語と心の平等性無尽荘厳蔵の〔師子〕奮迅〔三昧〕に入られた。

しかし，世尊毘盧遮那の身，あるいは語，あるいは心に入りかつ出ることは不可得である。〔だが〕あらゆる時にも，世尊毘盧遮那の身の一切の働きと，語の一切の働きと，心の一切の働きとして，一切衆生界で普く真言道の言葉で説法されているのが見られるのである。

この中期密教の純密経典である『大日経』では，衆会の眷属に普賢菩薩をはじめとする者たちと，秘密族の主である金剛手たちを挙げている。この菩薩たちが，世尊毘盧遮那の加持を受けて，その加持の力で一切衆生を救済するために師子奮迅三昧に入るのである。このように，この師子奮迅三昧に入って神変加持を発動する内容に関しては，両者は全同と言ってよいほど類似している。

また，(1)の最後の

そこで世尊〔毘盧遮那〕は彼ら菩薩たちを，まさにこの仏の師子奮迅三昧に安住さすために，（中略）光線を眉間の白毫から放って，十方すべての世界海にあるすべての仏国土の広がりを照らし出した。

とする，眉間の白毫から放つ毘盧遮那の働きは，華厳経で神変として示される代表的なものである。

(2)の記述は，毘盧遮那の加持によって集まってきた菩薩たちが，毘盧遮那の行と願に基づく四摂事により摂せられた者たちであり，彼らは毘盧遮那の法界に広がる不可思議な三摩地に入ることを示す。ここでの四摂事は，すでに関説したように，華厳経で説かれる仏の下に集まってくるすべての者たちの原動力となるものである。

また，ここでの毘盧遮那の行願は，普賢の行と願を受けたもので，一切智を得る波羅蜜の行と，衆生を救済せんとする誓願との両者を合わせて行願と示している。この点は，密教の『初会金剛頂経』の「五相成身観」中に示される「一切如来の真実 sarvatathāgata-tattva」(125)，すなわち，発心より悟りに至り，その悟りから衆生救済までを含む菩薩の行と誓願を「一切如来の真実」と示す思想と概念を同じくしている。

以上のように，密教と華厳経の類似点がいくつか明らかになったが，さらに法身毘盧遮那如来の仏格においても，両者は深い関係を有している。

註

（1）　大正8，No. 231，p. 701c.

（2）　大正9，No. 278.

（3）　大正10，No. 279.

（4）　東北No. 44.

（5）　大正10，No. 285.

（6）　大正10，No. 286.

（7）　大正10，No. 287.

（8）　J. Rahder, *Daśabhūmika-sūtra et Bodhisattvabhūmi,* Paris, 1929; J. Rahder & S. Susa, *The Daśabhūmika-sūtra,* The Eastern Buddhist, Vol. V, No. 4-Vol. VI, No. I, Kyoto, 1931-1932; R. Kondo, *Daśabhūmika-sūtra nāma Mahāyānasūtram,* Tokyo, 1936; J. Rahder, *Daśabhūmika-sūtram,* Seventh stage, Skt. Text, Including Translation of Vasubandhu's commentary, Acta Orientalia 4, 1926, pp. 214-256; *Daśabhūmikasūtram* ed. by Dr. P. L. Vaidya, 1967.

（9）　勝崎裕彦・小峰弥彦・下田正弘・渡邊章悟編『大乗経典解説事典』（北辰堂，1997年，p. 121[11]上）参照。

（10）　大正10，No. 295.

（11）　大正10，No. 294.

（12）　大正10，No. 293.

（13）　D. T. Suzuki & H. Idzumi, *The Gaṇḍavyūha-sūtra,* 4 vols, Kyoto, 1934-1936, *Gaṇḍavyūha-sūtra* ed. by Dr. P. L. Vaidya, 1960. 写本では現在ケンブリッジ写本2種を入手（高野山大学図書館所蔵）したが，その他の写本類については，ドイツ・ネパール・プロジェクトにより*Gaṇḍavyūha-sūtra*のマイクロフィッシュ化がなされていることと，Royal Asiatic Society所属の写本が最良であるという桂紹隆博士の最新の情報がある（桂紹隆「華厳経入法界品における仏伝の意味」，『華厳経の研究：大乗仏教から密教へ』，平成9年度～平成11年度科学研究費補助金〈基盤研究(B)(1)研究成果報告書，研究代表者，越智淳仁〉，2000年，p. 179参照）。

（14）　これ以外に，東晋・仏陀跋陀羅訳『文殊師利発願経』一巻，唐・不空訳『普賢菩薩行願讃』一巻，『普賢行願讃』bhadracaryāpraṇidhāna（普賢行願王偈）62頌の梵文がある。

（15） 初地歓喜地，龍山章真訳註『梵文和訳十地経』（国書刊行会，1982年），p. 22.

（16） 初地歓喜地，『梵文和訳十地経』，p. 25.

（17） 第四焔恵地，『梵文和訳十地経』，pp. 85-86.

（18） *Daśabhūmīśvarī nāma mahāyānasūtra* revised and edited by Ryūko Kondo, p. 95[6]; *Daśabhūmīśvarī nāma mahāyānasūtra* ed. by Dr. P. L. Vaidya, p. 86[23]. 写本中の文法およびシラブル等の合わない箇所はそのままとし，翻訳にはチベット訳および宮坂宥勝訳（宮坂宥勝著作集第４巻『密教の思想』，法藏館，1998年，p. 319），および荒牧典俊訳（大乗仏典８『十地経』，中央公論社，1974年，pp. 166-167，p. 169）を参照した。

（19） 註(18)前掲，Kondo，p. 95[6]. 註(15)前掲，龍山訳註『梵文和訳十地経』，p. 116，註(18)前掲，荒牧『十地経』，p. 166-167，同，宮坂『密教の思想』，p. 319（「勝利者の子」については，p. 320，pp. 351-353，pp. 396-413）等を参照。

（20） Vaidya に従って aurasā と読む。

（21） 大正９，No. 278，p. 558a. 同文の記述は，『十住経』巻第三「現前地第六」（大正10，No. 286，p. 514a）と同文であるから省略する。

（22） 大正10，No. 279，p. 193b.

（23） 東北No. 44，kha 帙，fol. 218b[6].

（24） 大正10，No. 286，p. 514a.

（25） 大正10，No. 287，p. 552b. Kondo, p. 95. Vaidya，p. 86.

（26） 註(18)前掲，荒牧『十地経』（pp. 166-167）による。

（27） 大正９，No. 278，p. 773a.

（28） sarva-dharmadiśasu darśakāḥ sadā sarva-buddha-guṇa-jñāna-darśakāḥ /
sarva-durgaty-apāya-śodhakā eti mitra mama sādhu-darśakāḥ //76//
eti sarva-jina-kośa-dāyakā eti sarva-jina-gañja-rakṣakāḥ /
eti sarva-jina-guhya-dhārakā eti mitra bhajateṣu paṇḍitaḥ //77//
（Vaidya，No. 5，p. 380[9]），梶山雄一監修『さとりへの遍歴　華厳経入法界品（下）』（中央公論社，1994年），p. 339参照。

（29） 大正10，No. 293，p. 808b.

（30） 『大乗宝雲経』巻第四「世尊。如来法身菩薩法身。将無差別耶。仏言。善男子。得種種身無有差別。功徳明昧亦有差別。」（大正16，No. 659，p. 264a）。

（31） 大正９，No. 278，p. 630a.

（32） ブッダグフヤの『大日経』の注釈書：*Vairocanābhisambodhi-piṇḍārtha*（東北No. 2662. thu 帙，fol. 4b[2]），北村太道『チベット文和訳　大日経略釈』（文政堂，1980年），p. 10参照。

（33） 東北No. 44，ga 帙，fol. 137a[5].

(34)　大正9，No. 278，p. 630a.

(35)　大正10，No. 279，p. 277c．高崎直道「華厳経如来性起品」(大乗仏典12『如来蔵系経典』，中央公論社，1975年)，p. 272.

(36)　東北No. 44，kha 帙，fol. 82b[3].

(37)　大正9，No. 278，p. 517a.

(38)　大正10，No. 279，p. 153b.

(39)　同上。

(40)　『八十華厳』巻第十六「須弥頂上偈讃品第十四」(大正9，No. 278，pp. 448c-449a)，「是の如く十住の諸の菩薩は　皆，如来の法より化生し　其の所有の功徳の行に随て　一切の天と人は能く測ること無し。」(大正10，No. 279，p. 88a)，チベット訳には同文見えず。「rgyal sras brtan pa rnam pa bcur bgraṅ ba // rnam par dgod la gnas pa de dag kun // raṅ raṅ spyod yul rab tu brtson byed pa // ḥjig rten lhar bcas kun gyis śes par dkaḥ // 仏子にして十種に数えられる　堅固な〔十〕住に住するかれら　すべての　各々が精進する行境を　神々を伴うすべての世間は知り難し」(東北No. 44，ka 帙，fol. 257b[7]) 参照。

(41)　一切の仏を得んと欲えば　明浄の智恵を灯し　一切の功徳の中　菩提心を最と為し　能く無礙の智を得たるものは　仏の法より化生せり　一切の衆生心を　悉く分別して知る可し　一切刹は微塵にして　尚し其の数算す可し（大正9，No. 278，p. 458b)。

(42)　『大般若波羅蜜多経』巻第三十九（大正5，No. 220，p. 202c)。

(43)　大正9，No. 278，p. 499a．大正10，No. 279，p. 135a．『八十華厳』巻第二十五「十回向品第二十五之三」
ḥdi ḥdraḥi siṅ rnams thams cad ma lus par // mi yi mchog gis ji sñed mthoṅ gyur pa // thams cad ma lus shiṅ gi yon tan gyis // ji sñed ḥjig rten de dag brgyan par snaṅ // de dag kun kyaṅ rnam dag yid daṅ ldan // de dag rgyal baḥi gsuṅ skyes sras yin te // yon ten kun gyis brgyan paḥi sems daṅ ldan // shiṅ gi phyogs rnams rab tu rgyas par byed // de dag lus ni mtshan gyis śin tu brgyan // de dag dpe byad bzaṅ pos lus kyaṅ mdsos // de dag mthaḥ yas yaṅ dag so sor śes // ḥgro baḥi rgya mtsho myi zad ci bshin no // (大正9，No. 278，p. 524b．東北No. 44，kha 帙，fol. 108a[1]).

(44)　『十住毘婆沙論』巻第二（大正26，No. 1521，p. 29c)。

(45)　大正9，No. 278，p. 540b.

(46)　東北No. 44．kha 帙，fol. 164a[3].

(47)　大正10，No. 279，p. 177c.

(48)　同上。

(49)　大正9，No. 278，p. 536b．大正10，No. 279，p. 173b-c.

(50) 大正９，No. 278，p. 537c. 大正10，No. 279，p. 175a.

(51) 『六十華厳』(大正９，No. 278，p. 446a，p. 448b)，『八十華厳』(大正10，No. 279，p. 85a，p. 87c).

(52) 大正９，No. 278，p. 540a. 大正10，No. 279，p. 177b.

(53) 『六十華厳』

何以故。諸仏子。此四天下仏号不同。或称悉達。或称満月。或称師子吼。或称釈迦牟尼。或称神仙。或称盧舎那。或称瞿曇。或称大沙門。或称最勝。或称能度。如是等称仏名号其数一万。(大正９，No. 278，p. 419a)。

『八十華厳』

諸仏子。如来於此四天下中。或名一切義成。或名円満月。或名師子吼。或名釈迦牟尼。或名第七仙。或名毘盧遮那。或名瞿曇氏。或名大沙門。或名最勝。或名導師。如是等。其数十千。令諸衆生。各別知見。(大正10，No. 279，p. 58c)

de nas byaṅ chub sems dpaḥ ḥjam dpal gyis saṅs rgyas kyi byin gyi rlabs kyis / byaṅ chub sems dpaḥi dge ḥdun thams cad la bltas te ḥdi skad ces smras so// …… (179a[2]) kye rgyal baḥi sras dag ḥjig rten gyi khams gliṅ bshi pa btsom pa daṅ ldan pa shes bya ba ḥdi ñid na yaṅ de bshin gśegs pa la don thams cad grub pa shes bya bar rab tu śes so // zla baḥi dkyil ḥkhor shes bya bar rab tu śes so // seṅ geḥi ṅa ro can shes bya bar rab tu śes so // śākya thub pa shes bya bar rab tu śes so // draṅ sroṅ dam paḥi mchog ces bya bar rab tu śes so // rnam par snaṅ mdsad ces bya bar rab tu śes so // goḥu ta maḥi rigs shes bya bar rab tu śes so // dge sbyoṅ chen po shes bya bar rab tu śes so // rgyal ba dam pa shes bya bar rab tu śes so // mu stegs byed ces bya bar rab tu śes so // (東北No. 44，ka 帙，fol. 178b[2]).

(54) 大正10，No. 279，p. 58c. 東北No. 44，ka 帙，fols.178b[2]-179a[5].

(55) 「入法界品」の梵本では，一切義成就の梵名を Sarvārthasiddha (Vaidya，No. 5，p. 334) とし，『初会金剛頂経』では，一般に Sarvārthasiddhi とする。ここでは「入法界品」の用例に従って，チベット訳の don thams cad grub pa を Sarvārthasiddha とした。また，後掲の註(83)，(84)に見られるように『六十華厳』では「悉達」，『八十華厳』では「一切義成」，チベット訳では「一切義成就」となっている。これは，「入法界品」の用例と同じである (Vaidya，No. 5，p. 334，p. 345[10])。

(56) 東北No. 44，ka 帙，fol. 178b[7].

(57) 「衆生の好みに応じて」(『六十華厳』大正９，No. 278，p. 565b)。

(58) 『大智度論』(大正25，No. 1509，p. 314a)。「仏名」については，玉城康四郎「華厳経における仏陀観」(平川彰・梶山雄一・高崎直道『華厳思想』，新装版，講座・大乗仏教第３巻，春秋社，1996年)，p. 196参照。

(59) 大正９，No. 262，p. 56c.

(60)　大正７，No. 220，p. 986a.

(61)　大正８，No. 240，p. 776a.

(62)　大正８，No. 241，p. 778a.

(63)　大正８，No. 224，p. 786b.

(64)　東北No. 2515，北京No. 3338.

(65)　東北No. 487，北京No. 119.

(66)　東北No. 489，北京No. 121.

(67)　大正８，No. 243，p. 284a.

(68)　新発見の梵本とは，苫米地等流校訂 *adhyardhaśatikā prajñāpāramitā,* 2008年を指す。このテキストは，苫米地等流氏が1077年頃に書かれたノルブリンカ離宮所蔵の梵本貝葉写本（現在，デーヴァナーガリー写本は北京の蔵学中心に所蔵）を既存の梵・蔵・漢を使って校訂したもので，Sanskrit Text（デーヴァナーガリ書体，pp. 1-28）と，Tibetan Text（チベット語書体，pp. 29-73）から構成されている。栂尾祥雲使用の梵本（『理趣経の研究』，密教文化研究所，1970年，pp. 1-23）とかなり異なり，全体がサンスクリット文であり，流通分と百字の偈が顚倒し，十七清浄句の数や語彙等が異なる。

今回の新梵本校訂本の閲覧に関しては，苫米地等流氏の厚意によった。

(69)　大正８，No. 242，p. 781c.

(70)　註(68)前掲，栂尾『理趣経の研究』，p. 69参照。

(71)　註(68)前掲，苫米地等流校訂本：*adhyardhaśatikā prajñāpāramitā,* 2008年，p. 9[11]. 当箇所は，既存の栂尾使用梵本（『理趣経の研究』）では，p. 2[22]に当たる。栂尾使用梵本については，松長有慶『密教の歴史』の註記（平楽寺書店，2002年，p. 79，註(15)）に詳しい。苫米地本との内容を比較するに，栂尾梵本の *adhyardhaśatikā prajñāpāramitā* とかなり異なり，栂尾梵本にあるところが苫米地本には欠文となっていたり，またその反対もあり，語彙の異なりや，二十清浄句の異なり，真言の箇所の異なり，百字の偈と流通文とが顚倒し入れ替わっている等がある。したがって，『理趣経』の梵本に関しては，このサンスクリット写本は第11種目の資料と位置づけるべきものとされ，今後は両者のテキストを補完し合いながら使用する必要がある。（平成20年11月４日，高野山大学において，オーストリア科学アカデミー・アジア文化思想史研究所の苫米地等流博士によって講演がなされた。その時の講演内容による）。

(72)　苫米地 *adhyardhaśatikā prajñāpāramitā,* p. 11[4]（栂尾梵本 p. 3[12]）.

(73)　苫米地欠文 *adhyardhaśatikā prajñāpāramitā,* p. 17[6]（栂尾梵本にはあり，p. 6[17]）.

(74)　苫米地 *adhyardhaśatikā prajñāpāramitā,* p. 21[6]（栂尾梵本 p. 7[10]）.

(75)　東北No. 44，ga 帙，fol. 58b[3].『六十華厳』「仏小相光明功徳品第三十」（大正９，No. 278，p. 605c)，『八十華厳』「如来随好光明功徳品第三十五」（大正10，No. 279，

p. 256b).

(76) 華厳経「入法界品」の仏伝「八相成道」については，註(13)前掲，桂「華厳経入法界品における仏伝の意味」，pp. 88-199参照。

(77) この幼名の意味は，シュッドーダナ王が，太子が生まれたことにより，王自身のすべての希望 artha がかなえられたことを表現して命名した記述がマハーヴァスツにあることを，藤村隆淳博士にご教示いただいた。「161 世間の最上者が生まれたとき，王のすべての目的はかなえられた。それ故に，最上人の名前は，サルヴァールタシッダ sarvārthasiddha と〔名付けられた〕。jāte jagapradhāne sarve arthā pradakṣiṇā rājño / tena naralambakasya nāmaṃ sarvārthasiddha iti // (PAR É. SENART: *LE MAHÂVASTU*, PARIS, 1882-1897, MEICHO-FUKYŪKAI, 1977, No. II, p. 21[14])」(藤村隆淳『マハーヴァスツの菩薩思想』，山喜房佛書林，2002年，p. 373参照)。また，「入法界品」のこの箇所の意味は，一切義成就菩薩が解脱の真理の海に入ることによって，宮殿の中央で毛孔から三世の真理の海を顕現しているのであるから，既に触れた他の華厳経の仏伝に従って，「善男子よ，乃至，種々の解脱の真理 naya の海に入り，法界へ入る真理の海に入ることによって，一切義成就 Sarvārthasiddha が〔栴檀で造られた子宮の〕宮殿の中央にいて〔梵天子や欲天子の〕女性の群に取り囲まれているとき，〔その菩薩の〕毛孔の１つ１つから〔現れた〕，周辺も中央もない〔ほどに広大な〕三世の真理の海に，私〔ゴーパー〕は入ります」と解すべきか。

(78) Vaidya, No. 5, p. 333. 東北No. 44, a 帙, fol. 253a[3].

(79) 大正 9, No. 278, p. 760c.

(80) 大正10, No. 279, p. 412c.

(81) 大正10, No. 293, p. 796a.

(82) Vaidya, No. 5, p. 345[10].

rigs kyi bu kho mo rnam par thar pa de daṅ ldan pas ḥjig rten gyi khams rgya mtsho ḥdiḥi ḥjig rten gyi khams thams cad kyi ḥdsam buḥi gliṅ thams cad na bcom ldan ḥdas rnam par snaṅ mdsad kyi byaṅ chub sems dpaḥi srid paḥi tha ma la skye bas rnam par ḥphrul pa ji sñed cig yod paḥi byaṅ chub sems dpaḥi srid paḥi tha ma pa de dag thams cad so soḥi mar gyur pa ste / byaṅ chub sems dpaḥ de dag thams cad kyaṅ kho moḥi lto na gnas pa kho moḥi lto gyas ba nas ḥbyuṅ ṅo // rigs kyi bu skal pa daṅ ldan paḥi gliṅ bshi pha ḥdi ñid kyi groṅ khyer chen po ser skyaḥi gnas su yaṅ / rgyal po zas gtsaṅ maḥi btsuṅ moḥi rigs daṅ ldan paḥi tshul gyis byaṅ chub sems dpaḥ don grub / byaṅ chub sems dpaḥ skye baḥi rnam par ḥphrul pa rgya chen po bsam gyis mi khyab pas bskyed do // (東北No. 44, a 帙, fol. 264b[7])

(83) 大正 9, No. 278, p. 763c.

(84)　大正10, No. 279, p. 451c.

(85)　大正10, No. 293, p. 800a.

(86)　「atha khula sarva-tathāgatā mahāsamājam āpadya, yena sarvārthasiddhir bodhi-satvo mahāsatvo bodhi-maṇḍa-niṣaṇṇas, tenopajagmuḥ /」(堀内寛仁編『梵蔵漢対照初会金剛頂経の研究　梵本校訂篇(上)』密教文化研究所, 1983年, p. 23)。
Saṅghabhedavastu 中の釈尊の幼名である Sarvārthasiddha と,『初会金剛頂経』の五相成身観の主役・Sarvārthasiddhi に関しては, 高野山大学大学院の徳重弘志君の修士論文に譲るが, その典拠となる文章を挙げておく。

pranītadānāt tu yad asti puṇyaṃ saṃpadyatāṃ tasya yaśonvitasya / sarvārthasiddhasya narottamasya sarvārthasiddhir bhṛśam agrabuddheḥ // (*THE GILGIT MANUSCRIPT OF THE SAṄGHABHEDAVASTU*, ROMA ISTITUTO ITALIANO PER IL MEDIO ED ESTREMO ORIENTE, 1977, Part I, p. 110).

(87)　拙稿「『聖位経』所説の仏身論—報身と受用身を中心として」(成田山仏教研究所紀要15, 特別号『仏教文化史論集Ⅰ』, 1992年, p. 123) 参照。

(88)　『一字仏頂輪王経』巻第四「大法壇品第八」(大正19, No. 951, p. 247a-c) では, 曼荼羅五仏の中央が釈迦牟尼如来になっている (松長有慶『密教経典成立史論』, 法藏館, 1980年, p. 125)。

(89)　拙稿「密教における破邪の論理—五相成身観を中心に」(『日本仏教学会年報』第48号, 1983年) 参照。

(90)　「樹下観耕」があるが, これは出家前の太子が田畑を耕した土の中から虫などがはい出る有様を観察している図であって, これはのちの密教の菩薩形の毘盧遮那如来に繋がるものではない。「ガンダーラ (サハリ・バハロール) 出土, 2世紀後期, ペシャワール博物館蔵」(肥塚隆・田枝幹宏『美術に見る釈尊の生涯』, 平凡社, 1979年, p. 17, 図17参照。

(91)　大正9, No. 278, p. 586a, p. 605a, p. 606c. 大正10, No. 279, p. 212a, p. 237b, p. 255c, etc.

(92)　大正9, No. 278, p. 605a-b. 大正10, No. 279, p. 255c.

(93)　大正18, No. 848, p. 1b. ブッダグフヤの注釈では, 受用身の毘盧遮那が説法するとする (東北No. 2663, ñu 帙, fol. 264b[1])。

(94)　酒井真典著作集第2巻『大日経広釈全訳』法藏館, 1987年, p. 5参照。他に adhiṣṭhita もあり。

(95)　大正10, No. 279, p. 1b.

(96)　拙稿「『華厳経』から『大日経』への神変加持思想の変遷」(佐藤隆賢博士古希記念論文集『仏教教理思想の研究』, 山喜房佛書林, 1998年)。

(97) 大正10，No. 279，p. 2c.

(98) 同上，p. 2a.

(99) 同上。

(100) 同上，p. 2b.

(101) 同上。

(102) 同上。

(103) Kondo, p. 2^{5}, Vaidya, No. 7, p. 1^{14}. 註(18)前掲，宮坂『密教の思想』p. 245参照。

(104) 大正 9，No. 278，p. 542a.

(105) 大正10，No. 279，p. 178c.

(106) Kondo, p. 185^{16}, p. 186^{5}. Vaidya, No. 7, p. 58^{25}.「第二十六の六」大正10，No. 279，p. 206b. 大正 9，No. 278，p. 572c. 東北No. 44，kha 帙，fol. 266a^{6}. 註(18)前掲，宮坂『密教の思想』，p. 392参照。

(107) 大正11，No. 310，p. 48a-c，pp. 53b-59c.『大智度論』(大正25，No. 1509，p. 127c)，宇井伯寿『インド哲学史』岩波書店，1965年，p. 285以下参照。

(108) 大正11，No. 312，pp. 704-724. 菩薩の三密（東北No. 47，ka 帙，fol. 109a^{1}，fol. 110b^{4}，fol. 114a^{4}），如来の三密（東北No. 47，ka 帙，fol. 126a^{7}，fol. 132b^{6}，fol. 144a^{1}）。

(109) 如来の秘密と菩薩の秘密等については，生井智紹「三密加持による行—三密行との関わりから」(『華厳経の研究：大乗仏教から密教へ』，註(13)前掲，研究成果報告書)，pp. 231-247参照。

(110) Vaidya, *Gaṇḍavyūhasūtra,* No. 5, p. 28^{2}. 東北No. 44，ga 帙，fol. 304a^{5}. 大正10，No. 279，p. 5b^{29}参照。

(111) 東北No. 44，ka 帙，fol. 17b^{6}.

(112) チベット訳では「海光王」とあるが，漢訳では「海音王」とする。

(113) 『八十華厳』巻第二「世主妙厳品第一之二」(大正10，No. 279，p. 7c)。

(114) 東北No. 44 ka 帙，fol. 18b^{1}.

(115) 東北No. 44 ka 帙，fol. 332a^{6}.

(116) 大正10，No. 279，p. 110c.

(117) 大正 8，No. 221，p. 13a.

(118) 大正 8，No. 223，p. 233a. 梶山雄一「神変」(『仏教大学総合研究所紀要』第 2 号，1995，p. 18）参照。

(119) 大正10，No. 279，p. 321a. Vaidya, *Gaṇḍavyūhasūtra,* vol. 5, p. 4^{30}. 東北No. 44，ga 帙，fol. 278b^{4}.

(120) Vaidya，*Gaṇḍavyūhasūtra,* vol. 5, p. 27^{5}. 東北No. 44，ga 帙，fol. 302b^{2}.

(121) Vaidya，*Gaṇḍavyūhasūtra,* vol. 5, p. 28^{2}. 東北No. 44，ga 帙，fol. 304a^{5}.

(122)　Vaidya，*Gaṇḍavyūhasūtra,* vol. 5, p. 28[7]．東北No. 44，ga 帙，fol. 304b[1]．

(123)　Vaidya，*Gaṇḍavyūhasūtra,* vol. 5, p. 28[10]．東北No. 44，ga 帙，fol. 304b[3]．

(124)　大正18，No. 848，p. 1a．拙稿「新校訂チベット文『大日経』」(『高野山大学論叢』第27巻，1992年，p. 34[5]）参照。

(125)　註(86)前掲，堀内編『梵蔵漢対照　初会金剛頂経の研究　梵本校訂篇(上)』，p. 29 (19)参照。

第6章　華厳経の法身思想

第1節　śarīra, ātma-bhāva, kāya

華厳経の法身は，経全体にわたって無数に説かれている。そこで，ここでは梵・蔵・漢の整った「入法界品」を中心に法身思想を考察する。

「入法界品」では，「法身 dharma-kāya」の用例が17回，「色身 rūpa-kāya」の用例が21回，「法の身体 dharma-śarīra」の用例が8回，「色の身体 rūpa-śarīra」の用例が1回，「智身 jñāna-kāya」の用例が4回，「変化身 nirmāṇa-kāya」の用例が1回である(1)。

「入法界品」(2)では，毘盧遮那如来について，つぎのようにいう。

paśya virocana bodhi-vibuddhaṃ
sarva-diśāsu spharitvana kṣetrā /
sarva-rajaḥpathi bodhi-drumendre
sāntima dharma nisarjayamānam //21//

菩提（智）を悟っておられるヴィローチャナ Virocana をご覧なさい。〔この方が〕一切諸方の国土に遍満して，
一切微塵の一端にある菩提樹下で寂静の法を説いておられるのを。//21//

これに対する『六十華厳』巻第五十一(3)では，

見盧舎那仏　　道場成正覚
十方刹微塵　　悉転正法輪

『八十華厳』巻第六十八(4)では，

十方刹塵内　　悉見盧舎那
菩提樹下坐　　成道演妙法

『四十華厳』巻第十七「入不思議解脱境界普賢行願品」(5)では，

普於十方一切刹　　悉見大智盧舎那

一切塵中坐道場　　以寂静音宣妙法

とあり，『四十華厳』のみが毘盧遮那を「大智盧舎那」と捉える。この十方三千大千世界の一々の世界の菩提樹下で毘盧遮那が説法しているという表現は，華厳経以前の説法者を釈迦とした表現と，取って代わっている。

この場合の毘盧遮那を梵文「入法界品」(6)では，つぎのように表現する。

善逝は法界に遍満し，一切国土の微塵の数に等しい

身雲を常に湧き出させ，法を雨降らせて，〔衆生を〕菩提に近づける

ここでは，三十二相，八十種好で飾られた色身の毘盧遮那如来が，一々の毛孔から微塵の数に等しい無数の大光線を発し，身雲を放出して，一切の仏国土に遍満し説法する(7)。ある時は如来の身雲，神々の王，龍王，ヤクシャ王，ガンダルヴァ王，アスラ王，ガルダ王，キンナラ王，マホーラガ王，人間王，梵天王の身雲を放出し，それぞれの神変 vikurvita を示しながら衆生の前に現れて，対機説法を行う。この働きは，すでに見た『六十華厳』(8)と『大日経』(9)の説法の対象者を「仏身を以て度す者には仏身の形色を示す」等の記述と関連する。

1．十波羅蜜と10種の如来の清浄法身

衆生に説法する「身」は，梵本「入法界品」では，kāya, śarīra, ātma-bhāva が区別なく同義語として使用される。

この用例は，「入法界品」第十六章で香料商・サマンタネートラが善財童子に語る中で示される。この第16番目の善逝・サマンタネートラは，一切衆生の病を熟知し，様々な手立てで病を完治させると，その身体に香油を塗り，適切な装身具で飾り，適切な衣服を着せ，最高の食事を与えて満足させ，無量の財宝を持てるものとする。そして，最後に様々な法を説いて悟りに結びつける。その説法の中で，十波羅蜜の賞賛と10種の如来の清浄身を説く。以下に，その用例を見てみよう(10)。

(1)　布施波羅蜜を賞賛することにより，〔三十二〕相や〔八十〕種好の完備

する仏の身体 śarīra を獲得する原因を明らかにする。

(2)　戒波羅蜜を賞賛することにより，一切処に赴く如来の清浄な身体 śarīra を獲得する原因を明らかにする。

(3)　忍波羅蜜を賞賛することにより，不可思議な如来の清浄な〔身体の〕色や形を生ずる原因を明らかにする。

(4)　精進波羅蜜を賞賛することにより，無敵な如来の身体 śarīra を生じる原因を明らかにする。

(5)　定波羅蜜を賞賛することにより，〔他に〕圧倒されるにしろ，されないにしろ，如来の清浄な身体 ātma-bhāva を明らかにする。

(6)　般若波羅蜜を賞賛することにより，〔如来の〕清浄な法身 dharma-śarīra を明らかにする。

(7)　善巧方便波羅蜜を賞賛することにより，世の衆生すべてに〔同時に〕現前する仏の清浄な身体 ātma-bhāva を明らかにする。

(8)　願波羅蜜を賞賛することにより，一切の劫時に世の衆生の心の中に入り込む〔仏の〕清浄な身体 śarīra を明らかにする。

(9)　力波羅蜜を賞賛することにより，一切の仏国土に出現する〔仏の〕清浄な身体 ātma-bhāva を明らかにする。

(10)　智波羅蜜を賞賛することにより，一切の世の衆生をそれぞれの願いに応じて満足させる〔仏の〕清浄な身 kāya を明らかにする。

(11)　一切の不善法の退転を賞賛することにより，最も美しく見える〔仏の〕清浄な身 kāya を，わたしは明らかにする。以上のように，彼らを法施により摂取し，無限の〔法〕財の宝の山 dhana-ratnopacaya を所持させた後に，〔それぞれ〕帰宅させる。

この『六十華厳』巻第四十九(11)では，

於無量生死苦。心不厭故。分別広説諸波羅蜜。長養無量浄智恵故。説諸大願教化成熟一切衆生故。説普賢菩薩行。

(1)　(欠)

(2)　顕現清浄尸波羅蜜故。

(3) 説不可思議如来功徳。顕現羼提波羅蜜故。

(4) 説如来無壊清浄法身。顕現毘梨耶波羅蜜故。

(5) 説如来無与等者。顕現如来禅波羅蜜故。

(6) 説清浄法身。顕現般若波羅蜜故。

(7) 説一切浄法身。令一切衆生皆悉観見。顕現方便波羅蜜故。

(8) 説於生死中住一切劫。顕現願波羅蜜故。

(9) 説厳浄一切仏刹。顕現諸力波羅蜜故。

(10) 説浄法身。随其所応悉令歓喜。顕現智波羅蜜故。

(11) 説常楽見清浄法身。遠離一切不善法故。善男子。我以如是等種種法施。悉令満足歓喜而還。

とあり,『八十華厳』巻第六十六(12)では,

(1) 為欲令其得具仏相好。称揚讃歎檀波羅蜜。

(2) 為欲令其得仏浄身悉能遍至一切処故。称揚讃歎尸波羅蜜。

(3) 為欲令其得仏清浄不思議身。称揚讃歎忍波羅蜜。

(4) 為欲令其獲於如来無能勝身。称揚讃歎精進波羅蜜。

(5) 為欲令其得於清浄無与等身。称揚讃歎禅波羅蜜。

(6) 為欲令其顕現如来清浄法身。称揚讃歎般若波羅蜜。

(7) 為欲令其現仏世尊清浄色身。称揚讃歎方便波羅蜜。

(8) 為欲令其為諸衆生住一切劫。称揚讃歎願波羅蜜。

(9) 為欲令其現清浄身。悉過一切諸仏刹土。称揚讃歎力波羅蜜。

(10) 為欲令其現清浄身随衆生心悉使歓喜。称揚讃歎智波羅蜜。

(11) 為欲令其獲於究竟浄妙之身。称揚讃歎永離一切諸不善法。如是施已。各令還去。

とあり,『四十華厳』巻第十一(13)では,

(1) 為欲令其得仏相好荘厳色身。称揚讃歎檀波羅蜜。

(2) 為欲令其得法身仏清浄無垢。称揚讃歎尸波羅蜜。

(3) 為欲令其得仏功徳不思議身。称揚讃歎忍波羅蜜。

(4) 為欲令其獲於如来無能勝身。称揚讃歎勤波羅蜜。

⑸　為欲令其得仏清浄無与等身。称揚讃歎禅波羅蜜。

⑹　為欲令其得仏究竟平等法身。称揚讃歎般若波羅蜜。

⑺　為欲令其得仏普現差別色身。称揚讃歎方便波羅蜜。

⑻　為欲令其為諸衆生。住一切劫。心無厭倦。称揚讃歎願波羅蜜。

⑼　為欲令其普現其身。厳浄一切諸仏刹土。称揚讃歎力波羅蜜。

⑽　為欲令其現清浄身。随衆生心悉使歓喜。称揚讃歎智波羅蜜。

⑾　為欲令其獲於究竟最勝浄妙無染著身。称揚讃歎永離一切諸不善法。廻向諸仏一切善法。如是種種広以財法。施諸衆生。悉満所願。各令授化歓喜而去。

とあり，十地の諸身を明らかにしている。これらの身の用例を，さらにチベット訳(14)と対比して示せば，表7のようになる。

このように，初地・檀波羅蜜多から第十地・智波羅蜜多までのサンスクリット文を縦に見ると，そこには śarīra，ātma-bhāva，kāya が区別なく使用されていることと，第六地の梵・蔵・漢にのみ，サンスクリット文は「清浄な法身 dharma-śarīra-viśuddhi」，チベット訳も「清浄な法身 chos kyi sku yoṅs su dag pa」，漢訳『六十華厳』も「清浄法身」，『八十華厳』も「清浄法身」（『四十華厳』のみ「究竟平等法身」）と，ともに清浄法身の訳語を挙げる。

これは，第六地で般若波羅蜜を得て自利を完成し，この般若波羅蜜を完成した階位を法身と捉える大乗思想の初期文献として重要視される。

これ以外の地で法身と捉えるのは，漢訳の『六十華厳』の四・七・九・十地であり，そこでは śarīra，ātma-bhāva，kāya を「清浄法身」，「浄法身」の「法身」と訳す。このことから師資相承句の「法 dharma」を法身と捉える用例と同じく，『六十華厳』では「身 śarīra，ātma-bhāva，kāya」をも「法身」(15)と捉えていることを知る。

また，初地から十地までの一々の階梯に，如来の「清浄身」および「清浄法身」を配するのは，すべての十地で修行する菩薩（衆生）に，如来の清浄法身が法を説き，第十地の仏果を得させる働きを示している。この如来の「法身」の働きは，肉身の滅したブッダの身・語・心が三千大千世界に遍満し，倦くこ

表7 十地の功徳身

十波羅蜜	梵	蔵	『六十華厳』	『八十華厳』	『四十華厳』
(1) 檀	lakṣaṇānu=vyañjanopacita-buddha-śarīra	mtshan daṅ dpe byad bzaṅ pos brgyan paḥi saṅs rgyas kyi sku	（欠）	具仏相好	仏相好荘厳色身
(2) 戒	sarvatra-gāminī-tathāgata-(śarīra)-pariśuddhi	de bshin gśegs paḥi sku yoṅs su dag pa thams cad du ḥgro ba	（波羅蜜名のみ）	仏浄身悉能遍至一切処	法身仏清浄無垢
(3) 忍	acintya-tathāgata-rūpa-varṇa-viśuddhi	de bshin gśegs paḥi sku gzugs daṅ / sku mdog rnam par dag pa bsam gyis mi khyab pa	不可思議如来功徳	仏清浄不思議身	仏功徳不思議身
(4) 進	duryodhana-tathāgata-śarīra	de bshin gśegs paḥi sku thub par dkaḥ ba	如来無壊清浄法身	如来無能勝身	如来無能勝身
(5) 禅	abhibhūtānabhi=bhūtatathāgatātma-bhāva-viśuddhiṃ	de bshin gśegs paḥi sku zil gyis ma non la / zil gyis gnon pa rnam par dag pa	如来無与等者	清浄無与等身	仏清浄無与等身
(6) 恵	dharma-śarīra-viśuddhiṃ	chos kyi sku yoṅs su dag pa	清浄法身	如来清浄法身	仏究竟平等法身
(7) 方	sarva-jagad-abhimukha-buddhātma-bhāva-viśuddhiṃ	ḥgro ba thams cad la mṅon du gyur paḥi sku gtsaṅ śiṅ rnam par dag pa	一切浄法身。令一切衆生皆悉覩見	仏世尊清浄色身	仏普現差別色身
(8) 願	sarva-kalpa-kāla-jagac-citta-saṃveśana-śarīra-viśuddhiṃ	bskal pa thams cad kyi dus su ḥgro ba thams cad kyi sems daṅ ḥgrogs paḥi sku rnam par dag pa	於生死中住一切劫	為諸衆生住一切劫	諸衆生。住一切劫。心無厭倦
(9) 力	sarva-buddha-kṣetrā-bhyudgatā=tma-bhāva-viśuddhiṃ	saṅs rgyas kyi shiṅ thams cad du mṅon par ḥbyuṅ baḥi sku rnam par dag pa	厳浄一切仏刹	清浄身。悉過一切諸仏刹土	普現其身。厳浄一切諸仏刹土
(10) 智	sarva-jagad-yathāśaya-saṃtoṣaṇa-kāya-pariśuddhiṃ	ḥgro ba thams cad bsam pa ji lta ba bshin du tshim par mdsad paḥi sku rnam par dag pa	浄法身。随其所応悉令歓喜	清浄身随衆生心悉使歓喜	清浄身
(11)	parama-śubha-darśana-kāya-pariśuddhiṃ	bltan phul du bzaṅ paḥi sku rnam par dag pa	常楽見清浄法身。遠離一切不善法	究竟浄妙之身。称揚讃歎永離一切諸不善法	究竟最勝浄妙無染著身

とのない衆生教化に当たるのであるから，まさに初期仏教の「法身」をここに見ることができる。

2．清浄法身と清浄色身

『四十華厳』巻第三十二「入不思議解脱境界普賢行願品」[16]では，つぎのように十地で菩薩が十種の法身を具せば，如来の清浄法身を得ることができると記す。

> 善財復た言く。一切菩薩は云何が修習して此の法身を得るや。答えて言く。善男子，菩薩若し能く十種法を修し具足円満すれば，此の法身を得。何等をか十となす。いわゆる平等身，清浄身，無尽身，修集身，法性身，離尋伺身，不思議身，寂静身，虚空身，妙智身なり。若し諸の菩薩この十身を具せば，則ち如来の清浄法身を得。

さらに，この菩薩が得た十種法身と如来の法身との差別を，つぎのように説く[17]。

> 善財復た言く，如来の法身と彼の菩薩の十種法身とに何の差別や有らん。答て言く，善男子，当に知るべし。法身の体性には異なりなし。功徳の威力に差別あるのみ。
>
> 善財復た言く，是の義云何。答て言く，善男子，謂ゆる仏と菩薩の所有の法身は等しくして差別なし。所以は何ん。一切法の性相は平等にして同一体なるを以ての故に。是の如く乃至，凡聖の迷悟，染浄の因果，去来の進退，皆な同一の相なり。言う所の功徳の威力の異なりとは，即ち如来身は功徳円満にして勝れた威力を具せども，菩薩は爾からず。此の事に由るが故に，我れ当に汝が為に譬諭を宣説して其の義を開示せん。
>
> 善男子，譬えば，摩尼や妙宝真珠の如く，未だ巧匠の彫飾磨瑩を経ざれば，光彩あることなく，凡そ所見の者，愛重を生ぜず。若し磨瑩を経れば，光彩熾盛す。人天の宝重，珠の体に異なりなし，相の差別の故に。諸の菩薩と如来の身とは同一体性にして共に法身と名くと雖ども，難思の清浄功徳の智宝と神通の威力とは説いて言うべからず。如来に同じ。所以は何ん。

諸の如来，無数劫に，一切微妙の功徳を浄修するを以て，究竟円満して無辺無量なり。太虚空の如く，十方界に満ち妙善清浄にして諸の惑垢を離れたり。広大の光明は照らさざるところなく，殊勝の威力は普く衆生を済す。其の諸菩薩も法身を具すと雖ども，功徳いまだ円かならず。余垢あるが故に。譬えば白月の初の一日より十五日に至るまで，名体同じと雖ども，光相に異なりあるが如し。何を以ての故に，満と不満の相に差別あるが故に。善男子，菩薩の法身と仏の法身も亦た復た是の如し。満と不満の相に差別あるが故に。菩薩の身は，月の初より十四日に至るまで，所有の光明，能く円照せざるが如く，如来の法身は，十五日の白月円満し，光明普く照し，限礙あることなきが如くを以て，彼の菩薩の十種の法身と如来身とは，同一体性にして二相あることなし。但し所修の功徳の異なり有るに由て，一と言うべからず。是の故に善男子，若し諸の菩薩，此の解脱に住して十身を具足すれば，則ち能く諸仏の功徳を証得し，法身を円満せん。

ここで「如来の法身と彼の菩薩の十種法身」には，その「法身の体性には異なりなし。」と説く中に見られるように，菩薩地の各地で学ぶ身を，すべて「法身」と捉えている。このことは，上の『六十華厳』の十身の表記でも指摘したように，初期仏教の法身を踏襲した思想の展開である。

さらに重要なことは，如来の法身と菩薩の法身が本質的には異ならないという思想である。このことを摩尼珠等の喩えや，月の喩えをもって説明する。即ち，摩尼珠では，菩薩と如来のもっている摩尼珠は，本質的には同じ質のものだが，磨いていないものが菩薩の摩尼珠で，完全に磨き上げたものが如来のものであるとする。

それをさらに詳しく説明するために月の喩えを引用して，朔日の月から14日までの月の輝きが修行している菩薩の功徳の輝きである。すなわち，菩薩が心を覆っている煩悩を磨いても14日の月の輝きしか獲得できないが，一点の曇りもない十五夜の清浄な満月の輝きは，まさに如来の功徳の輝きであるとする。

これらの摩尼珠や月の喩えは，一切衆生が仏性を有しているとする如来蔵思想を受けたものであり，この点は般若三蔵が795～798年に『四十華厳』を翻訳した頃の仏教思想を反映している。したがって，これらの思想は，『六十華厳』および『八十華厳』と，『四十華厳』の間に一定の思想的距離を有していると見なければならない。

また，法身思想においては，『六十華厳』巻第十三に「百万億の清浄法身は，十方一切仏刹に往詣して，百万億の如来微妙の音声を出生す。」[18]という記述からも知られるように，法身の複数化とともに，初期仏教の「法の集合体」の法身思想を踏襲している。

第2節　清浄法身と無礙

1．菩薩の清浄法身と如来の清浄色身

華厳経の法身の特色[19]は，上記のように，菩薩と如来の法身が「清浄 pariśuddhi，viśuddhi」であると説かれる点にあったが，これに加えてさらに，菩薩が悟りを得たとき，菩薩の清浄法身から如来の清浄色身を生み出すと説く。

まず，この「清浄法身 dharma-pariśuddhi，dharma-viśuddhi」の意味について『勝天王経』巻第三「法性品第五」[20]のつぎの定義を見ておく。

> 大王よ，言う所の如とは名づけて不異，無変，不生，無諍，真実となす。無諍を以ての故に説いて如如と名づく。如実に諸法の不生を知見す。諸法は如如を生ずと雖ども不動なり。如如は一切諸法を生ずと雖ども如如にして不生なり。是を法身と名づく。清浄にして変ぜざること猶し虚空の如く無等等なり。

このように，虚空の相を不変，清浄と押さえ，「不異，無変，不生，無諍，真実」なるものを「法身」と定義している。したがって，法身を「清浄不変にして猶し虚空の如く」と捉えるのは，法身の清浄性を表している。

この思想は，『大般若波羅蜜多経』巻第五百四十五の「般若波羅蜜多も本性清浄なり」[21]とする本性清浄説を受けてのことである。即ち，般若経系思想では，すでに見たように般若波羅蜜多を法身と捉え，虚空の如く清浄であり[22]，不来不去であると捉えてきた。そのことを『大般若波羅蜜多経』巻第五百四十

九は，「正法は即ち是れ諸仏の清浄法身なり」(23)という。その清浄法身を菩薩が修行し，悟りの果位から清浄な色身を生み出すことを，『勝天王経』巻第三(24)は，つぎのように記す。

> 菩薩摩訶薩は般若波羅蜜を行じ，此の法に通達し清浄を修行せば，三千大千世界，若しくは閻浮提の城邑と聚落において菩薩は悉く能く色身を示現す。所現の身とは，色に非ず，相に非ずして色相を現ずれども六根の境に非ず。而して衆生を化すに常に休息なし。

この菩薩が悟りを得て化現する色身は，菩薩の清浄法身から清浄色身として生み出される記述として，つぎのように説かれる。

華厳経「入法界品」(25)では，清浄法身と清浄色身の関連を，つぎのように記す。

> tena mayā kulaputra anena evaṃ-rūpeṇa saṃbhāra-balena mūla-hetūpacaya-balena udārādhimukti-balena guṇa-pratipatti-balena sarva-dharma-yathāvan-nidhyapti-balena prajñā-cakṣur-balena tathāgatādhiṣṭhāna-balena mahā-praṇidhāna-balena mahā-karuṇā-balena su-pariśodhitābhijñā-balena kalyāṇa-mitra-parigraha-balena aty-anta-pariśuddho dharma-kāyaḥ pratilabdhaḥ sarva-try-adhvāsaṃbhinnaḥ / anuttaraś ca rūpa-kāyaḥ pariśodhitaḥ sarva-lokābhyudgataḥ sarva-jagad-yathāśaya-vijñapanaḥ sarvatrānugataḥ sarva-buddha-kṣetra-prasṛtaḥ samanta-pratiṣṭhānaḥ sarvataḥ sarva-vikurvita-saṃdarśanaḥ sarva-jagad-abhilakṣaṇīyaḥ /
>
> 善男子（善財童子）よ，かくして，わたし（普賢菩薩）は，このような資糧の力，〔善〕根の因を積集した力，広大な深信の力，功徳行の力，一切法を如実に観察する力，智眼の力，如来の加持力，大いなる誓願力，大悲の力，実に清浄な神通力，善知識の摂取の力により，一切三世において無礙なる極めて清浄な法身を獲得し，また一切世間に出過して，一切衆生の意願のままに開悟させ，一切処に随行し，一切の仏国土に広がり，普く安住し，すべてのものに一切の神変を示現し，一切衆生によく知られるこの上なく清浄な色身を〔獲得した〕。

この清浄な法身pariśuddho dharma-kāyaḥ と清浄な色身rūpa-kāyaḥ pariśodhitaḥ(26) を，漢訳３本は(27)ともに「清浄法身」と「清浄色身」と訳す。

この場面は，毘盧遮那如来の面前で足下に坐した第五十三番目の善知識・普賢菩薩が，善財童子に神変 vikurvita を示す箇所である。

その神変の内容は，資糧の力，善根の因を積集した力，広大な深信の力，功徳行の力，一切法を如実に観察する力，智眼の力，如来の加持力，大誓願力，大悲の力，神通力，善知識の摂取力として示され，この中の「如来の加持力 tathāgatādhiṣṭhāna-bala」が神変の１つとして加えられていることは，『大日経』の経題にある「神変加持 vikurvitādhiṣṭhāna」と密接に関連する。

また，最後の「清浄な法身を獲得し，また一切世間に出過して，一切衆生の意願のままに開悟させ，……一切衆生によく知られる，この上なく清浄な色身を獲得した」とする記述は，清浄法身を得た後に，清浄な色身を生み出して，この色身によって衆生に説法する一切の神変を示す。

２．法身・智身・誓願身・色身

さらに，「入法界品」では，法身と色身以外に，智身等を説く。この箇所は，神変が見えない声聞たち(28)を説く序章の経文である。

> bodhisattva-dharma-kāya-pariśuddhiṃ bodhisattva-jñāna-kāya-paripūriṃ bodhisattva-praṇidhi-kāya-vijñaptiṃ bodhisattva-rūpa-kāya-pariniṣpattiṃ bodhisattva-lakṣaṇa-saṃpat-pariśuddhiṃ
>
> 菩薩の清浄な法身，菩薩の智身の完成，菩薩の誓願身を示すこと，菩薩の色身の完成，菩薩の清浄な〔三十二〕相を完全に具えているのを〔見なかった〕。

『六十華厳』(29)では「菩薩受身清浄法身智身願身色身相好。」，『八十華厳』(30)では「菩薩法身清浄。菩薩智〔身〕円満。菩薩願身示現。菩薩色身成就。菩薩諸相具足清浄。」，『四十華厳』(31)では「菩薩色身業清浄。菩薩智身円満。菩薩願身顕示。菩薩色身普遍。菩薩相好具足。」とある。ここでは，『四十華厳』のみ，清浄法身を「色身業清浄」とし，菩薩の業の浄化が清浄法身であることを示している。

また，菩薩の清浄法身と，智身を完成した後に，三十二相の色身を具えるとする。この色身は，のちの唯識思想で見る受用身の仏格に近いものである。

さらに，この智身の関連として，つぎのように記す(32)。

asaṅga-jñāna-kāyatvād a-śarīrāḥ svayaṃbhuvaḥ /
acintya-jñāna-viṣayāḥ śakyaṃ cintayituṃ na te //61//
acintyaḥ karmabhiḥ śuklair buddha-kāyaḥ samārjitaḥ /
trailokyānupalipto 'sau lakṣaṇa-vyañjanojjvalaḥ //62//

自在者たちは，無礙の智身であるがゆえに，身体をもたず，
また彼らは，不可思議な智の対象であり，思議することができない。(61)
仏の身体は，不可思議な清浄業によって獲得されたものであり，
〔三十二〕相と〔八十種〕好でもって輝くそ〔の身体〕が，三界によって染着されることはない。(62)

ここでの智身は，無礙であるから「身 śarīra」をもたず，「不可思議な智の対象」であり，「思議することができない」ものである。これに対する後半の「三十二相と八十種好でもって輝く身体」は三界に顕現する色身であって，智身と区別される。すでに般若経等に見た智身 ātma-bhāva は，バラモンや王などの変化身を智身と捉えていたが，上記の用例と合わせて考えるに，この智身は清浄な法身（理法身）を獲得したことによって完成された智身（智法身）の意味合いが強い。

また，その法身から一切の世間が生滅しているが，その有様は無礙である。それを「第一の夜の女神ヴァーサンティー」(33)の第31章に，つぎのように説く。

dharma-śarīru tavātiviśuddhaṃ sarva-triyadhva-samaṃ avikalpam /
yatra samosari loka aśeṣaḥ saṃbhavate 'tha vibhoti asaṅgam //23//

あなたの法の身体はきわめて清浄で，三世のすべてにおいて平等で無分別です。その中に余すところなく〔すべての〕世間が入り，妨げ合うことなく生じたり滅したりしています。//23//

ここでの「法の身体 dharma-śarīra」を『六十華厳』(34)は「浄法身」，『八十

華厳』(35)は「法身清浄」，『四十華厳』(36)は「清浄な妙法の身」とする。

そして，その三世に遍満する清浄な法身には，すべての世間が入り妨げ合うことなく（無礙に）消滅し合っているとする。この無礙の思想は，密教の曼荼羅で，毘盧遮那如来（遍智印を含む）から生み出された諸尊が，無礙に遍満する思想と関連する。

また，清浄法身と果位からの衆生を救済する菩薩の清浄色身については，つぎのように説く(37)。

vi-rūpa-kāyānāṃ sattvānāṃ tathāgata-rūpa-kāya-viśuddhaye dharmaṃ deśayāmi / visaṃsthita-śarīraṇāṃ sattvānām anuttara-dharma-kāya-viśuddhaye dharmaṃ deśayāmi / durvarṇānāṃ sattvānāṃ sūkṣma-tathāgata-suvarṇa-varṇacchavitāyai kācilindika-sukha-saṃsparśa-śaīratāviśuddhaye dharmaṃ deśayāmi /

容姿の醜い衆生たちには，如来の清浄な色身〔を得る〕ように法を説き，身体の異様な衆生たちには，無上なる清浄な法身〔を得る〕ように法を説き，〔身体の〕色のすぐれぬ衆生たちには，微妙なる如来の黄金色の皮膚を〔得〕，カーチリンディカ布のように触れて心地よい清浄な身体〔を得る〕ようにわたしは法を説きます。

これに対する『六十華厳』(38)では，

為無色者演説正法。令得如来清浄色身。為危脆身者演説正法。令得無上清浄法身。為悪色者演説正法。令得如来清浄妙色。

『八十華厳』(39)では，

若見衆生染著三界。我為説法。令得如来清浄色身。若見衆生形容醜陋。我為説法。令得無上清浄法身。若見衆生色相麁悪。我為説法。令得如来微妙色身。

『四十華厳』(40)では，

若見衆生色相不具。我為説法。令得如来円満色身。若見衆生形容醜陋。我為説法。令得無上清浄法身。若見衆生色相麁悪。我為説法。令得微細金色皮膚。若見衆生諸苦逼迫。我為説法。令得如来最極安楽。

と訳し，妙色身を得ようと願う衆生は，如来の清浄な法身と色身の獲得によって，その願いがかなう。紀元後の早い時期に華厳経「入法界品」に見られるようになったこの衆生救済説がいかなる経緯と事情に因るかは不明である。今後の研究を待ちたい。

第3節　華厳経の神変加持

1．華厳経以前の加持

華厳経の神変加持は，般若経の加持思想を受けている。その加持の特色とは，仏の加持を受けなければ，すべての菩薩や天神たちは何もできないとされるところにあった。この加持思想は華厳経において特に顕著であるが，すでに小品系般若，即ち『八千頌般若経』に，神力 anubhāva と加持 adhiṣṭhāna が同じニュアンスで示されていることからも知られる。つぎに，『八千頌般若経』(41) のそれを見てみよう。

> そのとき，アーナンダ長老につぎのような考えが浮かんだ。「はたしてこの神々の主であるシャクラは，自身のひらめきによって pratibhāna 説明したのであろうか。それとも，ブッダの神力 anubhāva によってであろうか」と。そのとき，ブッダの神力 anubhāva によって，神々の主であるシャクラは，心でアーナンダ長老の思惑を知って，アーナンダ長老にこのように言った。「聖者アーナンダよ，これはブッダの神力 anubhāva によるものと知らねばならない。また，聖者アーナンダよ，これはブッダの加持 adhiṣṭhāna によるものであると知らねばならない。聖者アーナンダよ，わたし（シャクラ）には，菩薩摩訶薩に関して話をする力 apratibala はありません」。すると，世尊がアーナンダ長老に仰っしゃられた。「アーナンダよ，その通りである。このように神々の主であるシャクラが言われた通りである。神々の主であるシャクラに説明できたのは，如来の神力 anubhāva によるのであり，如来の加持 adhiṣṭhāna によるのである」と。

ここでは，シャクラが般若波羅蜜を学んでいる菩薩摩訶薩に，いかなる苦しみからも護られているという現世利益を説いたとき，その現世利益の説明は，ブッダの神力 anubhāva と加持 adhiṣṭhāna によるのであって，けっしてシャクラ自身の意思でも，能力でもないというのである。

ここには，神力 anubhāva と加持 adhiṣṭhāna が同じニュアンスで使用されるが，他の箇所では，加持 adhiṣṭhāna がブッダだけの能力ではなく，ブッダ以外の魔の能力でもあると示される用例がある。

たとえば，『八千頌般若経』の第二十一章「魔の所行」(42)で，つぎのように言う。

> 最近大乗に入った菩薩がいた。彼は，「過去仏によって，わたしは無上正等覚を悟るであろう」と予言されている。これこそ真実の言葉を得たものであり，そうではない「人にあらざるものは去るべきである」と言う。そのことによって，この菩薩は慢心を起こし，自惚れ，高慢となり，誤った自負をもち，優越感に浸り，菩薩摩訶薩を見下し，善友たちに奉仕せず，ますます一切智智の獲得から遠ざかる。そのように菩薩を助長させ，悟りから遠ざけ，人にあらざるものとさすために，彼に対し魔は意欲を燃やして加持 adhiṣṭhāna を行う。

すなわち，この加持は，実は魔が彼自身を「人にあらざるもの」となるように，慢心を起こさせ，努力を怠り，悟りから遠ざけるために行っていた邪悪な力であった。その用例が，つぎの文中にも語られている(43)。

> evaṃ so 'manuṣyo mārādhiṣṭhānenāpakramiṣyati / evaṃ ca tasya bodhisattvasya mahā-sattvasya bhaviṣyati — mamaiṣo 'nubhāvena amanuṣyo 'pakrānta iti
>
> このように，その人にあらざるものは，魔の加持 adhiṣṭhāna によって立ち去るであろう。しかし，その菩薩摩訶薩は，「自分の神力 anubhāva によって，この人にあらざるものは，立ち去った」とこう思うであろう。

このように，ブッダや菩薩以外のものが，神力と加持を行う用例は，般若経の小品系に見られるが，その後の法華経や華厳経から密教に至るまでは，この表現はあまり見られなくなる。それればかりか，この神力と加持はブッダと菩薩が独占するところとなり，華厳経では衆生利益のために第八地以上の菩薩が学ぶべき重要な徳目となる。

他方，『八千頌般若経』以前ではどうかというと，初期仏教の『律』大品（*Vinaya-piṭaka, Mahāvagga,* p. 34）に「世尊の加持 Bhagavato adhiṭṭānaḥ」などが見え，初期仏教でも神力 anubhāva と加持 adhiṣṭāna がシノニムとして使用されていることが宮坂宥勝博士によって指摘されている(44)。

加持 adhiṣṭhāna の漢訳語の１つ「威神」(「加持」という訳語は，翻訳上，「威神」の訳語ほど初期に遡らない）をもって検索してみると，仏菩薩以外の用例として『長阿含経』(45)には転輪聖王の威神の功徳，阿修羅王の威神，毘沙門天の威神，『梵網六十二見経』(46)には梵天の威神，『起世因本経 *Aggañña-suttanta*』(47)には龍輩の大威神力と日月の威神が見られるように，その他の初期仏教経典においても「威神」の用例は枚挙に暇がない。

このように，初期仏教における「威神」の用例は今後の精査が待たれるが，その用例が初期仏教まで遡り得ることは間違いない。

華厳経の神変加持の用例は，「世主妙厳品」と「入法界品」等に散見できる。「世主妙厳品」第一(48)では，

〔毘盧遮那は〕一切の髪の先端に中辺なく神変を加持する神力 rnam par ḥphrul pa byin gyis rlob paḥi mthu あらせられ，一切衆生を成熟し，そして教化〔身〕を目の当たりに示す。

とか，

仏の神変と加持によって rnam par ḥphrul pa daṅ / byin gyi rlabs kyis 無尽の音を出す〔菩提樹の〕近くに如来の楼閣が一切諸方に顕現する(49)。

とか，または，

普賢清浄無尽副威光菩薩摩訶薩は，神通と一切の神変の広大な加持 rdsu ḥphrul daṅ rnam par ḥphrul pa thams cad kyi byin gyi rlabs rgya chen po を生ず(50)。

と。このように，これらのチベット訳の用例から見るかぎり，神変と加持の連語は，「神変を加持する」「神変と加持をする」という意味に解釈することがで

きる。

この点を，つぎに「入法界品」(51)に見てみよう。この用例は，毘盧遮那の神変加持が声聞たちには見られないことを説いている箇所である。

na hi teṣāṃ tad bhogāya kuśala-mūlam asti, na ca teṣāṃ taj jñāna-cakṣur viśuddhaṃ, yena tāni buddha-vikurvitāni paśyeyuḥ / na ca samādhiḥ saṃvidyate, yena parittālaṃbane vipula-vikurvitādhiṣṭhānāny avatareyuḥ /

彼ら〔声聞たち〕にはその〔智眼に〕資するだけの善根がなく，彼らにはそれによって，彼ら諸仏の神変を見ることができるはずの清浄な智眼がない。またそれによって小さな縁を契機として広大な神変と加持を悟るはずの三摩地もなかったのである。

ここでの vikurvitādhiṣṭhāna のコンパウンド compound は，チベット訳 rnam par ḥphrul pa daṅ / byin gyi rlabs(52) によれば「神変と加持」の dvamdva に解すべきとする。この用例の意味するところは，毘盧遮那をはじめとする諸仏が示す神変と，菩薩たちに加える加持とが，声聞と縁覚たちには見えないということである。このことは，神変加持の見える領域が，「仏の智の領域であって，声聞の領域ではない buddha-jñāna-gocaro 'sau, na śrāvaka-gocaraḥ」(53)ことを示している。

2．『大日経』の神変加持

これに対する『大日経』の神変加持の用例は，『大日経』の梵・蔵・漢の経題につぎのように表れる(54)。

大毘盧遮那が成仏して神変と加持をなす方広経典―帝王という法門

(skt.)　Mahā-vairocanābhisambodhi-vikurvitādhiṣṭhāna-vaipūlya-sūtrendra-rāja-dharma-paryāya

(tib. 訳)　rnam par snaṅ mdsad chen po mṅon par rdsogs par byaṅ chub pa rnam par sprul pa byin gyis rlob pa śin tu rgyas pa mdo sdeḥi dbaṅ poḥi rgyal po shes bya baḥi chos kyi rnam graṅs

(漢訳)　大毘盧遮那成仏神変加持経(55)

しかし，経題以外の経文中には，この「神変と加持」の用例は抽出されない。それに反し，文殊菩薩が毘盧遮那の加持を受けて神変を行う三昧の中に，この加持と神変を入れ替えた「加持神変」の用例を見出す。いまその用例を見るに，「普通真言蔵品」第四(56)にその用例が１度だけ示される。

次に文殊師利童子は，仏の加持神変三昧 saṅs rgyas kyi byin gyi rlabs rnam par ḥphrul pa shes bya baḥi tiṅ ṅe ḥdsin に入って，自らの心呪を説いた。

また「説百字生品第十九」(57)には，連語ではないが「加持して，……の神変をなす」という用例が次のように示されている。

Nanaḥ samanta-buddhānām aṃ /（普き諸仏に帰命します。　アム）
金剛手よ，これ（aṃ）はすべての真言の〔主であり〕救世者，大威徳者である。
即ちこれは主が等正覚した〔真言〕にして
一切法の自在牟尼〔の真言〕である
一切の無知の闇を破し　　昇りたる太陽の如く輝く
大牟尼自身は　　かくの如く加持して byin brlab te
諸の有情を利益せんがために
諸の神変を化作したもう sprul rnams sprul par mdsad
これは清浄な有情の　　心に生じるものがどれだけあろうとも
それだけの神変の sprul pa yi　　軌跡の最勝をなしたもう

ここでの真言は，毘盧遮那の悟りの自性を aṃ 字として表したものである。したがって，毘盧遮那はこの真言から百字の文字を流出する加持を行って，その加持によって衆生を救済し利益するために神変を化作するのである。これは，まさしく光り輝く太陽のように，毘盧遮那の神変の光が三世にわたって十方法界に輝き，すべての仏国土を普く照らし出す神変の働きを説き示している。

この上掲の『大日経』の加持の用例は，「普通真言蔵品」第四の用例に見た菩薩が三摩地に入って毘盧遮那から加持を受けて神変を行う「加持神変」と，他の用例に見た悟りを得た毘盧遮那が三摩地から神変加持を行う二面性を表している。

したがって，この両者の神変加持の用例は，毘盧遮那の立場に立つか，菩薩の立場に立つかの相違だけであって，その意味を異にするものではない。この点において，華厳経と『大日経』の両者には，差異がないこととなる。

第4節　華厳経の神変と加持のメカニズム

1．仏の神変と加持

つぎに，華厳経の神変加持の用例を繙いてみよう。まず華厳経の代表的な神変と加持の用例として，ここでは「如来出現品第三十七」(58)の用例を見る。

Ⅰ　つぎにそのとき，世尊の白毫から無数百千億那由他の光線を伴う光輪，如来出生と名づける光が出て，その光は一切無辺の世界を悉く照し，世間を右方に十回巡って如来の神変を示して，多百千億那由他の菩薩を覚悟させ，一切無辺の世界を〔六種に〕震動させ，一切悪趣を相続する生死〔転生〕を鎮め，一切の悪魔の館を威光で圧し，一切如来が現証して菩提の座〔に坐すさま〕を顕現し，仏の説法会を荘厳する等を無辺に示し，世界を法界で尽くし，虚空の辺際を尽くし，一切無辺〔の世界〕を余さずに覆ってからふたたび還ってきて，一切菩薩の説法会を右方から巡って，如来性起妙徳菩薩の頭頂に入った。

①すると，それら一切の菩薩の衆会は大希有な気持ちをいだいて喜んで，このように輝く光の網が現れたからには，きっと大法が説かれるに違いないと思って，確信をもまた得た。

②それらの光が如来性起妙徳菩薩の身体に当たるや否や，ついでそのとき，如来性起妙徳菩薩摩訶薩は蓮華座から立ち上がって，上衣の一方を〔肩から〕脱ぎ，その蓮華の中心に右膝骨を着けて，世尊のおられる方向に合掌して，如来の思いを推し量って，如来につぎの頌を〔唱えて〕お尋ねした。

（中略）

Ⅱ　それらの偈頌を説きおわるとすぐに，そのとき世尊の御口から無畏の究竟という無量百千億那由他の光輪ある光が出て，そ〔の光〕が一切無辺の世界を余さずに照らしてから，世間を右方に十回巡って，如来の神変を示し，多百千億那由他の菩薩を開悟させ，一切無辺の世界を〔六種に〕震動させ，一切悪趣の相続の生死〔転生〕を鎮め，一切の悪魔の館を威光で圧し，一切如来が現証して菩提の座〔に坐すさま〕を顕現された。そして，仏の説法会を荘厳する〔等〕を無辺に示し，世界を法界で尽くし，虚空の辺際を尽くし，一切無辺〔の世界〕を余さずに広く覆ってからふたたび還ってきて，一切の菩薩の説法会を右方から巡って，普賢菩薩の御口に入った。その如来の光が普賢菩薩摩訶薩に触れるや否や，ついでそのとき，普賢菩薩摩訶薩の師子座は，以前のどんな菩薩の身の師子座より十万倍にも美しく，特に勝れたものとしてあった。すなわち，如来の師子座を除いては，他の菩薩の身の師子座より，普賢菩薩の身の師子座が十万倍も美しく，特に勝れて見えた。

このⅠとⅡの用例に見られる内容を整理すると，つぎのような15項目ずつとなる(59)。

Ⅰ

⑴　世尊の白毫から無数百千億那由他の〔如来出生と名づける〕光が出る
⑵　一切無辺の世界を悉く照らす
⑶　世間を右方に十回巡って如来の神変を示す
⑷　多百千億那由他の菩薩を覚悟させる
⑸　一切無辺の世界を六種に震動させる
⑹　一切悪趣を相続する生死〔転生〕を鎮める
⑺　一切の悪魔の館を威光で圧する
⑻　一切如来が現証して菩提の座〔に坐すさま〕を顕現する
⑼　仏の説法会を荘厳する等を無辺に示す
⑽　世界を法界で尽くす
⑾　虚空の辺際を尽くす
⑿　一切無辺〔の世界〕を余さずに覆う

⒀　ふたたび還ってくる

⒁　一切の菩薩の説法会を右方から巡る

⒂　如来性起妙徳菩薩の頭頂に入る

Ⅱ

⑴　世尊の御口から無量百千億那由他の光輪ある〔無畏の究竟という〕光が出る

⑵　そ〔の光〕が一切無辺の世界を余さずに照らす

⑶　世間を右方に十回巡って如来の神変を示す

⑷　多百千億那由他の菩薩を開悟させる

⑸　一切無辺の世界を六種に震動させる

⑹　一切悪趣の相続の生死〔転生〕を鎮める

⑺　一切の悪魔の館を威光で圧する

⑻　一切如来が現証して菩提の座〔に坐すさま〕を顕現する

⑼　仏の説法会を荘厳する〔等〕を無辺に示す

⑽　世界を法界で尽くす

⑾　虚空の辺際を尽くす

⑿　一切無辺〔の世界〕を余さずに広く覆う

⒀　ふたたび還ってくる

⒁　一切の菩薩の説法会を右方から巡る

⒂　普賢菩薩の御口に入る

ⅠとⅡでは，２つの神変と加持を示す。Ⅰは，神変の光が加持によって如来性起妙徳菩薩の頭頂に入る神変であり，Ⅱは，神変の光が加持によって普賢菩薩の御口に入る神変である。この頭頂に入り，御口に入る神変は，つぎに述べるように具体的には「加持」として扱われるものである。

さて，このⅠの⑴の世尊毘盧遮那の白毫から光を発する神変は，神変を示す rnam par ḥphrul pa bstan とか，神変が流出する vikurvataṃ pravartayamānam などと示されるように，毘盧遮那の体から発せられる光の作用を指し示している。したがってここでは，この用例に沿った働きが，⑴から⑶までに示される内容である。

これに対し，⑷から⑿までがその神変の具体的な内容であり，その十方無辺の衆生界を覆い，六種に震動さすことによって悪なる心を鎮め，善なる心を起こさせて，悟りに衆生を向かわしめるこの働きが，加持によるものである。

このように，この毘盧遮那の神変の働きが，加持として十方世界の仏国土のすべての菩薩と衆生たちに加えられるとき，神変の光を介して加持の働きが衆生に加えられることになる。故に神変と加持は一体のものであり，互いに関連し合いながら菩薩や衆生に不可思議な力を加え続けているのである。

つぎの⒀から⒂までは，十方世界を照らしたのち，光を自らの説法会まで収めた毘盧遮那が，自らの説法会に集まっている衆会者たちの頭を右巡りに光で照らし出す。するとその光に照らされた衆会者たちは，大変希有な気持ちとなり，これから毘盧遮那によって大法が説かれるとの思いが生じる。そのような衆会者の思いの中で，つぎにその光が衆会者の特定の菩薩，今ここでは如来性起妙徳菩薩の頭上に当たり，頭頂から入る。

この頭頂から入った光の働きも，毘盧遮那如来が無辺の世界を加持した作用と同じである。このように，ここでは，加持による神変が極めて具体的に示されている。

また，『六十華厳』では，偈頌が説かれる直前のフレーズで，菩薩は毘盧遮那の神力 anubhāva を受けてから十方を見て偈頌を説く決まりになっているが，『八十華厳』になると，その神力 anubhāva の語が加持 adhiṣṭhāna の語に代わる。このことは，菩薩が毘盧遮那の加持を受けて，初めて行動を起こし得ることの徹底を示したもので，それを『八十華厳』が踏襲したためであろう。

この毘盧遮那の加持を受けて，光が頭頂から入った如来性起妙徳菩薩と同様に，口から入った普賢菩薩も同様の15項目の神変加持を経て，説法会で互いに問答する。この場面は，ここでは省略したが後者のⅡの15項目の記述のつぎに示されている。この２人の問答は，毘盧遮那の説法の意図を正しく了解してのものであり，毘盧遮那は２人の菩薩を介して説法会の大衆に法を説くのである。

以上の一連の記述から，十方世界を照らし出し，悪なる心を鎮め，善なる心を起こさせ，一切無辺の世界を余さずに覆って，衆生を悟りに向かわしめるこの不可思議な働きが加持による神変である。またその具体的な加持の作用として，還ってきた光が菩薩の身体に触れ，不可思議な力がその菩薩に加わり，仏の意図を正しく汲み取り，説法するその力を加持として示している。

2．菩薩の神変と加持

つぎに菩薩の神変の考察に入る。この用例は，「入法界品」のサーラドヴァジャ比丘の神変に関するところのものである。「入法界品第三十九の四」(60)につぎのように示される。

Ⅲ　tasya tathā samāpannasya gambhīrasya śāntasya nirunmiñjitasya nirālambasya romāñjor dhvakāyasya sarva-roma-mukhebhyo 'cintyaṃ bodhisattva-vimokṣa-vikurvitaṃ pravartaya-mānam apaśyat / yena vimokṣa-mukha-vikurvatena sa citta-kṣaṇe citta-kṣaṇe sarva-dharma-dhātuṃ spharati ananta-nānā-vikurvita-vikalpaiḥ sarva-sattva-paripākāya sarva-tathāgata-pūjā-prayogāya sarva-buddha-kṣetra-pariśodhanāya sarva-sattva-duḥkha-skandha-nivartanāya sarva-durgati-mārga-samucchedāya sarva-sattva-sugati-dvāra-vivaraṇāya sarva-sattva-kleśa-saṃtāpa-praśamanāya sarva-sattvājñānāvaraṇa-vikiraṇāya sarva-sattva-sarva-jñatā-pratiṣṭhāpanāya //

このように，彼が，深く，静かに，動ぜず，着せず，身毛を逆だて，〔三昧に〕等入しているとき，その一切の毛孔から不可思議な菩薩の解脱の神変が流れ出るのが見られた。

というのは，彼がその解脱門の神変によって心刹那ごとに一切法界に遍満するのは，限りなく種々様々な神変で成熟させるものをもって，一切衆生を成熟し，一切如来の供養に専念し，一切仏国土を清浄にし，一切衆生の苦蘊を取り除き，一切悪趣への道を絶ち，一切衆生の善趣へ入る門を開き，一切衆生の煩悩による苦悩を鎮め，一切衆生の無知の障礙を滅し，一切衆生を一切智者性に安立させるためである。

ここで，この用例についても，この比丘の神変の内容を項目別に区分すると，つぎのような11項目となる。

Ⅲ

⑴　一切の毛孔から不可思議な菩薩の解脱の神変が流れ出る

⑵　神変によって心刹那ごとに一切法界に遍満する

（それはつぎの理由による）

⑶　無限に種々様々な神変で成熟させるものをもって，一切の衆生を成熟させるため

⑷　一切如来の供養に専念するため

⑸　一切仏国土を清浄にするため

⑹　一切衆生の苦蘊を取り除くため

⑺　一切悪趣への道を絶つため

⑻　一切衆生の善趣へ入る門を開くため

⑼　一切衆生の煩悩による苦悩を鎮めるため

⑽　一切衆生の無知の障礙を滅するため

⑾　一切衆生を一切智者性に安立させるため

このように，ここではサーラドヴァジャ比丘の神変の内容をⅢの11項目として示している。その内容は，一切衆生を成熟させることを中心としており，神変を展開するのは，十方の仏国土に詣でて一切如来を供養し，一切仏国土を清浄にし，一切衆生を一切智者性に安立させて悟らせるまでの３から11の９項目のためであるとする。

しかしながら，この11項目を先の仏のⅠとⅡの15項目と比較するとき，仏と菩薩との内容がかなり異なっている。この点は，華厳経の十地思想からも窺われるように，菩薩の神変加持の内容は，仏の神変加持のそれに比べたらかなりレベルが下がるからである。それは，すでに見た月の喩えによって菩薩の法身と如来の法身の功徳が異なっていたこととも符合する。

第5節　心の浄化から肉身の浄化へ

さらに「入法界品」[61]の神変加持には，広観と斂観を通じて，心から肉身の浄化へと向かう密教観法に直結する瞑想を説く。

tathā hi tad acintyaṃ tathāgata-kuśala-mūlam, acintyas tathāgata-śukla-dharmopacayaḥ, acintyaṃ tathāgata-buddha-vṛṣabhitādhiṣṭhānam, acintyaṃ tathāgata-sarva-loka-dhātv-eka-kāya-spharaṇa-vikurvitam, acintyaṃ sarva-tathāgataika-kāya-praveśa-sarva-buddha-kṣetra-vyūha-samavasaraṇādhiṣṭhāna-saṃdarśanam

それはどうしてかというと，それは，如来の善根が不可思議であり，如来の白法の積集が不可思議であり，如来であるブッダ牛王の加持が不可思議であり，如来の一切世界に一身で遍満する神変が不可思議であり，〔遍満する〕一切如来を一身に入れ，一切の仏国土の荘厳を収める加持の示現が不可思議であるからである。

ここでの「神変」は，如来が一切世界に「一身で遍満する」ことであり，「加持」は「一切如来を一身に入れ」，それによって「一切の仏国土の荘厳を収める」ことだとする。この場合の一切世界に遍満する「遍満 spharaṇa」とは，物が膨張することを示す。この点は，『大日経』の五字厳身観[62]で五輪塔婆を心に観想し，その五輪塔婆を広げ膨らませ，心(むね)から肉体へと広げ，やがて宇宙の端まで広げる「広観 spharaṇa」と一致する。

また，法界に遍満する一切如来たちを一身に「入れ praveśa」，一切仏国土の荘厳さえも一身に「収める samavasaraṇa」加持の働きも，五字厳身観の法界に膨らませた五輪塔婆を自らの一身に収める「斂観 saṃhāra」と合致する。

さらにこの観想は，上述のように心から肉体を通過して法界に広げ収めることで，心と肉体を同時に浄化してゆく理論へと繋がる。

この広斂を通じて心身をともに浄化してゆく理論は，さらに華厳経の「入法界品第三十九の二」[63]にも見えている。つぎにそれを見てみよう。

te samantabhadra-bodhisattva-caryā-pratiṣṭhitā mahā-praṇidhāna-samudrān avatīrya abhinirharanti sma / te mahā-praṇidhāna-sāgarābhinirhṛtayā citta-viśuddhyā kāya-viśuddhiṃ pratilabhante sma / kāya-viśuddhyā kāya-laghutāṃ pratilabhante sma

普賢の菩薩行に住する彼らは，大誓願の海に住して〔行願を〕成就した。大誓願の海によって成就した彼らは，清浄な心によって清浄な身を証得した。彼らは清浄な身によって軽快な身を証得した。

この箇所を漢訳(64)は，つぎのように訳す。

普賢の行に住し已りて大願海に入り，大願海に入り已りて，大願海を成就す。大願海を成就するを以ての故に心清浄なり。心清浄なるが故に身清浄なり。身清浄なるが故に身軽利なり。

この「心清浄なるが故に身清浄なり」の漢訳経文からも知られるように，ここでは心の清浄が肉体の清浄に直接結びついている。この理論は，密教の五字厳身観や五相成身観に見られる，心の浄化から肉体の浄化に至る一連の観法によって，肉体のままで成仏できると説く即身成仏の思想へと繋がる。

註

（1） その他の kāya, śarīra, bhāva, vigraha 等の単独の使用は省いた。

（2） Vaidya, No. 5, p. 178. 梶山雄一監修『さとりへの遍歴　華厳経入法界品(上)』(以下，和訳上)，中央公論社，1994年，p. 377.

（3） 大正9，No. 278, p. 721c.

（4） 大正10, No. 279, p. 370c.

（5） 大正10, No. 293, p. 740b.

（6） dharma-dhātu-sugatiṃ spharitvanā sarva-kṣetra-paramāṇu-sādṛśān / kāya-megha satataṃ pramuñcato dharma-varṣatu upetu bodhaye //10//（Vaidya, No. 5, p. 27. 和訳上 p. 71).

bde gśegs chos dbyiṅs kun tu rgyas bkaṅ shiṅ // shiṅ rnams kun gyi rdul phran ji sñed paḥi // sku yi sprin rnams rtag tu ḥgyed mdsad ciṅ // chos kyi char gyis byaṅ chub rab la dgod //

善逝は法界に遍満し　　一切国土の微塵に等しい数の
身雲を常に涌き出させ　　法雨をもって〔衆生を〕菩提に結びつける。

（チベット訳，東北No. 44，ga帙，fol. $302b^{5}$）。

身雲等塵数　充遍一切刹

普雨甘露法　令衆住仏道（『八十華厳』「入法界品」大正10，No. 279，p. 237b）。

（7）Vaidya，No. 5，pp. 222^{23}-224^{25}。和訳上，pp. 48-51.

（8）大正9，No. 278，p. 565b.

（9）大正18，No. 848，p. 1b.

（10）lakṣaṇānuvyañjanopacita-buddha-śarīra-pratilābha-saṃbhava-hetuṃ paridīpayāmi dāna-pāramitā-saṃvarṇanatayā [/(一)]
sarva-tragāminī-tathāgata-(śarīra)-pariśuddhi-pratilābha-saṃbhava-hetuṃ paridīpayāmi śīla-pāramitā-saṃprakāśanatayā [/(二)]
acintya-tathāgata-rūpa-varṇa-viśuddhi-saṃbhava-hetuṃ paridīpayāmi kṣānti-pāramitā-saṃprakāśanatayā [/(三)]
duryodhana-tathāgata-śarīra-saṃbhava-hetuṃ paridīpayāmi vīrya-pāramitā-saṃprakāśanatayā [/(四)]
abhibhūtānabhibhūta-tathāgatātma-bhāva-viśuddhiṃ paridīpayāmi dhyāna-pāramitā-saṃprakāśanatayā [/(五)]
dharma-śarīra-viśuddhiṃ paridīpayāmi prajñā-pāramitā-saṃprakāśanatayā [/(六)]
sarva-jagad-abhimukha-buddhātma-bhāva-viśuddhiṃ paridīpayāmi upāya-kauśalya-pāramitā-saṃprakāśanatayā [/(七)]
sarva-kalpa-kāla-jagac-citta-saṃveśana-śarīra-viśuddhiṃ paridīpayāmi praṇidhāna-pāramitā-saṃprakāśanatayā [/(八)]
sarva-buddha-kṣetrābhyudgatātma-bhāva-viśuddhiṃ paridīpayāmi bala-pāramitā-saṃprakāśanatayā [/(九)]
sarva-jagad-yathāśaya-saṃtoṣaṇa-kāya-pariśuddhiṃ paridīpayāmi jñāna-pāramitā-saṃprakāśanatayā [/(十)]
parama-śubha-darśana-kāya-pariśuddhiṃ paridīpayāmi, yad uta sarvākuśala-dharma-vinivartana-saṃprakāśanatayā [/(十一)]
evaṃ caitān dharma-dānena saṃgṛhya ananta-dhana-ratnopacayopastabdhān kṛtvā visarjayāmi / [//]（Vaidya，No. 5，p. 118. 和訳上，p. 257^{4}）.

（11）大正9，No. 278，pp. 707c-708a.

（12）大正10，No. 279，p. 354c.

（13）大正10，No. 293，pp. 711c-712a.

（14）東北No. 44，a帙，fol. $20b^{5}$.

（15）『四十華厳』（本書p. 169）の「菩薩の清浄法身と如来の清浄色身」の項を参照。

（16）大正10，No. 293，p. 808a.

(17) 大正10, No. 293, pp. 807c-809a.

(18) 大正 9, No. 278, p. 481c-a.

(19) 玉城康四郎「華厳経における仏陀観」(平川彰・梶山雄一・高崎直道『華厳思想』新装版, 講座・大乗仏教第 3 巻, 春秋社, 1996年, pp. 151-222) 参照。

(20) 大正10, No. 231, p. 701c.

(21) 大正 7, No. 220, p. 803a.

(22) 「虚空は清浄なるが故に般若波羅蜜多も清浄なり」とし, その無我性を「虚空には生なく滅なく染なく浄なきが故に清浄にして, 虚空清浄なるが故に般若波羅蜜多も清浄なり」とする (『大般若経』巻第二百九十三, 大正 6, No. 220, p. 491b)。

『勝天王経』巻第三「法性品第五」「諸法は……不生なり。是を法身と名く。清浄にして変ぜざること猶し虚空の如く無等等なり」(大正 8, No. 231, p. 701c)。

『放光般若経』巻第九,「須菩提。虚空清浄般若波羅蜜清浄。世尊。云何虚空清浄般若波羅蜜清浄。仏言。虚空不生不滅無所有。是故虚空清浄。世尊。云何虚空無所有般若波羅蜜清浄。仏言。虚空不可護持故。般若波羅蜜清浄如虚空事故般若波羅蜜清浄。世尊。云何如虚空事故般若波羅蜜清浄。仏言。如虚空無二寂。以是事般若波羅蜜清浄。仏言。如虚空無行般若波羅蜜清浄。世尊。云何虚空無行般若波羅蜜清浄。仏言。以虚空無所行故般若波羅蜜清浄。仏言。以虚空無所倚般若波羅蜜清浄。世尊。云何虚空無所倚。般若波羅蜜清浄。仏言。如虚空無所累故。般若波羅蜜清浄」(大正 8, No. 221, p. 67a)。

『摩訶般若波羅蜜経』巻第十二「復次須菩提。虚空清浄故般若波羅蜜清浄。世尊。云何虚空清浄故般若波羅蜜清浄。仏言。虚空不生不滅故清浄。般若波羅蜜亦如是」(大正 8, No. 223, p. 310b)。

(23) 大正 7, No. 220, p. 828c.

(24) 大正 8, No. 231, p. 701c.

(25) Vaidya, No. 5, p. 426. 和訳, 梶山雄一監修『さとりへの遍歴　華厳経入法界品 (下)』(以下, 和訳下), 中央公論社, 1994年, p. 427.

(26) これ以外に, これらの法身と色身等の身については, Vaidya, No. 5, p. 12 (大正 9, No. 278, p. 679b, 大正10, No. 279, p. 322b. 大正10, No. 293, p. 665c, 和訳上 p. 44[4]). Vaidya, No. 5, p. 23 (p. 682b, p. 326b, p. 670a, 和訳上 p. 66[4]). Vaidya, No. 5, p. 25 (p. 683b, p. 327a, p. 670c, 和訳上 p. 69[4]). Vaidya, No. 5, p. 28 (p. 684a, p. 327c, p. 671c, 和訳上 p. 73[18]). Vaidya, No. 5, p. 28 (和訳上 p. 76[2]). Vaidya, No. 5, p. 41 (p. 688b, p. 332c, p. 677c, 和訳上 p. 98[18]). Vaidya, No. 5, p. 140 (p. 712c, p. 360c, p. 725c, 和訳上 p. 304). Vaidya, No. 5, p. 153 (p. 716b, p. 365a, p. 730c, 和訳上 p. 330). Vaidya, No. 5, p. 242 (p. 741a, p. 390c, p. 763c, 和訳下 p. 83). Vaidya, No. 5, p. 272[20] (p. 398c, p. 773c, 和訳下 p. 140). Vaidya,

No. 5, p. 288（和訳下p. 167）. Vaidya, No. 5, p. 273（p. 721c, p. 370c, p. 740b, 和訳下p. 376）. Vaidya, No. 5, p. 289（p. 752b, p. 403a, p. 779c, 和訳下p. 170）. Vaidya, No. 5, p. 301（和訳下p. 191）. Vaidya, No. 5, p. 303（p. 406c, 和訳下p. 195）. Vaidya, No. 5, p. 303（p. 755c, p. 406c, p. 786b, 和訳下p. 196）. Vaidya, No. 5, p. 338（p. 761c, p. 413c, p. 797b, 和訳下p. 257）. Vaidya, No. 5, p. 343（p. 763b, p. 415b, p. 799c, 和訳下p. 267）. Vaidya, No. 5, p. 344（和訳下p. 268）. Vaidya, No. 5, p. 344（和訳下p. 269）. Vaidya, No. 5, p. 346（和訳下p. 273）.

(27)　大正9, No. 278, 巻第六十, p. 785b. 大正10, No. 279, 巻第八十, p. 441c. 大正10, No. 293, 巻第三十九, p. 841a等にあり。

(28)　Vaidya, No. 5, p. 13. 和訳上p. 46[4].

(29)　大正9, No. 278, p. 679c.

(30)　大正10, No. 279, p. 322c.

(31)　大正10, No. 293, p. 666a.

(32)　Vaidya, No. 5, p. 21. 和訳上p. 63. 東北No. 44, ga帙, fol. 299a[5]. 大正9, No. 278, p. 682b. 大正10, No. 279, p. 325c. 大正10, No. 293, p. 669b.

(33)　Vaidya, No. 5, p. 181. 和訳上p. 383.『六十華厳』巻第五十一（大正10, No. 278, p. 722b),『八十華厳』巻第六十八（大正10, No. 279, p. 371c),『四十華厳』巻第十七「入不思議解脱境界普賢行願品」(大正10, No. 293, p. 741b)。

(34)　大正9, No. 278, p. 722b.

(35)　大正10, No. 279, p. 371c.

(36)　大正10, No. 293, p. 741b.

(37)　Vaidya, No. 5, p. 221. 和訳下p. 45.

(38)　大正9, No. 278, 巻第五十三, p. 734c.

(39)　大正10, No. 279, 巻第七十一「入法界品第三十九之十二」(p. 384c).

(40)　大正10, No. 293, 巻第二十一「入不思議解脱境界普賢行願品」(p. 756c).

(41)　*Aṣṭasāhasrikāprajñāpāramitā* ed. by Vaidya, No. 4, p. 205[11]. 梶山雄一訳, 大乗仏典3『八千頌般若経 II』中央公論社, 1974年, p. 227参照。

(42)　Vaidya, No. 4, p. 191[1]. 註(41)前掲, 梶山訳『八千頌般若経II』(p. 188).

(43)　Vaidya, No. 4, p. 191[7]. 註(41)前掲, 梶山訳『八千頌般若経II』(p. 188). 大正8, No. 228, p. 651c.

(44)　「アディッターナ（Adhiṭṭhāna, Skt.Adhiṣṭhāna)」(宮坂宥勝著作集第1巻『仏教の起源』, 法藏館, 1998年, pp. 255-262）参照。

(45)　大正1, No. 1, p. 121b, p. 130a, p. 131a.

(46)　大正1, No. 21, p. 266b.

(47)　大正1, No. 24, p. 314a, p. 321c, p. 352a, p. 369a, etc.

(48) 東北No. 44, ka 帙, fol. 2a[2].

(49) 大正10, No. 279, p. 1c. 東北No. 44, ka 帙, fol. 2b[6].

(50) 大正10, No. 279, 22頁脚注。東北No. 44, ka 帙, fol. 55a[5].

(51) *Gaṇḍavyūhasūtra.* Vaidya, No. 5, p. 13[23]. 東北No. 44, ga 帙, fol. 291b[3].

(52) 東北No. 44, ka 帙, fol. 2b[6].

(53) Vaidya, No. 5, p. 13[22].

(54) 東北No. 494, tha 帙, fol. 151b[2].

(55) 大正18, No. 848, p. 1a.

(56) 大正18, No. 848, p. 14b. 東北No. 494, tha 帙, fol. 177a[7].

(57) 大正18, No. 848, p. 40a. 東北No. 494, tha 帙, fol. 221a[5].

(58) I de nas deḥi tshe bcom ldan ḥdas kyi mdsod spu nas de bshin gśegs pa ḥbyuṅ ba shes bya baḥi ḥod zer gyi ḥkhor bye ba khrag khrig brgya stoṅ graṅs med pa maṅ poḥi ḥod zer daṅ ldan pa byuṅ ste / des ḥjig rten gyi khams ḥbyan klas pa thams cad du ma lus par snaṅ bar byas / ḥjig rten g-yas phyogs su lan bcur bskor te / de bshin gśegs paḥi rnam par ḥphrul pa bstan nas / byaṅ chub sems dpaḥ bye ba khrag khrig brgya stoṅ maṅ po bskul ba byas te / ḥjig rten gyi khams ḥbyam klas pa thams cad rab tu bskyod nas / ṅan soṅ rgyud thams cad kyi skye ba daṅ / śi ḥpho ba rab tu shi bar byas te / bdud kyi khyim thams cad zil gyis mnan nas / de bshin gśegs pa thams cad mṅon par ḥtshaṅ rgya bas / rnam par saṅs rgyas paḥi gdan bstan pa byas te / saṅs rgyas kyi ḥkhor gyi dkyil ḥkhor rnam par bkod pa / ḥbyam klas pa rab tu bstan nas / ḥjig rten gyi khams chos kyi dbyiṅs kyis klas pa / nam mkhaḥi mthas gtugs par ḥbyam klas pa thams cad ma lus par rgyas par khyab par byas nas phyir ḥoṅs te / byaṅ chub sems dpaḥi ḥkhor gyi dkyil ḥkhor thams cad la g-yas phyogs nas bskor nas / byaṅ chub sems dpar de bshin gśegs paḥi rigs su byuṅ baḥi dpal gyi spyi bor nub bo // (東北 No. 44, ga 帙, fol. 76a[5]. 大正10, No. 279, p. 262a).

I-(1) de nas byaṅ chub sems dpaḥi ḥkhor de dag thams cad ṅo mtshar cher ḥdsin ciṅ / dgaḥ ba thob par gyur te / ḥod zer gyi dra bsnaṅ ba ḥdi lta bu byuṅ bas na chos chen po brjod par ni rgyur du ṅes so sñom nas / rtog paḥi blo yaṅ thob par gyur to // ḥod zer de dag gis byaṅ chub sems dpaḥ de bshin gśegs paḥi rigs su byuṅ baḥi dpal gyi lus la phog par gyur ma thag tu / (東北 No. 44, ga 帙, fol. 76b[3]. 大正10, No. 279, p. 262b).

II-(2) de nas deḥi tshe byaṅ chub sems dpaḥ sems dpaḥ chen po de bshin gśegs paḥi rigs su byuṅ baḥi dpal pad moḥi stan las ḥṅas te / bla gos phrag pa gcig tu gzar nas / pad moḥi sñiṅ po de la bus mo g-yas paḥi lhaṅ ntsugs nas / bcom ldan ḥdas gaṅ na ba der thal mos btud te / de bshin gśegs paḥi ḥdu śes daṅ ldan paḥi yid la byed pas / de bshin gśegs pa la tshigs su bcad de gsol pa /（東北No. 44, ga 帙, fol. 76a[5]. 大正10, No. 279, p. 262b).

(59) Ⅱ tshigs su bcad pa de dag gsol ma thag tu / deḥi tshe bcom ldan ḥdas kyi shal gyi sgo nas mi bñeṅs paḥi mthar phyin pa shes bya baḥi ḥod zer ḥkhor gyi ḥod zer khrag khrig brgya stoṅ graṅs med pa daṅ ldan pa byuṅ ste / des rjig rten gyi khams ḥbyam klas pa thams cad ma lus par snaṅ bar byas nas / ḥjig rten g-yas phyogs su lan bcur bskor te / de bshin gśegs paḥi rnam par ḥphrul pa bstan nas/ byaṅ chub sems dpaḥ bye ba khrag khrig brgya stoṅ maṅ po bskul ba byas te / ḥjig rten gyi khams ḥbyam klas pa thams cad rab tu bskyod nas / ṅan soṅ gi rgyud thams cad kyi skye ba daṅ / śi ḥpho ba rab tu shi bar byas te / bdud kyi khim thams cad zil gyis mnan nas / de bshin gśegs pa thams cad mṅon par ḥtshaṅ rgya bas / rnam par saṅs rgyas paḥi gdan bstan pa byas te / saṅs rgyas kyi ḥkhor gyi gkyil ḥkhor rnams bkod pa ḥbyam klas pa rab tu bstan nas / ḥjig rten gyi khams chos kyi dbyiṅs kyis klas pa / nam mkhaḥi mthas gtugs par ḥbuam klas pa / thams cad ma lus par rgyas par khyab par byas nas phyir ḥoṅs te / byaṅ chub sems dpaḥi ḥkhor gyi dkyil ḥkhor thams cad la g-yas phyogs nas bskor nas/ byaṅ chub sems dpaḥ kun tu bzaṅ poḥi dgor nub bo //（東北 No. 44, ga 帙, fol. 77b[1]. 大正10, No. 279, p. 262b).

Ⅲ de bshin gśegs paḥi ḥod zer des byaṅ chub sems dpaḥ sems dpaḥ chen po kun tu bzaṅ po la reg par gyur ma thag tu de nas deḥi tshe byaṅ chub sems dpaḥ sems dpaḥ chen po kun tu bzaṅ poḥi lus kyi seṅ geḥi khri / sṅon ci ḥdra ba de las byaṅ chub sems dpaḥi lus kyi seṅ geḥi khri brgya phrag stoṅ gyur du bzaṅ shiṅ / khyad par du ḥphags par ḥdug ste / de bshin gśegs paḥi seṅ geḥi gdan ma gtogs par byaṅ chub sems dpaḥ gshan gyi lus kyi seṅ geḥi khri las byaṅ chub sens dpaḥ kun tu bzaṅ poḥi lus kyi seṅ geḥi khri brgya phrag stoṅ gyur du bzaṅ shiṅ khyad par du ḥphags par snaṅ ṅo //（東北No. 44, ga 帙, fol. 77b[6]. 大正10, No. 279, p. 262b).

(60) Vaidya, No. 5, p. 68[13]. 東北No. 44, ga 帙, fol. 350a[3].

(61) Vaidya, No. 5, p. 5[28].

(62) 大正18, No. 848, p. 17以下「悉地出現品」第六, 参照。

(63) Vaidya, No. 5, p. 38[29].

(64) 大正10, No. 279, p. 331c.

第7章　涅槃経の師資相承句と法身思想

第1節　第1類の涅槃経

1．法身と穢食身

大乗の涅槃経には，漢訳に北涼・曇無讖訳『大般涅槃経』四十巻[1]，東晋・法顕訳『仏説大般泥洹経』六巻[2]があり，さらに先の2訳のうち，曇無讖訳本を法顕訳本に編纂し直したものが，宋・恵厳等編『大般涅槃経』三十六巻[3]である。

涅槃経の構成における思想は，一貫したものではない。即ち，横超恵日博士や下田正弘博士の説を借りて法顕訳の『仏説大般泥洹経』でいえば，第1類（序品・大身菩薩品第二・長者純陀品第三・哀歎品第四・金剛身品第六）が原始大乗涅槃経の部分に当たり，また長寿品第五・受持品第七・四法品第八から最後の随喜品第十八までは第2類に当たる[4]。そしてこの両者には常楽我浄の思想がともに説かれるが，この常楽我浄の四顚倒の思想も，第1類では「仏身の常住」と結びつき，第2類では「三宝の常住」[5]および如来蔵の思想と結びつく。

そしてこの「仏身の常住（常住法身）」と「三宝の常住」とは，両グループ間で判然と分かれている思想的特色をもつ[6]。

したがって涅槃経の法身思想を考察するとき，この点を考慮に入れて考察を進める必要がある。

第1類の原始大乗涅槃経に相当する『大般涅槃経』「寿命品第一」は，ブッダが涅槃に臨んで，十方のすべての衆生に，「尋ねたき義があればいま来て聞け，これが最後の質問となるであろう」[7]と呼びかける勧問のシーンから始まる。その呼びかけは，三界の有頂天までの衆生に対しては，加持による音声をもって行い[8]，十方の三千大千世界の衆生たちに対しては，口から発せられる光明[9]によって行われる。

『大般涅槃経』の師資相承句では，その世尊の大音声を聞き，光に照らし出された衆生たちの中で，獅子王が獅子たちによって囲繞されるが如き有徳の大徳たちに対して，「一切は皆な是れ仏の真子なり」[10]とする。これ以外の用例は当経には見当たらない。

第１類の涅槃経類では，法身思想を「如来は法身であって穢食身ではない」と説くものと，「常楽我浄の常が常住法身に相当する」と説くものとに大きく分かれる。

法顕訳『仏説大般泥洹経』巻第一「長者純陀品第三」[11]の記述では，法身と穢食身の関係をつぎのように説く。

> bcom ldan ḥdas kyis lo drug gi bar du dkaḥ ba spyod pa mdsad na ci skad cig tsam yaṅ gshes mi spyod dam / de bshin gśegs pa ni chos kyi sku yin te shal zas yi sku ma yin na / ci bcom ldan ḥdas shal zas gsol lam /
>
> 世尊は６年間苦行をおなしになられたぐらいだから，ほんのちょっとぐらい待てないことはないでしょう。如来は法身であって，飲んだり食べたりする身でないなら，どうして世尊が飲食を欲しましょうか。
>
> 如来六年在道樹下難行苦行。日食麻米猶自支持。肉今須臾豈不能耶。汝謂如来食此食乎。如来法身非穢食身。

この「飲んだり食べたりする身 shal zas yi sku」と，つぎの用例の「肉身 śaḥi sku」のサンスクリット語は āmiṣa-kāya と見られる[12]。この āmiṣa-kāya は，初期仏教の *Anupada-sutta* の師資相承句で見た「bhagavato putto oraso mukhato jāto dhamma-jo dhamma-nimmito dhamma-dāyādo no āmisa-dāyādo」[13]の最後の「財の相続者ではない」の āmisa（skt. āmiṣa）と関連するものである。この語には，財と肉の意味があり，漢訳では両箇所とも「穢食身」と訳した語である。

この穢食身については，法顕訳『仏説大般泥洹経』巻第二「金剛身品第六」[14]に，さらに詳しく，つぎのように説く。

このような功徳を有する如来が肉身でないならば，茶色の陶器のように病気になったり，怪我をしたり，死んだりすることがどうしてあるのでしょうか。〔世尊は言う。〕怪我をしたり，病気をしたり，また涅槃したりすることを示すのは，所化の〔衆生を教化する〕ため〔の方便である〕と見るべきである。それ故に，〔大迦葉よ，〕今より後は如来の身は金剛のように不壊であり堅固であると思いなさい。その他の者たちにも〔如来の身は〕肉身 śaḥi sku ではないと教え，如来は法身 chos kyi sku であると納得させなさい。大迦葉と同じ系図のものがお尋ねした，世尊よ，そうならば，そのような功徳を有する如来には病気も無常も死もいずれも滅せられています。したがって，今日以後，如来は法身であり，常住であり，堅固であり，恒常であり，寂静であると他のものたちにも説くように努めますが，この金剛のような不壊の身は，どのようにすれば得られるのでしょうか。このような身体には，どのような因によって得られるのでしょうか。世尊は仰っしゃられた。わたしのこのような身体は，正法を護る功徳の因によって得られたのだ〔と〕。

ここでの2回の「肉身」に当たるところを，漢訳(15)は「穢食身」と訳し，この穢食身には病苦等はないが，衆生教化のために老・病・死を仮に現しているにすぎないとし，今後は，如来は法身であり，金剛身であると説けという。

この記述は，大迦葉たちが，生前の如来の身を肉身(16)と見ていたことを示し，それを衆生教化のための方便の身であったと知らせ，その上で不死の如来は常住法身であり，金剛身であると強調する。このように，この法身も初期仏教で見られた肉体を離れた教えの集合体としての法身思想を受け継いでいる。

2．常楽我浄

つぎに，2種の常・楽・我・浄の解釈を見てみよう。1つは破さなければならない世俗の四顛倒の常楽我浄，もう1つは悟りの果位の常住法身を説く不顛倒の常楽我浄である。

この涅槃経の古層に属する(17)東晋・法顕訳『仏説大般涅槃経』「哀歎品第

四」[18]では，無知の酒に酔いしれる衆生にも，すべてに我(アートマン)としての実体的根拠があり，常住であり，楽であり，清浄であると捉える。このように，世俗的立場から否定した常楽我浄も，勝義の悟りの世界から見たとき，肯定的な常楽我浄となる点[19]を，つぎのように説く[20]。

> de la bdag ces bya ba ni saṅs rgyas shes bya baḥi don to / rtag ces bya ba ni chos kyi sku shes bya baḥi don to // bde shes bya ba ni mya ṅan las ḥdas pa shes bya baḥi don to // sdug ces bya ba ni chos kyi tshig bla dags so //
>
> それに対し，我 ātma というのは仏 buddha という意味である。常 nitya というのは法身 dharma-kāya という意味である。楽 sukha というのは涅槃 nirvāṇa という意味である。浄 śubha というのは法の仮の名 adhivacana である。

この因位の世俗的立場では，すべてのものに「我」は存在しないと見たアートマンの否定も，果位の立場からは「仏の存在」として肯定される。またすべてのものは無常であると見た「常」の否定も，果位の立場からは「常住法身」として肯定され，さらに「楽」と捉えているものはすべて苦であると見た一時的な楽の否定も，果位の立場からは最高の楽は「涅槃」であると肯定され，最後の「浄」を不浄であると見た否定も，果位の立場からすれば本来清浄なものの「仮の姿（正法)」であると肯定的に捉える。

また，北涼・曇無讖訳『大般涅槃経』巻第二「寿命品第一之二」[21]でも，つぎのように，この点を説く。

> 三倒を以ての故に世間の人は，楽の中に苦を見，常を無常と見，我を無我と見，浄を不浄と見る。是を顛倒と名づく。顛倒を以ての故に，世間の字を知りても義を知らず。何等をか義と為すや。無我をば名づけて生死と為し，我をば名づけて如来と為す。無常をば声聞と縁覚となし，常をば如来の法身とす。苦をば一切の外道となし，楽をば即ち是れ涅槃とす。不浄をば即ち有為の法となし，浄をば諸仏菩薩のあらゆる正法となす。是を不顛倒と名づく。不倒を以ての故に字を知り義を知る。若し四顛倒を遠離せん

と欲する者あらば，応に是の如くに常楽我浄を知るべし。

これによれば，「顚倒」は，字義の字しか理解しない立場，すなわち楽は苦，常は無常，我は無我，浄は不浄と見る立場である。これに対し，「不顚倒」は，字と義の両者を理解する立場とし，無我は生死であって，我は如来である。無常は声聞と縁覚であって，常は如来の法身である。苦は一切の外道であって，楽は涅槃である。不浄は有為の法であって，浄は諸仏菩薩のあらゆる正法であるとする。

したがって，因位の顚倒と果位の不顚倒では，常楽我浄は，表のようになる。

因位の顚倒			果位の不顚倒		
我 ātma	→	無我	我	→	仏
常 nitya	→	無常	常	→	法身
楽 sukha	→	苦	楽	→	涅槃
浄 śubha	→	不浄	浄	→	法の仮の名（正法）

この肯定的な常楽我浄の果位の四徳は，衆生を教化する場合には，絶対に必要な方便である。したがって，ブッダは，最初，弟子の修行の浅い時期に，この常楽我浄を滅しなければならないとして否定的に説き，時を選んで(22)ある段階で肯定的に説くとされる。

この法身常住の思想は，密教の常住法身・毘盧遮那の先駆思想となるものであり，極めて重要な思想である。

このように，この常楽我浄の肯定的な捉え方が『大般涅槃経』の特色であり，また法身常住を説くところに，法身思想の特色を見ることができるが，最近の研究では，この『大般涅槃経』の法身を初期仏教の法身と同じであると捉える見解が出されている(23)。

第２節　第２類の涅槃経の法身思想

１．生身と法身と方便身

第２類の涅槃経の資料には，生身と法身，法身と方便身，菩薩の清浄法身を説く。このうち，特に生身・方便身については，般若経等で説かれた色身の仏格とはかなり異なり，唯識思想の変化身や応化身に近づいている。そして，法身では，果位の常住法身である常楽我浄の立場が説かれていることは当然であるが，華厳経に見た菩薩の清浄法身も説かれている。つぎにそれらを検討する。

まずは，曇無讖訳『大般涅槃経』「迦葉菩薩品第十二之二」(24)の生身と法身の二身説から見てみよう。

善男子よ，我れ経の中に如来身に凡そ二種有りと説く。一は生身，二は法身なり。生身と言うは，即ち是れ方便にして応化身なり。是の如き身は，是れ生老病死，長短，黒白なりと言うを得べし。是れは此れなり，是れは彼れなり，是れは学なり，無学なり。我が諸の弟子は是の説を聞き已りても，我が意を解せず。唱て如来に言わく。定んで説くべし，仏身は是れ有為法なるや。法身は即ち是れ常楽我浄なるや。永く一切の生老病死を離れ，白に非ず，黒に非ず，長に非ず，短に非ず，此れに非ず，彼れに非ず，学に非ず，無学に非ず。若し仏世に出で，及び世に出でざれども，常住にして動ぜず，変易有ることなし。

ここでの生身は，初期仏教や『大智度論』の二身説とはかなり異なっている。すなわち，この生身は，化身をもって衆生の願いに応じて顕れる「応化身」であるとされ，唯識思想の三身思想に見られる応化身（変化身）と同じ仏格である。そして，第１類の涅槃経で見たブッダに生老病死があるのは衆生教化のための方便身であるとされた肉身と関連するものである。

ここで，特に注意すべきは，「応化身」の仏格と名称が，ともにこの曇無讖訳『大般涅槃経』「迦葉菩薩品第十二之二」に初めて表れたという点である。

ここでは，「若し仏世に出で，及び世に出でざれども，常住にして動ぜず」と常住法身を説き，四顛倒の常楽我浄ではないとした上で，法顕訳『仏説大般泥洹経』「四依品第九」(25)に方便身をつぎのように説く。

dge sloṅ dag khyed kyi rtan ni ye śes yin no shes bya ba ni de bshin gśegs paḥi tshig bla dgas so // chos kyi sku gaṅ yin pa de ni tshad ma(26) yin no // thabs kyi sku gaṅ yin pa de ni tshad ma ma yin no // thabs kyi sku la bltas na de bshin gśegs paḥi sku la phuṅ po daṅ / khams daṅ / skye mched rnams ji ltar yod / gal te med na yaṅ sku gduṅ gi phuṅ po ga las laṅs / de bas na sku gduṅ gi phyir ḥjig rten na mchod rten ḥbyuṅ ba yod kyi chos kyi sku ni ḥbyuṅ ba med do // de bshin gśegs pa śaḥi skuḥo shes bya ba ni rnam par śes pa brtag pa las bstan te / rnam par śes pa ni tshad ma ma yin no //

比丘らよ，汝の拠り所は智恵であるとは，如来を別の言い方で表したものである。法身であるとすることが正しい観念であって，方便身であるとすることは正しい観念ではない。方便身を見たとき，如来身における蘊と界と処がどのように存在するのであろうか。もし存在しないとすれば，はたまた舎利の蘊（集まり等）はどこから起こるのであろうか。だから，舎利のために世間に仏塔 stūpa が顕れるけれども，法身が顕れるのではない。如来が肉身であるというのは，妄想の識から知られるものであって，〔妄想の〕識は正しい観念ではない。

是故説彼為不可信。是故仏説。決定義者。是真四依依於智恵。其智恵者。即是如来法身可信。方便身者則不可信。云何但見如来方便身已。而謂実有陰界諸人。若其無者為何処来。而今現有舎利責聚。以有舎利現於世故。謂其法身是穢食身。妄作是想。以是之故識不可信。

ここでは，如来が肉身であるとする方便身が説かれるが，法身こそ正しい観念 pramā であって，方便身を正しい観念とすべきでないという。それは，般若経等で強調された「如来は色身をもって見るべからず，法身であるから」や，仏塔崇拝を受け，また上述の第一類に見た肉身が方便であるとされたことと関連する。それとともに，この方便身が，曇無識訳『大般涅槃経』の「応化身」を指していることは間違いない。

また，「舎利のために世間に仏塔 stūpa が顕れるけれども，法身が顕れるのではない」とする思想は，『法華経』が宝塔を全身（法身）と見た観点と異なり，舎利を納める宝塔を方便身としての応化身としているところに思想的展開が見られる。

2．清浄法身と清浄妙法身

つぎに，清浄妙法身(27)について，法顕訳『仏説大般泥洹経』「如来性品第十三」[28]を見ると，漢訳は偈頌，チベット訳は長行文になっている。

まず，チベット文[29]から見てみよう。

> de nas saṅs rgyas ñid du gyur nas de bshin gśegs paḥi rlabs byed par gyur cig / de bshin gśegs pa daṅ mñam par gyur nas saṅs rgyas rnams la thal mo btud par mi byaḥo // bdag sems can thams cad kyi skyabs chen po lta bur gyur cig / bdag gis chos kyi sku yaṅ mi gtaṅ bar saṅs rgyas kyi khams daṅ mchod rten la phyag byaḥo // phyag byed mi ḥdod paḥi sems can thams cad kyi mchod rten lta bur bdag gyur cig / bdag gi lus sems can thams cad kyis phyag bya baḥi gnas su gyur cig / bdag chos la skyabs su soṅ nas chos kyi skur gyur cig /

> そして，仏そのものとなってから如来の加持をしなさい。如来と等しくなれば，〔以後〕諸仏を礼拝すべきではなく，自身が一切衆生の大帰依所の如くになりなさい。自らは法身を捨てずに仏の世界と仏塔を礼拝しなさい。礼拝したくない一切衆生の〔礼拝したくなるような〕仏塔のように自らがなりなさい。自らの身体を一切衆生が礼拝したくなるような〔帰〕依所になりなさい。自らを法として帰依される法身となりなさい。

> 善男子。菩薩応作如是思惟。我今此身帰依於仏。若即此身得成仏道。既成仏已不当恭敬礼拝供養於諸世尊。何以故。諸仏平等。等為衆生作帰依故。若欲尊重法身舎利。便応礼敬諸仏塔廟。所以者何。為欲化度諸衆生故。亦令衆生於我身中起塔廟想礼拝供養。如是衆生以我法身為帰依処[30]。

このチベット訳の経文では，菩薩は「自ら法に帰依して法身となれ」とするのみで「菩薩の清浄法身」の思想が明確に出ていないが，漢訳『大般泥洹経』巻五「如来性品第十三」では，それが明確に示されている。すなわち，「清浄な妙法の身を　我已に具足するが故に　若し舎利塔を礼せんとすれば　応当に我を敬礼すべし」「若し法に帰依するものあらば　応当に我に帰依すべし　清浄な妙法の身を　我已に具足するが故に」[31]とあるように，ここでの「我」とは大迦葉菩薩であり，法とはブッダの「教えの集合体」であるから，漢訳『大般泥洹経』はこの法身を初期仏教と同じとしながら[32]，華厳経の菩薩の清浄法身の思想を汲んでいる(33)。

３．法身と月輪

また，華厳経「入法界品」では，菩提心と清浄な法と月輪の関係を「菩提心は，……白浄の法〔身〕の〔月〕輪を完成するから月であり bodhi-cittaṃ …… candra-bhūtaṃ śukla-dharma-maṇḍala-paripūraṇatayā(34)（漢訳：菩提心者猶如盛月　諸白浄法悉円満故）」と示し，法を法身と解すれば，白浄の法身が満月輪であり，菩提心であるとなる。

実際，この法を法身と解する記述が，『大般涅槃経』巻第九「如来性品第四之六」(35)につぎのように説かれる。

> 如来は今，独り我が為の故に世に出現したまう。如来の実性は喩えば彼の月の如し。即ち是は法身にして，是れは生身にあらず。方便の身として世に随順して無量の本業の因縁を示現す。

ここでは，如来の自性（実性）を月に喩え，月の清浄さと功徳を「法身」に喩える。したがって，法身をここでは清浄な月と押さえ如来の自性と捉えながら，方便身とも捉えている。

さらにまた，『大般涅槃経』巻第七の「若し如来は即ち是れ法身なりと知り，是の如くの真智に所応に依止すれば，如来の方便身を見ん」(36)によっては，生身の釈迦とは別に，世間の満月に「法身」を喩え，世に随順する如来の無量の方便身を示す。

このように，如来の清浄な自性や法身を月に喩える思想は，華厳経「入法界品」や『大般涅槃経』から始まる。この思想は，密教の月輪観へと展開する。

第３節　『勝鬘経』の師資相承句と法身思想

『勝鬘経』には，劉宋・求那跋陀羅訳『勝鬘師子吼一乗大方便方広経』一巻（以下『勝鬘経』）(37)と唐・菩提流支訳『大宝積経第四十八会　勝鬘夫人会』(38)の２種の漢訳がある。チベット訳(39)もあるが，梵本は回収されていない。

『勝鬘経』は，如来蔵思想を説く代表的な経典の１つで，涅槃経の第２類の如来蔵思想と密接に関連し，『究竟一乗宝性論』（以下『宝性論』）に問題の師資相承句が引用されている。その師資相承句が引用されている梵文を回収して，『勝鬘経』の定型句として挙げたのが(40)，つぎのものである。

ye samyak paśanti te bhagavataḥ putrā aurasā /

その正しく見るものたちは，世尊自身の御子たちである。

yaṅ dag paḥi mthoṅ ba gaṅ lags pa de dag ni / bcom ldan ḥdas kyi sras thugs las skyes pa daṅ / shal nas skyes pa daṅ / chos las skyes pa daṅ / chos kyis sprul pa daṅ / chos kyi bgo skal la spyod pa //

正しく見る者たちは，世尊の心より生じた御子であり，また口より生じたものであり，また法より生じたものであり，また法によって化現したものであり，法の相続者である。

漢訳『勝鬘経』

正見者とは，是れ仏の真子なり。仏口より生じ，正法より生じ，法より化生し，法財を得。

ここでの定型句は，梵文が，「世尊自身の御子である bhagavataḥ putrā aurasā」と示すだけであるが，漢訳とチベット訳は，ともに完全な師資相承の定型句を挙げる。

ここでの「正しく見る者たち」とは，涅槃経で見た，因位の立場で常を無常，楽を苦，我を無我，浄を不浄と見るべきところを，果位の立場で如来の法身を常楽我浄と見る見解をもつ者たちである。

この『勝鬘経』の法身思想と常楽我浄の四顚倒は，師資相承句の直前に示される。その用例を『宝性論』から回収した梵文と漢訳とチベット訳を併記して見てみよう。『勝鬘経』「顚倒真実章第十三」(41)のつぎの梵・漢の経文の箇所が，それに当たる。

sarva-śrāvaka-pratyekabuddhā api bhagavan śūnyatā-jñānenādṛṣṭa-pūrve sarva-jñajñāna-viṣaye tathāgata-dharma-kāye viparyastāḥ / ye bhagavan sattvāḥ syur bhagavataḥ putrā aurasā nitya-saṃjñina ātma-saṃjñinaḥ sukha-saṃjñinaḥ śubha-saṃjñinas te bhagavan sattvāḥ syur aviparyastāḥ / syus te bhagavan samyag-darśinaḥ / tat kasmād dhetoḥ / tathāgata-dharma-kāya eva bhagavan nitya-pāramitā sukha-pāramitā ātma-pāramitā śubha-pāramitā / ye bhagavan sattvās tathāgata-dharma-kāyam evaṃ paśyanti te samyak paśyanti / ye samyak paśanti te bhagavataḥ putrā aurasā /

世尊よ，また，空性の智によってかつて見られたことのない一切智智の境界である如来の法身において，一切の声聞，縁覚たちも顚倒している。世尊よ，衆生であり世尊自身の御子であるものは，常と想い，我と想い，楽と想い，浄と想う。しかし，世尊よ，彼ら衆生は顚倒していない。世尊よ，彼らは正しい見解をもつ者たちである。それはどうしてかというと，世尊よ，如来の法身は，常波羅蜜であり，楽波羅蜜であり，我波羅蜜であり，浄波羅蜜であるから。世尊よ，このように如来の法身を見る衆生たちは，正しく見るものたちである。この正しく見る者たちは，世尊自身の御子である。

漢訳『勝鬘経』「顚倒真実章第十三」

一切の阿羅漢，辟支仏の浄智者は，一切智の境界と及び如来の法身とに於て本所を見ず。或は衆生有て，仏語を信ずるが故に，常と想い，楽と想い，我と想い，浄との想いを起す。顚倒の見に非ずして，是れをば正見と名づく。何を以ての故に，如来の法身は是れ常波羅蜜，楽波羅蜜，我波羅蜜，浄波羅蜜なり。仏の法身に於て，是の見を作す者をば是を正見と名づく。正見者とは，是れ仏の真子なり。仏口より生じ，正法より生じ，法より化生し，法財を得。

ここでは，如来の法身が，常・楽・我・浄の四波羅蜜であると見る衆生たちを，正しく見る者たちであり，世尊自身の御子であると捉える。そして，衆生の中に如来蔵の存することを認め，この如来蔵を悟り，如来の法身の功徳を果位の常楽我浄と見る見解を「如来の法身を見る tathāgata-dharma-kāyaṃ paśyanti」と言っている。

これ以外の如来の法身に関する用例は，漢訳とチベット訳とは合わないが，「法身章第八」につぎのように説かれる。

bcom ldan ḥdas de bshin gśegs paḥi sñiṅ po ḥdi ni dam paḥi chos kyi dbyiṅs kyi sñiṅ po lags so // chos kyi skuḥi sñiṅ po lags so // ḥjig rten las ḥdas paḥi chos kyi sñiṅ po lags so // raṅ bshin gyis yoṅs su dag paḥi chos kyi sñiṅ po lags so //(42)

世尊よ，この如来蔵は正しい法界の蔵であり，法身の蔵であり，出世間の法蔵であり，自性上清浄な法蔵である。

ここでの如来蔵 tathāgata-garbha の garbha（sñiṅ po）を「胎児」とする理解があり，それによれば，「法界の蔵」「法身の蔵」「出世間の法蔵」「自性上清浄な蔵」は，「教えを生み出す根元としての如来の胎児」「教えの本体としての胎児」「世間的な価値を超えた教えの胎児」「生まれながらに清浄な胎児」という意味にもなる(43)。

このように『勝鬘経』の如来蔵思想は，「法身の蔵」と同義語であって，衆生の心の根元に本来具わっている，如来の法身である如来の胎児を説くものである。

これ以外にも，法身に関しては，「不壊常住無有変易不可思議功徳如来法身」(44)「出無量煩悩蔵法身」(45)「如来法身不思議仏境界」(46)「意生身」(47)「如来法身不離煩悩蔵名如来蔵」(48)等とある中，「如来即法身」(49)は初期仏教がゴータマ・ブッダを如来と呼び，その尊格を法身と捉えた思想に繋がるし，般若経系の「如来を色身と見るべきではない。法身であるから。」の思想に繋がるものである。

ただ，大きな思想的展開の異なりは，『勝鬘経』がこの法身を如来蔵の同義語と捉えているところにある。

つぎに，この如来蔵思想を受け継ぐ，『楞伽経』の思想へと論を進める。

註

（1）大正12，No. 374．東北 No. 119は ña 帙と ta 帙の２帙に分かれているが，漢訳からの重訳である。サンスクリット原典については，断片からの校訂出版がなされている（松田和信『インド省図書館所蔵中央アジア出土大乗涅槃経梵文断簡集―スタイン・ヘルンレコレクション』，東洋文庫，1988年，参照）。

（2）大正12，No. 376.

（3）大正12，No. 375.

（4）下田正弘『涅槃経の研究―大乗経典の研究方法試論』（春秋社，1997年）p. 163。

（5）同上，p. 202.

（6）同上。

（7）大正12，No. 374，p. 365c.

（8）「仏は神力を以て大音声を出し」（東北No. 120，tha 帙，fol. 2b[3]．大正12，No. 374，p. 365c）。

（9）「面門（口）より種種の光を放って」（東北No. 120，tha 帙，fol. 3a[2]．大正12，No. 374，p. 365c）。

（10）大正12，No. 374，p. 366a.

（11）東北No. 120，tha 帙，fol. 26a[3]，「汝は謂く如来は此の食を食するや。如来は法身にして穢食する身に非ず。爾の時，世尊は文殊師利に告たまわく。純陀の所説は真実の説なりと」（大正12，No. 376，p. 860b）.

（12）註(4)前掲，下田『涅槃経の研究―大乗経典の研究方法試論』（p. 241，p. 273），松本史朗「涅槃経とアートマン」（前田専学博士還暦記念論文集『〈我〉の思想』，春秋社，1991年，pp. 139-153）参照。

（13）*MN.*, vol. Ⅲ, p. 29.

（14）de bshin gśegs pa de lta buḥi yon tan daṅ ldan pa śaḥi sku ma yin pa la kham paḥi snod bshin du nad dam / gnod pa ḥam / ḥjig par ga la ḥgyur / ḥjig pa daṅ / na ba daṅ / mya ṅan las ḥdaḥ bar ston pa gaṅ yin pa de ni gdul bar bya baḥi dbaṅ gi phyir yin par blta bar byaḥo // de bas na deṅ phyin chad de bshin gśegs paḥi sku rdo rje ltar mi śigs śiṅ mkhregs par yid la gyis śig / gshan dag la yaṅ śaḥi sku ma yin no // shes ston cig / de bshin gśegs pa ni chos kyi sku yin par khoṅ du chud par gyis śig / ḥod sruṅ chen po daṅ rus gcig pas gsol pa / bcom ldan ḥdas de ltar na de bshin gśegs pa yon tan de lta bu daṅ ldan pa la sñun daṅ mi rtag pa daṅ ḥjig pa ga la shig mchis te / deṅ slan chad de bshin gśegs pa ni chos kyi sku ste / rtag pa daṅ / brtan pa daṅ / ther zug pa daṅ / shi baḥo shes gshan dag yaṅ bstan par ḥtshal nas / rdo rje lta bur mi śigs paḥi sku ḥdi ji ltar ḥgrub par ḥgyur lags / sku ḥdi lta bur rgyu ci las ḥgrub lags / bcom ldan ḥdas kyis bkaḥ stsal pa / ṅaḥi sku ḥdi lta bu ni dam paḥi chos sruṅ baḥi bsod nams kyi rgyus grub pa yin no //（東北No. 120, fol. 47a[3]).

大正12, No. 376, p. 866b. 註(4)前掲, 下田『涅槃経の研究―大乗経典の研究方法試論』, p. 249. また,「常住法身」については,『大般涅槃経』巻第二「金剛身品第二」にも,「爾の時, 世尊は復た迦葉に告わく, 善男子よ, 如来身は是れ常住身にして, 不可壊身, 金剛之身, 非雑食身なり。即ち是れ法身なり。」(大正12, No. 374, p. 382c),「rigs kyi bu da ni de bshin gśegs pa rtag paḥi sku daṅ / mi śigs paḥi sku daṅ / rdo rjeḥi sku daṅ / śaḥi sku ma yin pa daṅ/ chos kyi sku ltos śig / 善男子よ, つぎは如来を常住身と不可壊身と金剛身と非肉身と法身と見なさい。」(東北No. 120, tha 帙, fol. 45b[5]) とある。

(15) 大正12, No. 376, p. 866b.

(16) すでに見た『増一阿含経』巻第四十四の「我が釈迦文仏の寿命は極めて長し。所以いかん, 肉身は滅度を取ると雖も法身は存在す。」(大正２, No. 125, p. 787b) とも関連する。

(17) 曇無讖訳『大般涅槃経』(四十巻) の成立史に関しては, 仮説ではあるが, 横超恵日博士が「寿命品第一」「金剛身品第二」「名字功徳品第三」「如来性品第四」「一切大衆所問品第五」「現病品第六」「聖行品第七」「梵行品第八」「嬰児行品第九」までの九品を仏身の常住を説く第１類 (原始大乗涅槃経) と押さえ, 成立の新しい第十品以後を如来蔵を中心に説く第２類とする。

(18) 大正12, No. 374, p. 862a.

(19) 註(4)前掲, 下田『涅槃経の研究―大乗経典の研究方法試論』(p. 203), 下田正弘『蔵文和訳　大乗涅槃経(I)』(山喜房佛書林, 1993年, p. 154【4X】, p. 159【4AH】) 参照。

(20) 東北No. 120, tha 帙, fol. 32a[3].「然しながら, 彼の仏は是れ我の義, 法身は是れ常の義, 泥洹は是れ楽の義, 仮名の諸法は是れ浄の義なり。」(大正12, No. 376, p. 862a)。

(21) 大正12, No. 374, p. 377c.

(22) 大正12, No. 374, p. 863a[10]. 東北No. 120, tha 帙, fol. 35a[6].

(23) 註(4)前掲, 下田『涅槃経の研究―大乗経典の研究方法試論』, p. 266[14].

(24) 大正12, No. 374, p. 567a.

(25) 大正12, No. 376, pp. 879c-880a. 東北No. 120, tha 帙, fol. 91a[6]. 註(4)前掲, 下田『涅槃経の研究―大乗経典の研究方法試論』, p. 266.

(26) tshad ma ma yin とあるが, tshad ma yin と読む (「即是如来法身可信」)。

(27) これ以外のものは, ナンバーとページ数のみ挙げておく。大正12, No. 374, p. 372a, p. 374c, p. 383b, p. 387a-b, p. 388c, p. 390a, p. 392b, p. 406b, p. 410a, p.

411c，p. 545a，p. 555c-556a，p. 556c.

(28)　大正12，No. 374，p. 410a．同，No. 376，p. 885a.

(29)　東北No. 120，tha 帙，fol. 108a[4].

(30)　『大般涅槃經』巻第八（大正12，No. 374，p. 410a）。

(31)　当於如来所　而作平等心　合掌恭敬礼　則礼一切仏　我与諸衆生　為最真実依
清浄妙法身　我已具足故　若礼舎利塔　応当敬礼我　我与諸衆生　為最真実塔
亦是真舎利　是故応敬礼　若帰依法者　応当帰依我　清浄妙法身　我已具足故
我与諸衆生　為最真実法（大正12，No. 376，p. 885a）。

(32)　下田博士は「この第一類の『仏説大般泥洹経』巻第一「長者純陀品第三」と巻第二「金剛身品第六」の法身思想は，「教えの本体」を表す初期仏教の用例と同じであると捉えることができる。」とする（註(4)前掲『涅槃経の研究—大乗経典の研究方法試論』，p. 241[16]）。

(33)　下田博士は，「第一類が前提とした仏塔信仰を，第二類，ことに如来蔵思想が生まれるに至って，衆生の内に「内化」したものとして捉えられる」と言う（同上，p. 291）。

(34)　Vaidya，No. 5，p. 396[20]．「菩提心は猶し盛月の如し。諸の白浄の法を悉く円満するが故に」（大正10，No. 279，p. 429c）。

(35)　dper na zla ba raṅ bshin du gnas pas so soḥi raṅ bshin du thams cad mgu bar byed pa de bshin du / de bshin gśegs pa yaṅ chos kyi sku yin bshin du thabs kyi sku dug sman gyi sdoṅ po daṅ ḥdra bar ḥdsin ciṅ sems can rnams mgu bar mdsad de / ḥjig rten thams cad ḥthun par mdsad dag gis skyes paḥi rabs stoṅ phrag maṅ po ston par mdsad do // de bas na de bshin gśegs pa ni thams cad du skye ba ston paḥi phyir skyes paḥi rabs kyi zla ba shes byaḥo //（大正12，No. 374，p. 416c．東北No. 120，tha 帙，fol. 123b[5]）.

(36)　大正12，No. 374，p. 402.

(37)　大正12，No. 353.

(38)　大正11，No. 310(48).

(39)　東北No. 92.

(40)　『勝鬘経』「顚倒真実章第十三」（大正12，No. 353，p. 222a，東北No. 92，cha 帙，fols. 273b[6]-274a[2]），『究竟一乗宝性論』への引用文は，大正31，No. 1611，p. 829b[29]．東北No. 4025，phi 帙，fol. 91a[3]にあり。

(41)　『勝鬘経』（大正12，No. 353，p. 222a），高崎直道訳「勝鬘経」（大乗仏典12『如来蔵系経典』，中央公論社，1975年，pp. 61-126）.
bcom ldan ḥdas thams cad mkhyen paḥi ye śes kyi yul daṅ / de bshin gśegs paḥi chos kyi sku ni ñan thos daṅ / raṅ saṅs rgyas thams cad kyi śes pa dag pas kyaṅ

sṅon ma mthoṅ lags so // bcom ldan ḥdas sems can rnams de bshin gśegs pa la dad pas rtag par ḥdu śes pa daṅ / bde bar ḥdu śes pa daṅ / bdag tu ḥdu śes pa daṅ / gtsaṅ bar ḥdu śes paḥi sems can de dag ni bcom ldan ḥdas phyin ci log tu ḥgyur ba ma lags te / bcom ldan ḥdas sems can de dag ni yaṅ dag paḥi lta ba can du ḥgyur ~~ba~~ lags so // de ciḥi slad du she na / bcom ldan ḥdas de bshin gśegs paḥi chos kyi sku ñid rtag paḥi pha rol tu phyin pa daṅ / bde baḥi pha rol tu phyin pa daṅ / bdag gi pha rol tu phyin pa daṅ / gtsaṅ baḥi pha rol tu phyin pa lags paḥi slad duḥo // bcam ldan ḥdas sems can gaṅ dag de bshin gśegs paḥi chos kyi sku la de rtar mthoṅ ba de dag ni yaṅ dag pa mthoṅ ba lags so // bcom ldan ḥdas yaṅ dag paḥi mthoṅ ba gaṅ lags pa de dag ni / bcom ldan ḥdas kyi sras thugs las skyes pa daṅ / shal nas skyes padaṅ / chos las skyes pa daṅ / chos kyis sprul pa daṅ / chos kyi bgo skal la spyod pa shes bgyiḥo // （東北No. 92, cha帙, fol. 273b[4]).

『宝性論』, *The Ratnagotravibhāga Mahāyānottaratantaśāstra* ed. by E. H. Johnston, D. Litt, Bihar Reserch Society, 1950, p. 30[21]. 大正31, No. 1611, p. 829b[29]. 『大宝積経実髻菩薩会第四十七』（東北No. 92, fols. 273b[5]-274a[2]. 大正12, No. 353, p. 222a. 高崎直道『宝性論』, インド古典叢書, 講談社, 1989年, pp. 54-55).

bcom ldan ḥdas ñan thos daṅ raṅ saṅs rgyas thams cad kyaṅ stoṅ pa ñid kyi ye śes kyis sṅar ma mthoṅ ba / thams cad mkhyen paḥi ye śes kyi yul de bshin gśegs paḥi chos kyi sku la phyin ci log tu gyur ro // bcom ldan ḥdas rtag par ḥdu śes pa / bde bar ḥdu śes pa / bdag tu ḥdu śes pa / gtsaṅ bar ḥdu śes paḥi sems can de daṅ de dag ni / bcomldan ḥdas kyi thugs las skyes paḥi sras lags so // bcom ldan ḥdas sems can de dag ni phyin ci log tu gyur pa ma lags te / bcom ldan ḥdas sems can de dag ni yaṅ dag par mthoṅ ba lags so // de ciḥi slad du she na / bcom ldan ḥdas de bshin gśegs paḥi chos kyi sku ñid ni / rtag phaḥi rol tu phyin pa / bde baḥi pha rol tu phyin pa / (bdag gi pha rol tu phyin pa/) gtsaṅ baḥi pha rol tu phyin paḥo // bcom ldan ḥdas sems can gaṅ dag de bshin gśegs paḥi chos kyi sku de ltar mthoṅ ba de dag ni yaṅ dag pa mthoṅ baḥo // yaṅ dag par mthoṅ ba gaṅ lags pa de dag thams cad ni bcom ldan ḥdas kyi thugs kyi sras lags so shes rgyas par ḥbyuṅ ṅo // de bshin gśegs paḥi chos kyi skuḥi yon tan gya pha rol tu phyin pa ḥdi bshi ni rgyuḥi go rims kyis go rims las bzlog ste rig par byaḥo // （東北No. 4025, phi帙, fol. 91a[2]).

(42) 東北92, cha帙, fol. 275a[3]. この経文は, 『宝性論』につぎのように引用されている。

yo'yaṃ bhagavaṃs tathāgata-garbho lokottara-garbhaḥ pratipariśuddha-garbha iti / （註(41)前掲, *The Ratnagotravibhāga Mahāyānottaratantaśāstra,* pp. 72[16]-73[1]).

(43)　高崎博士は，この文章を「世尊よ，如来蔵は真実の教えを生み出す根元（法界としての如来）の胎児，法身（としての如来）の胎児，世間的価値を超えた絶対的な（如来の）胎児，本性として清浄な胎児であります。」と訳す（註(41)前掲，高崎「勝鬘経」，p. 117参照）。
(44)　『勝鬘経』大正12，No. 353，p. 219a.
(45)　大正12，No. 353，p. 221b.
(46)　同上。
(47)　大正12，No. 353，p. 220a，p. 221c.
(48)　大正12，No. 353，p. 221c.
(49)　大正12，No. 353，p. 220c.

第8章　『楞伽経』の師資相承句と法身思想

第1節　『楞伽経』の師資相承句

『楞伽経』には，劉宋・求那跋陀羅訳『楞伽阿跋多羅宝経』四巻（大正16, No. 670），元魏・菩提流支訳『入楞伽経』十巻（大正16，No. 671），唐・実叉難陀訳『大乗入楞伽経』七巻（大正16，No. 672）の3種の漢訳[(1)]があり，求那跋陀羅訳が最も古い形を留めている。サンスクリット刊本に2種[(2)]とチベット訳も2種[(3)]あるが，チベット訳の東北No. 107は『大乗入楞伽経』七巻（大正16, No. 672）からの重訳[(4)]，他方の東北No. 108は『楞伽阿跋多羅宝経』四巻（大正16，No. 670）からの重訳であり，サンスクリットテキストは『大乗入楞伽経』七巻とよく合致する。したがって，梵・蔵・漢の3訳は揃っているものの，そのチベット訳は漢訳からの重訳である。

『楞伽経』の師資相承句の仏の真子は，勝者の子 jina-putra として頻出し，これは他の経典に見られる「仏子」の用例と同じである。

それとは異なり，「我が真子」の用例を見るものが，「総品第十八之一」[(5)]である。まずはその用例から見てみよう。

世間はただ識のみであって，人法の見は暴流の如し
じつに，このように世間を観察して転依するとき
そのとき，子はわがために成就の法に専念するものとなれ //44//

ここでの梵本の「子はわがために putro mahyaṃ」を『入楞伽経』[(6)]の重訳であるチベット訳では「わが子 ṅa yi bu」[(7)]と訳し，『大乗入楞伽経』では「我が真子」[(8)]と訳す。

この『楞伽経』の衆生観は，『勝鬘経』に見たように，すべての衆生に如来の胎児（如来蔵）が宿っていると見るものである。そこで，世間に流浪する衆

生は，すべての存在は唯だ識のみであって存在しないのに，人我と法我に執われて暴流の中に押し流されている。だが，その衆生も人法二無我を悟って転依āśraya-parāvṛttaすれば，わが自身の子となる。それを「我が真子」と捉える。

この師資相承句の「法を相続し，財を相続しない」に関して，『楞伽経』「無常品」では，古代インド唯物論のローカーヤタ lokāyatika(9)の説を挙げ，このローカーヤタには，何故に財の獲得āmiṣa-saṃgrahaはあるが，法の獲得dharma-saṃgrahaがないのか(10)を説く。世尊は，その財と法の意味について，つぎのように説く(11)。

> この中，マハーマティよ，財〔の獲得〕āmiṣa-saṃgrahaとは，何かといえば，すなわち，財とは触れられるものであり，引かれるものであり，妄執されるものであり，味わわれるものであり，下境に執着せしめ，悪見をもって二辺にいれしめ，未来の蘊を生じ，生・老・病・死・憂・悲・苦・悩・悶を生じ，後有paunarbhavikīを引く愛より生ずる等のものであり，これが，わたしと他の諸仏世尊によって，財āmiṣaといわれる。マハーマティよ，ローカーヤタの徒に恭事するものは，ローカーヤタを得て，財を獲得しても，法は獲得しないāmiṣa-saṃgraho na dharma-saṃgraho。

ここでは，財āmiṣaの獲得の内容を，「触れられるもの，引かれるもの，妄執されるもの，味わわれるもの，下境に執着せしめ，悪見をもって二辺にいれしめ，未来の蘊を生じ，生・老・病・死・憂・悲・苦・悩・悶を生じ，後有を引く愛より生ずるもの」とし，この境界がローカーヤタの境界であるとする。また，法の獲得については，つぎのように説く(12)。

> この中，マハーマティよ，法の獲得dharma-saṃgrahaとは何かといえば，すなわち，自己の心と法との無我を了解し，法と人との無我の相を見るから，分別が起こらず，〔十〕地をさらに高く高く遍知していくから，心と意と意識より離れ，一切の仏智の灌頂を得，無尽の句を得，一切法に無功用で自在であることが，法dharma〔の獲得〕といわれる。

ここでの法dharmaの獲得の内容は，「心法二無我，人法二無我，心意意識よりの解脱（離），仏智の灌頂，無尽の句の獲得，一切法に無功用で自在であること」とされ，これらがブッダの真子たちの相続すべき法であるとされる。『楞伽経』では，人法二無我，所執能執，煩悩障所知障，不滅不生，五法三自性等を悟ったものを大乗菩薩の法身であると押さえることから(13)，大乗の菩薩の学処として，これらが強調される。

この財 āmiṣa と関連させて，肉食 māṃsa-bhakṣaṇa の禁止についても，「肉食品」では，「清浄を求めるために，菩薩は肉を食うべきではない śuci-kāmatām upādāya bodhisattvasya māṃsam a-bhakṣyam」(14)と否定する。そして，「如来は〔肉を〕食べられた tathāgatena paribhuktam iti」とされる伝説について，それを正しくない中傷だとして，「肉食品」(15)の後半で，如来たちは，法を食物としているから法身であり，財を食物とする財身 āmiṣā-kāya ではないと，つぎのように説く。

> マハーマティよ，わたしの声聞と縁覚と菩薩とは，法を食物とし，財を食物としない。ましてや，如来たちはもとよりである。マハーマティよ，諸の<u>如来たち tathāgatā</u> は，法を食物として安住する<u>法身 dharma-kāyā</u> であり，<u>財身 āmiṣā-kāyā</u> ではなく，一切の財を食物として安住するものではない。

まず，ここでは如来と法身が複数形の同格で扱われ，法界に遍満する如来たちすべてに法身が蔵されていることを示す。この法身は，直接的には如来蔵を指す。

つぎに，この「如来たちは，法を食物として安住する法身であり，財を身とするものではない dharma-kāyā hi tathāgatā dharmāhārā-sthitayo nāmiṣa-kāyā」の句は，初期仏教の *Anupada-sutta* に説かれたブッダの真子たちは「法の相続者であって，財の相続者ではない dhamma-dāyādo no āmisa-dāyādo」(16)とした師資相承句の最後の句を受けたものである。

この肉食を如来が適当であると許されたとする伝説について，上記の引用文の後に，「マハーマティよ，わたしが，一切衆生を一子のように思うものであるとき，自身の子の肉を食することを声聞たちにどうして許そうか。いわんや，自身が食することをや。」(17)と，その伝承を完全に否定する。

以上見てきたように，『楞伽経』では，師資相承句の法の相続を強調しながら，財 āmiṣa の相続については，如来は法身であって財身ではないとして，『仏説大般泥洹経』[18]の「我が真子」の句とも関連させながら，肉食 āmiṣāhārā を否定している。

第2節　『楞伽経』の法身思想

1．如来の法身

つぎに，『楞伽経』の法身思想の展開へと論を進めよう。『楞伽経』の法身思想には，梵本では法身[19]，如来の法身[20]，法身の如来[21]，法性身（法性仏）dharmatā-buddha[22]，如来の意生法身 manomaya-dharma-kāya[23]，変化変化仏 nirmita-nirmāṇa-buddha[24]，変化した変化身（変化仏）[25]，報仏 buddhā vipākajā[26]，等流身 niṣyanda-buddha[27]，意生身 manomaya-kāya[28]，色身（色相）rūpa-kāya[29]，自性・受用・変化・所変化 svābhāvikaś ca saṃbhogo nirmitaṃ yaṃ ca nirmitam[30] 等の種々様々な身が挙げられている。

『楞伽経』の法身思想では，梵本第二章「三万六千一切法集品」に，菩薩摩訶薩が悟る法身を「如来の法身 tathāgataṃ dharma-kāyaṃ」を悟ると示し，その如来の法身とは五法と三自性を離れたものであるとする[31]。また，菩薩摩訶薩は，法無我を見るから，自在力ある「如来の法身」になるともいう[32]。さらには，諸々の如来がガンジス河の砂に等しいという譬喩の中に「諸々の如来の法身は，ガンジス河の砂と等しく不滅である」[33]と，法身の複数性を説く。

2．意生身と意生法身

この『楞伽経』の中には，従来の資料に見られなかった「意生法身」の用例がある。そこで，まず，「意生身」とは，どのような仏格かの考察から始めよう。『楞伽経』梵本第二章「三万六千一切法集品」[34]に，つぎのように説く。

> 第八地に住する者たちは，心と意と意識と五法と〔三〕自性と二無我の姿の転換を得るから，意生身 manomaya-kāya を獲得する。

この意生身を得る内容は，すでに見た五法，三自性，法無我を得たときに「如来の法身」を得るとされた，その如来の法身と同質のものを意生身としている。さらに見てみると，同品の「大いなる瑜伽の特質」を説く箇所につぎのように，その詳しい内容が説かれる(35)。

manomaya-kāya-saha-pratilambhena māyopama-samena samādhinā bala-vaśitābhijñāna-jñāna-lakṣaṇa-kusumitam ārya-gati-nikāya-sahajo mana iva pravartate 'pratihata-gatiḥ pūrva-praṇidhāna-viṣayān anusmaran sattva-paripākārtham /

意生身 manomaya-kāya の如幻に等しい三昧を得るとともに，力，自在，神通，智恵の相の華で飾られ，聖なる姿の種姓と倶生し，宿願の境を憶念しつつ，衆生を成熟するために，意のままに障礙されない姿を生起する。

ここでの意生身は，八地以上の菩薩摩訶薩が，衆生を成熟するための意から生起する身であるから，まさに，菩薩摩訶薩が得た如来の法身と同じ仏格である。そのことは，３種の意生身(36)の中の，第八地で諸法を幻等と破して無相を悟り，一切仏国土の集会に行く身である「法の自性を悟る意生身 dharma-svabhāva-bodha-manomaya-kāya」と，一切の仏法の自内証である安楽の相を悟る「〔聖なる〕種姓と倶生する行を作す意生身 nikāya-sahaja-saṃskāra-kriyā-manomaya-kāya」の二種身に表れている。

この「一切仏国土の集会に行く身」である八地以上の意生身を，「意生法身 manomaya-dharma-kāya」と捉える解釈が，「無常品」(37)にある。つぎにそれを見てみよう。

kiṃ tu mahāmate manomaya-dharma-kāyasya tathāgatasyaitad adhi-vacanaṃ yatra sarva-tīrthakara-śrāvaka-pratyekabuddha-saptabhūmi-pratiṣṭhitānāṃ ca bodhisattvānām aviṣayaḥ / so 'nutpādas tathāgatasyai-tan mahāmate paryāya-vacanam /

マハーマティよ，こ〔の不滅・不生という言葉〕は，如来の意生法身 manomaya-dharma-kāya の名であって，またそこでは，一切の外教と，声聞と，縁覚と，七地に住する菩薩たちの境界ではない。マハーマティよ，この〔不滅〕不生〔という言葉〕は，これは，如来の異名である。

この「不滅・不生」を悟った八地以上の「一切仏国土の集会に行く身」であり，「衆生を成熟するために，意のままに障礙されない姿を生起する」意生法身は，如来の法身の異名であり，同義語である。

では，何故に「意生法身」という言葉を『楞伽経』は使用するのであろうか。それは，この意生身が唯識思想の「唯心」と強く結びついているからだと思われる。それは，「偈頌品」の第485偈の「真如と空性の際と，涅槃と法界と種々の意生身とを，唯心であるとわたしは語る tathatā śūnyatā koṭī nirvāṇaṃ dharma-dhātukam / kāyaṃ manomayaṃ citraṃ citta-mātraṃ vadāmy aham //485//」(第三章，第31偈)(38)から傍証される。

すなわち，意生法身は，五蘊によって構成された身ではなく，意識のみで作られた身であり，肉身を離れたブッダの意識を法身と捉えた解釈である。

この意生身を，のちのアーナンダガルバの仏伝では，輪廻転生の最後身 carama-bhavika の同義語と捉えている(39)。

第3節 『楞伽経』の教えの集合体

1.『入楞伽経』「法身品」の法身思想

さらに，『楞伽経』の法身思想が，初期仏教の「教えの集合体」を意味すると指摘される，つぎの経文の用例を見てみよう(40)。

> laṅkā-puri-giri-malaye nivāsino bodhisattvān ārabhyodadhi-taraṅgālaya-vijñāna-gocaraṃ dharma-kāyaṃ tathāgatānugītaṃ prabhāṣasva //
>
> マラヤ山の楞伽城に住する菩薩たちのために，如来によって讃歎された大海の波のようなアーラヤ識の境界である法身 dharma-kāya を〔世尊は〕お説きください。

ここは，前七識と，第八識の関係を説くところである。したがって，ここでは前七識を大海原の波に喩え，その波も第八識のアーラヤ識という大海原の表面で起こっている諸の場面の一部分にすぎない。このアーラヤ識の境界の「教え」を尋ねられた答えとして，ここでは「法身」が説かれているのであるから，この法身は，「教え」を意味するものである。故に，この法身は，初期仏教から展開している，「教えの集合体」を意味する教えの用例として捉えられる。

この点については，高崎直道博士も，この法身はけっして法それ自体としての如来の本質である自性身を指すのではないと指摘する(41)。

この『楞伽経』の「教えの集合体」を意味する法身思想が，『入楞伽経』「法身品第七」に説かれている。この「法身品」は，『大乗入楞伽経』では「無常品」の中に摂せられるものであるが，『入楞伽経』以外の梵・蔵・漢のテキストには，法身という語を見出せない。

そこで，この『入楞伽経』「法身品第七」所説の法身思想を見るために，梵・蔵・漢のテキスト(42)を対比しながら考察を進める。

> atha khalu mahāmatir bodhisattvo mahāsattvo bhagavantam etad avocat / deśayatu me bhagavāṃs tathāgato 'rhan samyaksaṃbuddhaḥ sva-buddha-buddhatāṃ yenāhaṃ cānye ca bodhisattvā mahāsattvās tathāgata-svakuśalā(43) svam ātmānaṃ parāṃś cāvabodhayeyuḥ /
>
> そのとき，マハーマティ菩薩摩訶薩は，世尊につぎのように言いました。如来・応供・正等覚者である世尊は，自身の覚者たる自覚の性をわたしに説いてください。そうすれば，わたしと他の菩薩摩訶薩たちとが如来の自性であると知り，自身〔も悟り〕また他の人々をも悟らせるでしょう。

『楞伽阿跋多羅宝経』巻第四「一切仏語心品之四」(44)

> 爾時大恵菩薩白仏言。世尊。唯願為説三藐三仏陀。我及余菩薩摩訶薩。善於如来自性。自覚覚他。……。

『大乗入楞伽経』巻第五「無常品第三之余」(45)

> 爾時大恵菩薩摩訶薩復白仏言。世尊。願為我説如来応正等覚自覚性。令我及諸菩薩摩訶薩而得善巧自悟悟他。……。

この箇所に相当する『入楞伽経』巻第六「法身品第七」(46)を見ると，

> 爾時聖者大恵菩薩白仏言。世尊。如来応正遍知。惟願演説自身所証内覚知法。以何等法名為法身。我及一切諸菩薩等。善知如来法身之相。自身及他

倶入無疑。……。

とあるように，tathāgata-svakuśalā を「善知如来法身之相」と訳し，その他の箇所においても，「法身」(47)，「如来の法身」(48)，「〔如来の〕法身の相」(49)の語を補足して頻繁に訳出する。

この「法身品」の最初に「惟だ願わくば自身所証の内覚知の法を演説したまえ」とあるから，世尊の悟りの教えを説法の法とし，さらに「何等の法を以て名づけて法身と為すや」とあることから，その法も法身と捉えていることを知る。

したがって，この用例も，上記の高崎直道博士が指摘するように初期仏教の「法身」と同じである。

2．成道の地・色究竟天

つぎに，如来の法身を悟る成道の地を「色究竟天宮に昇りて，如来の常住法身を逮得せん。」(50)とする点を，少し掘り下げてみよう。というのは，密教の『大日経』と『初会金剛頂経』では，ともに毘盧遮那如来の成道の地を，色界頂に位置する色究竟天(51)とするからである。

特に金剛頂経系資料では，毘盧遮那菩薩が色究竟天で悟りを得たのち，須弥山に降りて『初会金剛頂経』を説き，ふたたび色究竟天に帰り，そこから兜率天に降りて兜率天子たちに法を説く。やがて人間界に下生する時期が近づくと，神々にどのようにして下生すればよいかを尋ね，多くの神々が下生するとき白象に化現して下生するという梵天の言葉に従って，毘盧遮那菩薩も白象に化現して釈迦族のマーヤー夫人の胎内に下生するとする(52)。

この兜率天からマーヤー夫人の胎内に下生した経緯は，すでに華厳経の「毘盧遮那の兜率天からの下生」のところで説明を終えた。

この色究竟天の記述は，華厳経には詳細に説かれなかったが，『楞伽経』には密教の仏伝と関連させながら説かれている(53)。

『楞伽経』第一章第50偈(54)には，つぎのように，マハーマティが世尊に何故に欲界で悟らずに，色究竟天で悟るのかを尋ねる。

kāma-dhātau kathaṃ kena na vibuddho vadāhi me / akaniṣṭhe kim-arthaṃ tu vītarāgeṣu budhyase //50//

〔世尊は〕いかにして，何故に欲界において正覚せずに，何のために欲望を離れた色究竟天で正覚するのですか。わたしにお話ください。

これについての直接的な答えは，回答の第93と94偈にわたって，「いかにして汝は欲界の瑜伽において正覚しないのか。色究竟天において成就があるが，その道理はいかにしてか，と汝はわたしに問う。kena yoge kāma-dhātau na budhyase //93// siddhānto hy akaniṣṭheṣu yuktiṃ pṛcchasi me katham /」(55)とのみ記すだけで，具体的な答えは述べない。その答えに関連するものを探せば，つぎの記述となる(56)。

sarva-śrāvaka-pratyekabuddha-tīrthakara-dhyāna-samādhi-samāpatti-sukhamati-kramya tathāgatācintya-viṣaya-pracāra-gati-pracāraṃ pañca-dharma-svabhāva-gati-vinivṛttaṃ tathāgataṃ dharma-kāyaṃ prajñā-jñāna-sunibadha-dharmaṃ māyā-viṣayābhinivṛttaṃ sarva-buddha-kśetra-tuṣita-bhavanākaniṣṭhālayopagaṃ tathāgata-kāyaṃ pratilabheran //

一切の声聞と縁覚と外教の禅定と三摩地と等至と安楽を超越し，如来の不可思議な境界の行相を得て働き，五法と〔三〕自性の道から離れた如来の法身を，即ち，般若と智によく結びついた性質をもち，幻の境を現成し，一切の仏国土と兜率天と色究竟天に往詣する如来〔の法〕身(57)を，得るであろう。

ここでの「般若と智 prajñā-jñāna」は，如来の法身を形容する句であり，ゴータマ・ブッダが菩提樹下で悟りを開いたときの「わたしに，眼が生じ，智恵 ñāṇa が生じ，般若 paññā が生じ，明が生じ，光明が生じた」(58)とする「智恵」と「般若」を想起させる。

また，求那跋陀羅訳『楞伽阿跋多羅宝経』巻第一(59)では，梵文最後の「一切の仏国土と兜率天と色究竟天に往詣する如来〔の法〕身 tathāgata-kāya」を「如来の常住法身」とする。

ここでのいま問題とする色究竟天とは，唯識思想と密教の仏伝に沿って，五法と三自性[60]を悟った如来の法身が受用身を顕現して悟りを示す色界頂の場所であり，また一切仏国土とは色究竟天で悟りを開いた毘盧遮那が法身の光明で照らし出す三千大千世界の仏国土であり，兜率天とは摩耶夫人の胎内に下生する前に色究竟天から降りてしばらく住した欲界の住所である。

このように見たとき，この『楞伽経』の偈頌は，密教の仏伝を意図しているように考えられる。したがって，もし『楞伽経』の偈がこの密教の仏伝を意図しているとすれば，この「一切の仏国土と兜率天と色究竟天に往詣する如来〔の法〕身」という記述は，間接的にこの偈の答えとなる。

この密教思想を誘引する『楞伽経』の記述は，これ以外にも四身説の箇所で見られる。

第4節　『楞伽経』の四身説

自性身・受用身・変化身・等流身の四身は，『入楞伽経』「偈頌品」第384偈に説かれ，これが密教の『聖位経』に引かれる。つぎに，それらを梵・蔵・漢で対比して示してみよう。

『聖位経』[61]は，金剛界曼荼羅の三十七尊の出生段を完了した直後に，つぎのように『入楞伽経』の偈頌を引く。

梵本入楞伽偈頌品に云く，

自性及受用と　　変化並びに等流との
仏徳三十六なれども　　皆な自性身に同じ
法界身を幷(あわ)せて　　総じて三十七を成ず

楞伽経系では，この四身は，求那跋陀羅訳にはなく，菩提流支訳と実叉難陀訳の2種の漢訳と，梵・蔵とに説かれる。

（梵文）svābhāvikaś ca saṃbhogo nirmitaṃ yaṃ ca nirmitam /
ṣaṭ-triṃśakaṃ buddha-gaṇaṃ buddhaḥ svābhāviko bhavet //[62]
自性と受用と変化と及び所変化の
三十六の仏の衆は自性仏である

（蔵文）raṅ bshin gyi daṅ rdsogs loṅs spyod // ḥphrul pa daṅ sphrul pa gaṅ //
sans rgyas maṅ po sum cu drug // raṅ bshin gyi saṅs rgyas yin //(63)

自性と受用と　　変化及び所変化の
三十六の仏の聚は　　自性仏である

（菩提流支訳）実体及び受仏と　　化と復た諸化を作す
仏衆三十六なれども　　是れ諸仏の実体なり(64)

（実叉難陀訳）自性及び受用と　　化身と復た現化との
仏徳三十六なれども　　皆自性の所成なり(65)

この『楞伽経』の両漢訳のうち，菩提流支訳のものは旧訳の523年訳であり，実叉難陀訳のものは新訳の704年訳出である。テキストの相違による訳語の相違は，『聖位経』と実叉難陀訳のみ「仏の衆 buddha-gaṇa」が「仏の徳 buddha-guṇa」となっている。

四種身については，旧訳の訳語の異なる菩提流支のものは別として，実叉難陀訳『大乗入楞伽経』と不空訳『聖位経』とほぼ一致するが，しかし，mirmita を「等流」と訳すのは『聖位経』のみである。ここでの等流の原語 nirmita は，のちに見る「等流仏 niṣyanda-buddha」のそれと異なるが，意味するところは同じである。

ここでの仏徳三十六とは，毘盧遮那一仏から流出した金剛界曼荼羅の三十六尊，すなわち，四仏，四波羅蜜，十六大菩薩，内外の八供養，四摂の三十六尊のことである。この三十六尊は，自性身，受用身，変化身，等流身の四身に摂せられるものであり，第三十七尊目の毘盧遮那の法界身が他の四身の所依であるから，三十六尊の仏徳（衆）はすべて法界身である毘盧遮那一仏に帰すと示されている。

この仏徳三十六尊中には，これら三十六尊を生み出した毘盧遮那は含まれていないから，そこで『聖位経』は『楞伽経』のこの偈を引いた後に，本来『楞伽経』にない上掲の「法界身を并(あわ)せて　総じて三十七を成ず」(66)の一文を追記したのである。

したがって，ここでの自性身は，後の『現観荘厳論』等で見る自性身と法身を理と智として捉える仏格ではない。むしろ，さらにのちに見る密教の五身説の阿閦如来を自性身と捉える解釈と一致する。

また，この自受用身から流れ出る等流身 niṣyanda-buddha については，『楞伽経』につぎのように説かれる。

第5節　『楞伽経』の法性仏と等流仏

1．ジュニャーナシュリーバドラとジュニャーナヴァジュラの解釈

楞伽経 *Laṅkāvatārasūtra* 所説の法性仏dharmatā-buddha(67)は，インドで作られた11世紀頃の2種の注釈書に詳しい。その1つは，密教的立場に立つジュニャーナシュリーバドラ Jñānaśrībhadra の *Āryalaṃkāvatāravṛtti*(68)であり，もう1つは顕教の立場に立つジュニャーナヴァジュラ Jñānavajra の *Āryalaṃkāvatāra nāma mahāyānasūtra-vṛtti-tathāgata-hṛdayālaṃkāra nāma*(69)である。

ジュニャーナシュリーバドラは，カシミール出身の顕密兼修の学者で，密教に関しては，『初会金剛頂経』*Sarvatathāgatatattvasaṃgraha nāma mahāyānasūtra*(70)とその釈タントラである *Vajraśekharamahāguhyayogatantra*(71)などに造詣が深い。彼の金剛頂経系思想に軸足を置いた『楞伽経』の法性仏 dharmatā-buddha と等流仏 niṣyanda-buddha の解釈は，『楞伽経』と密教の法身解釈を理解する上で極めて重要である。

もう一方のジュニャーナヴァジュラは，顕教の学者で，ジュニャーナシュリーバドラの注釈を参照し，誘引し，論駁しながら，自らの注釈を著している(72)。

この両者の注釈中には，いま問題とする仏身説に関する解釈の相違が見られる。そこで，ここでは，このインドの両注釈者の『楞伽経』に対する解釈を見ながら，11世紀に密教と顕教の両者の立場の解釈が，どのように異なっているかを検討してみよう。

2．法性仏と等流仏のジュニャーナシュリーバドラの解釈

『楞伽経』第二章「三万六千一切法集品」(73)の梵本に，つぎのようにいう。

tad-yathā mahāmate ālyavijñānaṃ sva-citta-dṛṣya-deha-pratiṣṭhā-bhoga-viṣayaṃ yuga-pad vibhāvayati evam eva mahāmate niṣyanda-buddho yugapat sattva-gocaraṃ paripācyākaniṣṭha-bhavana-vimānālaya-yogaṃ yoginām arpayati / tad-yathā mahāmate dharmatā-buddho yugapat niṣyanda-nirmāṇa-kiraṇair virājate / evam eva mahāmate praty-ātmārya-gati-dharma-lakṣaṇaṃ bhāvābhāva-kudṛṣṭi-vinivartanatayā yugapad virājate //

たとえば，マハーマティよ，アーラヤ識が自心所現の身と依所と受用の境を一時に顕現するように，正にそのようにマハーマティよ，等流仏 niṣyanda-buddha も一時に有情の境界を成熟して，色究竟天宮の楼閣宮殿でなされる瑜伽に諸の瑜伽者を住させる。たとえば，マハーマティよ，法性仏 dharmatā-buddha が一時に等流・変化の諸の光線をもって niṣyanda-nirmāṇa-kiraṇair 光り輝くように，正にそのようにマハーマティよ，聖なる自内証の法の相もまた，有と無の悪見を捨離することによって一時に光り輝く。

この経文中の法性仏と等流仏の関係を，密教の金剛頂系経軌の立場に立って釈しているのが，ジュニャーナシュリーバドラのつぎの釈(74)である。

たとえば，アーラヤ識という等において，身と依所と受用の境は，身と地と眼等の智のそれらの所知を一時に生起する。

等流仏という等は，現覚した無二の相から立ち上がって，意の顕現を受用する毘盧遮那 Vairocana の身から等流・変化の身 rgyu ḥdra ba sprul paḥi sku が生じて，境に住して善良な衆生たちに種々の法を説いて一時に成熟し，色究竟天宮の楼閣宮殿に毘盧遮那を顕現し，そこで瑜伽を行じている彼らに，聞と思と修等の三摩地を得た者たちをもって〔加持して〕住させる。

瑜伽を行じるとは，光明のあるものと，光明のないものとの２つの瑜伽を

密意されていると分別すべきである。

法性仏は，無二の菩提の三摩地身から立ち上がり，光明を有する三摩地に入った毘盧遮那の身として，等流の変化身の諸の光線をもって rgyu daṅ ḥdra baḥi sprul paḥi skuḥi ḥod zer rnams kyis 光り輝く。光り輝きたもうから毘盧遮那という。

聖なる自内証の相というは，無二を了悟した自性法身 raṅ bshin gyi chos kyi sku であって，灯明の如く光り輝く自性である。

どのようにまた，自内証の相が自性 raṅ bshin であられるかというと，それ故に述べられたのが，有と無の悪見を捨離してというものである。正しく広大な般若波羅蜜多から生じたものは，実体として分別されるものではない。無実体であるけれども，また無でもない。即ち，何故かとならば，実体と（言い），無実体と（いえども）同じことであるから。その者の過去の誓願力によって，有情の利をなすことは計り知れない。

3．法性仏と等流仏のジュニャーナヴァジュラの解釈

これに対するジュニャーナヴァジュラの釈では，法性仏と等流仏について，つぎのように釈す(75)。

マハーマティよ，たとえば，という等をもっては，特に三身の自性仏たち sku gsum gyi bdag ñid kyi saṅs rgyas rnams の教説に入る差別を示す。即ち，その中，等流仏は受用身 loṅs spyod rdsogs paḥi sku(76)であって，界と智が無差別の自性たる法身の因から生じたものである。即ち，それはまた，極微塵が集まった自性身 bdag ñid kyi sku ではなくて，智の自性 ye śes kyi bdag ñid であるから，等流という。

彼は所化の十地の菩薩たちに大乗の甚深の義を一時に示す門から成熟される方であって，正しく所対治の方分を捨て，また正しく能対治の知を生じることとなったことが成熟であると，十地の賢者が言われているから。

それはまた，正しく *Ārya-saṃdhinirmocana nāma mahāyānasūtra*(77)等の中に，この甚深なる法門が示されたとき，七万五千の菩薩たちによって，無

生法忍が得られたといい，あるいは大瑜伽の作意が得られた云々といわれる如くである。

色究竟宮殿と楼閣 ḥog min gyi pho braṅ daṅ gshal med khaṅ で〔法〕門を悟ったことにも一般と殊勝があって，以上の如き殊勝な場所で顕現する。瑜伽に行者を住せしめるという義は，無礙に等入することである。即ち，

究竟じて堅固に住し　　現覚して仏地において
法の主と自身がなりて　　堅固な衆会輪で仏子をともない
法の主として光り輝く

というなど，*Ārya-ghanavyūha nāma mahāyāna-sūtra*(78)の中に釈されているように，受用身がその仏子となった地に安住するのである。

さらにまた，マハーマティよ，という等をもっては，法身の自性仏 chos kyi skuḥi raṅ bshin gyi saṅs rgyas と，その等流の因となった，道によって摂せられた自内証の智は，次第に２つの色身を顕現して，衆生の利をなされるものであり，二辺における一切の見を一時に捨離する門から光り輝いて荘厳なされている。

この両者の釈中では，まず法性仏 dharmatā-buddha の釈の検討から論を進める。

4．法性仏としての毘盧遮那と大毘盧遮那

法性仏の解釈において，ジュニャーナシュリーバドラは，法性仏とは，「無二の菩提の三摩地身から立ち上がり，光明を有する三摩地に入った毘盧遮那の身として，等流の変化身の諸の光線をもって光り輝く」仏格であり，それはまた，有と無の悪見を捨離した聖なる自内証の相であり，「無二を了悟した自性法身」であって，「灯明の如く光り輝く自性」であるという。

この毘盧遮那の解釈は，『初会金剛頂経』の注釈者たちが挙って釈す大毘盧遮那の仏格と一致する(79)。この毘盧遮那とは，色究竟天の宮殿で九億九千万の菩薩たちとともに住している色身の受用身が，三摩地に住して法身を証得し，その三摩地から立ち上がり，金剛薩埵をはじめとする各々の三摩地に入り，金

剛界の諸如来を出生する。この出生する毘盧遮那の功徳が，他の菩薩たちより勝れているから，大毘盧遮那 Mahā-vairocana といわれる。この大毘盧遮那の仏格が，今ジュニャーナシュリーバドラの言う光明を有する三摩地に入った法身毘盧遮那と一致するのである。

さらに，この仏格をジュニャーナシュリーバドラが，「自性法身」raṅ bshin gyi chos kyi sku と捉え，この仏格に理智の性格を含ませている解釈は，『聖位経』等の四種法身中の自性法身に直結するものと言っても過言ではない(80)。

この点をジュニャーナシュリーバドラが「法身 chos kyi sku」とか，「自性身 bdag ñid kyi sku」とか，「界と智が無差別の自性たる法身 dbyiṅs daṅ ye śes dbyer med paḥi bdag ñid chos kyi sku」とする表現は，理智の解釈に通じる。

また，ジュニャーナヴァジュラは，この法性仏等の「特に三身の自性仏たちの教説に入る差別を示す」の三身を法性身（＝法身），等流身（＝受用身），変化身の三身として，２種の色身を受用身（等流身）と変化身であるとする。

以上の点について，まず，ここで明確にしておかねばならないのは，ジュニャーナシュリーバドラの法性仏の解釈が，三身説を表に出さず，密教の金剛頂系経軌の立場に立って毘盧遮那の仏格で捉えている点と，ジュニャーナヴァジュラの解釈が，三身説を表に出し，顕教の立場から釈している点の相違である。しかし，この両者がともに，法性仏に理智を含ませている点は見逃してはならない。

５．等流と変化の両者の解釈

さらに，これに関連する等流仏の解釈において，両者に解釈の相違が見られる。その相違とは，「等流・変化の諸の光線をもって niṣyanda-nirmāṇa-kiraṇair」のコンパウンド compound をどのように解し得るかの点である。この点をまず，漢・蔵の翻訳者たちがどのように解しているかの点から検討しよう。

tad-yathā mahāmate dharmatā-buddho yugapan niṣyanda-nirmāṇa-kiraṇair virājate evameva mahāmate pratyātmārya-gati-dharma-lakṣaṇaṃ bhāvābhāva-kudṛṣṭi-vinivartanatayā yugapad virājate //[81]

たとえば，マハーマティよ，法性仏が一時に等流・変化の諸の光線をもって光り輝くように，まさにそのようにマハーマティよ，聖なる自内証の法の特相も，有と無の悪見を捨離することによって一時に光り輝く。

劉宋・求那跋陀羅訳『楞伽阿跋多羅宝経』[82]（大正16，No. 670）

譬如法仏所作依仏光明照曜。自覚聖趣亦復如是。彼於法相有性無性悪見妄想。照令除滅。

大正16，No. 670からの蔵訳[83]

dper na chos ñid kyi saṅs rgyas kyi rten gyi saṅs rgyas ston ciṅ ḥod zer gyis rnam par mdses so // raṅ gis rig pa ḥphags paḥi tshul yaṅ de bshin te / des chos kyi mtshan ñid la dṅos po yod pa daṅ / dṅos po med paḥi lta ba ṅan paḥi rnam par rtog pa rab tu sel bas rnam par mdses so //

たとえば，法性仏の依止する仏は説法しつつ光明によって光り輝くように，聖なる自内証の理趣もまたその如くであって，それによって法の特相に対する有と無の悪見の妄想を捨離して光り輝く。

元魏・菩提流支訳『入楞伽経』[84]（大正16，No. 671）

大恵。譬如法仏報仏放諸光明。有応化仏照諸世間。大恵。内身聖行光明法体。照除世間有無邪見。亦復如是。

唐・実叉難陀訳『大乗入楞伽経』[85]（大正16，No. 672）

譬如法仏頓現報仏及以化仏。光明照曜。自証聖境亦復如是。頓現法相而為照曜。令離一切有無悪見。

大正16，No. 672からの蔵訳[86]

blo gros chen po ḥdi lta ste / chos ñid kyi saṅs rgyas ni gcig char rgyu ḥdra ba daṅ / sprul paḥi ḥod zer gyis rnam par mdses so // de bshin du blo gros chen po ḥphags pa so so raṅ rig paḥi chos kyi mtshan ñid kyaṅ yod pa daṅ / med paḥi lta ba ṅan pa rnam par bzlog pas gcig char rnam par mdses so //

マハーマティよ，たとえば，法性仏が一時に等流と変化の光線をもって光り輝くように，そのようにマハーマティよ，聖なる自内証の法の特相も，有と無の悪見を捨離することによって一時に光り輝く。

これら漢蔵の翻訳においては，大正16，No. 672は「報仏と及び化仏の光明を以て」と訳し，この漢訳からの重訳である蔵訳も「等流と変化の光線をもって」と訳し，この「niṣyanda-nirmāṇa-kiraṇair」を dvaṃdva の compound に解している。

これに対するジュニャーナヴァジュラの注釈は，蔵訳本（東北No. 107，北京No. 775）の経文に合わせて翻訳されているから，翻訳上は，dvaṃdva の compound と受けとれるし，内容面からいっても，dvaṃdva と解してよいであろう。この点は，以下の彼の三身釈(87)によっても窺われる。すなわち，

さらにまた，マハーマティよ，〔法性仏が一時に等流・変化の光線をもって光り輝くように〕という等をもっては，法身の自性仏と，その等流の因となった，道によって摂せられた自内証の智は，しだいに２つの色身（等流身と変化身）を顕現して衆生の利をなし得るものであり，また二辺における一切の見を一時に捨離する門から，光り輝いて荘厳なされているものである。

と，法性仏（法身）が等流身 niṣyanda と変化身 nirmāṇa の二身を顕現するとして dvaṃdva の compound に解している。

これに対して，ジュニャーナシュリーバドラは「等流の変化身の光線をもって」(88)と，つぎのように tat-puruṣa の compound に解する。

第６節　ジュニャーナヴァジュラの論駁

この点に関して，ジュニャーナヴァジュラは，後の如く論駁するのであるが，その論駁の焦点となるジュニャーナシュリーバドラの「等流の変化身の光線をもって」という tat-purṣa の compound の釈(89)をここでもう１度見ておきたい。

等流仏 niṣyanda-buddha という等は，現覚した無二の相から立ち上がっ

て，意の顕現を受用する毘盧遮那の身から①等流・変化の身 rgyu ḥdra ba sprul paḥi sku が生じて，境に住して善良な衆生たちに②種々の法を説いて一時に成熟し……（中略）。

法性仏は，無二の菩提の三摩地身から立ち上がり，光明を有する三摩地に入った毘盧遮那の身として，③等流の変化身の諸の光線をもって rgyu daṅ ḥdra baḥi sprul paḥi skuḥi ḥod zer rnams kyis 光り輝く。光り輝きたもうから毘盧遮那という。

この釈の中，①，③と②に対し，以下の如くジュニャーナヴァジュラは論駁する。

マハーマティよ，法性の〔仏〕という等をもっては，戯論を離れた法身が，御口や御歯等の様相を顕して，言葉をもって知らしめるもの(90)を顕す門から説法することは正しくない。そうであれば，その加持をもって諸の菩薩たちに真如の悟りを顕す門から示すとすべきである。

マハーマティよ，変化したものからさらに変化した〔仏〕nirmita-nirmāṇa という等は，変化身が釈する方法を示す。その所化は種々の衆生であって，種々の乗を示す。すなわち，いわゆる天乗と梵天乗という等として以下に示した如くである。それ故にジュニャーナシュリーバドラ・アジャリが，①等流身とは，変化身であって，そ〔の変化身〕が受用身に依止して，その因と等しい〔三十二〕相と〔八十〕種好等の相を顕すというのは，正しくない。

すなわち，③等流仏の釈はすでに示したように，殊勝な所化に三自性の真実である大乗の義を示したのに対し，②変化身の釈は，種々の乗といわれているからである(91)。

この論駁は，唯識説の受用身を等流身に当てる解釈と，変化身を初地以下の者たちに天乗等の種々の乗を示す仏格に当てる解釈に拠っている。

この解釈の相違は，『初会金剛頂経』(92)の以下の経文の解釈によっている。

大悲毘盧遮那は，九億九千万の菩薩たちとともに色究竟天王の宮殿に住し，〔彼によって〕ガンジス河の砂の数ほどの如来をもまた閻浮提に顕現し，また，〔彼ら〕無量の如来たちもまた各々の如来身から無量無数の仏国土を顕現し，そして，それら諸の仏国土で，これと同じ法の理趣をお説きになられていた。(要旨)

この経文中の閻浮提に顕現された諸如来たちを仏身説中の何身で捉えるかが，いま問題である。

ジュニャーナヴァジュラが論駁している経文の箇所では，それを変化身に当てる。そこで，梵文『楞伽経』巻二の経文を挙げ，それに対する2人の注釈文を挙げて，ここでの法性仏等の理解を掘り下げたい。

この箇所の完全な経文の梵・蔵・漢・和を挙げてみると，以下の如くである。

punar aparaṃ mahāmate dharmatā-niṣyanda-buddhaḥ sva-sāmānya-lakṣaṇa-patitāt sarva-dharmāt sva-citta-dṛśya-vāsanā-hetu-lakṣanopanibaddhāt parikalpita-svabhāvābhiniveśa-hetukāt tadātmaka-vividha-māyāraṅga-puruṣa-vaicitryābhiniveśānupalabdhito mahāmate deśayati //

さらにまた，マハーマティよ，法性・等流仏は，自と一般のあり方（相）に視点を置いた一切の法であり，自心から顕れ出たという観念の原因と相との結びつきであり，遍計所執性に執着することから生ずるものであるから，マハーマティよ，その無我である種々様々な幻の支分に対する人々の多種の執着が不可得であると説く(93)（以下梵文省略)。

さらにまた，マハーマティよ，依他起性への執着から，遍計所執性を生起する相が生ずる。たとえば，草・枝木・叢林・蔓草を使って，幻術と明呪と人とを合わせて，一切衆生の姿をした幻術師の像を，一人の衆生の身体として生起し，種々様々に分別し分別されたものとして顕現する。そのように顕現されながら，しかも，マハーマティよ，それ自体は存在しない。まさにそのように，マハーマティよ，依他起性においても，遍計所執性における種々様々に分別して〔生じる〕様々な相が顕現する(94)。

事物を分別して相に執着する習気のために分別させられるとき，マハーマティよ，遍計所執性の相となる。マハーマティよ，これが，等流仏の説法である。マハーマティよ，しかし，法性仏は，心の自性の相から離れ，聖なる自内証の境界に住するのである(95)。

しかし，マハーマティよ，変化したものからさらに変化した仏は，施・戒・定〔忍〕・三摩地と心・般若・智・蘊・界・処・解脱・識の相の差別をなし，外道の見解によっても，無色〔定〕の次第の相を説示する。

さらに，マハーマティよ，法性仏は，所縁とならず，所縁から離れ，一切の作用と感覚器官と知識の相より離れ，愚童・声聞・縁覚・アートマンの相の執着にとらわれる外道の領域ではない。

それゆえに，実にマハーマティよ，聖なる自内証の勝れた相において，瑜伽がなされねばならないし，また汝は，自らの心相の顕現から離れる見解によっても，なさねばならない(96)。

これに対するジュニャーナシュリーバドラの釈(97)は，つぎのように注釈する。

法性と等流仏 dharmatā-niṣyanda-buddha（chos ñid ḥdra bar ḥbyuṅ baḥi saṅs rgyas）は無二の三摩地から立ち上がった一切智者が，光明を具す三摩地に入られて，自と一般の相に対し諸の悟った殊勝を示す。

一切法のということと関連する。その中，自相とは堅と湿等である。一般の相とは無常等であって，それらの殊勝である。

（中略）

これは〔等流仏の教説である〕というのは，諸の分別等をもって釈されたものであって，光明を有する三摩地身の語の広大な分別が，その法身の御事業に生じるということと，謂く，法性仏はという等であって，その中，心の自性の相を離れとは，身と受用と依所に顕現するアーラヤ識にして，二の相を離れたものである。

聖なる自内証の行境に住すとは，無顕現にして，無二の智を悟ったまま立ち上がった智の意識であって，灯明の如く自身が自ら顕現する自性であり，決定して入る智であり，如実知の自性であり，無二であり，総じて語義の相に境なき無二の相であるというものに住す。自内証の了悟したものが，その行境であり，境であって他のものではないと転ずべきであるといわれる。

以上の如く，法身の瑜伽を正しく悟ることは，受用身の御事業に住してと示されたが故に，神変をもって化作する身の御事業に住したもう方はとは，変化したものからさらに変化した〔仏〕nirmita-nirmāṇaということ等であって，施をはじめとする波羅蜜と，解脱と，蘊と界と処等の法を釈したもう。

（後略）

これに対するジュニャーナヴァジュラの釈(98)では，つぎのように注釈する。

さらにまた，マハーマティよ，〔法性と等流仏は〕という等をもっては，法性仏たる法身の自性と等しくなったchos ñid kyi saṅs rgyas chos kyi skuḥi ṅo bo ñid daṅ ḥdra bar byuṅ ba受用身仏loṅs spyod rdsogs paḥi skuḥi saṅs rgyasの釈に入る方法を明らかに示す。すなわち，その義は，聖なる〔十〕地に住する諸の菩薩たちに三自性を開示すると明白に述べられたものである。

その中，ここでの経文の義は，等流仏が示すという以下のものと関連させるべきである。

（中略）

マハーマティよ，法性の〔仏〕という等をもっては，戯論を離れた法身が，御口や御歯等の様相を現して，言葉をもって知らしめるものを現す門から説法することは正しくない。そうであれば，その加持をもって諸の菩薩たちに真如の悟りを現す門から示すとすべきである。

マハーマティよ，変化したものからさらに変化した〔仏〕nirmita-nirmāṇaという等は，変化身が釈する方法を示す。その所化は種々の衆生であって，種々の乗を示す。即ち，いわゆる，

天乗と梵天乗なり

という等として，以下に示す如くである。

それ故に，ジュニャーナシュリーバドラ・アジャリが，等流とは変化身で

あって，そ〔の変化身〕が受用身に依止して，その因と等しい〔三十二〕相と〔八十〕種好等の相を顕わすというのは，正しくない。
即ち，等流仏の釈は，すでに示したように，〔十地に住する〕殊勝な所化のものに三自性の真実である大乗の義を示したのに対し，変化身の釈は，〔初地以前のものに〕種々の乗を〔示す〕といわれているからであると。

この両者の釈の中，すでに触れたように，ジュニャーナシュリーバドラは，この箇所の経文に三身が説かれたものとは解していない。すなわち，法性仏とは法身から流出された三十二相と八十種好を有する受用身であり，この受用身は法身を証得したものである。したがって，ジュニャーナシュリーバドラは毘盧遮那をこの受用身と解し，本質的には法性身や法身と等同であると捉える。それ故に，この法身を得た毘盧遮那は，三摩地から立ち上がり，光明を有する三摩地に入り直し，智恵の光を流出して衆生を救済する仏格である。

この点を金剛頂系経軌では，毘盧遮那が，五相成身観を修した後に，まず十六大菩薩の各々の三摩地に入り，一尊一尊を出生してゆく次第と一致する。その十六大菩薩の金剛薩埵の出生段では，毘盧遮那が，金剛薩埵を出生する三摩地に入り，「Vajrasattva よ」と唱えると，毘盧遮那の胸にある月輪の上の五股金剛杵が金剛薩埵の姿になる。その金剛薩埵は光り輝いて全身から諸仏を流出して法界に遍満し，所化の衆生を利益し終わって，もとの金剛薩埵の中に還る。そして最後に決められた曼荼羅の阿閦如来の正面に住して，金剛薩埵の出生段は完了する。このパターンが，残りの十五菩薩すべての出生段にも適用される。

この場合の諸仏が加持によって流出する智のエネルギーが光明であるが，これを受用身とも変化身ともせず，ただ，法性と等しくなった仏 chos ñid ḥdra bar ḥbyuṅ baḥi saṅs rgyas として説明されているのが，等流仏 niṣyanda-buddha の概念である。

したがって，彼（か）のジュニャーナシュリーバドラは，法身の瑜伽を悟るのは，受用身の御事業に住してであると示すだけで，変化身が法身の瑜伽を悟った受用身（法性仏）から流出されたとは言っていないのである。

故に，変化身は，受用身と同じく，法身を証得し，変化法身として光明を有する三摩地に入り光り輝く。この場合の光り輝く光明も変化身が法身を得たものから流出された等流仏 niṣyanda-buddha であり，それが神変をもって化作する nirmita-nirmāṇa 仏と解せられているのである。

してみると，ジュニャーナシュリーバドラが「niṣyanda-nirmāṇa-kiraṇair」を「等流の変化〔身〕の諸の光線をもって」と tat-puruṣa に解したのは，以上のような思想的背景があったからであり，けっしてジュニャーナヴァジュラが言っているように，ジュニャーナシュリーバドラは等流が三身中の変化身であるとは言っていないのである。

すなわち，ジュニャーナシュリーバドラは，ある仏格の仏が三摩地に入って光り輝くその光が，niṣyanda であると言っているにすぎない。したがって，受用身にも，変化身にも，輝ける光明としての等流 niṣyanda があるのであって，それらをすべて等流仏 niṣyanda-buddha と見なしているのである。

この点はジュニャーナヴァジュラが，『摂大乗論』(99)等が等流 niṣyanda を受用身 saṃbhoga-kāya のシノニムと解するよりも１歩進めて，niṣyanda の本来的な意味である「因と等しきもの」「生み出すものと生み出されたものは同質である」という概念に立ち返り，ここでは自性身（法身）からの２種の色身に流出仏 niṣyanda を当てている点が，ジュニャーナシュリーバドラの密教的解釈であるといえる。

以上の点を，図で表すと，つぎのようになる。

等流身｛受用・変化身からの流出仏―ジュニャーナシュリーバドラの解釈
　　　　受用身　　　　　　　　　―ジュニャーナヴァジュラの解釈

このように，自性身から流出された受用身と変化身を等流 niṣyanda としたのは，『大智度論』で見た受用身や変化身から法身や変化身という異類身を生み出すことができないとした思想的背景を受けて，ジュニャーナシュリーバドラは二身それぞれから流れ出る仏格は，ともに等流身であるとされたのである。

この等流仏 niṣyanda-buddha 思想が，インドの『聖位経』をはじめとする金剛頂系経軌の思想(100)に受け継がれている。このことは，11世紀頃の２人の『楞伽経』の注釈と『聖位経』の四種法身の解釈を絡めて考え合わせるとき，

『楞伽経』の法性仏や等流仏の思想が，密教の法身思想と早くから関連していたことを知る(101)。

以上のように，インドの2人の学者による『楞伽経』の解釈を見てきたが，その解釈には，顕教と密教の立場の相違がかなり顕著に表われていることが理解された。それとともに，『楞伽経』のジュニャーナシュリーバドラの解釈が，金剛頂経系の密教と非常に近いことを知り得た。

註

（1） 大正16，No. 670，No. 671，No. 672.

（2） *The Laṅkāvatāra Sūtra* ed. by BUNYIU NANJIO, M. A. (OXON.), D. Litt, Kyoto, 1956. *Laṅkāvatārasūtram* ed. by Dr. P. L. Vaidya, Buddhist Sanskrit Text, No. 3, Mithila Institute, 1963.

（3） 東北No. 107，No. 108.

（4） laṅ kar gśegs pa rgya las bsgyur ba bam po bcu gcig / laṅ kar gśegs pa rin po cheḥi mdo las saṅs rgyas thams cad kyi gsuṅ gi sñiṅ poḥi leḥu ḥgos chos grub kyis rgya las bsgyur ba bam po brgyad /

チベット訳『楞伽経』（東北No. 107）は，漢訳（大正16，No. 672）から翻訳した十一巻本と，『入楞伽宝経』中，一切諸仏の言葉の心髄の章をグー ḥgos の法成 chos grub が漢訳（大正16，No. 670）から翻訳した八巻本（東北No. 108）（*THE COLLECTED WORKS OF BU-STON*, part 24, (WA), fol. 148a[6]）とがある。

（5） lokaṃ vijñapti-mātraṃ ca dṛṣṭy aughaṃ dharma-pudgalam /
vibhāvya lokam evaṃ tu parāvṛtto yadā bhavet /
tadā putro bhaven mahyaṃ niṣpanna-dharma-vartakaḥ //44//
(NANJIO, *The Laṅkāvatāra Sūtra*, p. 270).

（6） 但心如是見　我法如瀑水　観世間如是　爾時転諸心　乃是我真子　成就実法行（大正16，No. 671，p. 566b）。

（7） ḥjig rten de ltar rnam bsgoms nas // nam shig śin tu gyur pa na // de tshe ṅa yi bu yin te // rdsogs paḥi chos rnams rab ston pa //（東北No. 107，ca帙，fol. 160b[4]).

（8） 大正16，No. 672，p. 625.「如是諸世間　惟有仮施設　諸見如暴流　行於人法中　若能如是知　是則転所依　乃為我真子　成就随順法」。

（9） ローカーヤタについては，佐藤任訳『ローカーヤタ・古代インド唯物論』(同刊行会，1978年)，pp. 14-52参照。本書には，この『楞伽経』の引用文についての言及はない。

(10) NANJIO, *The Laṅkāvatāra Sūtra*, p. 179. 安井広済訳『梵文和訳　入楞伽経』(法藏館, 1976年), p. 163。

(11) tatrāmiṣaṃ mahāmate katam advadutāmiṣam āmṛśam ākarṣaṇaṃ nirmṛṣaṃ parāmṛṣṭiḥ svādo bāhya-viṣayābhiniveśo 'ntadvaya-praveṣaḥ kudṛṣṭyā punaḥ skandha-prādurbhāvo jāti-jarāvyādhimaraṇa-śoka-parideva-duḥkha-daur-manasyopāyāsa-pravṛttis tṛṣṇāyāḥ paunarbhavikyā ādiṃ kṛtvāmiṣam idam ity ucy-ate mayā cānyaiś ca buddhair bhagavadbhiḥ / eṣa mahāmate āmiṣa-saṃgraho na dharma-saṃgraho yaṃ lokāyatikaṃ sevamāno labhate lokāyatam // (NANJIO, *The Laṅkāvatāra Sūtra*, pp. 179-181. 安井訳『梵文和訳　入楞伽経』, pp. 163-164).

(12) tatra mahāmate dharma-saṃgrahaḥ katamo yaduta svacitta-dharma-nairātmya-dvayāvabodhād dharma-pudgala-nairātmya-lakṣaṇa-darśanād vikalpasyāpravṛttir bhūmy-uttarottara-parijñānāc citta-mano-manovijñāna-vyāvṛttiḥ sarva-buddha-jñānābhiṣeka-gatir anadhiṣṭhā-pada-parigrahaḥ sarva-dharmānābhoga-vaśavartitā dharma ity ucyate (NANJIO, *The Laṅkāvatāra Sūtra*, p. 180[14]).

(13) ibid.,「法無我」(p. 70, p. 234),「不滅」(p. 232),「煩悩障, 所知障」(p. 241),「五法三自性」(p. 51) 等。

(14) dharmāhārā hi mahāmate mama śrāvakāḥ pratyekabuddhā bodhisattvāś ca nāmiṣāhārāḥ prāg eva tathāgatāḥ / dharma-kāyā hi mahāmate tathāgatā dharmāhāra-sthitayo nāmiṣa-kāyā na sarvāmiṣāhāra-sthitayo (ibid., p. 246[10])

(15) ibid., p. 255, 安井訳『梵文和訳　入楞伽経』, pp. 231-2.

(16) *MN.*, vol. Ⅲ, *Anupada-sutta*, p. 29.

(17) so ahaṃ mahāmate sarva-sattvaika-putraka-saṃjñī saṃ katham iva sva-putra-māṃsam anujñāsyāmi paribhoktuṃ śrāvakebhyaḥ kuta eva svayaṃ paribhoktum (NANJIO, *The Laṅkāvatāra Sūtra*, p. 256).

(18) 汝は謂く如来は此の食を食するや。如来は法身にして穢食する身に非ず。爾の時, 世尊は文殊師利に告たまわく。純陀の所説は真実の説なりと (大正12, No. 376, p. 860b. 東北No. 120, tha 帙, fol. 26a[3]等)。

(19) ibid., *The Laṅkāvatāra Sūtra*, p. 22, p. 43, p. 134, p. 142等.

(20) ibid., p. 51, p. 232, p. 255等.

(21) ibid., p. 70.

(22) ibid., p. 56, p. 57, p. 93, p. 241等.

(23) ibid., p. 192.

(24) ibid., p. 3, p. 28, p. 34, p. 56, p. 57, p. 93, p. 241, p. 283等.

(25) ibid., p. 120, p. 240等.

(26) ibid., p. 28, p. 34, p. 283等.

(27) ibid., p. 56, p. 57, p. 283等.

(28) ibid., p. 81, p. 136, p. 153等.

(29) ibid., p. 73, p. 142等.

(30) ibid., p. 314.

(31) 〔bodhisattvānāṃ mahāsattvānāṃ〕 ……tathāgataṃ dharma-kāyaṃ…… pañcadharma-svabhāva-gati-vinivṛttaṃ tathāgataṃ dharma-kāyaṃ 〔pratilabheran〕 (ibid., p. 51).

(32) ibid., p. 70, p. 134.

(33) ibid., p. 232.

(34) aṣṭamyāṃ bhūmau sthitāḥ citta-mano-manovijñāna-pañca-dharma-svabhāva-nairātmya-dvaya-gati-parāvṛtty-adhigamān manomaya-kāyaṃ pratilabhante // (ibid., p. 81[3]).

(35) ibid., p. 81.

(36) 三種の意生身とは，第三地から第五地における「三昧の安楽に入る意生身 samādhi-sukha-samāpatti-manomaya-kāya」と，第八地で諸法を幻等と破して無相を悟り，一切仏国土の集会に行く身である「法の自性を悟る意生身 dharma-svabhāva-bodha-manomaya-kāya」と，一切の仏法の自内証である安楽の相を悟る「〔聖なる〕種姓と倶生する行作の意生身 nikāya-sahaja-saṃskāra-kriyā-manomaya-kāya」とである（ibid., p. 136. 安井訳『梵文和訳　入楞伽経』, pp. 123-124参照)。

(37) NANJIO, *The Laṅkāvatāra Sūtra*, pp. 136-137. 大正No. 672, p. 607b. チベット訳は，意生身を「yid kyi lus」と訳す（東北No. 107, ca 帙, fol. 109b[1])。

(38) NANJIO, *The Laṅkāvatāra Satra*, pp. 365[18]-6[1], p. 154[1].

(39) 東北No. 2510, li 帙, fol. 38a[6]-38b[2].

(40) NANJIO, *The Laṅkāvatāra Sūtra*, pp. 43[17]-44[1]. 安井訳『梵文和訳 入楞伽経』, p. 40参照。高崎直道『楞伽経』, 大蔵出版, 1980年, p. 102参照。『楞伽阿跋多羅宝経』巻第一「一切仏語心品第一之一」「楞伽国の摩羅那山の海中を住処とする諸の大菩薩の為に，如来の歎ずる所の海浪のごとき蔵識の境界たる法身を説きたまえ。」(大正16, No. 670, p. 484a. 東北No. 108, ca 帙, fol. 201a[6]),『入楞伽経』巻第二「集一切仏法品第三之一」「為楞伽城摩羅耶山大海中諸菩薩。説観察阿梨耶識大海波境界。説法身如来所説法故。」(大正16, No. 671, p. 523a),『大乗入楞伽経』巻第二「集一切法品第二之二」,「唯願如来為此山中諸菩薩衆。随順過去諸仏。演説蔵識海浪法身境界。」(大正16, No. 672, p. 594b)。

(41) 「この「法身」は「教えの集合体」ということで,「法門」というのとほとんど同義ではないかと思われる。もしそれがいいすぎならば，アーラヤ識の転変としての一切法の世界といういみで「法界」というのと同義と考えてもよい。決して如来の法身,つまり法それ自体としての如来（如来の本質，自性身）をさすのではない」（註(40) 前掲，高崎『楞伽経』，p. 102^{4}）。

（42） NANJIO, *The Laṅkāvatāra Sūtra,* p. 187^{3}. 東北No. 107, ca 帙，fol. $129b^{3}$. 大正16, No. 671, p. 550a. 大正16, No. 672, p. 614c.

（43） tathāgata-sv-akuśalā を『楞伽阿跋多羅宝経』にある「善於如来自性」（ibid., *The Laṅkāvatāra Sūtra,* p. 187^{6}. 大正16, No. 670, p. 505b）とチベット訳の「de bshin gśegs paḥi ṅo bo ñid la mkhas pas /」に沿って訳す（東北No. 107, ca 帙，fol. $129b^{4}$）。

（44） 大正16, No. 670, p. 505b.

（45） 大正16, No. 672, p. 614c.

（46） 大正16, No. 671, p. 550a. 安井訳『梵文和訳　入楞伽経』, pp. 169-173.

（47） 「法身」大正16, No. 671, p. $550a^{7}$, a^{12}.

（48） 「如来法身」大正16, No. 671, p. $550a^{15}$, a^{20}, b^{9}, b^{10}, b^{11}, b^{20}, b^{21}, c^{5}.

（49） 「(如来）法身之相」大正16, No. 671, p. $550a^{7}$, a^{16}, b^{16}, b^{20}, c^{6}.

（50） 大正16, No. 670, p. 485b.

（51） 色究竟天に十地の菩薩の階位があることは，『大智度論』に「第四禅有八種五処是阿那含住処。是名浄居三種凡夫聖者共住過是八処有十住菩薩住処。亦名浄居号大自在天王。」（大正25, No. 1509, p. 122c）とある。

（52） 拙稿「『聖位経』所説の仏身論―報身と受用身を中心として」（成田山仏教研究所紀要第15，特別号『仏教文化史論集(Ⅰ)』，1992年，pp. 125-148参照）。

（53） 田中公明「『大日経』『金剛頂経』と色究竟天」（『性と死の密教』，春秋社，1997年，pp. 36-39）。

（54） NANJIO, *The Laṅkāvatāra Sūtra,* p. 28^{7}. 安井訳『梵文和訳　入楞伽経』，p. 26。さらに，第94偈にも説く（ibid., p. 34，安井訳，p. 31）。

（55） ibid., *The Laṅkāvatāra Sūtra,* p. 33^{16}.

（56） ibid., p. 51^{4-9}.

（57） チベット訳でも，漢訳に忠実に「如来身」と訳す（東北No. 107, ca 帙，fol. $75a^{2}$）。

（58） 「cakkhum udapādi ñāṇam udapādi paññā udapādi vijjā udapādi āloko udapādi」（*SN.,* vol. Ⅱ, p. 105).『雑阿含経』巻第十二（二八七 *Nagara*)，大正２，No. 99, p. 80b,『増一阿含経』巻第三十一（大正２，No. 125, p. 718a）には該当文なし。*SN.,* vol. Ⅱ, p. 7, p. 9 等には，過去七仏が目覚めるときに，この句が述べられたことが，玉城康四郎「法華仏教における仏陀観の問題―原始経典から『法華経』へ」（渡辺宝陽編『法華仏教の仏陀論と衆生論』，平楽寺書店，1985年，p. 6）に挙げられている。

（59） 『楞伽阿跋多羅宝経』巻第一「一切仏語心品第一之一」，「一切の声聞，縁覚，及び，諸の外道の諸の禅定の仏を超越し，如来の不可思議な所行の境界を観察し，畢定じて五法と〔三〕自性を捨離した諸仏如来の法身の智恵もて善く自ら荘厳し，幻の境界を超え，一切の仏刹と兜卒天宮と乃至，色究竟天宮に昇りて，如来の常住法身を逮得せん。」(大正16，No. 670，p. 485b)。

(60) 五法（相・名・分別・正智・真如），三自性（遍計所執性・依他起性・円成実性）。

(61) 大正18，No. 870，p. 291a.

(62) NANJIO, *The Laṅkāvatāra Sūtra,* p. 314. 安井訳『梵文和訳 入楞伽経』，p. 279.

(63) 東北 No. 107，ca 帙，fol. 173a3. 北京No. 775，fol. 188b6.

(64) 菩提流支訳，大正16，No. 671，p. 574b.

(65) 実叉難陀訳，大正16，No. 672，p. 431c.

(66) 大正18，No. 870，p. 291a.

(67) NANJIO, *The Laṅkāvatāra Sūtra,* pp. 56-58. 北京No. 775. *Āryalaṅkāvatāra-sūtra,* fol. 83b6. 北京No. 776，fol. 224a2. このテキストは大正16，No. 760，『楞伽阿跋多羅宝経』（求那跋陀羅443年訳）からの蔵訳本。大正16，No. 760，p. 486a. 大正16，No. 671，『入楞伽経』（菩提流支513年訳），p. 525b. 大正16，No. 672，『大乗入楞伽経』（実叉難陀700～704年訳），p. 595b.

(68) 東北No. 4018. 北京No. 5519.

(69) 東北No. 4019. 北京No. 5520.

(70) 堀内寛仁編『梵蔵漢対照 初会金剛頂経の研究 梵本校訂篇(上)』（高野山大学密教文化研究所，1983年）。東北No. 479. 北京No. 112.

(71) 東北No. 480. 北京No. 113.

(72) 羽田野伯猷「ヂニャーナ・シュリー・バドラ著 聖入楞伽経註おぼえがき」（『チベット・インド学集成第4巻 インド篇(Ⅱ)』，法藏館，1988年，pp. 100-121）参照。

(73) NANJIO, *The Laṅkāvatāra Sūtra,* p. 566. 東北No. 107，ca 帙，fol. 77a1. 北京No. 775，fol. 84a1. 大正16，No. 670，p. 486a12. 大正16，No. 671，p. 525b9. 大正16，No. 672，p. 596b9. 安井訳『梵文和訳 入楞伽経』，p. 51参照。

(74) 東北No. 4018，ni 帙，fo1. 87a2. 北京No. 5519，fol. 100b5.

(75) 東北No. 4019，pi 帙，fol. 104b4. 北京No. 5520，fol. 119b5.

(76) 等流仏が受用身のシノニムであると指摘するものに，長尾雅人「仏身論をめぐりて」（『哲学研究』第521号，1971年）がある。Jñānavajra の等流身の思想もこの範疇に入る。

(77) 東北No. 106. 北京No. 774. 大正16，No. 676等.

(78) 東北No. 110. 北京No. 778. 大正16，No. 681，No. 682.

(79) 拙稿「法身説法について ― Vairocana と Mahāvairocana」（『密教学研究』第17号，1985年）参照。

(80) 註(52)前掲，拙稿「『聖位経』所説の仏身論―報身と受用身を中心として」，pp.

125-148参照。

(81) NANJIO, *The Laṅkāvatāra Sūtra*, p. 56[10].

(82) 大正16, No. 670, p. 486a.

(83) 東北No. 108, ca 帙, fol. 206b[5]. 北京No. 776, fol. 224a[6].

(84) 大正16, No. 671, p. 525b.

(85) 大正16, No. 672, p. 596b.

(86) 東北No. 107, ca 帙, fol. 77a[2]. 北京No. 775, fol. 84a[3].

(87) 東北No. 4019, ni 帙, fol. 105a[3].

(88) 東北No. 4018, ni 帙, fol. 87a[6].

(89) 東北No. 4018, ni 帙, fol. 87a[3].

(90) 「ṅag gis rig par byed」(東北No. 4019, pi 帙, fol. 106b[3]) と読む。

(91) 東北No. 4019, pi 帙, fol. 106b[2].

(92) 註(70)前掲, 堀内編『梵蔵漢対照　初会金剛』, p. 2(3)-(6)の要旨のみ。

(93) NANJIO, *The Laṅkāvatāra Sūtra*, p. 56[14].

(94) punar aparaṃ mahāmate parikalpita-svabhāva-vṛtti-lakṣaṇaṃ paratantra-svabhāvābhiniveśataḥ pravartate / tad-yathā tṛṇa-kāṣṭha-gulma-latāśrayān māyā-vidyā-puruṣā-saṃyogāt sarva-sattva-rūpa-dhāriṇaṃ māyā-puruṣa-vigraham abhiniṣpannaika-sattva-śarīraṃ vividha-kalpa-vikalpitaṃ khyāyate tathā khyāyann api mahāmate tad ātmako na bhavati evam eva mahāmate paratantra-svabhāve parikalpita-svabhāve vividha-vikalpa-citta-vicitra-lakṣaṇaṃ khyāyate / (NANJIO, *The Laṅkāvatāra Sūtra*, p. 56[18]).

(95) vastu-parikalpa-lakṣaṇābhiniveśa-vāsanāt parikalpayan mahāmate parikalpita-svabhāva-lakṣaṇaṃ bhavati / eṣā mahāmate niṣyanda-buddha-deśanā / dharmatā-buddhaḥ punar mahāmate citta-svabhāva-lakṣaṇa-visaṃyuktāṃ praty-ātmārya-gati-gocara-vyavasthāṃ karoti / (NANJIO, *The Laṅkāvatāra Sūtra*, p. 57[6]).

(96) nirmita-nirmāṇa-buddhaḥ punar mahāmate dāna-śīla-dhyāna-samādhi-citta-prajñā-jñāna-skandha-dhātv-āyatana-vimokṣa-vijñāna-gati-lakṣaṇa-prabheda-pracāraṃ vya-vasthāpayati / tīrthya-dṛṣṭyā ca rūpya-samatikramaṇa-lakṣaṇaṃ deśayati / dharmatā-buddhaḥ punar mahāmate nirālamba ālamba-vigataṃ sarva-kriyendriya-pramāṇa-lakṣaṇa-vinivṛttam aviṣayaṃ bāla-śrāvaka-pratyekabuddha-tīrtha-karātmaka-lakṣaṇābhiniveśābhiniviṣṭānām / tasmāt tarhi mahāmate pratyātmārya-gati-viśeṣa-lakṣaṇe yogaḥ karaṇīyaḥ / sva-citta-lakṣaṇa-dṛśya-vinivṛtti-dṛṣṭinā ca te bhavitavy-am // (NANJIO, *The Laṅkāvatāra Sūtra*, p. 57[10]).

(97) gshan yaṅ blo gros chen po chos ñid daṅ ḥdra bar ḥbyuṅ baḥi saṅs rgyas ni sgyu maḥi yan lag rnam pa maṅ poḥi skyes bu deḥi bdag ñid ma yin pa sna tshogs la

mṅon par shen pa/ mi dmigs paḥi phyir raṅ daṅ spyiḥi mtshan ñid du rtogs paḥi cho thams cad raṅ gi sems snaṅ baḥi bag chags rgyuḥi mtshan ñid daṅ ḥbrel ba yoṅs su brtags paḥi raṅ bshin la mṅon par shen paḥi rgyu las byuṅ bar ston to // blo gros chen po gshan yaṅ yoṅs su brtags paḥi raṅ bshin ḥbyuṅ baḥi mtshan ñid ni / gshan gyi dbaṅ gi raṅ bshin la mṅon par shen pa las ḥbyuṅ ṅo // blo gros chan po ḥdi lta ste / rtswa daṅ śiṅ daṅ gyo mo la brten te sgyu maḥi sṅags daṅ / mir ldan pa las sems can thams cad kyi gzugs kyi yan lag phun sum tshogs śiṅ sna tshogs kyi gzugs ḥchaṅ baḥi sgyu maḥi skyes buḥi gzugs sems can gyi lus raṅ bshin gcig tu ma grub pa / rnam par rtog pa rnam pa sna tshogs kyis rnam par brtags pa snaṅ ste / blo gros chan po de ltar snaṅ yaṅ deḥi bdag ñid ma yin no // de bshin du blo gros chan po gshan gyi dbaṅ gi raṅ bshin la kun brtags paḥi raṅ bshin rnam par rtog paḥi sems sna tshogs rnam pa maṅ poḥi mtshan ñid du snaṅ ṅo // blo gros chen po dṅos po yoṅs su rtog paḥi mtshan ñid du mṅon par shen paḥi bag chags la yoṅs su rtog pas kun brtags paḥi raṅ bshin gyi mtshan ñid du ḥgyur te / blo gros chen po ḥdi ni ḥdra bar byuṅ baḥi saṅs rgyas kyis bśad paḥo // blo gros chen po chos ñid kyi saṅs rgyas ni sems kyi raṅ bshin gyi mtshan ñid daṅ bral ba / ḥphags pa so so raṅ gis rig paḥi spyod yul rnam par gshog go // blo gros chen po ḥphrul pas sprul paḥi saṅs rgyas rnams ni sbyin pa daṅ / bsam gtan daṅ / tshul khrims daṅ / tiṅ ṅe ḥdsin daṅ / sems daṅ / śes rab daṅ / ye śes daṅ/ phuṅ po daṅ khams daṅ skye mched daṅ rnam par thar pa daṅ / rnam par śes pa ḥjug paḥi mtshan ñid rab tu phye ba rgyu ba rnam par gshag go // mu stegs can gyi lta ba bas gzugs med paḥi tiṅ ṅe ḥdsin gyi rim paḥi mtshan ñid kyaṅ ston no // blo gros chen po chos ñid kyi saṅs rgyas ni dmigs pa med ciṅ dmigs pa daṅ bral ba / bya ba daṅ / dbaṅ po daṅ / tshad maḥi mtshan ñid thams cad las rnam par log pa / byis pa daṅ / ñan thos daṅ / raṅ saṅs rgyas daṅ / mu stegs can bdag gi mtshan ñid la mṅon par chags pas mṅon par shen pa rnams kyi yul ma yin par ston no // blo gros chen po de bas na ḥphags pa so so raṅ gis rig paḥi khyad par gyi mtshan ñid la brtson par byaḥo // khyod kyis raṅ gi sems kyi mtshan ñid snaṅ baḥaṅ rnam par log par lta bar gyis śig / (『入楞伽経』, 東北No. 107, ca 帙, fol. 77a[3-]. 北京No. 775. fol. 84a[4-]).

元魏・菩提流支（513年）訳『入楞伽経』

復た次に大恵よ，法仏報仏は一切の法を説くに自相同相なるが故に。自心を現に見て薫習する相に因るが故に，虚妄分別の戯論の相に縛されるに因るが故に。所説の如く，法は是の如く体無きが故に。大恵よ，譬えば幻師が一切種種の形像を幻作するが如く，諸の愚癡の人も取て以て実と為し，而して彼の諸の像を実なりと得る可からず。復た次に大恵よ，虚妄の法体は因縁の法に依て，実に有りと執著して分別して生ず。大恵よ，巧な幻師が草木瓦石に依て種種の事を作すが如く，呪術の人工の力に依て，一切衆生の形色と身分の相を成就するを幻の人像と名づく。衆生は幻の種種の形色を見て，執著して人と為せども実には人無し。大恵よ，衆生は見を以て是は人なりと為すと雖ども，実には人の体無し。大恵よ，因縁の法体は心の分別に随て亦復た是の如し。心相の種種の幻を見るを以ての故に，何を以ての故に，執著する虚妄の相は分別の心薫習に因るを以ての故に。大恵よ，是を分別虚妄の体相と名づく。大恵よ，是を報仏説法の相と名づく。大恵よ，法仏の説法とは，心相の応体を離るるが故に。内証の聖行の境界の故に。大恵よ，是を法仏の説法の相と名づく。大恵よ，応化仏所作の応仏は施・戒・忍・精進・禅・定・智恵を説くが故に，陰界入を解脱するが故に，識想の差別の行を建立するが故に，諸の外道の無色の三摩跋提の次第の相を説く。大恵よ，是を応仏所作の応仏説法の相と名づく。復た次に大恵よ，法仏説法とは，攀縁を離れるが故に，能観と所観を離れるが故に，所作の相と量の相を離れるが故に，大恵よ，諸の凡夫と声聞と縁覚と外道の境界に非るが故に，諸の外道の虚妄の我相に執著するを以ての故に，是の故に大恵よ，是の如く内身自覚を修行する勝相を当に是の如く学ぶべし。大恵よ，汝は当に自の心相を離れ見て以て実に非ずと為すべし。(大正16, No. 671, p. 525b)。

これに対するジュニャーナシュリーバドラの釈は，東北No. 4018, ni 帙, fol. 87b[2]である。

(98) 東北No. 4019, pi 帙, fol. 105a[4].

(99) 大正31, No. 1594, p. 151c. 大正31, No. 1597, p. 379b. 東北No. 4048, ri 帙, fol. 43a[2]. Asvabhāva：*mahāyāna-saṃgrahopanibandhana* (北京No. 5552, fol. 355b[1]).

(100) 『聖位経』(大正18, No. 780, p. 288a)。

(101) 拙稿「『楞伽経』の Dharmatā-buddha と Niṣyanda-buddha」(『密教文化』150号, 1985年), 拙稿「密教の法身思想」(『日本仏教学会年報』第53号, 1988年) 参照。

第9章　唯識·如来蔵系経論の師資相承句と法身思想

第1節　『現観荘厳論』の四身説

『現観荘厳頌 *Abhisamayālaṃkāra-kārikā*』(*AKK*)(1)は，『二万五千頌般若経』を8章に分けて偈頌に要約したものである。その注釈である『現観荘厳論』(2)において，その第八章の法身の分位を要約したものが，次の第一章第17頌である(3)。

『現観荘厳論』は，チベット仏教ではマイトレーヤ（弥勒）の五輪の書の1つに数えられているが，それが本当にマイトレーヤの真作かどうかについて，従来の研究者の間で問題となってきた。最近，兵藤一夫博士がチベットの伝統学を踏まえた上で，作者は最も早い時期に注釈を作ったアーリヤ・ヴィムクティセーナに近い人物，具体的には彼の師ではないかとの推論を下している。そして，その論の成立年代はA.D. 6～7世紀初め頃までのディグナーガと同時代の成立ではないかとも推定している(4)。

その第八章とは，法身の現覚の分位を扱っている章で，その内容は，つぎの第一章第17偈に関するものである。

svābhāvikaḥ sa-sāṃbhogo nairmāniko 'paras tathā /
dharma-kāyaḥ sa-kāritraś caturdhā samudīritaḥ //(17)(5)
自性〔身〕，具受用〔身〕と同様に他の変化〔身〕と
働きを具す法身とで，4種と説かれた。
ṅo bo ñid loṅs rdsogs bcas daṅ /　　/ de bshin gshan pa sprul pa ni //(6)
chos sku mdsad par bcas pa ste /　　/ rnam pa bshir ni yaṅ dag brjod //

ここに示された自性身，受用身，変化身，働きを具す法身の4種の中，第八章(7)では，自性身について，

sarv'ākārāṃ viśuddhiṃ ye dharmāḥ prāptā nirāsravāḥ
svābhāviko muneḥ kāyas teṣāṃ prakṛti-lakṣaṇaḥ // iti (1)
牟尼の自性身は一切種の清浄に達した
無漏法のそれらの自性を特相とするものである。

という1偈を当て，この自性身 svābhāvika-kāya には働きがなく，清浄に達した無漏法の自性の特相 prakṛti-lakṣaṇa であるとする。これに対して法身には二十七種の働きがあるといい，その二十七種の法身の働き(8)が，つぎのものである。

(1) 諸趣を寂浄する業 gatīnāṃ śamanaṃ karma (Tib. ḥgro rnams shi baḥi las)

(2) 〔布施等の〕四種の摂に〔入らせること〕saṃgrahe catur-vidhe (bsdu rnam bshi la dgod pa)

(3) 雑染において清浄な認知に入らせること niveśaṇaṃ sa-saṃkleśe vyavadānāvabodhane (kyun nas ñon moṅs bcas pa yi rnam par byaṅ ba rtogs pa yi)

(4) 諸の衆生の性に応じた利に〔入らせること〕sattvānām artha-yāthātmye (sems can rnams don ji bshin gyi don)

(5) 六波羅蜜に〔入らせること〕ṣaṭṣu pāramitāsu (pha rol phyin drug)

(6) 仏の道に〔入らせること〕buddha-mārge (saṅs rgyas lam)

(7) 自性上の空性に〔入らせること〕prakṛtyaiva śūnyatāyāṃ (raṅ bshin gyis stoṅ pa ñid)

(8) 二の滅尽に〔入らせること〕dvaya-kṣaye (gñis zad)

(9) 施設に〔入らせること〕saṃkete (brda)

(10) 無所得に〔入らせること〕anupalambhe (dmigs pa med pa)

(11) 諸の衆生の成熟に〔入らせること〕paripāke dehināṃ (lus can rnams ni yoṅs smin)

(12) 菩薩道に〔入らせること〕bodhisattvasya mārge (byaṅ chub sems dpaḥi lam)

(13) 執着を断ずることに〔入らせること〕abhiniveśasya nivāraṇe (mṅon par shen pa bzlog pa)

⒁　菩提の獲得に〔入らせること〕bodhi-prāptau (byaṅ chub thob)

⒂　清浄な仏国土に〔入らせること〕jina-kṣetra-viśuddhau (saṅs rgyas shiṅ rnam par dag)

⒃　常に〔入らせること〕nityaṃ prati (ṅes pa)

⒄　衆生の無量の利益に〔入らせること〕aprameye sattvārthe (sems can don ni tshad med)

⒅　仏に承事する等の功徳に〔入らせること〕buddha-sev'ādike guṇe (saṅs rgyas bsten sogs yon tan)

⒆　菩提分〔法〕に〔入らせること〕bodher aṅgeṣu (byaṅ chub yan lag)

⒇　諸業の途絶えないことに〔入らせること〕anāśe karmaṇāṃ (las rnams chud mi za)

(21)　真理を見ることに〔入らせること〕satya-darśane (bden mthoṅ)

(22)　顛倒を断ずることに〔入らせること〕viparyāsa-prahāṇe (phyin ci log spaṅs pa)

(23)　その無実体の真理に〔入らせること〕tad-avastukatā-naye (de gshi med paḥi tshul)

(24)　清浄に〔入らせること〕vyavadāne (rnam par byaṅ)

(25)　資糧を具すものに〔入らせること〕sa-sambhāre (tshogs)

(26)　有為と無為に対して差別を知らないことに〔入らせること〕saṃskṛtāsaṃskṛte prati-vyatibhedāparijñāne (ḥdus byas ḥdus ma byas pa la tha dad yoṅs su mi śes)

(27)　涅槃に入らせること nirvāṇe niveśanaṃ (mya ṅan ḥdas la dgod pa)

この二十七種の働きが，具体的な法身の働き dharma-kāyasya karma であり，この輪廻のあるかぎり不断に働き続ける法身が衆生の前に顕現するのである。

また，法身自身に備わっている悉地の果(9)は，つぎのものである。

〔三十七〕菩提分 bodhi-pakṣa，〔四〕無量 a-pramāṇāṇi，〔八〕解脱 vimokṣā，九次第定 nav'ātmikā samāpattiḥ，十遍処 kṛtsnaṃ daśavidh'ātmakaṃ，八勝処 abhibhv-āyatanāny aṣṭa，無諍（三昧）araṇā，願智

praṇidhi-jñānaṃ, 〔六〕神通 abhijñāḥ, 〔四〕無礙解 pratisaṃvidaḥ, 四種一切相清浄 sarv'ākārāś catasro 'tha śuddhayaḥ, 十自在 vaśitā daśa, 十力 balāni daśa, 四無畏 catvāri vaiśāradyāni, 〔三〕無護 arakṣaṇam, 三念処 trividhaṃ smṛty-upasthānaṃ, 三無忘失法 tridhā 'saṃmoṣa-dharmatā, 抜除習気 vāsanāyāḥ samudghātaḥ, 衆生への大悲 mahatī karuṇā jane, 牟尼の十八不共法 āveṇikā muner eva dharmā, 一切相智性 sarv'ākāra-jñatā

このように，自性身と法身の説明においても，自性身は「一切種の清浄に達した無漏法のその自性を特相とするもの」であり，自性そのものであるというのに対し，法身は上記の三十七菩提分法から一切相智性までの悉地の果を有し，衆生の利益に関する二十七種の法身の働きをもつ。

受用身については，

dvātriṃśal-lakṣaṇāśīti-vyañjan' ātmā muner ayaṃ
sāmbhogiko mataḥ kāyo mahā-yānopabhogataḥ /(10)(12)
三十二相と八十種好を体とする牟尼のこ〔の身〕は
大乗を受用するが故に，受用身と考えられる。(12)

との頌を挙げる。これは，修行の報いとし，超人的な仏格を有する受用身として，十地の菩薩たちに悟りの法味を受用している自利の姿を示すものである。

変化身については(11)，自利の受用身に対して利他を強調する立場を鮮明に打ち出す。

karoti yena citrāṇi hitāni jagataḥ samam
ābhavāt so 'nupacchinnaḥ kāyo nairmāṇiko muneḥ / iti (33)
それによって，有のあるかぎり，諸の衆生に種々様々な利益を
平等になしたもうところの，その牟尼の変化身は尽きることがない。(33)

この変化身が衆生を利益する働きは，有のあるかぎり絶えることがないと示されている。このように，悩める衆生が存在するかぎり，変化身の利他行は止むことがない。

また，この『現観荘厳論』の四種身を繙くにつれて，唯識の『大乗荘厳経

論』のつぎの三身説が浮かび上がってくる(12)。つぎにその記述を見てみよう。

svābhāviko 'tha sāmbhogyaḥ kāyo nairmāṇiko 'paraḥ /
kāyabhedā hi buddhānāṃ prathamas tu dvayāśrayaḥ // 60 //

trividhaḥ kāyo buddānāṃ / svābhāviko dharma-kāyāśraya-parāvṛtti-lakṣaṇaḥ/ sāṃbhogiko yena parṣanmaṇḍaleṣu dharma-saṃbhogaṃ karoti / nairmāṇiko yena nirmāṇena sattvārthaṃ karoti //

自性 svābhāvika とまた受用 sāmbhogya と他の変化身 nairmāṇika とが実に諸仏の身の差別であり，最初のものは〔後の〕二〔身〕の所依である。

諸仏の身は3種である。自性〔身〕svābhāvika は転依を特相とする āśraya-parāvṛtti-lakṣaṇa 法身 dharma-kāya である。受用〔身〕sāṃbhogika は，それによって会衆輪で法の受用 dharma-saṃbhoga を作し，変化〔身〕nairmāṇika はその変化 nirmāṇa によって，衆生の利 sattvārtha をなす。

ここでは，諸仏の身の差別として，自性身・受用身・変化身の三身(13)を挙げる。このうち「自性身は転依を特相とする法身」と解する「法身」の内容は，『現観荘厳論』と同様に，法身に智という働きを認めた上での解釈と同じである(14)。

この頌の自性身と法身を2つに分ければ，『現観荘厳論』の四種身の思想とほぼ一致する。このように，両者は非常に類似しているのであるが，これら自性身と法身をどのように当時の注釈者たちは考えていたのであろうか。この点に論旨を定めて考察してみよう。

第2節　『現観荘厳論』の注釈類における三身説と四身説

法身に働きがあるかどうかは，注釈者たちの見解の大きく分かれるところである。まず，注釈者たちの中で三身説を唱える者は，自性身と法身を一体と捉え，働きについてはあまり触れない。

これに対し，四身説を唱える者は自性身から法身を切り離し，自性身には働きがないとし，働きをもつ法身を受用身と変化身と等流身にも内在させる傾向を示す。この点は，まさに上記で触れたように，密教の四種法身と密接に関連する。

この点を念頭に置きながら，働きを具す法身についての考察を始めよう。まず，ここで使用する『現観荘厳論』に対する注釈類の分類から始める。

この『現観荘厳論』には，注釈書が20種以上あるが，ここで扱うのはその中の14種である。これら14種の注釈書の区分に関しては，E. Obermiller(15)と真野龍海博士の意見を参照し(16)，つぎのように分類整理した(17)。

1．『二万五千頌般若経』と関連するもの

①東北No. 3787（北京No. 5185）；著者 Ārya-vimuktisena

Ārya-pañcaviṃśatisāhasrikā-prajñāpāramitopadeśa-śāstrābhisamayālaṃkāra-vṛtti

『聖二万五千〔頌〕般若波羅蜜多ウパデーシャ論たる現観荘厳註』

skt; C Pensa ed., *L'Abhisamayālaṃkāravṛtti di Ārya, Primo Abhisamaya* (SOR XXXVII, Roma, 1976)(18)：[第一章]

②東北No. 3788（北京 No. 5186）；著者 Vimuktisena

Ārya-pañcaviṃśatisāhasrikā-prajñāpāramitopadeśa-śāstrābhisamayālaṃkāra-kārikā-vārttika

『聖二万五千〔頌〕般若波羅蜜多ウパデーシャ論たる現観荘厳頌釈』

③東北No. 3790（北京 No. 5188）；著者なし

Pañcaviṃśatisāhasrikā-prajñāpāramitā

『二万五千〔頌〕般若波羅蜜多』

skt.; N. Dutt ed., *Pañcaviṃśatisāhasrikā Prajñāpāramitā* II・III，IV，V：[第二章～第五章]；S. Watanabe ed., *Pañcaviṃśatisāhasrikā Prajñāpāramitā* VI，VII［第六，七章］；

E. Conze ed., The Buddha' Lakṣaṇa in the *Prajñāpāramitā*（*JOI* XVI, Baroda, 1965）

［第八章の一部］；E. Conze & Sk. Iida ed., Maitreya's Question in the *Prajñāpāramitā* (*Melanges d'Indianisme a la memoire de Louis Renou,* Paris, 1968) ［第八章の一部］

④東北No. 3801（北京 No. 5199）；著者 Ratnākaraśānti
Abhisamayālaṃkāra-kārikā-vṛtti-śuddhamatī nāma
『現観荘厳頌註具足浄と名づけるもの』

2．『八千頌般若経』と関連するもの

⑤東北No. 3791（北京 No. 5189）；著者 Haribhadra
Āryāṣṭasāhasrikā-prajñāpāramitā-vyākhyānābhisamayālaṃkārāloka nāma
『聖八千頌般若波羅蜜多釈たる現観荘厳明と名づけるもの』（『大註』）
skt.; G. Tucci ed., *Abhisamayālaṃkārāloka* (GOS No. 62, Baroda, 1932); U. Wogihara ed., *Abhisamayālaṃkārālokā Prajñāpāramitāvyākhyā* (Tokyo, 1932, rep. 1973); P. L. Vaidya ed., *Aṣṭasāhasrikā Prajñāpāramitā* with Haribadra's Commentary called Āloka (BST No. 4, Darbhanga, 1960)

⑥東北No. 3792（北京 No. 5190）；著者 Haribhadra
Bhagavad-ratnaguṇa-saṃcaya-gāthā-pañjikā nāma
『薄伽梵功徳宝集の頌の細疏と名づけるもの』

⑦東北No. 3798（北京 No. 5196）；著者 Buddhaśrījñāna
Saṃcaya-gāthā-pañjikā
『集頌細疏』

3．『十万頌』，『二万五千頌』，『一万八千頌』の各般若経と関連するもの

⑧東北No. 3789（No. 5187）；著者 Smṛtijñānakīrti(19)
Prajñāpāramitā-mātṛkā-śatasāhasrikā-bṛhacchāsana-pañcaviṃśatisāhasrikā-madhya-śāsanāṣṭā-daśasāhasrikā-laghuśāsanāṣṭasamānārtha-śāsana
『般若波羅蜜多母の広説たる十万〔頌〕と，中品として説かれた二万五千〔頌〕と，略摂して説かれた一万八千〔頌〕を同等に八義をもって説いた

もの』

4．般若経と関連せず『現観荘厳論』を注釈するもの

⑨東北No. 3793（北京 No. 5191）；著者 Haribhadra

Abhisamayālaṃkāra nāma prajñāpāramitopadeśa-śāstra-vṛtti

『般若波羅蜜多ウパデーシャ論たる現観荘厳と名づける註』（『小註』）

skt.；天野宏英「現観荘厳論釈の梵本写本(1)」（『比治山女子短期大学紀要』第17号，1983）；(2)〜(6)（『島根大学教育学部紀要』Nos. 19，20，21，22-2，23-1，1985〜1989）；「現観荘厳論釈の梵本写本(7)」（真野龍海博士頌寿記念論文集『般若波羅蜜多思想論集』，山喜房仏書林，1992年所収）。

⑩東北No. 3794（北京 No. 5192）；著者 Dharmakīrtiśrī

Abhisamayālaṃkāra nāma prajñāpāramitopadeśa-śāstra-vṛtti-durbodhāloka nāma ṭīkā

『般若波羅蜜多ウパデーシャ論たる現観荘厳と名づくる註の難語を明らかにすると名づける註疏』

⑪東北No. 3795（北京 No. 5193）；著者 Prajñākaramati

Abhisamayālaṃkāra-vṛtti-piṇḍārtha

『現観荘厳註の要義』

⑩東北No. 3797（北京 No. 5195）；著者 Kumāraśrībhadra

Prajñāpāramitā-piṇḍārtha nāma

『般若波羅蜜多要義と名づけるもの』

⑬東北No. 3800（北京 No. 5198）；著者 Buddhaśrījñāna

Abhisamayālaṃkāra-bhagavatī-prajñāpāramitopadeśa-śāstra-vṛtti-prajñā-pradīpāvali nāma

『薄伽梵般若波羅蜜多ウパデーシャ論たる現観荘厳註「般若灯鬘」と名づけるもの』

⑭東北No. 3799（北京 No. 5197）；著者 Ratnakīrti

Abhisamayālaṃkāra-vṛtti-kīrtikalā nāma

『現観荘厳註称分と名づけるもの』

これら14種(20)のうち，第一章第17頌を第八章に引くものと引かないもの，および三身説をとるか，四身説をとるか，を区別して表8にまとめた。

表8　三身説と四身説の区別

	Ⅰ　各種の般若経と関連するもの								Ⅱ　般若経と関連しないで現観荘厳論を注釈するもの					
	二万五千頌と関連するもの				八千頌と関連するもの			十万,二万五千,一万八千と関連するもの						
東北No. 北京No.	3787 5185	3788 5186	3790 5188	3801 5199	3791 5189	3792 5190	3798 5196	3789 5187	3793 5191	3794 5192	3795 5193	3797 5195	3800 5198	3799 5197
Ⅰ．17頌をひくもの	○	○	×	○	○	○	○	×	○	○	×	○	×	○
三　身	○	○	○	○										○
四　身					○	○	○	○	○	○	×	○	○	

この表8によって，第一章第17頌をほとんどの注釈書が第八章中に引用していることと，三身説をとる解釈が『二万五千頌』と関連する注釈書の特色となっていることが知られる。そこで，以下，各注釈書を繙き，三身説と四身説の解釈がどうなっているのかを，つぎの順序で論述する。

まず表に示した順番に左から右へと考察を進める。その場合，「Ⅰ　各種の般若経と関連するもの」を2つに分け，その二分した東北 Nos. 3787（北京 Nos. 5185），3788（5186），3790（5188），3801（5199）のグループの三身説と，東北 Nos. 3791（北京 Nos. 5189），3792（5190），3798（5196），3789（5187）のグループの中の四身釈の所説を整理する。その後に「Ⅱ　般若経と関連しないで現観荘厳論を注釈するもの」を東北 Nos. 3793（北京 Nos. 5191），3794（5192），3795（5193），3797（5195），3800（5198），3799（5197）の順で考察し，ⅠとⅡの諸説を比較検討する。

第3節　各節の検討

1．三身説の意味するもの

ここでは，(1)として，第一章第17頌の四種身に関する記述への解釈を挙げ，(2)として，第八章に引かれる第一章第17頌の解釈を挙げる。

東北No. 3787（北京No. 5185）のアールヤ・ヴィムクティセーナ Ārya-vimuktisenaの注釈(21)では，つぎのようにいう。

(1) da ni chos kyi sku ḥrjod par bya ba yin la / de ni rnam pa gsum du rig par bya ste / ṅo bo ñid kyi sku daṅ / loṅs spyod rdsogs paḥi sku daṅ / sprul paḥi skuḥo //

つぎは，法身を述べんとするものであって，それ〔法身〕は3種と知るべし。すなわち，自性身と受用身と変化身なり。

(2) ṅo bo ñid loṅs spyod rdsogs bcas daṅ // de bshin gshan pa sprul pa ni // shes bya ba rnam pa gsum daṅ //

chos kyi sku yi phrin las ḥdi // rnam pa ñi śu bdun du bshed //

ces bstan pa gaṅ yin pa de bśad par rig par byaḥo //

自性〔と〕具受用と　　同様に他は変化と

という3種と，

この法身の働きは　　二十七種と建立される。

と示されたそのものが，注釈であると知るべきである(22)。

このアールヤ・ヴィムクティセーナの(1)の注釈文が，自性身と受用身と変化身との三身の立場に立っていることは論ずるまでもない。(2)の注釈文では，第一章第17頌中の前二句と第八章第40頌の後半の二句を結び合わせて，法身の働きの内容を明らかにしている。

第一章第17頌の句には，

svābhāvikaḥ sa-sāṃbhogo nairmāniko 'paras tathā /

dharma-kāyaḥ sa-kāritraś caturdhā samudīritaḥ //(17)(23)

自性〔と〕具受用と同様に他は変化と

働きを具す法身とで，4種と説かれた。

と示されるのに対し，この頌の前半の句に留めたのは，三身を基本的に踏襲するために，「働きを具す法身とで，4種と説かれた。」を意図的に削除したと考えられる。

また，「法身の働きは　　二十七種と建立される」とは，第八章の第40頌に，

vyatibhedāparijñāne nirvāṇe ca niveśanaṃ

dharma-kāyasya karmedaṃ sapta-viṃśati-dhā mataṃ // iti(40)(24)

差別を知らないことと，涅槃に入らせることとの

法身の働きがこの二十七種と認められる。

とあり，働きを具す法身のその内容を具体的に示すために，あえて第40頌の後半の句を引いたのである。

この訳出した注釈文からは，自性身と法身の関係を本頌 kārikā に見る以上にいまは導き出せないが，他の箇所で，自性身を「働きのないもの・不作 a-kṛtrima」といい，「自性清浄」ともいうことから，自性身とはそれ自体は働きをもたない理法身の如き性格を有するものと理解される。また，法身に関しては，二十七種の働きを具すことから，それ自体が働きをもつ果位の智を具す仏格であることが容易に知られ，また「自性を具す法身 ṅo bo ñid ldan paḥi chos kyi sku」(25)と表現されることから，法身の背後に自性身という本質の仏格をもたせている。したがって，この両者が一体となった仏格は，般若経等で見た「法性身」を想起させるものである。

さらに，この自性身と受用身と変化身の三身の名称は，すでに見た『大乗荘厳経論』所説の三身の名称と同一である点も見逃してはならない。

東北No. 3788（北京No. 5186）のヴィムクティセーナ Vimuktisena の注釈では，つぎのようにいう。

(1)　つぎは法身を述べんとするものであって，それはまた三身と知るべし。

即ち，自性身と受用身と変化身である(26)。

(2) 以上の如くならば，「自性と具受用と　同様に他は変化と　働きを具す法身にして」「二十七種と認められる」と示されたところのそれが注釈であると知るべし(27)。

この注釈文は No. 3787の注釈とほぼ同じであるが，(2)の注釈文に当たるところが少し異なる。しかし，注釈全体における文脈のニュアンスには変化はない。

これ以外では，因と果と業の三句義を説明する箇所(28)で，果は自性身と受用身と変化身の三身であり，働きは諸趣の寂静等の二十七種で，法身の働きであると示すに留まる。この因と果と働きの三句義は，本頌第八章結頌の第2頌(29)を受けたものである。

東北 No. 3790（北京 No. 5188）の注釈に著者名がないのは，このテキストが，*AKK*の科判を文中に挿入した『二万五千頌般若経』である(30)という理由による。

したがって，ここでは『二万五千頌般若経』に『現観荘厳論』の科判を挿入したのであるから，『現観荘厳論』所説の四種身を説くのは至極当然なことである。しかしながら，法身の働きについては，「変化身の門から法身の働きを一般的に示したもの」(31)とされていることから，四種身の解釈は三身説の上に立ってのものであると認められる。即ち，法身の二十七種の働きは，釈迦牟尼たる法身の働きであり，その発心から涅槃までの二十七種は，世俗の立場におけるものである。故に変化身の門から法身の働きを示すとは，法身から流出された受用身と変化身の両者のうち，変化身の立場で二十七種の法身の働きが示されたのであると理解される。そうであれば，受用身の門から法身の働きを示すことも可能であり，この立場は「最初のものは〔後の〕二〔身〕の所依である」(32)とした弥勒の三身思想に立脚している。

東北No. 3801（北京 No. 5199）のラトナーカラシャーンティ Ratnākaraśānti の注釈では，『現観荘厳論』自体の注釈で第一章第17頌を引き，３種か４種かを論ずるとともに，密教の四身説を参考に引き，『現観荘厳論』と密教の四身の相違を論じる。

まず，第一章第17頌については，つぎのようにいう。

(1)　現観第八〔章〕の要説は，「自性と具受用と　同様に変化との3種と働きを具す法身にして　4種と説かれた」というのは，すでに〔第一章第17頌に〕述べられている。即ち，自性と受用と変化というものが3種であり，働きを具すものが法身であって，4種と言われたという意味である(33)。

(2)　どのように働きが法身であるかとならば，働きと働く者とには差別がないから(34)。

(1)で自性身と受用身と変化身を3種としてまとめるのは，三身説に立脚する立場を表明する。

また，自性身と法身に関しては，「法性身は法身であって，自性身である」(35)といわれていることから，自性身は法身であり，(2)の「働きと働く者とには差別がない」(36)によって，両者の表裏一体性が示されている。

密教の四身については，つぎのようにいう。

真言道における4〔種〕は，また，他種のものであって，身と語と意が三身である。それに対し，第4のものは，それら〔三身〕の共用か或は平等性のものである(37)。

ここでの三身が身語意の三密であるとする思想は，法身毘盧遮那Vairocanaの働きが身たる大曼荼羅，意たる三昧耶曼荼羅，語たる法曼荼羅である三種曼荼羅を意図し，「それら三身の働き」が羯磨曼荼羅を指し，または四種法身の思想へと繋がることを直感するが，このラトナーカラシャーンティの密教の仏身観は，自著である *Kusmāñjali-guhyasamāja-nibandha nāma*（東北No. 1851，北京No. 2714）所説の「三身とは身と語と意であって，一味であり，無妄分別の無上の仏である」(38)等の思想を直接指し示すようである。

また「第4のものは，それら〔三身〕の共用か或は平等性のものである」とは，『聖位経』(39)や『金剛峰楼閣一切瑜伽瑜祇経』(40)が説く四種法身の等流法身を指すのであろう。この点は，「それら三身の働き」が四種法身の「法身」に直結するものと思われる。

以上の東北No. 3787（北京 No. 5185）からNo. 3801（No. 5199）までの4種の注釈では，自性身，受用身，変化身の三身を基調とし，法身を自性身から別に立てない。しかし両者の仏格の相違を自性身は不作であり，法身は働きの智を有するものとして区分する。いずれにしても，この法身の二十七種の働きに重きを置いている点では，4釈ともに同じである。

2．四種身の意味するもの

東北No. 3791（北京 No. 5189）のハリバドラ Haribhadra(41)の大註では，つぎのようにいう。

(1) その法身現等覚はまた，自性身等の差別によって4種である。そのうち，第1〔の自性身は〕念処等の智の自性であり，出世間であり，法界の自性であるから無漏であり，（中略）出世間道によって(42)得られるが，作られるものではないから，不作の義によって(43)幻化の如き相と知って一切法を悟ることにより証得するものが，牟尼たる諸仏世尊の自性身である。余他の三身は，真実世俗において顕現し，勝義においては法性の体において正しく信解のままに開示するものが，仏と菩薩と声聞等の法性を建立するものであると示されたがために，そのために，分離されたものは，分離するものと無差別であると認められるという道理によって，その〔自性身〕と無差別であるけれども，別に〔三身が〕建立されたのであると知るべきである(44)。

(2) kecit kāya-catuṣṭaya-vyākhyāne /

svābhāvikaḥ sa-sāmbhogo nairmāṇiko 'paras tathā /
dharma-kāyaḥ sa-kāritraś caturdhā samudīritaḥ /

iti kārikāyāṃ svābhāvika-śabdānantaraṃ dharma-kāya-śabdasyāpāṭhāt kāya-trayam eveti / anye tūpadarśita-prayojana-sāmarthyāt kārikā-bandhānurodhena jñānasyaiva kāritreṇa saṃbandhārthaṃ caivam uktam / ato 'viruddhaṃ sarvaṃ pradeśāntarābhihitaṃ kāya-catuṣṭayaṃ bhavatīti // //(45)

ある者たちは，四身の注釈において，

自性と具受用と同様に他は変化と

働きを有する法身にして，4種と説かれた

という頌の中において，自性の語の直後に法身の語が説かれないから，まさに三身であるという。

他の人々は，説かれた目的が適当であるから，頌の文の順序によって智と働きを結びつけるためにこのように説かれているのである。したがって，矛盾せず，他の教説によって述べられたのは，四種身である。

(1)にいう自性身とその他の三身とは，自性身，法身，受用身，変化身の四身である。この四身以外に注釈中では変化身に続いて二十七種の法身の働きを注釈しているが，この法身の働きを第五種身とはしない。この立場は東北No. 3793（北京No. 5191）のハリバドラの『小註』においても同様である。

では，自性身と法身の関係はどうなっているのであろうか。ハリバドラは『大註』の中で，「三身」(46)および「法と受用と変化身の三つ」(47)などと言い，自性身と法身を三身に配して使い分けているが，その本旨は，自性身を使用する場合は第八章第1頌に見た「牟尼の自性身 svābhāviko muneḥ kāyas」(48)等の如く，働きをもたない自性を有する理法身的立場で捉える。

これに対し法身を使用する場合には，二十七種の法身の働きに見たように，働く智としての性格を有している。それ故に，「〔二〕資糧と信解行と菩薩と如来地等に所化の衆生を福分のままに住せしめる法身の働きを示された」(49)と注釈されているのである。

(2)の第一章第17頌の引用は，法身の語が自性身の直後に来ないから，自性身と受用身と変化身の3種であるとする他説の引用である。しかし，ハリバドラはこの引用の直後にもう1つの他説(50)を引き，四種身に矛盾のないことを論じている。以上によって，ハリバドラは四種身の立場をとると理解できる。

東北No. 3797（北京No. 5190）のハリバドラ Haribhadra の注釈は，その著者名に疑問の節もある(51)が，今はこの点に立ち入らない。注釈ではつぎのようにいう。

> 自性身をはじめとする働きをもつ四〔種身〕を得て，無所得の大悲を現前し，自身の楽を捨て，彼ら衆生からの返礼を望まずに無欲のままに有情のために日夜努力して，世尊如来は住される。これをもって法身の現覚を示す。つぎの如くまた，「自性〔と〕具受用と　同様に他は変化と　働きを具す法身にして，　4種と説かれた」と言われたのである[52]。

この注釈では，「自性身をはじめとする働きをもつ四〔種身〕を得て」とあることから，法身の働きが四身すべてに掛かるようにも読み取れるが，後半に第一章第17頌を引用しているのであるから，この解釈はやはり本頌に従って自性身をはじめとする三身と働きをもつ法身の4種と理解されるべきものである。したがって，この注釈も四種身を説くものである。自性身と法身に関する記述はない。

東北No. 3798（北京No. 5196）のブッダシュリージュニャーナ Buddhaśrījñāna の注釈では，つぎのようにいう。

> 一刹那のみによって一切の障礙の習気を退治して，〔第二刹那に〕自他利円満の特相たる果を生ずるから法身であって，それは，「自性，具受用と同様に他は変化と働きを具す法身にして　4種と説かれた[53]。

この注釈では，法身が自他利円満の特相を有する仏格とされている。さらにこの注釈文に引き続き，つぎのように四身に五智を配する[54]。

四種身	自性身	如鏡智
	受用身	平等性智
		妙観察智
	変化身	成所作智
	法　身	法界清浄智

ここでの自性身に如鏡智を配し，法身に法界清浄智を配する解釈は，極めて興味深いものがある。何故ならば法身と自性身を一体として，その法身の仏格に二智を配せば，法身は法界清浄智と如鏡智を有することになるからである。この如鏡智と他の三智は法界清浄智の中に摂せられる四智とすべきものであり，この点からすれば，法界清浄智である法身の中に如鏡智である自性身が含まれ

ることになる。

しかし，この注釈ではこの理論の上に立っていない。即ち，自性身の注釈を見るに，

> その〔自性身に〕関して，清浄〔仏〕国土という等を述べられた。そのうち，清浄な〔仏〕国土と衆生は境と衆生を顕現するアーラヤ識の体であるから如鏡智であって自性身である。即ち，常に諸の世尊の無妄分別の自性と同一であるから(55)。

とあることから，自性身に如鏡智を当てたのは，単に如鏡智が境と衆生を顕現させる本質を有する点を示さんがためである。

これに対し，法身の注釈では，

> 一切の法をよく執持するとは，自らの自性と差別なしと作証することである。即ち，法界清浄智の力をもって，雑染と清浄の自性の一切法を無差別の体として悟るのである(56)。

ここでの一切法を如鏡智に映じた影像であると理解すれば，この一切法こそが法身の働きとなる。この法身の働きは法身の説法であると理解するとき，以下の二十七種の法身の働きの注釈下にある「説法は清浄法界からの等流であるから」(57)の記述が重要となる。

この記述は，法身の働きが単なる受用身と変化身の働きを超え，法身自身が受用身と変化身に内蔵された並列な働きをもつことになり，複数の法身の働きを示すことにもなる。もしもこの解釈が成り立つならば，この思想は密教の等流法身 niṣyanda の仏格(58)と関連する。

また，この五智の開示は，『三十七尊礼懺文』とその異本である『金剛頂瑜伽三十七尊礼』の毘盧遮那—法身，阿閦—自性身，宝生—功徳荘厳聚身，阿弥陀—受用智恵身，不空成就—変化身と深く関連する(59)。

東北No. 3789（北京No. 5187）のスムリティジュニャーナキールティ Smṛtijñānakīrti の注釈では，経文に合わせて，第1は自性身，第2は法身，第3は受用身，第4は変化身とし，以下二十七種の法身の働きを注釈す(60)。これはハリバドラの『大註』の立場と全同である。

以上の東北No. 3791（北京No. 5189）からNo. 3789（北京No. 5187）までの4種の注釈では，法身の働きである智の面を強調し，自性身から法身を別に立てようとする意図を汲み取ることができる。

四種身については，ハリバドラの立場は，自性身，法身，受用身，変化身とするが，他は本頌の如く自性身，受用身，変化身，法身の働きとする。

また密教の仏身説から興味を引くものとしては，東北No. 3798（北京No. 5196）のブッダシュリージュニャーナの注釈が挙げられる。

3．般若経と関連しない立場の見解

東北No. 3793（北京No. 5191）のハリバドラHaribhadraの『小註』の立場は『大註』と同じく四種身である。注釈の内容もほぼ同様であるから，その説明を割愛する(61)。

東北No. 3794（北京No. 5192）のダルマキールティシュリーDharmakīrtiśrīの注釈では，つぎのようにいう。

⑴　法身の現等覚は一刹那のという等を述べられたものであって，法とは念処等である。その自性をもつ身たるものは，智の微塵を積集したもの。それを現等覚するものが智である。それはまた，自性身等の差別をもって4種であってとは，正しくは1つに尽きるけれども，自性身等の差別の因があるから4種である(62)。

⑵　どうして三身は自性身以外のものであるのかとならば，余他の身という等が述べられて，余他の身とは自性身以外のものである。三身とは法〔身〕と受用〔身〕と変化〔身〕というものである(63)。

⑴においては，法身の「法」と「身」を注釈し，「法」は〔四〕念処等〔の教え〕であって，「身」は智の微塵を積集したものとする。この解釈は，初期仏教の法身を「教えの集合体」と捉える思想を展開させたものである。

⑵は当注釈が四身をとる典拠となる注釈文である。この四種身は，ハリバドラ所説のものであり，注釈中では他説を引用しながら，自性身と法身の関係や，四種身中の三身が，自性身以外のものであるのかないのか等を詳細に論ずるが，

紙幅の関係で割愛した。

結論からいえば，弥勒とハリバドラの説に重きを置き，矛盾なきように注釈している(64)。即ち，自性身と法身は一体とすべきもので，法身が智の働きを有するというが如きである。

ハリバドラの引用した第一章第17頌の他説についても，以下のように注釈している。

> 四身説中，すでに要約して示されたものの中，「自性〔と〕具受用と」という等の頌のうち，「自性の語の直後に法身の語が出されておらず，述べられていないから，三身のみである」と言いて，自性と受用と変化であって3つであり，法身はないという。されど，仏の境界であるならば，自性身と法身の両者は一体であるというのが正しく，自性等の身より法身が別にあるのではないという密意である(65)。

したがって，自性身，法身，受用身，変化身の四身中，自性身以外に三身が存するが，その中の法身は自性身と一体であるとされる。これは上記の(2)と関連するものである。

東北No. 3795（北京No. 5193）のプラジュニャーカラマティ Prajñākaramati の注釈では，第一章第17頌等に関する注釈はない(66)。

東北No. 3797（北京No. 5195）のクマーラシュリーバドラ Kumāraśrībhadra の注釈では，つぎのようにいう。

(1)　仏身は自性と受用と変化と法身であって4種である。
　その中，自性身は清浄な自性である。法身は垢が清浄となったものである。受用身は十地の諸の主とともに法の受用を享受しているものである。変化身は声聞をはじめとするものに顕現し，種々様々な姿をもって常に衆生の利をなすものである。それらはまた法身より生ずるから働きを有する法身という。以上のように，身は4種である(67)。

(2)　ある者は，自性と法身は同じであるから，身は3つのみであるというが，そうではない。自性身には働きがないから，働きを有するものというのは適当でない。それ故に，〔法身は〕働きを有するものと述べられているから，身は4種であると認められているのである[68]。

正当な唯識の立場に立っての四身説の解釈で，最も要を得ている注釈が，これである。ここで著者は，四種身がブッダ自身の「身」について述べられているものであることをまず明確化する。その上で，四身の1つ1つについて，的確な解釈を施す。

つぎに，自性身と法身を明確に区別する。即ち，自性身とは清浄な自性であって，働きを有しない。

これに対し，法身とは，「垢が清浄となったもの」という。この用例は，『華厳経』「入法界品」の如来の清浄法身と菩薩の清浄法身で見た思想を受けている。

とはいうものの，これをブッダに当てはめてみると，ブッダが菩薩であったとき，心の垢を清めて悟りを得たその法身を，本来清浄な自性身と区別して，働きを有する法身と捉えているのである。

この法身と他の受用身と変化身の関係を，受用身と変化身が「それらはまた法身より生ずるから働きを有する法身という」とされる。この法身の働きは，三身説の中の法身から受用身と変化身が生み出されることを意味し，この法身を，「理」の面としての自性身と「智」の面としての法身とに区別して捉えている。しかしながら，この「智」としての法身が受用身と変化身にも有するものなのか否かは，判然としない。

密教の四種法身では，自性身と受用身と変化身と，さらにこの三身から生み出されるすべての等流身にも，この働きをもつ法身が蔵されているとする。

また，受用身は，十地の菩薩に教えを説く仏格として，十地に住しながら，他の十地の主たち，即ち，すでに第十地までの行階梯で覚者としての悟りの果を得ている普賢菩薩や観自在菩薩たちが，あえて初発の菩薩のために十地に留まり，「法の受用を享受しているもの chos kyi loṅs spyod la spyod pa」として教化に当たる。

この「法の受用を享受しているもの」とは，まさにゴータマ・ブッダが菩提樹下で悟りを得て，その悟りの瞑想に入っている姿である。この仏格を「自受用身」とも呼ぶが，『大乗荘厳経論』(69)で説かれる自利の受用身 sambhoga-kāya と同じである。そこでは，十地の菩薩に言葉では説法せず，悟りの境地に入った姿を示すことで菩薩を悟りに導く。この自利とされる自受用身の仏格が，ここでの「法の受用を享受しているもの」である。

変化身についても，初地以前の声聞や縁覚，一般の衆生たちに様々な姿形を顕して救済する仏格とされる。この利他の変化身の仏格も唯識思想の初地以下の声聞縁覚と衆生を利益する仏格の範疇で論じられている。

そして(2)では，三身説側の反論に対し，確固たる態度で「自性身には働きがないから，働きを有するものというのは適当でない」と論破する。

このように，この注釈は，唯識思想を踏まえた四身説の解釈として注目される。

東北No. 3800（北京 No. 5198）のブッダシュリージュニャーナ Buddhaśrījñāna の注釈では，つぎのようにいう。

(1)　働きを有する四種身をもって開示するなか，まず，自性上任運にして清浄であり，一切の功徳を円満する自性が自性身であるといわれ，「牟尼の自性身は……」（第八章第１偈）という。牟尼たる仏世尊の自性身は最勝に達した智の自性であり，出世間の法界の自性として一切の無漏の法を証得したものであり，諸の垢を客塵性としてあらゆる方法で〔一切時に〕清浄にし，働きを有せざるが故に，自性上〔働きより〕遠離している所のものは，自性として住する特相あるものである。それとは差別のない無漏の自性が，法身であるといわれる(70)。

(2)　以上の如く，勝義と世俗の特相ある身たるものが，自性身と他の３種であって，仏と菩薩と声聞等の境界に建立すれば，法身と受用身と変化身の３種である。法身と色身とに開けば２種であるから，諸の仏世尊の身は３種と説かれた(71)。

(1)の注釈は自性身と法身の仏格を注釈したもので，自性身は働きを有せず，法身が働きを有することを明かす。(2)では四身を勝義と世俗に分け，勝義には自性身を，世俗には法身と受用身と変化身を配す。また，法身と色身に配する場合には法身には法身を，色身には受用身と変化身を配している。いずれにしても当注釈も四身説をとる。

ここで法身を世俗に配する思想は，法身の働きが世俗においてなされるからである。さらに，仏と菩薩と声聞等の境界に三身をもって建立したのは，仏の境界には法身を，菩薩の境界には受用身を，声聞等の境界には変化身を当てはめる唯識思想が，明確に表されている。

ブッダシュリージュニャーナのもう１つの第八章の注釈である *Abhisamayālaṃkāra-śāstra-ṭīkā*(72) では，法身の法について，つぎのように説く。

> dharmo mārgaḥ / saptābhisamaya-rājaḥ / dharma-labhyaḥ kāyo dharma-kāyā iti kṛtvā / etad-adhigatād hagavān mahā-phala-stho 'śaikṣaḥ /
>
> 法(おしえ)とは道であり，七現観の王である。法によって得られる身が法身であるとこのように思って，これを悟られるから，世尊は大果に住する無学位の方である。

密教の学匠であるブッダシュリージュニャーナが，このように法を「教え」と理解し，この教えによって悟りを得た身が「法身」であり，世尊であるという。この「教えの身」とは，すでに見たゴータマ・ブッダの「法身」を初期仏教が「教えの集合体」と見た解釈と同じである。

このように，初期仏教の「教えの本体」「教えの集合体」と捉える法身思想は，『現観荘厳論』の解釈においても，それも密教の学匠の注釈書においてさえも，伝承されてきたことを知る。

東北No. 3799（北京 No. 5197）のラトナキールティ Ratnakīrti の注釈では，つぎのようにいう。

> 「自性，具受用と　同様に他の変化と　働きを具す法身にして，４種と説かれた」というその意味は，つぎのものである。即ち，法身の語をもっては，法身の現観を注釈すべきことより始めて，それ故に自性身と受用身と変化身と三身の働きが衆生の利益を作す所作を伴うから４種と受け取られる(73)。

この注釈では三身を基調とし，その三身の働きが法身の二十七種の働きであるとする。また，この法身の働きは，「この法身の働きとは受用身の自性にして」(74)といわれているから，受用身には働きをもつ法身が背後に自性としてあり，その受用身の働きのエネルギーとなっていることを示している。

以上の東北No. 3793（北京 No. 5191）からNo. 3799（北京 No. 5197）までの６つの注釈の中で，三身説をとるのはNo. 3799（北京 No. 5197）の１篇だけであり，この箇所の注釈文を欠くNo. 3795（北京 No. 5193）を除けば，他のすべてが四身説である。

これら四身説の中で最もよくまとまっているのは，No. 3797（北京 No. 5195）のクマーラシュリーバドラのものであった。

以上，14種の注釈書の第八章の記述について，ひと通りの概観を終えた。その結果，「三身説の意味するもの」には，東北 No. 3787（北京 No. 5185）からNo. 3801（北京 No. 5199）の４篇があり，そこでは自性身と受用身と変化身の三身を基調とし，二十七種の法身の働きに重点を置いていた。また，自性身と法身を一体と見て，自性身は働きのない不作を自性とし，法身には智としての働きをもたせていた。さらにNo. 3704（北京 No. 5188）の注釈では，二十七種の法身の働きを変化身の門から示すとする特色があり，No. 3801（北京 No. 5199）のラトナーカラシャーンティの注釈では，密教の四身に触れていた。

「四種身の意味するもの」では，ハリバドラは，自性身，法身，受用身，変化身を四身とし，この説に東北 No. 3789（北京 No. 5187）のスムリティジュニャーナキールティが従う。

他の注釈は，そのまま第一章第17頌に示された自性身，受用身，変化身，法身の働きを四身とする。その場合，自性身と法身については，智たる働きを有する法身を自性身から別に立てようとする意図が窺われる。特に密教的な面で興味を引くのは，密教者であるブッダシュリージュニャーナの解釈であり，四仏に五智を配する点や，等流法身の思想は興味深い。

「般若経と関連しない立場の見解」では，四身説が大勢を占めた。その注釈の中で，東北 No. 3794（北京 No. 5192）のダルマキールティシュリーとNo.

3797（北京 No. 5195）のクマーラシュリーバドラの注釈が最もよくまとまっており，その内容は，弥勒の唯識思想に基盤を置いている。それとともに，そこでの自性身は働きをもたず，法身のみが働きをもつとする点は，両者の仏格をより具体的に示したものとして理解できる。

また，東北 No. 3794（北京 No. 5192）のダルマキールティシュリーと，No. 3800（北京 No. 5198）のブッダシュリージュニャーナの２種の注釈では，法身を初期仏教の「教えの本体」「教えの集合体」と捉えていた。

註

（１） 東北No. 3786．北京No. 5184．

（２） このテキストが弥勒造とされる点には疑問があるが，瑜伽行派の思想であることには相違ない。今はこの点に深く立ち入らないが，当テキスト中の法身に働きをもたせる思想などは，弥勒にない思想である。

（３） この一頌は荻原雲来篇 *Abhisamayālaṃkār'ālokā-Prajñāpāramitā-Vyākhyā*（THE WORK OF HARIBHADRA ED., BY U. WOGIHARA, 1973, SANKIBO BUDDHIST BOOK STORE LTD, TOKYO. WOGIHARAと略称），p. 21[13]およびp. 916[24]と，北京No. 5189，fol. 20b[5]，fol. 397b[6]による。

（４） 拙稿「Abhisamayālaṃkāra-kārikāの第１章第17頌」（成田山仏教研究所紀要11，特別号『仏教思想史論集』，1988年，pp. 143-159），磯田熙文「Abhisamayālaṃkāraの三身説と四身説」（『印度学仏教学研究』34-1，vol. 67，1985年，pp. 368-375），兵藤一夫『般若経釈　現観荘厳論の研究』（文栄堂書店，2000年），p. 5参照。

（５） WOGIHARA，pp. 911[13]-916[24]．北京No. 5189，fol. 20b[6]，fol. 397b[6]．真野龍海『現観荘厳論の研究』（山喜房佛書林，1972年，p. 102，p. 247以下）参照。天野宏英編梵本テキストについては「現観荘厳論釈の梵本写本⑴」（『比治山女子短期大学紀要』第17号，1983年）をはじめ，⑵～⑹については『島根大学教育学部紀要』No. 19（1985年）～No. 23-1（1989年），⑺については「現観荘厳論釈の梵本写本⑺」（真野龍海博士頌寿記念論文集『般若波羅蜜多思想論集』，山喜房佛書林，1992年）がある。

（６） 東北No. 3786，ka帙，fol. 2b[4]．東北No. 3787，ka帙，fol. 16b[2]．

（７） WOGIHARA，p. 914および，Haribhadraの小註は，註(5)前掲，天野編の梵文テキスト「現観荘厳論釈の梵文写本⑴」，p. 3参照。北京No. 5191，註(5)前掲，真野『現観荘厳論の研究』，p. 247。

（８） *ABHISAMAYĀLANKĀRA-PRAJÑĀPĀRAMITĀ-UPADEŚA-ŚĀSTRA* ed. Th. Stcherbatsky & E. Obermiller, (Bibliotheca Buddhica XXXⅢ), 1970, p. 39, p. 69.

健代渕応『*Abhisamayālaṃkāra-śāstra-ṭīkā*の研究』(清光院清水寺，1973年)，第八章の注釈部分，p. 47参照。

(9) ibid., p. 34。

(10) ibid., p. 35。

(11) 註(5)前掲，真野『現観荘厳論の研究』，p. 258，Th. Stcherbatsky & E. Obermiller, p. 38.

(12) *Mahāyānasūtrālaṃkāra* edite et traduit par SYILVAIN LEVI, Paris, 1907, p. 45の第62偈，第64偈．宇井伯寿『大乗荘厳経論研究』(岩波書店，1979年)，pp. 166-167参照。

(13) 三身説の成立については，高崎直道『如来蔵思想の形成』(春秋社，1947年) p. 766[8]参照。また，『摂大乗論』の三身説も自性身，受用身，変化身である。「謂由三種仏身応知彼果智殊勝。一由自性身。二由受用身。三由変化身。此中自性身者。謂諸如来法身。一切法自在転所依止故。受用身者。謂依法身種種諸仏衆会所顕清浄仏土。大乗法楽為所受故。変化身者。亦依法身従覩史多天宮現没。受生受欲踰城出家。往外道所修諸苦行。証大菩提転大法輪。入大涅槃故。」(大正31，No. 1594，p. 149a)，長尾雅人『摂大乗論　和訳と注解(下)』(インド古典叢書，講談社，1999年，pp. 314-315) 参照。

(14) 唯識説の本流の転依による法身について，高崎博士は「唯識では 'āśraya' たるアーラヤ識は，転依において，もはやアーラヤ識としては機能せず，したがってアーラヤ識はなくなって，代わりに〈智〉が顕現する」とする (註(13)前掲，高崎『如来蔵思想の形成』，p. 758参照)。

(15) E. Obermiller, "The Doctrine of Prajñāpāramitā, as exposed in Abhisamayālaṃkāra of Maitreya." *Acta Orientalia,* vol. II, 1932, pp. 9-12.

(16) 註(5)前掲，真野『現観荘厳論の研究』，pp. 13-15。

(17) 註(4)前掲，兵藤『般若経釈　現観荘厳論の研究』，pp. 8-14参照。

(18) skt テキストの出版に関しては，註(4)前掲，兵藤『般若経釈　現観荘厳論の研究』，pp. 8-14を参照。

(19) ツォンカパ Tsoṅ kha pa の *gser phreṅ* (北京No. 6150) では，東北No. 3789 (北京No. 5187) のテキストを疑わしきものとする (佐久間秀範「『現観荘厳論』第八章をめぐるインド諸注釈家の分類―三身と四身」(『四天王寺国際仏教大学紀要』文学部第24号，1991年，p. 6参照)。

(20) 兵藤博士は，この14種以外に，東北No. 3802 (北京No. 5203)，東北No. 3806 (北京No. 5204)，東北No. 3796 (北京No. 5194)，東北No. 3804 (北京No. 5201)，東北No. 3903 (北京No. 5299) の5テキストを加える (註(4)前掲，『般若経釈　現観荘厳論の研究』，pp. 10-14)。これに対し，佐久間秀範氏は，ツォンカパ Tsoṅ kha pa の *gser*

phreṅ（北京No. 6150）の意見を採用し，兵藤掲載の東北No. 3804（北京No. 5201），東北No. 3802（北京No. 5203）を除き，新たに東北No. 3789（北京No. 5187）の疑わしきことを挙げる（註(19)前掲，佐久間「『現観荘厳論』第八章をめぐるインド諸注釈家の分類—三身と四身」p. 6参照）。

（21） 東北No. 3787，ka 帙，fol. 191b[7]. 北京No. 5185，fol. 226a[6].

（22） 東北No. 3787，ka 帙，fol. 209a[5]. 北京No. 5185，fol. 245b[5].

（23） 註(3)前掲，荻原篇 *Abhisamayālaṃkār'ālokā-Prajñāpāramitā-Vyākhyā,* pp. 911[13]-916[24]. 東北No. 3791，cha 帙，fol. 17a[4]，fol. 318a[4]. 北京No. 5189，fol. 20b[6]，fol. 397b[6]. 註(5)前掲，真野『現観荘厳論の研究』，p. 102，p. 247以下参照。註(5)前掲，天野編梵本テキスト「現観荘厳論釈の梵本写本」(1)〜(7)参照。

（24） 註(3)前掲，荻原篇 *Abhisamayālaṃkār'ālokā-Prajñāpāramitā-Vyākhyā,* p. 925[20]。

（25） 北京No. 5185，fol. 235a[1].

（26） 東北No. 3788，kha 帙，fol. 160b7. 北京No. 5186，fol. 184b[1].

（27） 東北No. 3788，kha 帙，fol. 178b[4]. 北京No. 5186，fol. 204a[3].

（28） 東北No. 3788，kha 帙，fol. 179b[1]. 北京No. 5186，fol. 205a[1].

（29） WOGIHARA，p. 992[15]. 註(5)前掲，天野編梵文テキスト，p. 15[16]。

（30） 註(5)前掲，真野『現観荘厳論の研究』，p. 13参照。

（31） 北京No. 5188，fol. 265a[2].

（32） 註(5)前掲，真野『現観荘厳論の研究』，p. 258参照。

（33） 東北No. 3801，ta 帙，fol. 193a[3]. 北京No. 5199，fol. 227b[8].

（34） 東北No. 3801，ta 帙，fol. 203b[1]. 北京No. 5199，fol. 239b[4].

（35） 東北No. 3801，ta 帙，fol. 193b[7]. 北京No. 5199，fol. 228b[6].

（36） 東北No. 3801，ta 帙，fol. 103b[1]. 北京No. 5199，fol. 227a[8].

（37） 東北No. 3801，ta 帙，fol. 194a[2]. 北京No. 5199，fol. 228b[8].

（38） 東北No. 1851，ti 帙，fol. 278b[7]. 北京No. 2714，fol. 326b[3].

（39） 大正18，No. 870，p. 288a.

（40） 大正18，No. 867，p. 254a.

（41） WOGIHARA，pp. 911[13]-916[24]. 註(5)前掲，真野『現観荘厳論の研究』，p. 102，p. 247参照。東北No. 3791，cha 帙，fol. 316a[6-].

（42） デルゲ版によって gyi を gyis に改める（東北No. 3791，cha 帙，fol. 316b[1]）。

（43） gyi を gyis に改める（東北No. 3791，cha 帙，fol. 316b[1]）。

（44） 東北No. 3791，cha 帙，fol. 316a[6]. 北京No. 5189，fol. 395b[3]. WOGIHARA，p. 914[9].

（45） WOGIHARA，p. 916[23]. 東北No. 3791，cha 帙，fol. 318a[4]. 北京No. 5189，fol. 397a[6]-，*Prajñā-pāramitopadeśa-śāstrā'bhisamayālaṃkāra-vivṛtiḥ prajñā-pradīp'āvalī*（註

(8)前掲，健代『*Abhisamayālaṃkāra-śāstra-ṭīkā* の研究』，第八章の注釈部分）にこの部分を引用，pp. 26-27参照。

(46)　北京No. 5189，cha 帙，fol. 421b[6]，425a[3]等.

(47)　北京No. 5189，cha 帙，fol. 421b[7].

(48)　東北No. 3791，cha 帙，fol. 317b[5]. 北京No. 5189，fol. 396a[1]. WOGIHARA，p. 914[23]，p. 916[8].

(49)　北京No. 5189，cha 帙，fol. 421b[8].

(50)　東北No. 3791，cha 帙，fol. 318a[4]. 北京No. 5189，fol. 397b[8]，WOGIHARA, p. 916[28].

(51)　註(5)前掲，真野『現観荘厳論の研究』，p. 14参照。

(52)　東北No. 3792，ja 帙，fol. 70a[3]. 北京No. 5190，fol. 83a[3].

(53)　東北No. 3798，ña 帙，fol. 188a[1]. 北京No. 5196，fol. 221b[4].

(54)　東北No. 3798，ña 帙，fol. 188a[3]. 北京No. 5196，fol. 221b[6-].

(55)　東北No. 3798，ña 帙，fol. 188a[3]. 北京No. 5196，fol. 221b[6].

(56)　東北No. 3798，ña 帙，fol. 188b[1]. 北京No. 5196，fol. 222a[4].

(57)　東北No. 3798，ña 帙，fol. 188b[4]. 北京No. 5196，fol. 222b[1].

(58)　不空訳『聖位経』の四種法身の「等流法身」（大正18，No. 870，p. 288a，p. 291a）と，『楞伽経』の Niṣyanda-buddha については，拙稿「『楞伽経』の Dharmatā-buddha と Niṣyanda-buddha」（『密教文化』150号，1985年）参照。

(59)　大正18，No. 879，p. 337a-b.

(60)　東北 No. 3789，kha 帙，fol. 239b[4]. 北京 No. 5187. 第1「自性身」は，東北 No. 3789，kha 帙，fol. 239b[4]，北京 No. 5187，fol. 270b[4]，第2「法身」は東北 No. 3789，kha 帙，fol. 239b[6]，北京 No. 5187，fol. 270b[7]，第3「受用身」は東北 No. 3789，kha 帙，fol. 239b[7]，北京 No. 5187，fol. 270b[8]，第4「変化身」は東北 No. 3789，kha 帙，fol. 240a[1]，北京 No. 5187，fol. 271a[2]，さらに「法身の二十七種の業用」については東北 No. 3789，kha 帙，fol. 240a[2]，北京 No. 5187，fol. 271a[3]にあり。

(61)　註(4)前掲，兵藤『般若経釈　現観荘厳論の研究』。

(62)　東北No. 3794，ja 帙，fol. 245b[6]. 北京No. 5192，fol. 278a[3].

(63)　東北No. 3794，ja 帙，fol. 246b[4]. 北京No. 5192，fol. 279a[2].

(64)　東北No. 3794，ja 帙，fol. 250b[1-]. 北京No. 5192，fol. 284a[1.4]，fol. 285a[6]，fol. 285b[3.4].

(65)　東北No. 3794，ja 帙，fol. 248a[6]. 北京No. 5192，fol. 281a[2].

(66)　東北No. 3795，ja 帙，fol. 274b[3-]. 北京No. 5193，fol. 314a[5].

(67)　東北No. 3797，ña 帙，fol. 115b[5]. 北京No. 5195，fol. 135a[1].

(68)　(1)　saṅs rgyas kyi sku ni ṅo bo ñid daṅ loṅs spyod rdsogs pa daṅ sprul pa daṅ chos kyi sku ste rnam pa bshiḥo // de la ṅo bo ñid kyi sku ni raṅ bshin rnam par dag paḥo // chos kyi sku ni dri ma rnam par dag paḥo // loṅs spyod rdsogs paḥi sku ni sa bcuḥi mṅaḥ bdag rnams daṅ lhan cig tu chos kyi loṅs spyod la spyod paḥo // sprul paḥi sku ni ñan thos la sogs pa la snaṅ la gzugs sna tshogs kyis rtag tu sems can gyi don byed paḥo // de yaṅ chos kyi sku las ḥbyuṅ bas chos kyi sku mdsad pa daṅ bcas pa shes byaḥo // de ltar ni sku rnam pa bshiḥo //（東北No. 3797，ña 帙，fol. 115b[5]. 北京No. 5195，fol. 135a[1]).

(2) kha cig ni chos ñid daṅ chos kyi sku gcig pas na sku ni gsum kho na yin no shes zer ro // de ni ma yin no // ṅo bo ñid kyi sku la mdsad pa med pas na mdsad pa daṅ bcas pa shes bya bar mi ḥthad par ḥgyur ro // des na mdsad pa daṅ cas pa shes gsuṅs pas sku ni rnam pa bshi ñid du bshed pa yin no //（東北No. 3797，ña 帙，fol. 115b[7]. 北京No. 5195，fol. 135a[3]).

(69) 註(12)前掲，宇井『大乗荘厳経論』，p. 167. *Mahāyānasūtrālaṃkāra,* p. 45 の第62偈。

(70) 東北No. 3800，ta 帙，fol. 66a[7-]. 北京No. 5198，fol. 76b[1].

(71) 東北No. 3800，ta 帙，fol. 73b[1]. 北京No. 5198，fol. 84b[3].

(72) *Prajñā-pāramitopadeśa-śāstrā' bhisamayālaṃkāra-vivṛtiḥ prajñā-pradīp' āvalī*（註(8)前掲，健代『*Abhisamayālaṃkāra-śāstra-ṭīkā* の研究』，p. 1。この注釈書は，Haribadra の大註を引く（pp. 26[11]-27[6]，p. 56[1])。

(73) 東北No. 3799，ña 帙，fol. 250b[5]. 北京No. 5197，fol. 297b[3].

(74) 東北No. 3799，ña 帙，fol. 260b[3]. 北京No. 5197，fol. 309a[7].

第10章　密教の師資相承句

第1節　『大日経』の師資相承句

1．大日経系の師資相承句

上記の第９章までに，初期仏教から大乗仏教の唯識・如来蔵までの師資相承句と法身思想の展開を見てきた。

初期仏教の師資相承句は，ブッダから法の教えを受けた弟子たちが，自身や友を「仏の真子」や「仏の長子」と呼び，またゴータマ自身が弟子を「わが真子」と呼んだ。この用例は大乗仏教になると，経文自身が法身となり，法身から法を聞き，法を相承するものを「仏の真子」「仏の長子」と呼ぶようになる。この思想は，般若経，法華経，華厳経，涅槃経等に受け継がれ，さらに如来蔵系の『勝鬘経』や『宝性論』になると，如来の子を蔵しているすべての衆生を「正しく見るもの」として「仏の真子」と呼んだ。

このように，師資相承句が，ブッダや経文から法を聞き法を授かる伝授を通じて，正統な弟子であることを標榜するものであったことは，すでに指摘した通りである。

密教は，この師資相承を最も大切にする。その密教の相承において，初期仏教からの師資相承句とどのように関連しているかを見ることは，重要である。密教の師資相承句は，大正蔵経の密教部第18巻から21巻までに，つぎのように抽出されるが，それらの用例を大日経系，金剛頂経系，陀羅尼経系に区分して概観すると，つぎのようになる。

『大日経』の師資相承句は，同巻第一「住心品第一」に２回，同巻第二「入曼荼羅具縁真言品第二之余」に２回，同巻第五「持明禁戒品第十五」に１回の計５回が見られる。

『大日経』以外では，『大毘盧遮那仏説要略念誦経』(1)，『阿闍梨大曼荼羅灌頂儀軌』，『不空羂索神変真言経』巻第四「法界密印荘厳品第五」に各1回，同巻第二十二「無垢光神通解脱壇三昧耶像品第四十六之二」に2回，『底哩三昧耶不動尊聖者念誦秘密法』巻下「無動金剛法界生印明第十三」に1回が見られる。

『大日経』「住心品第一」の最初の用例は，つぎの文脈に沿って説かれる。毘盧遮那如来が須弥山の頂上にある法界宮殿に住していたとき，金剛手をはじめとする菩薩たちと，普賢菩薩をはじめとする菩薩たちが世尊を囲繞して坐していた。そこで金剛手が質問する。世尊が得られた一切智智は何をもって因とし，何をもって根本とし，何をもって究竟とするのかと。その質問に対して，世尊が「菩提心を因と為し，悲を根本と為し，方便を究竟と為す」(2)という3句のフレーズで答え，さらに「自心に菩提及び一切智智とを尋求すべし。何をもっての故に，本性清浄なるが故に」(3)と菩提である悟りと衆生救済のすべての智を摂する一切智智を，本来清浄な自心に求めよという。その求められる自心を「心と虚空界と菩提との三種は無二なり」(4)と言い，その無二である心を悟る金剛手を指して「仏の真子よ」と呼びかけたものが，この最初の師資相承句の用例である。このチベット訳では単に「bu」と訳し，一般の仏子を意味する訳語を充てる。漢・蔵の「住心品」(5)を見ると，

是の如く説き已て，摩訶毘盧遮那世尊は，金剛手に告げて言わく

善い哉，仏の真子よ　　　広大の心もて利益する
勝上の大乗句にして　　　心続生の相は
諸仏の大秘密なり　　　外道の識ること能わざるものなり

bcom ldan rnam par snaṅ chen po gyis //
phyag na rdo rje cher ḥbyuṅ la // legs so bu shes ḥdi skad gsuṅs //
theg pa chen poḥi go ḥphaṅ mchog // sems kyi rgyud kyi mtsan ñid ni //
rdsogs saṅs rgyas kyi gsaṅ baḥi mchog // rtog ge kun gyis mi śes pa //

世尊大毘盧遮那は，

金剛手よ，〔五〕大について　　よろしい〔仏〕子よ，とこのように言われた　　大乗の最高の階梯である　　心相続の特徴は　　完成された覚者の秘密の最高であり　　外道のすべてが未だ知らないものである

この経文に対する善無畏の注釈書『大毘盧遮那成仏経疏』(『大疏』)[(6)]では，つぎのように注釈する。

次に如来は金剛手に答えたまう偈の中に，「善い哉，仏真子よ，広大の心をもて利益す。」とは，如来の種性より生じ，仏の身語心より生ずるを以ての故に真子と曰う。前に大日世尊の広大な加持の境界を現じたもうが如く，今秘密主も亦た普く是の如くの無量応度の衆生の為に，速に大行を成じ大疑網を裂き，同じく三平等句の無尽荘厳を獲しめんと欲うが故に，仏は歎じて善い哉，仏子よ，汝は今能く広大の心を以て，無量の衆生を利益せんが為の故に，是の如くの問いを発すと言うなり。

ここでの「如来の種性より生じ，仏の身語心より生ずる」から「真子」であるとは，師資相承句の「仏真子　従仏口生　従仏法生　従法化生」の置き換えである。即ち，「如来の種性より生じ」とは，仏の「真子 aurasa」の意味を「心から生じた」という精神的な正嫡子の意味に理解したものであり，「仏の身語心より生ず」とは「従仏口生　従仏法生　従法化生」の法財に置き換え，金剛手が如来の種性と三密を相続する[(7)]ことによって「仏の真子」になることを表している。

2．灌頂の儀式と師資相承句

『大日経』巻第二「具縁品」[(8)]には，灌頂と関連させて，つぎのように記す。

是の如く此の法は　　自性として染汚無しと知りて
世に比べもの無き利を為せ　　汝は仏の心より生ぜん
ṅo bo ñid med gnas med pa[(9)]/　　/ de ltar chos ḥdi śes nas su //
sems can don ni mñam med byos /　　/ ḥon kyaṅ saṅs rgyas sras su skye //
自性なく所依なしと　　そのようにこの法を知って
衆生のために無等の利をなすべし　　そうすれば仏子として生まれ変わ

るであろう

この「汝は仏の心より生ぜん」の句は，灌頂のとき，小壇所で灌頂を受ける前に受者である弟子の心に金剛薩埵を招入して如来の智を獲得させ，金剛の名号を授け，弟子の両眼から金篦（こんぺい）śalākaという儀式用のメスで無智の眼翳を取り除き心眼を開かせる(10)。つぎに，明鏡を授けて自心の明鏡の如き清浄な心に，すべての姿を映し取らせて見せる。

このことによって，金篦で煩悩に覆われた眼膜を取り除けば，心眼で見る諸法は「無常・無去・無断・無来」であると悟り，心に映る明鏡の像を「像に即して是れ鏡，鏡に即して是れ像なり」と悟る。

この「心自ら心を見，心自ら心を知る」境地に達すると，明鏡に映し出される智とそれを映し出す鏡は無二無別となり，このようにして心仏の家に生まれ変わった弟子を「仏の心の子」であり，その仏の心から生み出され，灌頂儀式を受ける弟子を「汝は仏の心より生ぜん」と言われる。その『大疏』(11)の注釈文を示すと，つぎの如くである。

> 能く自ら心仏の家に生ずるを以の故に，是れを仏の心の子と名く。心の仏より生ずるが故に，汝は仏の心より生ずと曰う。

つぎの『大日経』「具縁品第二之余」(12)の経文は，すでに見た如来蔵の思想と関連する。

> 秘密主よ，この法門によってもまた汝はつぎのように見るべきです。彼ら善男子と善女人は，如来の口より生じ，また心より生じた〔仏自身の〕子であると知るべきです。彼ら善男子と善女人はどこに住しようとも，そこに住するその如来が偉大だと考える必要はありません。秘密主よ，それ故に，如来に供養したいと願う諸の善男子と善女人は，彼ら〔善男子と善女人〕を供養しなさい。如来を見たいと願う者たちは，彼ら〔善男子と善女人〕を見なさい。
>
> そこで，金剛手をはじめとする彼ら執金剛と普賢をはじめとする彼ら菩薩摩訶薩は声を合わせて言う。世尊よ，今日以後，彼ら善男子と善女人を尊重して供養します。世尊よ，それはどうしてかというと，彼ら善男子と善

女人を諸の仏世尊として見るべきだからです。

この如来蔵思想に裏付けされた善男子と善女人の思想は，さらに『阿闍梨大曼荼羅灌頂儀軌』の灌頂の記述と関連する。

この『阿闍梨大曼荼羅灌頂儀軌』(13)は，金剛頂経系の灌頂次第と大日経系の灌頂次第が合わさった次第である。本儀軌には，訳者は記されていないし，始まりの部分に『大日経』「具縁品」(14)をそのまま引用し，『大疏』の巻第九「具縁品」の偈頌とその直後の長行の要約を記載し，さらに大悲胎蔵生曼荼羅の前で行う灌頂儀式を説き，最後に『金剛界大乗現証甚深秘密瑜伽大曼荼羅大悲無礙大灌頂儀軌』の偈頌を引くことから，青龍寺で金胎両部の灌頂用として編成された可能性が強い。

したがって，これら灌頂儀軌次第の師資相承句は，『大日経』「具縁品」の記述を中心に見るのが順当であろう。そこで，つぎに師資相承句がどのような文脈で説かれているかの点から見てみよう。

まず，金剛手が毘盧遮那世尊に，この大悲胎蔵生大曼荼羅王の三昧耶に入る善男子善女人は，どれほどの福徳聚を得るのでしょうかと尋ねる。これに対し，世尊は善男子善女人の積む福徳は，まさに如来のそれと同じであるという。

この前提は，この三昧耶に入る善男子善女人が「如来の口より生じ，また心より生じた〔仏自身の〕子である de bshin gśegs paḥi shal daṅ thugs las sky-es paḥi sras」(15)という定型句に拠っている。したがって，経文はその上に立って，さらに如来に供養したいと願う諸の善男子と善女人は，彼ら善男子善女人を供養すべきだといい，如来を見たいと願う者たちにも，同じく善男子善女人を見ることによって如来を見ることになるという。その理由は，善男子善女人を見ることが，仏世尊を見ることと同じであるから。

この記述は，また『阿闍梨大曼荼羅灌頂儀軌』に，そのまま「〈彼の善男子善女人は，如来の口より生じた仏心の子なり。……〉」(16)として転用される。

すでに触れたように，すべての衆生に如来蔵があるから，衆生に如来を見，供養するという『大日経』の立場は，勝義の立場から世俗の衆生に常住法身を見，また我（アートマン）を仏と見る『涅槃経』の常楽我浄の思想を受け，衆生の中に正しく如来を見る『勝鬘経』の「正しい見解をもつもの」と関連する。

したがって，如来蔵思想の中で，「如来に供養したいものは善男子善女人を供養し」，「如来を見たいと思うものは善男子善女人を見なさい」という表現は，『大日経』の特徴と見られる(17)。

つぎの『大日経』巻第五「持明禁戒品第十五」(18)の用例は，

是の処の光明を見て　　馳散すること猛火の如し
所住の法教に随って　　皆明禁〔戒〕に依るが故に
等正覚の真子にして　　一切に自在を得て
難降の者を調伏すること　大執金剛の如し

とあって，「等正覚の真子」を明呪と禁戒を得た菩薩とする。ここでの「等正覚の真子」の句は，漢訳のみにあって，チベット訳にはない(19)。

つぎの『不空羂索神変真言経』巻第四「法界密印荘厳品第五」(20)では，

唵薩縛怛羅畝伽悉亭夜悉亭夜娑陀野許

oṃ sarvatra amogha siddhya siddhya sādhaya hūṃ /

（オーム　あらゆる場合に，空しからざるものよ，成就せよ，成就せよ，修習せしめよ，フーム。）

是の如く蓮花手にして三昧耶を印ずべし。若し常に一一の三昧耶に依りて字を観じ相応し受持読誦する者あらば，所有の蓋障五逆の重罪も当に自ら除滅して悪道に墜ちず。凡そ所施の為に則ち成ずることを得て，空しからざる広大な解脱の蓮華曼拏羅の三昧耶を見ん。当に来世に於て，阿耨多羅三藐三菩提の処に趣き証して，阿弥陀仏の真子と為り，法より化生し，殑伽沙倶胝那庾多百千の善逝と如来に覲みえて供養し奉らん。

de lta bas na mkhas pas su // rtag tu kun nas mtshon bcaṅs na //
saṅs rgyas rnams ni dgyes ḥgyur te // sras kyi thu bor som ñi med //
phyag rgya rim byed dam pa ḥchaṅ ba gaṅ // ḥjig rten mgon poḥi sras kyi thu bor ḥgyur //

それ故に，賢者は　　常にあまねく〔法の〕武器をもてば
諸仏は喜びて　　〔仏の〕長子とすること疑いなし

印を順次に結んで正〔法〕を保つものは　世間の救護者の長子となるだろう

とあり，この「〔仏の〕長子 sras kyi thu bo」は，「正法を保つもの」であり，「世間の救護者の長子 ḥjig rten mgon poḥi sras kyi thu bo」となるものと示されている。

漢訳は，この箇所を，来世に悟りを得て阿弥陀仏の「真子」となって，如来たちに供養するというように，阿弥陀の「真子」として捉えている。この点については蔵・漢は合わない。

また，『不空羂索神変真言経』巻第二十二「無垢光神通解脱壇三昧耶像品第四十六之二」では，「汝は今我が真子と為りたり。此の相を証する者は，大神通三昧耶を得」(21)と記され，神通力をもって衆生済度に赴く果位の働きを表すところで，この師資相承句の最初の部分が示されている。

したがって，以上の用例は，三昧耶戒と深く関わっている。三昧耶戒とは，密教の行者が灌頂を受ける前に必ず受けなければならない戒であり，この戒を護らなければ悟りが得られない(22)とされる重要なものである。この三昧耶戒については，師資相承句の後に詳説する。

つぎに不空訳『底哩三昧耶不動尊聖者念誦秘密法』巻下(23)「無動金剛法界生印明第十三」では，

戒方進力内に相い叉え　　六度豎て合わせ頭(はし)相い柱え
腕を開いて左右の臂を加持し　　印を挙て漸く頂上に至て開け
真言の悉地此に随て生ず　　是の故に名けて法生の印とす
印を結で加持せよ

明を誦して曰く

曩麼薩嚩母駄冒地薩但嚩喃阿薩羅嚩他薩羅縛多羅路計莎嚩二合訶

（namaḥ sarva-buddha-bodhisattvānām A sarvathā sarva-tārāloke svāhā /）

法生の印とは，一切如来の不動の菩提心より生し，大悲の本願より生じ，仏口より生じ，法より化生す。故に法生の印と名づく。

と，真言を交えて記す。このテキストは，上巻に『大疏』「息障品」の注釈文を引き，中巻と下巻は不空訳『底哩三昧耶不動尊威怒王使者念誦法』と異ならないことから，この『底哩三昧耶不動尊威怒王使者念誦法』に基づいて不空三蔵が編纂し直したものと想定されている(24)。そういう点から，この儀軌をインド撰述とせず，中国撰述とすべきかもしれないが，灌頂の記述をこれ以上に詳細に記すものは他にない。その意味から，灌頂の実際を知る上でこの資料を使用する。

ここでの「一切如来の不動の菩提心より生じ，大悲の本願より生じ，仏口より生じ，法より化生す」とする師資相承句は，法性印の法より仏の境界を生ずる意味として説かれている。

この句では，今までに見た定型句とは異なった菩提心と大悲の本願を「仏口より生じ」の前に挿入する。この定型句の法性の「法」は，具体的には真言の「阿字」である。この点は，つぎの真言から明確に知り得る。その真言の意味をつぎに見てみよう。

namaḥ sarva-buddha-bodhisattvānām A sarvathā sarva-tārāloke svāhā

(一切の仏菩薩に帰命します。阿(アー)　常に一切の星のように輝けるものよ，スヴァーハー。)

この真言の名前が「法界生の印の真言」とされることから，この法界生の真言の種子である「阿字」が「法生」の「法」と，「法界生」(25)の「法界」を示している。

この阿字を，同様に法身と捉え，毘盧遮那如来と捉える思想が，『大日経』「悉地出現品」に見られる。この詳しい考察は後にゆずるが，そこでは阿字を師資相承句の「仏口」や「仏心」と捉えている。

さらに，この法界生の真言と印が，「清浄法身の印」として，つぎのように『要略念誦経』(26)に示されている。

次に清浄法身の印とは，(以下，印相を説くが略す)

namaḥ samanta-buddhānāṃ dharma-dātu-svabhāvātmako' ham

(あまねき諸仏に帰命します。わたしは，法界の自性そのものです。)

是れを法界を見る明と印と名づくなり。この明と印を以て身に旋転すれば，即ち自らを自性法身なりと思惟すれば，無尽界を亘る。この故に〔自身を〕速に清浄法身とみるべし。

この真言の名前が「清浄法身の印」と呼ばれるのは，この真言を誦じて瞑想する場合，行者が自身を法界の自性と観想するからである。また，長行文では，自身と法界と自性法身と清浄法身とを同格とし，自身を法界の自性であり，清浄法身であると見る。

この清浄法身とは，『四十華厳』の菩薩の清浄法身と如来の清浄法身の項で見たように，衆生のまだ煩悩の垢が残っている法身からその垢を取り除いた清浄な如来の法身を指し示している。

このように，上記の大日経系資料では，究極的には法身を阿字一字に集約している。この阿字は，『般若経』や『華厳経』の四十二字門の「阿字本不生」に，その思想的淵源を求めなければならないことは既に見た。

第2節　金剛頂経系の師資相承句

金剛頂経系で師資相承句を説くものは(27)，つぎの『金剛頂瑜伽金剛薩埵五秘密修行念誦儀軌』(『五秘密儀軌』)(28)である。

> 若し毘盧遮那仏の自受用身所説の内証自覚聖智の法……を以て，能く弟子の倶生と我執と法執の種子を変易して，時に応じて身中に一大阿僧祇劫の所集の福徳智恵を集得して，則ち仏家に生在すとす。其の人一切如来の心より生じ，仏口より生じ，仏法より生じ，法より化生し，仏の法財を得。法財とは謂く三密の菩提心の教法なり。……五密を修するに由て，涅槃と生死とに於て，染せず著せず，無辺の五趣の生死に於て，広く利楽を作す。身を百億に分かちて諸趣の中に遊んで有情を成就させ，金剛薩埵の位を証ぜしむ。

ここでは，毘盧遮那仏の威神力 adhiṣṭhāna によって，弟子が曼荼羅阿闍梨に会い，曼荼羅に入って灌頂を受ける。そのとき，阿闍梨は灌頂を授ける前に，戒と三昧耶戒を授け，金篦で心の煩悩を取り除くために眼膜を取り除き，明鏡によって人我と法我の執着を取り除く。

この弟子が，この定型句の主語である「其の人」なのである。この定型句の

「其の人一切如来の心より生じ」は，すでに見たように，『別訳雑阿含経』(29)や密教の『大日経』に見られたものである。

そして，この師資相承句で初めて，「仏の法財を得べし」と強調した「法財」を，明確に三密と捉える。この具体的な法財の解釈は，定型句の直後に2行割りで注記されている。

この『五秘密儀軌』でも『大日経』「具縁品」と同様に，灌頂の前に密教の正しい弟子となったことを証明するために，この師資相承句が示される。

したがって，この法財を直ちに三密であると示すのは，この『五秘密儀軌』のみであるが，『大日経』も如来の働きを身語心の三密の働きとするから，『大日経』の定型句の法財も，三密と解してよい。

第3節　陀羅尼経系の師資相承句

つぎの陀羅尼経系の『最勝仏頂陀羅尼浄除業障呪経』(30)の師資相承句は，宝塔崇拝と関連させながら，つぎのように説かれる。

> 仏天帝に告げたまわく，若し復た人有って，能く四衢道の中に於て諸の宝塔を造り或は高幢を立てて此の陀羅尼経を安じ，復た種種の花・香・瓔珞・七宝厳具・奇妙衣服・飲食・湯薬を以て而も供養を為せば，是の人の功徳は無量にして無辺なり。是の人の福智は称計す可からず。是の人即ち是れ菩薩摩訶薩なり。是の人即ち是れ仏の真子なり。所以はいかん。塔の下を往来するに無量の諸の衆生を抜済するが故に。

ここでは，宝塔を造り，宝幢を立て，そこに陀羅尼経を安じて，種々の供物で供養するものが菩薩であり，「仏の真子」であるとし，さらには塔の下を往来するだけで，諸の衆生を抜済するという塔崇拝の現世利益を説く。

また『文殊師利宝蔵陀羅尼経』(31)には，文殊童子を「真子」と呼ぶ用例があり，『舎利弗陀羅尼経』(32)には，この経典を受持するものを「仏の真子」とし，チベット訳は「法王の御子 chos kyi rgyal poḥi sras」とする。

また，『一切功徳荘厳王経』(33)では，陀羅尼を説いた教典を信じるものを

「我が真子なり」と呼び，この経典を供養することによって，死後，浄土に生まれ変わるとする。

さらに，『舎頭諫太子二十八宿経』(34)は，『摩登伽経』（二巻）と同本異訳であり，密教の二十八宿と祭り方を説き，外道の護摩として最も早い出典と見られる。ここでは，阿難に惚れた摩登伽女を出家させて比丘尼とした世尊が，２人の宿世の話をする。この宿世では，世尊がアウトカーストの摩登伽 mātaṅga の王となり，わが娘の志性をバラモンの弗袈裟に嫁がせようとするが，弗袈裟はカーストが異なるのでだめだという。そのバラモンの弗袈裟の言葉の中に表れた句が「梵天は真子と称し，梵天は口より生じ，君子は胸より生じ，工師は臍より生じ，細民は足より生じたり。」である。これは，リグヴェーダが記す原人プルシャを解体するとき，梵天が口，王族が両腕，庶民階級が両腿，奴隷階級が両足から生まれたことを受けたもの(35)と考えられるが，伝承の違いによるものか，記述が異なっている。

以上のように，大日経系と，金剛頂経系と，陀羅尼経系の師資相承句の出典とその意味を見てきた。大日経系と金剛頂経系では，如来蔵思想を根幹に置きながら，師資相承句の法を三密と捉え，阿字一字に集約していた。また，金剛頂経系とともに灌頂の儀式で師が弟子の心眼を清めたとき，この師資相承句が唱えられる特徴をもち，最後の陀羅尼経系の師資相承句では，仏塔信仰の功徳と仏塔を信じるものを仏の真子と呼ぶ用例や，死後，浄土に生まれることを説くものや，師資相承句の原形になった梵天の定型句などを説くものであった。

第４節　密教経典に見られる三昧耶戒

１．師資相承句と戒

上記に見たように，師資相承句は灌頂で三昧耶戒を受けて如来の真子になるための重要な句であった。そこで，つぎに三昧耶戒と師資相承句の関係を見ておく。

弟子は，灌頂を授かる前に三昧耶戒を必ず受け，自身の師である阿闍梨と教団を毀損しないことと，悟りを求める菩提心を棄てないことと，阿闍梨になったとき後継者としての弟子に教えを惜しみなく伝授しなければならないことと，衆生をいかなることがあっても害しないことの4項目の禁戒 vrata を誓う。この三昧耶戒は，ブッダがアーナンダに「我なき後は法と戒を汝の師とせよ」と言われた，その戒を犯せば悟りを得ることができないとされているのである。

つぎに，この三昧耶戒について，華厳経から『大日経』への三昧耶戒の変遷を見てみよう。師資相承句と戒は，灌頂の儀式において関連し合っている。灌頂では，三昧耶戒と十善戒を授かると，その弟子は如来と同等であるとして「仏の真子」と呼ばれる[36]。

この三昧耶戒の語句が，華厳経に存することはのちに指摘する[37]が，その三昧耶戒の一々については，初期仏教から大乗仏教の諸資料に散見されることは言うまでもない。

三昧耶戒とは，一般には戒を付けずに三昧耶 samaya と示され，この語は「誓い」を意味する。この三昧耶が戒と呼ばれる所以は，灌頂の投華得仏の前に，この誓いの三昧耶を戒として阿闍梨に誓う。その戒に当たるサンスクリット語は vrata（禁戒）である。

まずここでは，『大日経』と『金剛頂瑜伽中略出念誦経』の三昧耶戒を見た上で華厳経の三昧耶戒の原形に論を進めたい。

2．『大日経』「具縁品」所説の三昧耶戒

『大日経』では，「具縁品」[38]と「受方便学処品」の2カ所に三昧耶戒が説かれている。そのうちの「具縁品」では，つぎのように記される。

de nas slob ma de bslan la / / sṅags pa sñiṅ rjer gyur pa yi //
yid kyis naṅ du bcug nas ni / / de la dam tshig bstan par bya //
de riṅ phan chad bu khyod kyis / / dam paḥi chos daṅ byaṅ chub sems //
srog gi phyir yaṅ da phyin chaṅ / / yoṅs su graṅ bar mi byaḥo //
khyod kyis ser sna daṅ ni gaṅ / / sems can gnod pa mi byaḥo //
dam tshig ḥdi dag saṅs rgyas kyis / / brtul shugs bzaṅ po khyod la bshad

//

ci ltar raṅ gi srog bsruṅ ba / / de ltar khyod kyis ḥdi dag sruṅs //
slob mas bla maḥi rkaṅ pa la / / dad chiṅ gus pas phyag byas nas //
shin tu ṅes paḥi yid kyis ni / / de dag thams cad khas blaṅ ṅo //

つぎにその〔仏〕子を立たして　真言者は悲の
心で〔曼荼羅の〕内に引き入れて　彼に三昧耶を説くべし
今より後〔仏〕子よ汝は　正法と菩提心を
命のためといえども以後　捨離することなかれ
汝は〔一切法を〕慳悋しまた　衆生を害することなかれ
これらの三昧耶は〔諸〕仏が　汝のために説かれた禁戒なり
あたかも自身の命を護るが如く　そのように汝はこれらを護るべし
弟子は師の御足を　誠をもって恭敬し頂礼して
揺るぎない心で　それらすべてを承諾すべし

次当於弟子　而起悲念心　行者応入中　示三昧耶偈
仏子汝従今　不惜身命故　常不応捨法　捨離菩提心
慳悋一切法　不利衆生行　仏説三昧耶　汝善住戒者
如護自身命　護戒亦如是　応至誠恭敬　稽首聖尊足
所作随教行　勿生疑慮心

この経文を『大日経』(39)は三昧耶戒頌とする。そして，この三昧耶戒頌をサンスクリットの音写文字で次のように示している。

adya-prabhṛti te vatsāpi jīvita-kāraṇāt /
1,2) a-parityajyo hi saddharmo bodhi-cittam ataḥ param/
3,4) mātsaryaṃ sarva-dharmeṣu sattvānām a-hitaṃ ca yat /
ete samayāḥ hi saṃbuddhair ākhyātās tava su-vratāḥ //
yathā sva-jīvitaṃ rakṣyaṃ tathā rakṣyam ime tvayā /
praṇipatya guroḥ śiṣyaś caraṇau bhakti-vatsalena //
[slob mas bla maḥi rkaṅ pa la // dad ciṅ gus pas phyag byas nas //]
abhyupeyas tāni sarvaṃ niścitenādarātmani //

[shin tu ṅes paḥi yid kyis ni // de dag thams cad khas blaṅ ṅo //]

今より後〔仏〕子よ汝は，命のためといえども

1,2)以後正法と菩提心を捨離すべきではない

3,4)一切法を慳悋しまた衆生を害すべきではない

これらの三昧耶は諸仏が 汝のために説かれた禁戒なり

あたかも自身の命を護るように，そのように汝はこれらを護るべし

弟子は師の御足を誠をもって恭敬し頂礼して

揺るぎない心でそれらすべてを承諾すべし

このように，三昧耶戒 samayāḥ vratāḥ とは，正法 saddharma と菩提心 bodhi-citta を捨離すべきではなく a-parityajya，一切法 sarva-dharma を慳悋し mātsarya，衆生 sattva を害することをなすべきではない a-hita と示している。ここで，三昧耶の戒を「誓い」を意味する禁戒 vrata（brtul shugs）としていることは，三昧耶戒の特質を知る上で重要なキーワードとなる(40)。

3．『大日経』「受方便学処品」所説の三昧耶戒

この『大日経』「受方便学処品」(41)では，四根本罪（四波羅夷）として三昧耶戒が説かれる。般若と方便を有する十善戒の特殊な戒を説いた後に，三昧耶戒を，つぎのように記す。

lhuṅ baḥi rtsa ba bshi ni srog gi phyir yoṅs su ñams par mi byaḥo // bshi gaṅ she na / ḥdi lta ste /

1）dam paḥi chos spoṅ ba daṅ /

2）byaṅ chub kyi sems gtoṅ ba daṅ /

3）ser sma byed pa daṅ /

4）sems can la gnod pa byed paḥo //

de ciḥi phyir she na / ḥdi dag ni thabs daṅ shes rab tu mi ldan pa / raṅ bshin gyis ñon moṅs pa can te slar gsor mi ruṅ baḥo //

4種の根本罪は，命のためといえども犯すべきではない。4とは何かというと，いわゆる，

1）正法を捨てることと，

2）菩提心を捨離することと，

3）〔一切法を〕慳悋することと，

4）衆生を害すること

である。それはどうしてかというと，これら〔4つに〕は方便と般若を有さず，本質的に汚れているものであって，ふたたび治癒しがたいものであるから。

有四種根本罪。乃至活命因縁。亦不応犯。如何為四。謂謗諸法。捨離菩提心慳悋。脳害衆生。所以者何。此性是染。非持菩薩戒。

この四根本罪には，発菩提心から伝灯大阿闍梨までの犯してはならない罪が4種列挙され，これらを犯せば方便と般若がないから治癒しがたいとされる。

第5節　『金剛頂瑜伽中略出念誦経』所説の三昧耶戒

さらに，大日経系と異なる金剛頂経系の『金剛頂瑜伽中略出念誦経』（『略出念誦経』）(42)にも受明灌頂の後の伝法灌頂の段で，三昧耶戒が説かれる。

次に応に引起して，大壇の前に至り，為に三摩耶を説いて，其をして堅固ならしめ，善男子に告げて言うべし。

1）汝応に正法を堅守すべし。

2）設い逼迫悩害に遭い，乃至命を断つに至るも，応に菩提心を修することを捨離すべからず。

3）法を求める人に於いて，応に慳悋すべからず。

4）諸の衆生に於いて少しの不利益の事あることも亦応に作すべからず。

ここでも，この三昧耶戒は，『大日経』の2カ所の記述と比べると，内容がかなりはっきりしている。これは，このテキストが従来いわれているように，訳者の手がかなり入っていることに起因する。また，同経の三昧耶戒の記述の後に(43)，

此は是れ諸仏の体性なり。金剛薩埵の手に執る所の者は，汝当に堅く禁戒

を護り，常に蓄えて之を持すべし。

と示して，この戒が禁戒 vrata（brtul shugs）であることを示す。

以上の如く，この三昧耶戒には，戒の付く三昧耶の用例はないが，『大日経』「具縁品」において，三昧耶の戒が禁戒 vrata であると示されていることは注意されねばならない記述である。それとともに，

1）正法を捨てない。

2）菩提心を捨てない。

3）〔一切法を〕慳悋しない。

4）衆生を害しない。

の4つが三昧耶戒の内容であり，この三昧耶戒を真言行者は命をかけても護らねばならないとされる。その理由は，後の三昧耶戒の戒相で詳しく触れる。

つぎに，この三昧耶戒の内容を把握した上で，華厳経に見られる三昧耶戒の記述に論を進めよう。

第6節　華厳経所説の三昧耶戒の原形

『八十華厳経』「普賢行品」(44)に，つぎのような10種の戒が示されている。この10種の戒には，上述の三昧耶戒の4種をことごとく含んでいる。まずその10種の戒の内容を見てみよう。

ああ，仏子たちよ，以上の如く互いに瞋心を起こした菩薩は，それらをはじめとする百万の障礙の法門をもつことになる。それはどうしてかというと，ああ，仏子たちよ，菩薩乗に住する者たちには，互いに瞋恚の心を起こしたようないかなる大罪の法も見られない。したがって，仏子たちよ，菩薩行を速やかに完成しようとする菩薩は，以下の十法に努めるべきである。十とは何かといえば，

1）一切衆生を見捨てないこと

2）一切の菩薩に教師の思いを抱くこと

3）一切の仏法を誹謗しないこと

4）一切の国土に無尽の智をもって行ずること

5）一切の菩薩行を信解し渇望すること

6）虚空界をもって尽くす平等な法界を修習しようとする菩提心を捨てないこと

7）如来の〔十〕力に入り仏の菩提を観察すること

8）〔四〕無礙弁に努むべきこと

9）一切衆生を教化して疲厭なきこと

10）一切世界に住して執着しないこと

である。

仏子。若菩薩。於諸菩薩。起一瞋心。則成就如是等百万障門。何以故。仏子。我不見有一法為大過悪。如諸菩薩。於余菩薩。起瞋心者。是故。諸菩薩摩訶薩。欲疾満足諸菩薩行。応勤修十種法。何等為十。所謂。

1）心不棄捨一切衆生。2）於諸菩薩。生如来想。3）永誹謗一切仏法。4）知諸国土無有窮尽。5）於菩薩行。生深信楽。6）不捨平等虚空法界。菩提之心。7）観察菩提。入如来力。8）精勤修習無碍弁才。9）教化衆生。無有疲厭。10）住一切世界。心無所著。是為十。

この10種の法の中で，1）一切衆生を見捨てないことと，2）一切の菩薩に教師の思いを抱くことと，3）一切の仏法を誹謗しないことの3つは，一切衆生を見捨てないことが大前提となっての仏法僧の三宝への帰依，すなわち，僧宝としての一切菩薩に教師（如来）の思いを抱くことと，仏宝，法宝の一切の仏法に帰依し捨てないことは，三昧耶戒の第1「正法を捨てない」の内容と一致する。

つぎの，4）一切の国土に無尽の智をもって行ずることと，5）一切の菩薩行を信解し渇望することと，6）虚空界をもって尽くす平等な法界を修習しようとする菩提心を捨てないこととのうち，菩提心は加持によって十方一切国土に無尽の智をもって行ずることを目的とし，それを獲得しようと修行する行為が一切の菩薩行である。この一切の国土が存在する虚空法界に加持の智をもって働き遍満する菩提心は，菩薩が目指す解脱の果であり，けっして捨ててはならない菩薩道である。故にこの3つは，三昧耶戒の第2「菩提心を捨てない」の内容と一致する。

つぎの，7）如来の十力に入り仏の菩提を観察することと，8）四無礙弁に努むべきこととの2つのうち，7）如来の十力に入り仏の菩提を観察することとは，菩提を得た果として得られる不可思議な力である。またこの十力は，菩薩が悟りを得た後に衆生を教化する場合の力であり，つぎの四無礙弁の①法無礙智の中に含まれているものである。また，8）四無礙弁に努むべきこととは，内容的に見て一切法を求める者に説き惜しみ（慳悋）をしないという内容と一致する。すなわち，『八十華厳経』「十地品」(45)では，第九地の菩薩が学ぶべき四無礙弁 pratisamvid（tha dad pa yaṅ dag par shes pa）を，つぎのように説く。

> 以上の如く，この〔第九地の〕菩薩の善恵地に住する菩薩は，大法師の位に住して如来の法蔵を護る。彼は法師の姿をして無量の智の巧みさに従って四無礙弁をもって成就した菩薩の言葉で説法する。即ち，その場合，菩薩の四無礙弁は常に間断なく純一に生ずる。四とは何かというと，法無礙と，義無礙と，辞無礙と，楽説無礙である。（中略）
> また次に〔第十番目の四無礙弁は〕，
> ①法無礙智によっては，一切如来の語と〔十〕力と〔四〕無畏と〔不共〕仏法と大慈と大悲と弁才の方法と転法輪と一切智智を悟らす智である。
> ②義無礙智によっては，八万四千の衆生の行と意願と感覚器官と信解のなすがままに，如来の語を知らしめる。
> ③辞無礙智によっては，一切衆生の行に着さない如来の語を述べて説法する。
> ④楽説無礙智によっては，如来の智の光明と行輪とを信解させて説法する。

と説かれる。この4種の内容はともに衆生教化の説法に関するものであり，一切如来が説き惜しみをしないように，自分の得た法を説き惜しみしてはならないことを謳っている。したがって，これらは三昧耶戒の，3「慳悋しない」の内容と一致する。

つぎの，9）一切衆生を教化して疲厭なきことと，10）一切世界に住して執着しないこととは，徹底的な衆生救済の理念に立った菩薩道の究極のあり方である。一切衆生を教化して疲厭なきこととは，すべての衆生が救済（教化）され衆生の願いが尽き果てるまで，菩薩は救済の手だてに疲れ果てても投げ出してはならない。また，一切世界に住して執着しないこととは，救済のためにある特定のものに執着し，煩悩を起こしたり，貪欲心を起こし，平等さを失ってはならないという意味である。したがって，この両者の内容が，三昧耶戒の，4「衆生を害すべきでない」ことと一致する。

以上によって，『大日経』の三昧耶戒と華厳経の10種の法（戒）が一致することを見てきた。『八十華厳経』[46]のものは，『大日経』がいうように，命をかけても護らねばならないとする戒までには至っていないが，瞋恚の大過失を犯す菩薩は，それによってさらに100万の障門を生ずるから，決してこの瞋恚の大過失を犯すべきではないとされ，100万の障門を要約した10種を護るべきであると菩薩に奨めている。

したがって，これら10種の戒は，以下のように４種の三昧耶戒に摂せられる。

(1)　正法を捨てない
- 1）一切衆生を見捨てないこと
- 2）一切菩薩に教師（如来）の思いを抱くこと
- 3）一切の仏法を誹謗しないこと

(2)　菩提心を捨てない
- 4）一切の国土に無尽の智をもって行ずること
- 5）一切の菩薩行を信解し渇望すること
- 6）虚空界をもって尽くす平等な法界を修習しようとする菩提心を捨てないこと

(3)　慳悋しない
- 7）如来の〔十〕力に入り仏の菩提を観察すること
- 8）〔四〕無礙弁に努むべきこと

(4)　衆生を害しない
- 9）一切衆生を教化して疲厭なきこと
- 10）一切世界に住して執着しないこと

第７節　密教菩薩道の理念

1．三昧耶戒の戒相

三昧耶の戒は何のために説かれ，何故に死守すべきであるとまで説かれるのであろうか。結論からいうと，この三昧耶戒は，成仏と直結した戒であるために，成仏とは関係しない単なる十善戒等とは違って，命に代えても護らねばならない真言行者の誓い vrata なのである。

以上見てきた初発心から衆生救済までの菩薩道の実践理念が，密教の三昧耶の戒相となっている点を，つぎに検証してみよう。

三昧耶戒は，⑴正法を捨てず，⑵菩提心を捨てず，⑶慳悋せず，⑷衆生を害しないの４種であった。

⑴　正法を捨てずとは，正法を誹謗しないこと，すなわち仏法僧の三宝を誹謗しないことである。そこには，厳しい清らかな信仰が求められている。

⑵　菩提心を捨てずとは，衆生救済のために目指す成仏への努力を止めることへの戒めである。

⑶　慳悋せずとは，法を求める者に，教えを説き惜しんではならないことを説く。しかし，密教では弟子の生まれながらの素質によって授ける法のレベルに制限がある。この点は，三昧耶戒の慳悋すべからずには当てはまらないが，その規則を破れば三昧耶戒を犯した（越三昧耶）として，かえって強く戒められるのである。

⑷　衆生を害しないとは，衆生の不利益になることはすべきでないという意味と，自利に耽って利他の衆生利益を行わないことへの強い警鐘である。

このように見てくると，上記に見た『大日経』と金剛頂経の初発心から衆生救済までの理念は，華厳経の神変加持思想(47)の中にも見られる。

『八十華厳経』「如来出現品」(48)では，毘盧遮那如来が三摩地に入り，加持の力で様々な神変を起こし，十方世界のすべての国土の衆生たちを利益する。この毘盧遮那が果たす大乗の衆生救済の理念は，密教の菩薩道思想に受け継がれている。

また，この菩薩道の精神は，『大日経』(49)の三句の思想の中にも見られる。3句の思想とは「菩提心を因とし，悲を根とし，方便を究竟とする。」の句に示されるように，本来清浄な心を因とし，一切の衆生を救済せんとの誓願のもとに，三摩地に住して，様々な方便を駆使して衆生を救済する。ここでも，初発心から悟りに至り，その悟りの三摩地から衆生救済に赴くまでを菩薩道の範疇に組み込んでいる。

さらに，『初会金剛頂経』では，色究竟天で修行している一切義成就菩薩の頭上に曼荼羅諸尊が顕れて菩薩に五相成身観を授けたとき，菩薩の学ぶべき菩薩道として「一切如来の真実」(50)が示される。この真実 tattva とは，五相成身観の5つの段階で初発心から悟りを得て，その悟りの境地から衆生救済に赴く，この一連の菩薩道を戒相としている。

また，この三昧耶戒が，『大日経』「受方便学処品」(51)で，

> 過去未来現在の一切の仏は，皆な恵と方便を具して此の戒を修行するに由って，而も無上菩提を修学することを得。

と示され，犯せば悟りが遠ざかるから，この三昧耶戒を真言行者は命に代えても護らねばならないとされる。

2．『不空三蔵表制集』の師資相承句

大暦九年（774）の『不空三蔵表制集』「三蔵和上遺書一首」(52)に，灌頂の儀式とともに説かれた師資相承句を記す。

この一首では，引用文の前文に「汝等，若し吾が語に依らば，是れ我が法子なり。若し吾が命に違わば，則ち法縁に非ず」とした上で，死後の自らの遺産の分配等について細かく指示し，葬儀については葬送を大げさにせず，火葬にして散骨（散却）せよという。そして，墓標（霊机）を立ててわが形を写す必要はないが，わが教えと灌頂は相伝していくようにと伝え，つぎのように師資相承の句を述べる。

> 吾が教えと灌頂は相伝すべし。都（ああ），然らずや，汝等諸子は是れ仏口より生

じ，法より化生し，仏の法分を得たり。即ち普賢の身に同じく，普賢の行を行じ，普賢の心に住し，円明にして廓周せり。五智は斉しく現じ，修行も此の如くならば，是れ吾が心に契う。何ぞ驅驅営営を労せんや。

このように，阿闍梨が弟子を灌頂するとき，阿闍梨は仏と弟子の仲介者となり，師資相承の句を弟子に授けるのである(53)。

この『不空三蔵表制集』の記述は，師資相承の定型句が中国密教でも厳格に継承せられていたことを物語っている。

註

（1）『大毘盧遮那仏説要略念誦経』（大正18，No. 849，p. 60b）.

前の如く供養を修し　心に悉地を欲わば
当に金剛の讃を誦じ　仏菩薩を供養すべし
是れ瑜伽の経にして　仏口より生ずる所なり
諸仏をして歓喜せしめ　当に速かに成就を得べし

（2）大正18，No. 848，p. 1b-c.

（3）大正18，No. 848，p. 1c.

（4）同上。

（5）大正18，No. 848，p. 2a．東北No. 494，tha 帙，fol. 154b3.

（6）大正39，No. 1796，p. 591c．ブッダグフヤの『大日経広釈』では，「〔仏〕子よとは，金剛手は法界より生まれたものなるが故に世尊の御子なり」（酒井真典著作集第2巻『大日経広釈全訳』，法藏館，1987年，p. 30）とある。

（7）『五秘密儀軌』（大正20，No. 1125，p. 535b-c）.

（8）大正18，No. 848，p. 12a-b．東北No. 494，tha 帙，fol. 174a2.

（9）この前にある de ltar mtshan ñid bśad par bya // の句を除く。

（10）大正39，No. 1796，p. 669c.

（11）大正39，No. 1796，p. 670a-b．また，ブッダグフヤの『大日経広釈』では，「仏子と生ずべしとは，汝は如来の智より生ずべしということなり」とある（註(6)前掲，酒井『大日経広釈全訳』，p. 176）。また，『大疏』の同箇所の「正しく此の如くの法界を観ぜん」は，先駆思想の観点から見たとき，『勝鬘経』の「正しい見解をもつもの」の思想と関連する。

（12）gsaṅ ba paḥi bdag po rnam graṅs ḥdis kyaṅ kyod kyis ḥdi ltar blta ste / rigs kyi bu daṅ rigs kyi bu mo de dag ni de bshin gśegs paḥi shal daṅ thugs las skyes paḥi sras yin par rig par byaḥo// rigs kyi bu daṅ rigs kyi bu mo de dag phyogs gaṅ na gnas pa der de bshin gśegs pa des chen po dgoṅs mi dgos par ḥgyur ro // gsaṅ ba paḥi bdag po de lta bas na de bshin gśegs pa la mchod par ḥdod paḥi rigs kyi bu daṅ rigs kyi bu mo rnams kyis de dag la mchod par byaḥo // de bshin gśegs pa la blta bar ḥdod pa rnams kyis de dag la blta bar byaḥo // de nas phyag na rdo rje la sogs pa rdo rje ḥdsin de dag daṅ / kun tu bzaṅ po la sogs pa byaṅ chub sems dpaḥ sems dpaḥ chen po de rnams kyis mgrin gcig tu tshig smras pa / bcom ldan ḥdas deṅ slan cad rigs kyi bu daṅ rigs kyi bu mo de rnams la rim gror bgyi shiṅ mcod par bgyiḥo // bcom ldan ḥdas de ciḥi slad du she na / rigs kyi bu daṅ rigs kyi bu mo de dag ñid saṅs rgyas bcom ldan ḥdas rnams su blta bar bgyi ba lags so // (東北No. 494，tha 帙，fol. 174b[1]).

（漢訳）秘密主よ，此の法門を以て当に是の如く知るべし。彼の善男子善女人は，如来の口より生じた仏心の子なりと。若し是の善男子善女人の所在の方所には，即ち為に仏有りて仏事を施作したまう。是の故に秘密主よ，若し仏を供養せんと楽欲わば，当に此の善男子善女人を供養すべし。若し仏を見んと楽欲わば，即ち当に彼を観るべし。時に，金剛手等を上首とする執金剛と，及び普賢等を上首とする諸の菩薩は，同声に説いて言さく。世尊よ，我等は今より以後，応当に是の善男子善女人を恭敬供養すべし。何を以ての故に，世尊よ，彼の善男子善女人を見るは，仏世尊を見たてまつると同じきが故にと。（大正18，No. 848，p. 12b）。

(13)　大正18，No. 862，p. 189c.

(14)　大正18，No. 848，p. 12b．東北No. 494，tha 帙，fol. 174b[1].

(15)　大正18，No. 862，p. 189c.

(16)　同上。

(17)　善無畏の『大疏』(p. 672a) は，経文とほぼ同じであるが，ブッダグフヤの『広釈』(註(6)前掲，酒井『大日経広釈全訳』，p. 179) の解釈はかなり異なる。それは，師資相承句の思想史を無視した独特の解釈をしているが，これが必ずしも密教の一般的解釈だとは思われない。

(18)　大正18，No. 848，p. 38a．東北No. 494，tha 帙，fol. 216b[2]．北京No. 126，fol. 181a[7]．チベット訳には該当語なし。

rig paḥi brtul shugs la gnas paḥi // sṅags śes gaṅ na ḥdug pa yi // gnas de rab tu ḥjig pa yi // me ltar ḥbar shiṅ ḥjigs par ḥgyur // dbaṅ phyug go ḥphaṅ thams cad ḥthob // des pa rdsogs paḥi saṅs rgyas bshin // dpal ldan gdul bkaḥ ḥdul ba bo // rdo rje ḥdsin chen dkaḥ thub can //

(19)　東北No. 494，tha 帙，fol. 216b[2].

(20)　大正20，No. 1092，p. 249b．東北No. 686，ma 帙，fol. 29b[3]，fol. 30b[1].

(21)　大正20，No. 1092，p. 347b.

(22) 拙稿「『華厳経』に見られる三昧耶戒の原形」(『密教学研究』第30号，1998年)，pp. 12-13参照。

(23) 大正21，No. 1201，p. 19c.

(24) 『大日経』「息障品」と疏の文を引く（神林隆浄師の解説〈小野玄妙編『仏書解説大辞典』第8巻，大東出版社，1964～1974年〉，p. 3b 参照)。

(25) この印の名前を別名「法界生の印」という。

(26) 大正18，No. 849，p. 54c.

(27) 師資相承句がこの『五秘密儀軌』に継承されていることを指摘したのは，玉城康四郎博士である（「仏教における法の根源態」，平川彰博士還暦記念論集『仏教における法の研究』，春秋社，1977年，p. 72参照)。

(28) 大正20，No. 1125，p. 535b-c.

(29) 『別訳雑阿含経』「汝等皆我が子なり。悉く我が心と口より生ず。是れ我が法子にして，法より化生せり。」(大正2，No. 99，p. 457b)，『摩訶般若波羅蜜経』「汝真に是れ仏子なり。仏口より生じ，法を見ることより生じ，法より化生し，法分を取って財分を取らず。」(大正8，No. 23，p. 24a)，『大般若波羅蜜多経』巻第三十六「汝は真に仏子なり。仏の心より生じ，仏口より生じ，仏法より生じ，法より化生し，仏の法分を受けて，財分を受けず。」(大正5，No. 220，p. 202c)，『大乗大集地蔵十輪経』巻第三「諸の大声聞は仏の心より生じ，仏口より生じ，法より化生し，仏の法分を得。」(大正13，No. 411，p. 734b. 東北No. 239，sha 帙，fol. 134b[2])，『十住毘婆沙論』巻第二「仏比丘に告げたまわく，汝は是れ我が子なり。我が心より生じ，口より生じ，法分を得。」(大正26. No. 1521，p. 29c)，『大日経』巻第二「彼の善男子，善女人は，如来の口より生じた，仏の心の子なり（rigs kyi bu daṅ rigs kyi bu mo de dag ni de bshin gśegs paḥi shal daṅ thugs las skyes paḥi sras yin par rig par byaḥo // 彼ら善男子，善女人は如来の御口と心から生じた御子であると知るべきである)。」(大正18. No. p. 848，p. 12a-b. 東北No. 494，tha 帙，fol. 174b[3])，『底哩三昧耶不動尊聖者念誦秘密法』巻下「法生印は，一切如来の不動菩提心より生ず。大悲本願より生じ，仏口より生じ，法より化生す。故に法生の印と名づく。」(大正21，No. 1201，p. 19c)。

(30) 大正19，No. 970，p. 360b.

(31) 大正20，No. 1185，p. 806c.

(32) 大正19，No. 1016，p. 696b.

mdo sde ḥdi la gaṅ dgaḥ ba // de ni chos kyi rgyal poḥi sras // byaṅ chub mchog la ñe ba ste // yid brtan gyur daṅ chos ḥdsin paḥo //

この経を〔受持して〕喜ぶものは　そのものは法王の御子なり

最勝の菩提に近づきて　心堅固となりかつ，法を護持するものとなる。(東北No. 140,

na 帙，fol. 293b⁴)。

(33) 大正21，No. 1374，p. 893a.

mdo ḥdi la ni rtag tu gaṅ dad pa // de ni ṅes par raṅ yi bu yaṅ yin //

mdo ḥdi la ni rtag tu gaṅ mchod pa // de ni saṅs rgyas shiṅ duḥaṅ skye bar ḥgyur //

この経に常に信心を起こすものは　　そのものは真にわが子である

この経典を常に供養するものは　　そのものは仏国土にも再生するだろう。

(東北No. 114，ja 帙，fol. 187b⁴，東北No. 527)。

(34) 「梵志に四子有り，梵志・君子・工師・細民なり。……梵天は真子と称し，梵天は口より生じ，君子は胸より生じ，工師は臍より生じ，細民は足より生じたり。」(大正21，No. 1301，p. 413a-b)。

(35) 辻直四郎訳『リグ・ヴェーダ讃歌』岩波文庫，1974年，p. 320参照。

(36) 空海の『秘密三昧耶仏戒儀』に「今，戒を授くること已に竟んぬ。将に法宝を紹いて，仏の在世と更に異なることなきなり。即ちこれ仏の真の子なり。当に仏位を補すべし。」(『定本弘法大師全集』第５巻，高野山大学密教文化研究所，1993年，p. 175) とある。

(37) 註(22)前掲，拙稿「『華厳経』に見られる三昧耶戒の原形」参照。

(38) 大正18，No. 848，p. 12a. 東北 No. 494，tha 帙，fol. 174a⁵.

(39) 大正９，No. 1796，p. 670.『国訳一切経　経疏部』14（大東出版社，1994年，p. 292) にローマナイズに還元した梵文があるが，偈頌のシラブルが合わない。今はこのままとする。また，後半の１偈はチベット訳からの翻訳。

(40) 『大日経疏』巻第十七「没栗多是有時願之戒。謂行者持誦時。或心一月乃至年才等。此事了時此禁亦罷。故無大名也。」(大正39，No. 1796，p. 751c) 参照。初期仏教の上座部系健度部の vatta，vrata については，平川彰『律蔵の研究』(山喜房佛書林，1983年，p. 635等) を参照。

(41) 大正18，No. 848，p. 40a. 東北 No. 494，tha 帙，fol. 220b⁶.

(42) 大正18，No. 866，p. 252b.

(43) 同上。

(44) 大正10，No. 279，p. 258b.

kye rgyal baḥi sras dag de ltar byaṅ chub sems dpaḥ gcig la gcig ṅan sems bskyed pa ni de dag la sogs pa bsgribs paḥi chos kyi sgo brgya stoṅ phrag bcu rnams ḥdsin par ḥgyur ro // deḥi phyir she na / kye rgyal baḥi sras dag byaṅ chub sems dpaḥi theg pa la shugs pa rnams ni phan tshun du ṅan sems kyi sems bskyed pa lta bur kha na ma thob che baḥi chos ḥgaḥ tsam yaṅ ma mthoṅ ṅo // de bas na rgyal baḥi sras dag byaṅ chub sems dpaḥi spyod pa myur du rdsogs par bya bar ḥdod paḥi byaṅ chub sems dpaḥ chos bcu la brtson par byaḥo // bcu gaṅ she na /

1）sems can thams cad yoṅs su mi gtoṅ ba daṅ /

2）byaṅ chub sems dpaḥ thams cad la ston paḥi sems su bya ba daṅ /

3）saṅs rgyas kyi chos thams cad mi spaṅ ba daṅ /

4）shiṅ thams cad la mi zad paḥi ye śes kyis ḥjug pa daṅ /

5）byaṅ chub sems dpaḥi spyod pa thams cad la mos pa daṅ dad pa che ba daṅ /

6）nam mkhaḥi dbyiṅs kyis klas paḥi chos kyi dbyiṅs mñam pa ñid rnam par bsgom paḥi byaṅ chub kyi sems mi gtaṅ ba daṅ /

7）de bshin gśegs paḥi stobs la ḥjug pas / saṅs rgyas kyi byaṅ chub la rnam par dpyad pa daṅ /

8）so so yaṅ dag par rig pa la brtson par bya ba daṅ /

9）sems can thams cad yoṅs su smin par bya bas yoṅs su mi skyo ba daṅ /

10）ḥjig rten gyi khams thams cad du gnas pa la mṅon par chags pa med pa ste /（東北 No. 44，ga 帙，fol. 65a6）.

(45) 大正10，No. 279，p. 202c. 東北 No. 44，kha 秩，fol. 254a6.

(46) 大正10，No. 279，p. 257c. 東北 No. 44，ga 秩，fol. 63a5.

(47) 拙稿「『大日経』の神変加持」(『高野山大学創立百十周年記念　高野山大学論文集』, 1996年)。

(48) 同上。

(49) 大正18，No. 848，p. 1b.

(50) 拙稿「密教における破邪の論理—五相成身観を中心に」(『日本仏教学会年報』第48号，1983年)。

(51) 大正18，No. 848，p. 40a. 東北No. 494，tha 帙，fol. 220b6.

(52) 大正52，No. 2120，p. 845a.

(53) 拙稿「『五秘密儀軌』の法の定型句」(小野塚幾澄博士古希記念論文集『空海の思想と文化(上)』，ノンブル社，2004年，pp. 407-425)。ここでは，師資相承句を「法の定型句」として扱った。

第11章　密教の法身思想

第1節　密教の阿字と法身

大日経系の師資相承句では，法身が阿字一字に集約されていることを見たが，『大日経』「悉地出現品第六」(1)にもつぎのように，阿字を法身と捉え，その阿字から光明を発して諸仏を十方世界に遍満し衆生を利益する記述が説かれる。

そのときまた，世尊は三世に愛着しない力の所依を加持する，如来の不可思議な所依の清浄荘厳蔵という三摩地に入られた。世尊が〔三摩地に〕入られるやいなや，そこで，無余の法界がどれほどあろうとも，それらに知らせる声より法界に住する力と，無等等の力と，正等覚者の信解より生じる〔a ā aṃ aḥ の〕四分位を〔āḥ〕一音から生じて一切法界を覆って，虚空と等しくなって現れた。

namaḥ sarva-tathāgatebhyo viśva-mukhebhyaḥ sarvathā / a ā aṃ aḥ /
（一切如来の様々な〔字〕門に普く帰命します。a，ā，aṃ，aḥ）

これについて『大疏』(2)では，発心・修行・菩提・涅槃の四転（点）阿字の a，ā，aṃ，aḥ が，āḥ 字から生じたものであるとする。

謂く，阿 a 字より〔ā，aṃ，aḥ の〕三字を出して〔a，ā，aṃ，aḥ の〕四字を成ず。此の四を合して〔āḥ の〕一と為して，而も一切処に遍満せり。声門より字を出して亦復た一切に遍ずるなり。声門とは声を出す所の処を名づけて門と為す。此の声門は即ち是れ阿等の四字なり。この阿字より而も声を出すを以ての故に門と名づくなり。此の阿字は即ち是れ仏口なり。即ち是れ仏心なり。即ち是れ説者なり。

ここでは，大悲胎蔵生曼荼羅の中台八葉院の五仏を a，ā，aṃ，aḥ，āḥ(3)で示す。すなわち，五字と五仏と五方を，a は宝幢（東），ā は開敷華王（南），

aṃ は阿弥陀（西），aḥ は天鼓雷音（北），āḥ は毘盧遮那（中央）を示すのである。そのとき，この āḥ の本体の阿 a 字は「仏口」とも「仏心」とも「説者」ともなって多くの光明を放って諸仏を流出する。この「仏口」は師資相承句の仏口を指す。

この四転阿字は，中央の āḥ を開いた毘盧遮那の智恵の顕現であるが，この āḥ は，四転を離れた場合，本体の a 字として毘盧遮那の種子とされ，aṃ 字は光明として法界に諸仏を放射する働きをもつとされている。

この aṃ 字を説くのが，『大日経』「説百字生品」(4)のつぎの経文と真言である。

deḥi tshe ye śes dam pa shes bya baḥi tiṅ ṅe ḥdsin la sñoms par shugs nas ye śes sna tshogs ḥbyuṅ ba ḥod zer brgya ḥphro baḥi gsaṅ sṅags ḥdi gsuṅs so //

namaḥ samanta-buddhānāṃ / aṃ /

そのとき，最上の智という三摩地に入って，種々様々な智を生み出す百光遍照のつぎの真言を述べられた。

namaḥ samanta-buddhānāṃ / aṃ /（普き諸仏に帰命します。aṃ）

この aṃ 字が100字とされるのは，ka, kha, ga, gha, ca, cha, ja, jha, ṭa, ṭha, ḍa, ḍha, ta, tha, da, dha, pa, pha, ba, bha の20字に aṃ, ya, ra, la, va を足した25字に，発心 a・修行 ā・菩提 aṃ・涅槃 aḥ の 4 字を掛け合わせると100字となるからである。この満数の100字は aṃ 字から生み出される無数無量の文字（諸仏）を表し，この文字を生み出す百字真言王が毘盧遮那の口であり，心なのである。このように，般若経や『大日経』の三十四（四十二）字門と『瑜伽金剛頂経釈字母品』の五十字門を 1 字に集約した阿字は，ブッダの説かれたすべての教法である八万四千の法門を含蔵する阿字として表されるようになる。

したがって，この阿字は，密教では法身毘盧遮那如来そのものであり，密教の菩薩はこの阿字によって如来の姿を見，教えの法を聞き，悟りを獲得する。このように，初期仏教が「教えの本体」「教えの集合体」とした法身思想は，密教の阿字まで展開している。

第２節　密教の仏身思想

『大日経』には法身の語はないが，『大日経広釈』(5)と『大疏』(6)に重要な記述がある。これ以外(7)では，『金剛峰楼閣一切瑜伽瑜祇経』巻上(8)，『略述金剛頂瑜伽分別聖位修証法門』(9)，『金剛頂瑜伽略述三十七尊心要』(10)，『金剛頂経金剛界大道場毘盧遮那如来自受用身内証智眷属法身異名仏最上乗秘密三摩地礼懺文』(11)，『金剛頂瑜伽三十七尊礼』(12)，『仏頂尊勝心破地獄転業障出三界秘密三身仏果三種悉地真言儀軌』(13)，『守護国界主陀羅尼経』巻第九(14)，『摂無礙大悲心大陀羅尼経計一法中出無量義南方満願補陀落海会五部諸尊等弘誓力方位及威儀形色執持三摩耶幖幟曼荼羅儀軌』(15)，『如意輪菩薩観門義注秘訣』(16)，『不空羂索神変真言経』巻第二十四(17)，『造像量度経解』(18)，『仏頂尊勝陀羅尼経教跡義記』巻下(19)にあり，これらには二身説から五身説までが説かれている。

１．二身説

密教関係の資料で二身説を説くものは，『造像量度経解』(20)のみである。ここでは，仏像を「色身」とし，文字と塔を「法身」と捉える。さらに，法身舎利と生身舎利については，つぎのようにいう。

> 法身舎利を第一と作し，生身舎利をその次とす。故に西土の風俗では法身舎利を多用す。

ここでは，文字を法身と捉える般若経系思想と，塔を法身と捉える初期仏教からの仏塔崇拝(21)が見受けられる。また，この法身舎利と生身舎利に関しては，『大疏』巻第六(22)につぎのように記される。

> 次に一偈有り，仏の菩提の印を信解すれば，無量の福聚を得ることを明す。故に「若し諸の衆生有って，此の法教を知らんとする者をば，世人は応に供養すること猶し制底を敬うが如くすべし。」と云う。制底は是れ生身の舎利の所依なり。是の故に諸の天と世人の福祐を祈る者は，皆悉く〔この生身の舎利を〕供養す。若し行人にして是の如くの義を信受せば，即ち法

身の舎利の所依なり。一切世間の供養と恭敬を受けるに堪たり。復た次に梵音の制底と質多の体は同なり。此の中の秘密は，謂く心を仏塔と為すなり。……又た中胎八葉より，次第して乃至第三〔重〕の随類の普門身まで増加し，遍ぜざる処なし。故に此の制底は極めて広し。蓮華台の達磨駄都は，所謂る法身舎利なり。若し衆生にして此の心の菩提の印を解すれば，即ち毘盧遮那に同じ。故に世間〔の真言行者〕を供養するには，制底を敬うが如くすべしと云う。

ここでは，世間の釈迦牟尼如来の生身舎利を安置する制底（仏塔）と，真言行者を法身舎利の制底と見る2つの解釈を出し，供養する場合には法身舎利の所依である真言行者を供養すべきであるとする。

この解釈は，『大日経』「具縁品」(23)の師資相承句の箇所で見た，

秘密主よ，若し仏を供養せんと楽欲わば，当に此の善男子善女人を供養すべし。若し仏を見んと楽欲わば，即ち当に彼を観るべし。

の解釈と同じである。

2．三身説

三身説を説くものは，『守護国界主陀羅尼経』巻第九と『如意輪菩薩観門義注秘訣』，『不空羂索神変真言経』巻第二十四，『仏頂尊勝陀羅尼経教跡義記』巻下の4資料である。

『守護国界主陀羅尼経』巻第九(24)の三身説は，法身・報身・化身である。この三身は，真言の最初にある oṃ 字を a と u と m に分解し，a 字を法身，u 字を報身，m 字を化身とした三身説である。したがって，この3字が和合したものが「唵 oṃ」字であり，一切の陀羅尼の文頭に置かれるものである。

このことを，偈頌に謳ったのが，つぎのものである(25)。

諸仏の曼荼羅は　　　已に三身の法を説きおわんぬ
法身と及び報と化にして　　　相続して次第に成ず

これに対して，『如意輪菩薩観門義注秘訣』(26)では，如意輪観音の真言，

namo ratna-trayāya nama āryāvalokiteśvarāya bodhisattvāya mahākāruṇikāya tadyathā oṃ cakra-vartti cintāmaṇi mahā-padme ru ru[27] tiṣṭha jvalākarṣāya hūṃ phaṭ svāhā /

三宝に帰命します。大悲者である聖観自在菩薩に帰命します。いわゆる，オーム，〔法〕輪を転ずるものよ，如意宝珠よ，大蓮華よ，ルル，立て，光明よ，鉤招するものよ，フーム　パット　スヴァーハー

の「オーム oṃ」を釈して，oṃ 字は化身の義，a 字は報身の義，ma 字は法身の義であるとする。この資料は，次第の中にランチャ文字が見えることから，チベットか蒙古の影響を受けたものかもしれない。さらには，『観自在菩薩如意輪瑜伽』[28]の五言の頌を基にし増広した中国撰述ではないかとの見方もある[29]。いずれにしても，この唵の三身解釈は，上記の『守護国界主陀羅尼経』と別系統のものである。

つぎの『不空羂索神変真言経』は，『大日経』の先駆経典の１つに数えられる。この巻第二十四[30]では，つぎのように，法身と報身と化身の三身を説く[31]。

一一の法身と報身と化身に形相と寿命あり。師子座に坐して大法輪を転じ，種種の法を説いて出現する者は，尽く皆法身と報身と化身と同一なり。相好と光明も大乗の法と一にして，神通を示現して種種に出現し，大法輪を転じて応に有情を化す。

この経文では，衆生を教化する仏身として三身を平等に挙げ，それぞれに形相や寿命があるという。この法身の解釈には，世俗的な目に見える法身が意図されている。これは，生前の法身ゴータマ・ブッダを世俗の世界に甦らす思想へと繋がるものである。

つぎの『仏頂尊勝陀羅尼経教跡義記』巻下[32]は，唵 oṃ を分解して三身に配当する説をもち，上記の『守護国界主陀羅尼経』巻第九と関連するものである。

唵〔oṃ〕について唐に三身の義を云う。……一は阿〔a〕声，一切法の不生なり。二には鄔〔u〕声，分別を流注す。三には麼〔m〕声，慈もて化する等の義なり。また云く。空の義は此れ三声の連合の故に唵〔oṃ〕と

曰うなり。所謂る一切法〔本〕不生の本〔不生〕とは是れ法身〔a 字〕なり。所謂る分別とは報身なり。慈〔もて〕とは化身の義なり。故に頂相は見ることなしと云う義なり。

この解釈により，唵を三身に配当する解釈が唐の時代に中国でかなり一般化して行われていたことを知る。さらにこの釈では，『金光明経』の「化身・応身・法身」[33]の三身説と『仏地経論』の「法性身・報身・化身」を引きながら，報身を自受用身と他受用身に開く『成唯識論』の解釈を挙げている[34]。

3．四身説

四身説は，善無畏の『大疏』とブッダグフヤの『大日経広釈』，『金剛峰楼閣一切瑜伽瑜祇経』巻上（『瑜祇経』），『略述金剛頂瑜伽分別聖位修証法門』（『聖位経』），『金剛頂瑜伽略述三十七尊心要』（『三十七尊心要』），『摂無礙大悲心大陀羅尼経計一法中出無量義南方満願補陀落海会五部諸尊等弘誓力方位及威儀形色執持三摩耶幖幟曼荼羅儀軌』（『摂無礙経』）に説かれる。

まず，善無畏の『大疏』の記述から考察を始める。善無畏は中国で724年から725年にかけて『大日経』七巻36品を翻訳する。その後に善無畏が講義し，一行が筆録した『大疏』20巻の中では，毘盧遮那を本地法身と捉え，それから生み出される仏格を加持身とする。この本地法身の用例は，般若経等に見た自性身に繋がるものであり，以下その詳しい解釈を見てみよう。

ｉ）『大日経』「住心品」所説の本地法身

『大疏』によれば，『大日経』「住心品第一」[35]のつぎの経文が，本地法身の根拠となる。

是の如く我れ聞く，一時，薄伽梵は如来が加持する広大な金剛法界宮に住したもう。一切の持金剛者が皆悉く集会せり。如来の信解遊戯神変より生ずる大楼閣宝王は，高くして中辺なく，諸の大妙宝王もて種種に間飾し，菩薩の身を師子座と為す。

この経文の「薄伽梵（世尊）」を本地法身に，「如来」を加持身に解する解釈が『大日経』の仏身説として一般化する。その『大疏』巻第一[36]の本地法身と加持身の解釈を見てみよう。

> 経に「薄伽梵は如来[37]の加持する……に住す。」と云うは，薄伽梵は即ち毘盧遮那の本地法身なり。次に如来と云うは，是れ仏の加持身，其れ〔本地法身の〕所住の処にして，仏の受用身と名づく。即ち此の身を以て，仏の加持する住処とす。如来の心王は，諸仏の〔所〕住にして，而も〔心王毘盧遮那は〕其の〔諸仏の身〕中に住したまう。既に〔諸仏は〕一切処に遍ずる加持力より生ず。即ち〔心王毘盧遮那の〕無相法身と無二無別なり。而も〔心王毘盧遮那は，その〕自在神力を以て，一切衆生をして，身密の色を見，語密の声を聞き，意密の法を悟らしむ。……即ちこの〔心王毘盧遮那の〕所住〔の処〕を加持処と名づく。

ここでは，法界宮殿に住する毘盧遮那を本地法身と捉える。この「本地」は，諸仏を生み出す本源の意味で，この本源である法身を「本地法身」と呼び，その本地法身から生み出された一切如来たちにも，この本地法身が住すとする。そのことを「心王の毘盧遮那より加持尊特の身が現ず」[38]とし，「一切智とは所謂諸如来なり」[39]と示しながら，本地法身である毘盧遮那如来から生み出された諸如来には，この一切智がすべての心に住しており，その一切智が住している法界宮殿の諸如来を，「其れ〔本地法身の〕所住の処」と呼ぶ。

この本地法身から生み出された毘盧遮那と同格の諸如来も，「仏の加持する住処とす。如来の心王は，諸仏の〔所〕住にして，而も〔心王毘盧遮那は〕其の〔諸仏の身〕中に住したまう。」とされ，心に住する本地法身から諸如来が流出される。したがって，本地法身という仏格は，複数存在することになる。この複数の法身と加持身の関係は，すでに見た『八千頌般若経』の「諸の如来は法身である。dharma-kāyās tathāgatāḥ」[40]という法身と如来を複数形で捉える記述と関連するし，『二万五千頌般若経』のブッダ一尊の全身から放たれた諸の光明から，さらに大光明を放つという記述[41]などが，この『大日経』の先駆思想として存在する。また『大疏』は引き続き，毘盧遮那とそれより生み出された諸如来を心王 cittarāja と心数 caitta として捉える。その上で，本地法身の毘盧遮那を心王であり無相法身であるとし，加持身を心数と捉える。この解釈も唯識思想の線上で頷首できる。これに対し，ブッダグフヤは『大日経要義 vairocanābhisambodhitantrapiṇḍārtha』[42]で，これらの四身を大悲胎蔵生曼荼羅の諸尊に当てはめて，つぎのように注釈する。すなわち，曼荼羅の三角印の遍智印が法身であり，中台の毘盧遮那如来の菩提道場身（変化身から分かれた現覚身）である仏部[43]と蓮華部と金剛部の三院が受用身であり，曼荼羅第二重の釈迦牟尼たちが変化身[44]，第三重の文殊菩薩たちは十地に留まっている菩薩と眷属たちであり，毘盧遮那如来の現等覚身を見ようと集まってきた者たちであるとする。

ⅱ）『大日経』「具縁品」所説の本地法身

さらに，『大疏』では「具縁品」の注釈で三十四字門の観想を説明したのちに，その最初の阿字の三昧地によって声字実相たる本地法身と加持身が得られると説く。その注釈がなされた『大日経』「具縁品」[45]の経文からまず見てみよう。

真言の三昧門は　　一切の願を円満す
所謂る諸の如来の　　不可思議な果なり

これについて，『大疏』はつぎのように注釈する[46]。

「真言〔道〕の三昧門は，一切の願を円満す。」とは，……加行の人が，一縁として阿字に住するを，即ち阿字の三昧と名づく。此の阿字の三昧は，即ち是れ心の明道を開く門にして，余の一切の字も亦た是の如し。……謂く，諸の衆生は，此の三昧門を修すれば一切の志求を皆円満することを得。此の願を円満する時は，即ち是れ諸如来の不思議の果なり。……
復た次に如来の一一の三昧門の声字実相は，有仏にも無仏にも法として是の如くなるが故に，即ち是の故に流せず。即ち是れ如来の本地法身なり。此の法身を以て遍く衆生に施さんと欲するが為の故に，還って自在神力を以て，是の如くの法爾の声字を加持す。故に此の声字は，是れ諸仏の加持身なり。此の加持身は，即ち能く普く随類の身と作りて，在らざる所なし。当に知るべし，加持の声字も亦復た是の如し。是の故に行者は，但だ一心に諦縁して，此の声字を観ずれば，自ら当に仏の加持身を見るべし。若し加持身を見れば，即ち本地法身を見る。若し本地法身を見る時，即ち是れ行者自身なり。故に此の一一の門は，即ち是れ如来不思議の果にして，別処より来るにあらず。

ここでの阿字の三昧とは，四十二字門系の最初の「阿字本不生」を観想する三摩地のことである。この阿字をはじめとする『大日経』の三十四字門では，一々の声字によって如来の実相が現れ，その声字の実相が「本地法身」であるとされる。

たとえば，毘盧遮那如来の種子である「阿字」を観想する三昧では，阿字を唱えることによって毘盧遮那如来が顕現する。その阿字を「声字」と捉え，毘盧遮那如来を「実相」と捉える。この声字実相によって顕現した毘盧遮那如来が「本地法身」であるとするのである。この阿字は，毘盧遮那如来の「法性」である。しかし，この阿字自身は働きをもたない。そこで，『大日経』「百字生品」等では，働きをもつ「アン aṃ 字」を説き，このアン aṃ 字から諸仏が「百光」となって遍く放射される。これが，「本地法身」から生み出された「加持身」である。

したがって，般若波羅蜜多の経文を法身と捉え，法身のブッダを見たければ般若波羅蜜多を念ずべしとした般若経(47)と同様に，三十四字門の阿字を毘盧遮那の本地法身と捉えるこの『大日経』の説も，般若経の影響を受けていることになる。このように阿字をはじめとする三十四字門は，般若経や法華経，華厳経，涅槃経で見た初期仏教の法身，すなわち，「教えの本体」「教えの集合体」を34字の一一に集約したものである。それを「如来の一一の三昧門の声字実相」と説かれたのである。

また，自性身についても，『大疏』巻第十四「秘密漫荼羅品第十一」(48)に，つぎのようにいう。

此の種子〔阿字〕は法界性より生ずるに由って，能く法界を生ずるが故に，法界生の種子と名づく。法界生とは，即ち是れ如来の自性身なり。

この釈がなされる箇所は，五字厳身観の a，va，ra，ha，kha の五字を五大に当てはめて観想するところである。そして，この法界性から生み出された法界生の種子阿字を，如来の自性身と捉える。

ここでも，aṃ，vaṃ，raṃ，haṃ，khaṃ の働きをもつ五字が説かれ，a，va，ra，ha，kha の働きをもたない五字は理法身的であり，aṃ，vaṃ，raṃ，haṃ，khaṃ の働きをもつ五字は智法身的である。この自性身（理法身）としての阿字の解釈は，『現観荘厳論』の四種身(49)に見た働きをもたない自性身と似ているし，また働きをもつ智法身の五字は，『現観荘厳論』の法身と似ている。この自性身（理法身）と法身（智法身）の両者は，別々に区別されるものではなく，両者は表裏一体の関係にある。

それ故に，この『大日経』の阿字は，阿字＝声字実相(50)＝本地法身＝自性身＝毘盧遮那如来ということになる。これが善無畏の毘盧遮那を本地法身と捉える解釈である。

これに対し，ブッダグフヤの『大日経広釈』(51)と『大日経要義』(52)では，法身と菩提道場身と受用身と変化身の四身を説くが，これらについては，のちに詳しく説くので，ここでは触れない。

金剛頂経系では，『聖位経』序(53)に四種身がつぎのように説かれる。

> 仏の四種身を証す。謂く自性身と受用身と変化身と等流身なり。五智三十七等不共仏法を満足す。

と，自性身と受用身と変化身と等流身の四身を説く。この四身の中の変化身(54)については，

> 如来の変化身は，閻浮提の摩竭陀国，菩提〔道〕場の中に於て等正覚を成ず。地前の菩薩声聞縁覚凡夫の為に，三乗の教法を説き，或は他意趣に依て説き，或は自意趣にて説く。種種の根器，種種の方便をもて，如法に修行すれば，人天の果報を得，或は三乗の解脱の果を得，或は進み或は退き，無上菩提に於て，三無数大劫に修行し勤苦すれば，方に成仏することを得る。王宮に生じ双林に滅して，身舎利を遺して塔を起て供養すれば，人天勝妙の果報と及び涅槃の因を感受す。

と記し，釈迦牟尼ブッダの正覚から沙羅双樹下で滅するまでと，舎利を分配した八大仏塔の供養までを挙げている。

受用身[55]については，

報身の毘盧遮那〔は変化身〕と同じからず。色界頂第四禅の阿迦尼吒天宮に於て，雲集せる尽虚空遍法界の一切諸仏を十地満足の諸大菩薩の証明として，身心を警覚して頓に無上菩提を証せるに，自受用仏は心より無量の菩薩を流出す。皆同一性なり。謂く金剛の性なり。遍照如来に対して灌頂職位を受け，彼等の菩薩は各々三密門を説て以て毘盧遮那及び一切如来に献じて便に加持の教勅を請う。

と，色界の阿迦尼吒天宮に住する報身（受用身）の毘盧遮那を捉え，この受用身に自受用身と他受用身のあることを示す。『聖位経』では，この自受用身と他受用身について本文中に，「受用身に二種あり。一には自受用，二には他受用なり。」[56]とし，自受用身[57]を，

毘盧遮那仏は内心に於て，自受用の四智たる大円鏡智と平等性智と妙観察智と成所作智を証得す。

と示す。ここでは受用身の毘盧遮那が悟りの果である四智を内心に有する仏格を自受用身と捉える。この自受用身は，ここではさらに自性身とも同じ仏格で捉えられる。

これに対して，他受用身[58]は，

〔心〕外の十地満足の菩薩をして他に受用せしめるが故に，四智の中より四仏を流出して各々本方坐の本座に住す。

と示し，受用身の毘盧遮那が，内心の四智から阿閦・宝生・阿弥陀・不空成就の四仏を流出して，他の十地の菩薩たちに自身の悟りの知恵を得させる。この仏格を他受用身（他のものに受用させる身）と捉える。この他受用身と変化身からの流出仏が等流身であることは，すでに見た通りである。

またこの『聖位経』の記述を頌に引用して『楞伽経』が四身を説明[59]する点は，すでに『楞伽経』の法身のところで触れたので，ここでは割愛する。

また『瑜祇経』[60]では，

薄伽梵金剛界遍照如来は，五智所成の四種法身を以て，本有金剛界自在大三昧耶自覚本初大菩提心普賢満月不壊金剛光明心殿の中に於て〔住す。〕

と記し，自性身と受用身と変化身と等流身の四身を，四種法身と捉る。

さらに，『摂無礙経』[61]では，

入五智（法身なり。是の故に五智の賢瓶あり。）　成蓮華（自性身なり。是の故に四種の蓮花あり。）　成仏身（受用身なり。是の故に如来等あり。）　被甲（変化身なり。是の故に三十二身あり。）

と記し，須弥壇上の五智の五瓶を法身と捉え，その壇上の四隅の瓶に入った蓮華を自性身，そこに招請した曼荼羅の五如来[62]を受用身，他の三十二尊（四波羅蜜，十六大菩薩，内外の八供養妃，四門護）を変化身と捉える。

即ち，ここでは三昧耶形と仏形とに分け，三昧耶形を法身と自性身，仏形を金剛界曼荼羅の三十七尊として捉え，受用身と変化身とする。これは，『大日経』の曼荼羅で，法身を三昧耶形の三角（△）の遍智印で捉える思想を踏襲したものであろう。

4．五身説

金剛界三十七尊の礼賛系のみが，五身説を説く。五身説は，金剛界の毘盧遮那・阿閦・宝生・阿弥陀・不空成就の五仏に，法身・自性身・聚身・智恵身・変化身の五身を配する。『金剛頂経金剛界大道場毘盧遮那如来自受用身内証智眷属法身異名仏最上乗秘密三摩地礼懺文』（『三十七尊礼懺文』）[63]と，その異本の『金剛頂瑜伽三十七尊礼』[64]の両者は，内容がほぼ一致する五身と五仏を説

表9　五仏・五身の対照

		『三十七尊礼懺文』	『金剛頂瑜伽三十七尊礼』
五仏・方位	毘盧遮那・中央	大悲毘盧遮那仏	毘盧遮那仏 Vairocana
	阿閦・東方	阿閦仏	阿閦仏 Akṣobhya
	宝生・南方	宝生仏	宝生仏 Ratnasaṃbhava
	阿弥陀・西方	阿弥陀仏	阿弥陀仏 Amitābha
	不空成就・北方	不空成就仏	不空成就仏 Amoghasiddhi
五身	毘盧遮那：法身	常住三世浄妙法身	清浄法身
	阿閦：自性身	金剛堅固自性身	金剛堅固自性身
	宝生：自受用身	福徳荘厳聚身	功徳荘厳聚身
	阿弥陀：他受用身	受用智恵身	受用智恵身
	不空成就：変化身	作変化身	作変化身

く。その五仏・五身を対照したものが，表9である。

この法身毘盧遮那には，両テキストが「常住三世浄妙法身」と「清浄法身」を配当する。これは，行者の心に観想した阿字が声字実相としての法身に転じることを表している。この心に顕現した常住の法身毘盧遮那の阿字は，浄妙な教えの集合体として，法界体性智である「常住三世浄妙法身」であり，「清浄法身」であると捉えられる。この清浄法身は，『四十華厳』に見た菩薩の垢が消え失せた如来の清浄な法の身体（集合体）を意味している。したがって，この法身は，初期仏教の「教えの本体」「教えの集合体」でもある。

つぎの阿閦 Akṣobhya に「金剛堅固自性身」が当てはめられたのは，行者の心（むね）の月輪の中央に観想した五股金剛杵が清浄な法身を堅固にするからである。それ故に，Akṣobhya という言葉の意味が，堅固を示す「不動」「無動」であるとされている。これは，法身毘盧遮那如来の自性と同じ仏格であることから毘盧遮那の自性身とされるが，『現観荘厳論』等で見た働きをもたない自性身ではなく，働きをもつ法身毘盧遮那の法性を鏡智として示す自性身である。

つぎの宝生仏に「福徳荘厳聚身」を配当したのは，十地の階梯で福徳智恵の二資糧を積集した中の福徳をもつ仏格とされるからである。この福徳を自らが受用するという意味で平等性智の自受用身と捉えられる。つぎの阿弥陀に「受用智恵身」を配当したのは，福智の二資糧のうちの妙観察智の智恵をもつ仏格とされたからである。この智恵をもって他の衆生たちに受用させる仏格であるから他受用身と捉えられる。最後に不空成就に「作変化身」を配当したのは，釈迦牟尼と同体の不空成就がいよいよ実際に赴いて様々な変化身を顕現して衆生を教化する。そのために，「仏をもって教化すべきものたちには仏身を示し，あるものには声聞身を，あるものには縁覚身を，あるものには菩薩身を」(65)というように，衆生の願いに応じて様々な変化身を化作する。その最後の不空成就をここでは成所作智の作変化身としたのである。

したがって，この五身説は，法身を2つに開いて法身（法界体性智）と自性身（大円鏡智）とし，受用身を2つに開いて自受用身（平等性智）と他受用身（妙観察智）とした上で，それに変化身（成所作智）を加えて，五仏に五身と五

表10　密教の二身説から五身説の記述

	経　典　名	二身	三身	四身	五身	記　　述
1	善無畏『大毘盧遮那成仏経疏』巻第一（大正39, No. 1796, p. 580a）			○		経云薄伽梵住如来加持者。薄伽梵即毘盧遮那本地法身。次云如来。是仏加持身。其所住処。名仏受用身。即以此身。為仏加持住処。如来心王。諸仏住而住其中。既従遍一切処加持力生。即与無相法身。無二無別。
2	ブッダグフヤ『大日経広釈』（東北 No. 2663A, ñu 帙, fol. 266a-b）			○		説法はまた四身のいずれが釈するかといえば，法身と菩提道場に住される身は不動そのもので言葉を述べることから超越しているから，言葉では説法しない。したがって，その加持した受用〔身〕と変化身が説〔法〕するのである。さて，この場合にもまた，世尊ヴァイローチャナである受用身が，身と語と意の平等性句と名づける法門を釈す。
3	ブッダグフヤ『大日経要義』（東北No. 2662, ñu 帙, fol. 15b^{6}～, 16a^{6}）			○		この四身を加持すべきこともまた，大悲生曼荼羅を建立すべき際に，仏菩薩の身と印と明と真言の標示を以て明確に示された。……大悲生曼荼羅の第一重と第二重の諸尊を建立することによって，世尊毘盧遮那の法身と現覚身と受用身と変化身を摂したと見るべきである。
4	『金剛峯楼閣一切瑜伽瑜祇経』巻上（大正18, No. 867, pp. 253c-254a）			○		薄伽梵金剛界遍照如来。以五智所成四種法身。
5	『略述金剛頂瑜伽分別聖位修証法門』（大正18, No. 870, p. 288a）			○		円証四身。所謂自性身。受用身。変化身。等流身。（p. 291a）以成遍照光明毘盧遮那自受用身住受用身。若依二乗。次第而説。若不具修三十七菩提分法。証得道果。無有是処。若証自受用身仏。必須三十七三摩地智。以成仏果。梵本入楞伽偈頌品云。自性及受用。変化並等流。仏徳三十六。皆同自性身。並法界身。総成三十七也。
6	『三十七尊礼懺文』（大正18, No. 878, p. 336a）				○	南謨常住三世浄妙法身金剛界大悲毘盧遮那仏。南謨金剛堅固自性身阿閦仏。南謨福徳荘厳聚身宝生仏。南謨受用智恵身阿弥陀仏。南謨作変化身不空成就仏。
7	『金剛頂瑜伽三十七尊礼』（大正18, No. 879, p. 337a-b）				○	南謨清浄法身毘盧遮那仏。南謨金剛堅固自性身阿閦仏。南謨功徳荘厳聚身宝生仏。南謨受用智恵身阿弥陀仏。南謨作変化身不空成就仏。
8	『仏頂尊勝心破地獄転業障出三界秘密三身仏果三種悉地真言儀軌』（大正18, No. 906, p. 913a）				○	（p. 912c）是阿鑁覧欲欠五字法身真言。……是名秘密悉地。亦名成就悉地。亦名蘇悉地。蘇悉地者遍法界也。……（p. 913a）四仏者金剛堅固自性身阿閦仏。福徳荘厳身宝生仏。受用智恵身阿弥陀仏。作変化身釈迦牟尼仏。……（p. 915b）阿鑁覧欲欠……出悉地従足至腰。入悉地従臍至心。秘密悉地従心至頂。如是三悉地。出悉地化身成就。入悉地報身成就。秘密悉地蘇悉地法身成就。即是三種常身正法蔵。是故稽首礼毘盧遮那仏。

9	『守護国界主陀羅尼経』巻第九（大正19，No. 997，p. 565c）		○			善男子陀羅尼母所謂。𑖌𑖼唵字所以者何。三字和合為唵字故。謂𑖀婀𑖄烏𑖦莽一婀字者。是菩提心義。是諸法門義。亦無二義亦諸法果義。亦是性義是自在義。猶如国王黒白善悪随心自在。又法身義。二烏字者即報身義。三莽字者是化身義。以合三字共為唵字。摂義無辺故為一切陀羅尼首。与諸字義而作先導。即一切法所生之処。三世諸仏皆観此字而得菩提。故為一切陀羅尼母。一切菩薩従此而生。一切諸仏従此出現。
10	『摂無礙大悲心大陀羅尼経計一法中出無量義南方満願補陀落海会五部諸尊等弘誓力方位及威儀形色執持三摩耶幖幟曼荼羅儀軌』（大正20，No. 1067，p. 129c）			○		入五智（法身。是故有五智賢瓶）成蓮華（自性身。是故有四種蓮花）成仏身（受用身。是故有如来等）被甲（変化身。是故有三十二身）五母部室主毘盧遮那如来（仏部主源之故無母。譬如毘盧遮那経。阿字為毘盧遮那仏種子。吽字金剛薩埵種子。金剛頂経。吽字毘盧遮那種子。阿字金剛薩埵種子。金剛海儀軌。如是毎会。此両字相代当知是互作主伴利益衆生。蒲陀海大悲遷化亦現万億身。互作主伴接化群生）。
11	『如意輪菩薩観門義注秘訣』（大正20，No. 1088，p. 216b）		○			唵𑖌𑖼其字成於三身義也。唵𑖌𑖼之一字。所謂唵阿摩𑖌𑖼𑖀𑖦等三字共成。唵𑖌𑖼字者一切法生不可得義。阿𑖀字者一切法本不生義。摩𑖦字者一切法我無所得義。又釈云。唵𑖌𑖼字化身義。阿𑖀者報身義。摩𑖦字者法身義。由此三字契実相理。
12	『不空羂索神変真言経』巻第二十四（大正20，No. 1092，p. 360a）		○			一一法身報身化身形相寿命。坐師子座転大法輪。説種種法而出現者。尽皆同一法身報身化身。
	『造像量度経解』（大正21，No. 1419，p. 938c）	○				又像為色身倚。文字及塔為法身倚。（二行割の文）
13	『仏頂尊勝陀羅尼経教跡義記』巻下（大正39，No. 1803，p. 1029a）		○			唵　唐云三身義。亦云一切法不生。亦云無見頂相也。解曰。唵字者秘密不可翻也。以声明意連帯解釈有三身義。一阿声一切法不生。二鄔声流注分別。三麼声慈化等義。又云。空義此三声連合故曰唵也。所謂一切法不生者本是法身。所謂分別者報身也。慈者化身義也。故云無見頂相義也。 又三身義者如金光明説。一者化身。二者応身。三者法身也。仏地論説。法性之身体常不変。非仮所立非如余身合集所成。大功徳法之処依止故。十力四無畏等名為法性。身体依聚義総説名身。法性即身持業釈也。報身者。明受用身能令他受用種種大法楽故。成唯識説。自受用身将自受用広大法楽。他受用身為十地衆現通説法。決衆疑網令他受用。其化身者。利楽衆生示現種種変化事故。転換旧形変無現有。化化多異異神境勝化。名為変化事也。又解。修行願満不待時処。随衆生類現五趣身。是名化身。又永断惑障能現応身。業障浄故能現法身。依空出電依電出光。依法身故出応身。依応身故出化身。

智を配当した仏身説である。

この思想に基づいて,「あるものには法身が説法することもあり,あるものには受用身が説法することもあり,あるものには変化身が説法することもあり。」[66]という法身説法説が生じた。

5．二身説から五身説へ

上記に見たように,密教の経軌にも,法身と色身の二身説から始まって,唯識思想の仏身説に立脚しながら,変化身を2種に開いた四身説,受用身を2つに開いた四身説,それを自受用身と他受用身や,受用身と報身に開いたもの,さらには金剛界曼荼羅の五仏に配当する五身説が見られた。これら様々な仏身説の記述を抜き出してまとめたものが,表10である。

以上の様々な記述によって,密教の二身説から五身説までの思想的展開が理解されるであろう。

第3節　ブッダグフヤの仏身説

ブッダグフヤ Buddhaguhya は,8世紀の後半に活躍した有名なタントリストである。彼は『初会金剛頂経』の注釈[67]をまず作り,その後に『大日経』の『大日経要義』[68]と『大日経広釈』[69]の2篇の注釈書を作った[70]。

1．ブッダグフヤの四身説

ブッダグフヤの四身説は,世尊毘盧遮那の自性 ṅo bo ñid を四種身として示す。そして,その特色を,従来の瑜伽行唯識派の三身説を踏襲しながら,変化身を2種に開き,一方は第一重の中台に位置する世尊毘盧遮那の現等覚身とし,他方は曼荼羅の第二重に位置する変化身の釈迦とする。

その四身説は,『大日経要義釈 *Vairocanābhisambodhitantrapiṇḍārtha*』[71](『大日経要義』)につぎのように記される。

世尊毘盧遮那の自性身は四身の特相であって,つぎのように,このタントラの中では，変化身を2種に分けて四身と説かれた。いわゆる，現等覚身 mṅon par byaṅ chub paḥi sku[72] と法身 chos kyi sku と受用身 loṅs spyod rdsogs paḥi sku と変化身 sprul paḥi sku とである。

この「現等覚身」は，菩提道場に住する身ともいわれ，所化の衆生たちを教化するために，菩提道場で現覚する身を示し，胎蔵生曼荼羅の中台で，世尊毘盧遮那として顕現する如来である。このことは，『大日経要義』[73]の，

菩提道場〔身〕は以上のように，諸の所化のものたちのために常恒に顕現するから，現等覚身であると示された。

と説明されることからも知られる。

このように，ブッダグフヤの四身説は，従来の三身説の中の変化身を2種に開いた四種身であり，ゴータマ・ブッダが菩提樹下で悟りを開いたそのときの姿を菩提道場身として示している。この菩提道場は，『初会金剛頂経』と同様に色究竟天にあるとされる[74]。

ⅰ）法　身

以下，四身の各々の内容を検討する[75]。

一切の分別の所依を除き，一切相より解脱した智をもって，〔自性上〕極めて清浄と自身を知覚し，究竟じて，生死のあるかぎり，不断の刹那相続として相続する聚身としての無住処涅槃の分位たるものが，法身である。

ここでの「法身」は，働きをもたない自性身の仏格ではなく，解脱した智をもち，衆生が輪廻するかぎり涅槃に留まらない（無住処涅槃）で衆生に慈悲を垂れる仏格である。これはまた，「法身」として色究竟天宮で衆生利益のために三摩地に入って常恒に光り輝き，説法している毘盧遮那如来である。この「法身」が常住として説法する点は，『大乗涅槃経』の「常住法身」や，『現観荘厳論』の「法身の働き」等に見た思想と関連する。

ⅱ）現等覚身[76]

以上の如くであるからこの法身が最初に，のちに説明する特相ある受用身と変化身として化現（働き）する次第を以て，清浄な心相続の諸の大菩薩のために，麗しき無比な大毘盧遮那の説法しているときのままに，常恒に

顕現するところのものが，現覚身である。即ち，菩提道場そのものは，以上の如くして，諸の所化に対して常恒に顕現するから，現覚身と示されたのである。その特相をまた，この〔タントラ〕の中で，「時に，普賢を首とする彼ら大菩薩たちは世尊が最高，最勝なる菩提道場に住されているのを見る」という等によって示されている。

この「現等覚身」とは，ゴータマ・ブッダが菩提樹下で悟りを開いたときの姿である。それを，『大日経』では色究竟天の菩提樹下で悟りを開いた毘盧遮那菩薩の姿として映し出している。この点を明確に説くのは『初会金剛頂経』である。

さらに，この菩提道場が菩薩の修行する所であればどこにでも顕現するとされる点は，注意を要する。それは『倶舎論』等の須弥山思想を反映するとともに，『大乗荘厳経論』(77)の十地の菩薩たちに自らの悟りの境地を見せて教化する受用身の仏格と関連するからである。

iii）**受用身**(78)

同様に正に法身を得たそのとき，法性として得る身と語と意の無尽荘厳によって，衆生を意楽のままに喜ばせるものであり，３種として顕現したそれらの中，菩提道場かあるいはその他のいずれでもよく，決定していない場所と時とにおいて，清浄な菩薩たちだけに麗しき無比な身を顕現したことによって，口説と証悟の自性として，甚深広大な法を説くに努力なされる方であり，彼ら大菩薩の所縁であるところのものが，ここでは，世尊毘盧遮那であり，受用身の自性でもあると示された。この世尊毘盧遮那が受用身と示されたことは，またこのタントラ中，いわゆる「諸の業寿を生起した衆生には，初発心より，ないし十地までに伏断を円満させ，また業寿を滅した者たちにも有の芽を現成させるために執金剛身と等しい者，または普賢菩薩，または蓮華手の身と等しき者が，十方〔世界〕で真言道によって清浄な語の言葉等をもって説法するをもまた見る。」というこれらの経文によって示されている。

この「受用身」は，唯識思想を踏まえた十地の階梯で菩薩たちに法を説く仏格である。ブッダグフヤは須弥山の頂上で菩薩たちに法を説く毘盧遮那を「受用身」の毘盧遮那と捉えるが，この「受用身」は口説と証悟の自性という「自受用身」の仏格である。これに対し，小乗の声聞や縁覚をはじめとする阿羅漢果を得て業寿を滅した者たちを，大乗の法に目覚めさせる（有の芽を現成させる）ために，有の芽を生起させる執金剛身等の姿をとって言葉で法を説く。この仏格は，「他受用身」の仏格である。

したがって，ここには，「自受用身」と「他受用身」の両者の仏格をもって，「受用身」の説明をしていることになる。

iv）変化身(79)

> 正に天と人と非人等として宿命づけられるままに説法等をなす者として顕現し，幼童凡夫を適宜に世間と出世間との道に引入させるところの彼（か）の天と人と非人として顕現する身が，変化身であると知るべし。

上記の「受用身」が十地の菩薩たちに法を説く仏格であったのに対して，この「変化身」は，初地以下の声聞・縁覚・天・人・非人たちに法を説く仏格である。この点も，唯識思想を踏まえている。

v）大悲胎蔵生曼荼羅の構成上における四身の位置

> この四身を加持すべきこともまた，大悲生曼荼羅を建立すべき際に，仏菩薩の身と印と明と真言の標示をもって明確に示された。即ちつぎの如く，そこでは，一切如来の法身を加持するものとしては，三角印を建立すべしと示された。世尊毘盧遮那である菩提道場身は胎蔵輪（第一重）の中央に三摩地の印を結ぶものとして住された。同様に胎蔵の第一重には，世自在（観自在）と執金剛等の〔仏蓮金の〕三部に摂せられた本尊としての幖幟が，受用身として加持すべき身等であると見るべし。同様に胎蔵輪の第二重には，変化身たる釈迦牟尼が変化身の世天の身たる自在〔天〕・夜摩「天」・水天・風天・火天・梵天・ビシュヌ〔天〕・商羯羅〔天〕等の身を現じ，彼らを願う衆生を喜ばせるその他の者たちと共に住する。以上の如くであるから，大悲生曼荼羅の第一重と第二重の諸尊を建立することによって，世尊毘盧遮那の法身と現覚身と受用身と変化身を摂したと見るべし。第三

重には，波羅蜜の薩埵である世尊文殊と，除一切蓋障と地蔵を首とする十地の地に自在な大菩薩が眷属を伴って，世尊毘盧遮那の現覚身を見ようと親近する者たちを安立する。以上の如くであるから，これは四身の特相が示されたことを以て，世尊毘盧遮那の自性が示されたと了知すべし[80]。

ここでは，大悲胎蔵生曼荼羅の中台八葉院の東側の三角印（遍智印）が一切如来を加持する法身であり，中台の現等覚身である毘盧遮那の仏部と，中台両側の蓮華部と金剛部の三部が受用身であり，第二重の釈迦院の諸仏が変化身であるとされる。このように，ブッダグフヤは『大日経要義』において，曼荼羅の四種身を説明する。

以上の四身の各説によって，ブッダグフヤの四種身の内容を見たので，つぎにこのタントラの説法者は何身であり，現覚身たる菩提道場身と法身は説法するのかしないのかのという点を見てみよう。『大日経広釈』[81]はつぎのようにいう。

このタントラを釈す者はまた，現覚身の加持によって，菩提道場に常恒に住する世尊毘盧遮那の受用身が釈す。

と示され，引き続き，

この中，法を釈する者はまた，四身のいずれが釈するかというに，法身と住菩提道場身とは不動にして言説より超越しているから，言葉では説法しない。即ち彼（か）の〔法身と菩提道場身との〕加持によって，受用身と変化身とが説法するのである。その中この場合には世尊毘盧遮那が受用身として，身と語と意の平等性句と名づける法門を釈す。

と説明され，このタントラ中の教師は，受用身の世尊毘盧遮那である。さらに，この毘盧遮那如来の説法について，『大日経広釈』[82]はつぎのようにもいう。

〔しかるに〕他の経典と経文に述べられているのは，世尊〔毘盧遮那の〕受用身は，時と会処に決定なくまた住したもうて，ある時には色究竟天 Akaniṣṭha に住したまいて説法し，ある時には須弥山頂 Sumerugiri に住したまいて説法する。また同様に変化〔身〕もまた，ある時には王舎城 Rājagṛha にいまし，ある時には舎衛城 Śrāvastī 等の住所にいまして説法したまう。

ここでも，ブッダグフヤは，色界の色究竟天と欲界の須弥山頂で説法する仏格を「受用身」の毘盧遮那とし，欲界の王舎城と舎衛城等で説法する毘盧遮那を「変化身」と押さえる。

以上のように，色究竟天の菩提道場に住する毘盧遮那と曼荼羅の中台に住する現覚身は不動であるから言葉をもっては説法しないとされ，それに対しこの『大日経』を説法したのは，受用身の毘盧遮那如来であるとされた。

しかし，この法身と現等覚身の両者も言葉をもっては説法しないが，加持によって光明を放ちながら説法すると説く。それは即ち，大悲胎蔵生曼荼羅の三角印から光明として諸仏を流出し，また以下のように阿字法身から諸仏の種子を流出して毘盧遮那が法身説法することを表現する。

その阿 a 字法身の説法については，『大日経』「成就悉地品」の経文と釈に，つぎのように説く。漢訳『大日経』「成就悉地品第七」(83)では，

妙好にして浄無垢なり　　水精と月と雪の如し
寂静法身にして　　　　　一切の依持する所なりと説く

これに対し『大日経広釈』(84)では，つぎのように注釈する。

水晶と月と雪と等しく　　　無垢清浄なるものを見ることは
寂静にして法の自性身たる　一切の根源と名づく

と説かれた。このように思惟すべき方便はすでに釈し終わった。その場合，文字の義は水晶と月の如くに白く，空点を伴える阿 a 字（アム aṃ）を思惟すべきであって，それは法身の自性と知るべし。

「一切の根基と知るべし」とは，法身は一切の根源であって，法身の力ですべてのものを生み出すから。

この「アム aṃ の自性」が水晶のごとき清浄な「阿字」であり，この阿字は「法の自性身」であり，「法身の自性」であると説く。これは，法＝法身＝阿字の関係を示し，しかもこの法と法身が如来の悟りの教えを阿字に摂した「教えの本体」の自性を意味する。したがって，師資相承句で見た「法」と「法身」がここでは明確に「阿字」として捉えられ，阿の一字に集約されている。

このように，ブッダグフヤは『大日経』の仏身説を，法身・現等覚身・受用身・変化身の四身説と捉え，その阿字の自性を「教えの本体」「教えの集合体」である法身と捉えている。ここにも，初期仏教の法身の展開を見ることができる。

註

（1） 大正18，No. 848，p. 18b. 東北No. 494，tha 帙，fol. 182b[3].

（2） 大正39，No. 1796，p. 694b.

（3） 四転阿字が1つに合したものが āḥ と表現されるのは，『大疏』の「転字輪品第十」に「此の阿に五種あり。阿阿長暗噁噁長」a，ā，aṃ，aḥ，āḥ とある（大正39，No. 1796，p. 722c）。

（4） 大正18，No. 848，p. 40a. 東北No. 494，tha 帙，fol. 221a[4].

（5） 東北No. 2663A，ñu 帙，fol. 266b.

（6） 大正39，No. 1796，p. 580a.

（7） 大日経系資料には，他に『摂大儀軌』（大正18，No. 852），『広大儀軌』（大正18，No. 850），『玄法寺儀軌』（大正18，No. 851），『青龍寺儀軌』（大正18，No. 853）があるが，中国撰述なので考察から省いた。

（8） 大正18，No. 867，pp. 253c-254a.

（9） 大正18，No. 870，p. 278c.

（10） 大正18，No. 871，p. 291a.

（11） 大正18，No. 878，p. 336a.

（12） 大正18，No. 879，p. 337a-b.

（13） 大正18，No. 906，p. 913a.

（14） 大正19，No. 997，p. 565c.

（15） 大正20，No. 1067，p. 129c.

（16） 大正20，No. 1088，p. 216a.

（17） 大正20，No. 1092，p. 360a.

（18） 大正21，No. 1419，p. 938c.

（19） 大正39，No. 1803，p. 1029a.

（20） 大正21，No. 1419，p. 938c.

（21） 大正21，No. 1419，p. 951a.

（22） 大正39，No. 1796，p. 647b.

（23） 大正18，No. 848，p. 12b，東北No. 494，tha 帙，fol. 174b[1].

（24） 大正19，No. 997，p. 565c.

(25)　大正19, No. 997, p. 568a.

(26)　大正20, No. 1088, p. 216a.

(27)　大正20, No. 1085. 真言は p. 206b.

(28)　この真言の「ru rā ru」(大正20, No. 1086, p. 210c) は,「ru ru」(大正20, No. 1085, p. 206b. 大正20, No. 1087, p. 215a) とあることから, このように訂正して読む。

(29)　神林隆浄師の解説 (小野玄妙編,『仏書解説大辞典』第8巻, 大東出版社, 1964～1974年, p. 369) 参照。

(30)　大正20, No. 1092, p. 360a.

(31)　同上。

(32)　大正39, No. 1803, p. 1029a.

(33)　『金光明経』の仏身説を説く「分別三身品」は, 中国での増広と見られているから, 本論では考察を省いた。

(34)　大正39, No. 1803, p. 1029a.

(35)　大正18, No. 848, p. 1a. 東北No. 494, tha 帙, fol. 151b. 拙稿「新校訂チベット文『大日経』」(『高野山大学論叢』第27巻, 1992年, p. 33) 参照。

(36)　大正39, No. 1796, p. 580a。

(37)　「如来が加持する」の如来とは「如来」と「一切如来」とする写本の異なりがあり, 漢訳 (大正18, No. 848, p. 1a. 大正39, No. 1796, p. 580a) とブッダグフヤが使用した大日経梵本では「如来が加持する」(酒井真典著作集第2巻『大日経広釈全訳』, 法藏館, 1987年, p. 7. 東北No. 2663, ñu 帙, fol. 263b[1])。また『大日経略釈』でも「如来加持」(北村太道『チベット文和訳　大日経略釈』〈文政堂, 1980年, p. 15〉) とし, 東北No. 2662, ñu 帙, fol. 5a[6]では単に「如来」とするのみだが, チベット訳『大日経』(註(35)前掲, 拙稿「新校訂チベット文『大日経』, p. 33, 東北No. 494, tha 帙, fol. 151b) ではナルタン sNar-thaṅ 版 (Mibu No. 446) とトクパレス sTog Palace 版 (Skorupski No. 454) とゲルツェ rGyal-rtse 版 (Saito No. 448) 以外の写本に「一切如来」とあることにより,「一切如来」と解釈する。

(38)　大正39, No. 1796, p. 580b.

(39)　大正39, No. 1796, p. 701bでは2行割り。川崎信定『一切智思想の研究』(春秋社, 1992年), pp. 343-354参照。ここでは, この一切智を複数形の智と理解していない。

(40)　大正8, No. 227, p. 584b. 大正8, No. 228, p. 674a. Vaidya, No. 4, p. 253[24].

(41)　大正8, No. 223, p. 217b.

(42)　東北No. 2662, ñu 帙, fol. 15b[6], 16a[6].

(43)　『大日経』「具縁品」では, 中台毘盧遮那のみを描いて他の中台八葉院の四仏四菩薩は描かない。したがって,『大日経広釈』が中台八葉院の諸尊について言及しないのは，この理由による。

（44） 大正39，No. 1796，p. 609b，p. 683c，p. 684a 等.

（45） 大正18，No. 848，p. 10b. 東北No. 494，tha 帙，fol. $171b^{1}$.

（46） 大正39，No. 1796，p. 657a-b.

（47） 『二万五千頌般若経』（*PAÑCAVIṂŚATISĀHASRIKĀ PRAJÑĀPĀRAMITĀ,* Ⅱ・Ⅲ, ed. by Takayasu Kimura, SANKIBO, 1986, p. $96^{15\text{-}20}$）等。

（48） 大正39，No. 1796，p. 727b.

（49） 拙稿「Abhisamayālaṃkāra-kārikā の第 1 章第17頌」（成田山仏教研究所紀要11，特別号『仏教思想史論集』，1988年，pp. 143-159）参照。

（50） この声字実相観は，空海の『声字実相義』の解釈に繋がる。

（51） 東北No. 2663，ñu 帙，fol. $263b^{1}$.

（52） 東北No. 2662，ñu 帙，fol. $5a^{6}$.

（53） 大正18，No. 870，p. 288a.

（54） 同上。

（55） 同上。

（56） 同上。

（57） 同上。

（58） 大正18，No. 870，p. 288b.

（59） 大正18，No. 878，p. 336a，No. 879，p. 291a.

（60） 大正18，No. 867，pp. 253-254a.

（61） 大正20，No. 1067，p. 129c.

（62） 五母部室主毘盧遮那如来仏部主源之故無母。譬如毘盧遮那経。阿字為毘盧遮那仏種子。吽字金剛薩埵種子。金剛頂経。吽字毘盧遮那種子。阿字金剛薩埵種子。金剛海儀軌。如是毎会。此両字相代当知是互作主伴利益衆生。蒲陀海大悲遷化亦現万億身。互作主伴接化群生（『聖無碍経』大正20，No. 1067，p. 129c)。

（63） 大正18，No. 878，p. 336a.

（64） 大正18，No. 879，p. 337a-b.

（65） 大正18，No. 848，p. 1b. 東北No. 494，tha 帙，fol. $152b^{3}$.

（66） Padmavajra: *Tantrārthāvatāravyākhyāna*（東北No. 2502，ḥi 帙，fol. $92a^{3}$).

（67） *Tantrārthāvatāravyākhyāna*（東北No. 2502).

（68） *Vairocanābhisambodhitantrapiṇḍārtha*（東北No. 2662).

（69） サンスクリット名欠。東北No. 2663続.

（70） 拙稿「Buddhaguhya の仏身論—胎蔵生曼荼羅の構成よりみた四身，五智，五色の関係」（『密教文化』第122号，1978年)，拙稿「Buddhaguhya の年代考」（『印度学仏教学研究』vol. 22-1，1974年）参照。

（71） 東北No. 2662，ñu 帙，fol. $13b^{1}$.

（72） この現等覚身は，『大日経要義』と『大日経広釈』において，以下のように，mṅon

par rdsogs par byaṅ chub paḥi sku / mṅon par byaṅ chub paḥi sku / byaṅ chub kyi sñiṅ po can gyi sku / sñiṅ po byaṅ chub kyi sku / sñiṅ po byaṅ chub na bshugs paḥi sku とも表現される。

(73)　東北No. 2662, ñu 帙, fol. 14b[4].

(74)　『大疏』(大正39, No. 1796, p. 580b).

(75)　東北No. 2662, ñu 帙, fol. 14a[1].

(76)　東北No. 2662, ñu 帙, fol. 14b[3].

(77)　宇井伯寿『大乗荘厳経論研究』(岩波書店, 1979年), p. 167.

(78)　東北No. 2662, ñu 帙, fol. 14a[5].

(79)　東北No. 2662, ñu 帙, fol. 15a[3].

(80)　東北No. 2662, ñu 帙, fol. 15b[6].

(81)　東北No. 2663, ñu 帙, fol. 266a[7].

(82)　東北No. 2663, ñu 帙, fol. 264b[1].

(83)　大正18, No. 848, p. 22a. 東北No. 494, tha 帙, fol. 189a[4].

(84)　東北No. 2663, tu 帙, fol. 28a[5].

第12章　金剛頂経系の法身思想

第1節　『聖位経』の四身説と報身と受用身

密教の法身・受用身・変化身・等流身の四種身と四種法身の名称を出すものは，不空訳『略述金剛頂瑜伽分別聖位修証法門』（『聖位経』）と『金剛峰楼閣一切瑜伽瑜祇経』（『瑜祇経』）の金剛頂経系資料である。そこで，まず『聖位経』の四身説を見てみよう。

密教の仏身説研究で最も重要な資料の1つがこの『聖位経』(1)である。この中には『入楞伽経』所説の「自性身，受用身，変化身，等流身」の四種身(2)をも合わせて示し，同時に報身，自受用身，他受用身，法界身の語句も見える。この資料は，不空の仏身思想を繙く上で避けて通ることのできない重要なものである。

ここでは，『聖位経』所説の四種身のうちの報身と受用身（自受用身，他受用身）に論点を絞って考察する。

『聖位経』は，周知の如く金剛頂系経軌に属するものであるが，三十七尊の出生段に関して，『初会金剛頂経』とつぎのように説明を異にする。

即ち，『初会金剛頂経』の三十七尊出生段では，毘盧遮那 Vairocana が，薩・王・愛・喜・宝・光・幢・笑・法・利・因・語・業・護・牙・拳の十六大菩薩を，阿閦 Akṣobhya・宝生 Ratnasaṃbhava・無量光 Amitābha・不空成就 Amoghasiddhi の四仏の四方に1菩薩ずつ出生する。これに対し四仏は，金剛・宝・法・羯磨の四波羅蜜を，毘盧遮那の四方に出生する。するとまた毘盧遮那が，嬉・鬘・歌・舞の内の四供養を四仏に1供養妃ずつ出生し，四仏は香・華・灯・塗の外の四供養妃を毘盧遮那に出生する。するとまた毘盧遮那が四仏に鉤・索・鎖・鈴の四摂（四門護）を出生して，三十七尊の出生段は終わる[3]。

これに対し『聖位経』では，毘盧遮那一仏から四仏と，十六大菩薩，四波羅蜜，内外の八供養，四摂の三十六尊すべてを出生して三十七尊の出生段を終わる[4]。以上のように，この両者は，その出生段を異にする。

1．『聖位経』の四種法身

金剛頂系経軌の『瑜祇経』[5]では，この『聖位経』の四身を，自性法身，受用法身，変化法身，等流法身の四種法身と捉える。この四種法身に共通する法身思想とは，法身が働きをもつという点にあり，この法身の働きを実践として具体的に示すのが，金剛頂系経軌である。

四種法身は，『聖位経』の序文[6]に見られる四種身と同等とされる。その四種身を見てみよう。

> 諸の天魔と一切の煩悩及び諸の罪障を離れ，念念に消融して，仏の四種身を証す。謂く自性身と受用身と変化身と等流身なり。五智三十七等の不共仏法を満足す。

ここでは，単に四種身の名称が述べられているだけで，自性法身・受用法身・変化法身・等流法身の法身とは述べられていない。しかしながら，金剛智訳『瑜祇経』には，この四種身を「四種法身」[7]と捉える。この四種法身の意味を探るカギが，『聖位経』の「五智三十七等の不共仏法を満足す」の引用経文である。そこでまず，この経文の検討から始める。

五智の，法界体性智 dharmadhātu-svabhāva-jñāna（清浄法界智 dharmadhātu-viśuddhi-jñāna）は毘盧遮那如来に，大円鏡智 ādarśa-jñāna（如鏡智）は阿閦如来に，平等性智 samatā-jñāna は宝生如来に，妙観察智 pratyavekṣaṇā-jñāna は阿弥陀如来に，成所作智 kṛtyānusthāna-jñāna は不空成就如来に配される。

三十七とは，金剛界曼荼羅の三十七尊のことで，それら諸尊の三摩地智が三十七等の三摩地智である。すなわち三十七とは，すでに示した五仏の五智に，以下の金剛・宝・法・羯磨の四波羅蜜と，薩・王・愛・喜・宝・光・幢・笑・法・利・因・語・業・護・牙・拳の十六大菩薩と，嬉・鬘・歌・舞・香・華・

灯・塗の内外の八供養と，鉤・索・鎖・鈴の四摂（四門護）との三十二尊の三摩地智を合わせたものである。

したがって，三十七の中には，当初から三十六尊を生み出す胎であり，四智を生み出す法界体性智の毘盧遮那が含まれている。

つぎに，この三十七の三摩地智を修する場合に，因位で悟る次第と，証得した果位から毘盧遮那が三十六尊を流出する次第との２種に区分される。その因位と果位の解釈の相違を見てみよう。

まず，毘盧遮那菩薩が修行によって悟りを得て，菩提樹の下でその悟りの境地を楽しむ因位の次第では，法身の仏格に当たる自受用身を「若し自受用身仏を証するには，必ず三十七の三摩地智を須て，以て仏果を成ず。」[8]とする。

これに対して，果位の次第，すなわち悟りを得た毘盧遮那が，その悟りの境地を自ら楽しむ「自受用身」の三摩地に住し，心から光明を放ち，金剛界曼荼羅の三十六尊を流出する次第においては，法身としての自受用身を「自受用仏は，心より無量の菩薩を流出す。皆，同一性なり。謂く金剛の性なり。」[9]とする。

この両経に示される自受用身仏とは，受用身を自受用身と他受用身に開いたうちの自受用身である。この自受用身の毘盧遮那を，さらに詳しく検討してみよう。毘盧遮那如来が菩薩であったとき，名前を一切義成就 Sarvārtha-siddhi[10]菩薩として色究竟天宮の菩提道場で瞑想に入っていた。頭上の虚空には，金剛界成身会曼荼羅の如来たちがいて，一切義成就菩薩に五相成身観の瞑想を指導する。

一切義成就菩薩は，諸の如来の指導によって金剛界曼荼羅の三十六尊と次々に一体になり，やがて法界そのものである大毘盧遮那と一体となって悟りを完成する。この曼荼羅の中心で三摩地に入って光り輝き，常恒に諸尊を流れるように生み出している金剛界如来が自受用身である[11]。

このように三摩地に住し，光明に包まれながら光り輝き，悟りの身から光明を流出する仏格は，『聖位経』の法身と同格であり，般若経以来の法性仏にこよなく近い三十二相や八十種好を有する自受用身である[12]。したがって，『聖位経』が四種身の中で最も重要視する仏格が，この自受用身である。

2．受用身と報身

受用身と報身の漢訳語が，sambhoga-kāya（sāmbhogika-kāya）かあるいはvipāka-kāyaからの翻訳語であり，両者がしばしば同意趣で使用されていることはすでに周知のことである(13)。

そこで，この報身が，受用身と別な仏格，もう少し厳密にいえば報身が自受用身と別な仏格として『聖位経』に説かれていること(14)を手掛かりとして，一般の金剛頂系経軌ではどうなっているかを考察する。

金剛頂系経軌では，報身と受用身の仏格の活動範囲は色究竟天においてであるとする(15)。そこでのこの両仏格が示されるシーンは，『初会金剛頂経』の「金剛界品」で受用身の一切義成就菩薩が五相成身観によって悟り，色究竟天で説法するとされる記述に見られる。

そこでまず，この『聖位経』所説の受用身と報身の記述を検討し，プトンBu ston（1290～1364）のチベット資料では，その点がどのようになっているかを考察する。

以下の『聖位経』の経文は，前章の四身説の箇所で詳しく触れたので，今は簡単に触れる。四身の仏格について，つぎのように記す(16)。

仏の四種身を「自性身と受用身と変化身と等流身」とする。そして如来の変化身を「閻浮提摩竭陀国の菩提道場の中に於て，等正覚を成じ地前の菩薩と声聞と縁覚と凡夫の為に三乗の教法」を説く仏格と捉える。

報身の毘盧遮那を変化身と同一でないとした上で，「色界頂第四禅の阿迦尼吒天宮Akaniṣṭhaに於て，雲集せる尽虚空遍法界の一切諸仏を十地満足の諸大菩薩の証明として，身心を警覚して頓に無上菩提を証せる」ものとする。

また，自受用仏を，「心より無量の菩薩を流出して皆同一性なり。謂く金剛の性なり。」とし，色究竟天の報身毘盧遮那の心に住する五股金剛杵の自性（大毘盧遮那）を，自受用身と捉える。

また『聖位経』所説の受用身についてはすでに触れたが，ここでは自受用身と他受用身の２種の仏格について，さらに詳しく経文を掘り下げてみよう[17]。

(A)　爾の時，金剛界毘盧遮那仏は，色界頂の阿迦尼吒天宮に在りて，始め受用身をもて等正覚を成じ，一切如来の平等智を証得す（仏部）。即ち一切如来の金剛平等智印の三昧耶に入りて（金剛部），即ち一切如来の法平等自性光明の智蔵を証し（法部），等正覚を成じ已って，一切如来は薩埵金剛より虚空蔵大摩尼宝を出し以て其の頂に灌ぎ，観自在法王の智を発生せしめて（宝部），一切如来の毘首羯磨の善巧智を安立し，須弥山頂の金剛摩尼宝峰楼閣に住詣せしめ，聖衆を集め已んぬ（羯磨部）。是れに於て毘盧遮那仏は，一切如来を加持して，四方を施設して師子座に坐したまう。時に不動（阿閦）如来と宝生如来と観自在王（阿弥陀）如来と不空成就如来は，復た毘盧遮那仏を加持す。

(B)　然るに受用身に二種有り。一には自受用，二には他受用なり。

(C)　毘盧遮那仏は内心に於て，自受用の四智たる大円鏡智と平等性智と妙観察智と成所作智を証得し，外は十地満足の菩薩に他をして受用せしむるが故に，四智の中より四仏を流出し，各々本方に住して本座に坐したまえり。

(D)　毘盧遮那仏は内心に於て，五峰金剛の菩提心の三摩地智を証得して，自ら受用するが故に，五峰金剛の菩提心の三摩地智の中より金剛の光明を流出して，遍く十方世界を照らし，一切衆生の大菩提心を浄め，還り来て一体に収りぬ。一切菩薩をして，三摩地智を受用せしめんが為の故に，金剛波羅蜜形と成って，毘盧遮那如来の前の月輪に住したもう。

上記(A)の内容は，『初会金剛頂経』の第一章「金剛界品」所説のつぎの経文[18]によっている。

尊き大菩提心たる普賢大菩薩は，一切如来の心に住した。するとこの仏国土は一如来たちによって，あたかもゴマの莢の如く充満した。

つぎに一切如来たちは大集会となって，一切義成就菩薩摩訶薩が住している菩提道場のあるそこへ行き，到達して〔一切義成就〕菩薩のために受用身の姿を示して，つぎのように述べられた。

善男子よ，汝は一切如来の真実を知らないで一切の苦行に励み，どうして無上正等覚を現等覚できようかと。

そこで一切義成就菩薩摩訶薩は一切如来たちに驚覚されるや，そのアースパーナカ三摩地から立ち上がり一切如来たちを礼拝して，つぎのように申し上げた。

世尊諸如来様，〔一切如来の〕真実とはいかなるものでございますか。

どのようにすれば成就するのでしょうか。願わくばお教えください。

このように請問すると，彼ら一切如来たちは〔一切義成就〕菩薩に声を揃えて言われた。

善男子よ，自らの心の観察に専念して自性上成就する真言を随意に誦じて成就しなさい。

oṃ citta-prativedaṃ karomi /

オーム　わたしは〔自らの〕心を見極めます。

(五相成身観を中略：最後の真言から)(19)

oṃ yathā sarva-thatāgatās tathā 'ham /

オーム　一切如来たちがあるように，そのようにわたしもある。

そこで以上のように仰っしゃられると，〔名灌頂された一切義成就菩薩の〕金剛界大菩薩は，自身を〔受用身の毘盧遮那〕如来なりと現等覚して，彼ら〔阿閦をはじめとする四如来の〕一切如来たちを礼拝して，つぎのように申し上げた。

世尊諸如来様，わたしを加持して現等覚を堅固にしてくださいと。

そこで以上のごとく言うと，〔阿閦をはじめとする彼ら〕一切如来たちは，その金剛界如来の薩埵金剛に入られた。

【金剛界如来の成道】

すると，世尊金剛界如来は，まさにその刹那に，

①一切如来と等しい智を現等覚した者となり，

②一切如来の金剛と等しい智印である秘密の三昧耶に入った者となり，

③一切如来の法と等しい智に通達した自性上清浄な者となり，

④一切如来の一切と等しい自性上光明な智蔵となり，

⑤如来応供正等覚者となられた。

【宝灌頂】

そこで，また〔阿閦をはじめとする彼ら〕一切如来たちは，彼(か)の一切如来の薩埵金剛から出て，虚空蔵大摩尼宝の灌頂をもって〔金剛界如来を〕灌頂し，観自在の法智を生じ，一切如来の一切の事業に住せられて，須弥山頂の金剛摩尼宝の尖塔をもつその楼閣へ行った。到達して，金剛界如来を一切如来の性質あるものと加持し，一切如来の師子座に一切（四方）を向いて住させた(20)。

【金剛界如来の会座】

つぎに，阿閦如来と宝生如来と観自在王如来と不空成就如来とが一切如来の性質ある者として各々が自身を加持して，世尊釈迦牟尼（毘盧遮那）如来の一切と平等なりと通達する故に，一切諸方と平等なりと観察して，四方に住した。

以上のごとく，経文にアンダーラインを付した箇所が『聖位経』の文意に相当するところである。したがって，この両者を合わせて見ることにより，五相成身観を終わった金剛界如来が受用身の毘盧遮那となって，須弥山頂に行き，『金剛頂経』を説く経緯が明確となる。それとともに，須弥山頂の毘盧遮那如来を「世尊釈迦牟尼如来」とも呼び，毘盧遮那如来と釈迦牟尼如来との同一性を表している。

ここでの「金剛界大菩薩」とは，五相成身観の第４番目に，頭上にいる金剛界曼荼羅の諸尊のうち，毘盧遮那如来が一切義成就菩薩の心にある月輪の五股金剛杵の中心に入ったとき，頭上に留まっている四如来により名灌頂で灌頂された灌頂名である。この時点の菩薩を「金剛界大菩薩」という。

この毘盧遮那如来が五股金剛杵の中央に入ったことにより，金剛界大菩薩は，自身を受用身の毘盧遮那如来なりと現等覚する。この時点の大菩薩を「金剛界如来」という。

つぎに，この現等覚を堅固で揺るぎないものとするために，頭上の四如来に加持を請うと，五相成身観の第５番目で，「oṃ yathā sarva-thatāgatās tathā 'ham /」という真言が授けられ，この真言の力によって金剛界大菩薩の五股金剛杵の四方に四如来が入り一体となる。四如来が五股金剛杵の四方に入ったことにより現等覚が堅固となると，四如来はその金剛界如来から出て頭上の曼荼羅に還る。

そこで，頭上に留まった四如来たちは，宝灌頂によって一切如来の諸事業ができるように灌頂し，毘盧遮那は自らの加持の力で須弥の山頂に行く。到着してから自身を一切如来の性質を有するものと加持し，四方を向いて師子座に住されたとする。

故にこの『聖位経』の毘盧遮那とは，一切義成就菩薩が受用身の毘盧遮那と一体となった仏であり，仏格を受用身とされるものである。

華厳経や密教の仏伝では，この毘盧遮那が色究竟天から須弥山頂に行き，『金剛頂経』を説き，やがて人間界に下生し，悟りを得，涅槃に至るまでの釈迦牟尼如来の八相あるいは十二相を示すが，このときのシャーキャミトラとアーナンダガルバの解釈の相違を，プトンはつぎのように記す。

第2節　シャーキャミトラとアーナンダガルバとプトンの解釈

1．プトンの『瑜伽タントラの海に入る筏』の諸説

プトンは，『瑜伽タントラの海に入る筏と名づくるもの *rnal ḥbyor rgyud kyi rgya mtshor ḥjug paḥi gru gziṅs shes bya ba bshugs so*』の中にこの両者の説を引いて，含蓄ある解釈を示す。

i）シャーキャミトラの解釈

まずプトンによるシャーキャミトラの解釈から見てみよう(21)。

第3は，タントラの中で〔一切〕義成就菩薩が悟ることを述べた義である。シャーキャミトラ阿闍梨は，シュッドーダナ〔王〕の王子として生まれて，子供の遊戯をなし，結婚し，出家して，尼蓮禅河辺で苦行のさまを示しているときに異熟身 vipāka-kāya が尼蓮禅河辺に住し，智身が〔その異熟身から出て〕色究竟天へ行って，五相成身観によって悟り，須弥山の頂上で

瑜伽タントラを説いて，ふたたび〔尼蓮禅河辺に残していた〕異熟身に還って菩提樹の下に行き，〔四〕魔降伏と覚者の様相を示す(22)。

ここでの解釈は，一切義成就菩薩が，尼蓮禅河辺で6年間苦行していた異熟身から智身が出て色究竟天へ行き，五相成身観によって悟り，須弥山の頂上に降りて瑜伽タントラを説き，ふたたび尼蓮禅河辺に残していた異熟身に還って菩提樹下で四魔を降伏して悟ったとする。

ii）アーナンダガルバの解釈

これに対し，プトンによるアーナンダガルバの解釈は，つぎのようである(23)。

アーナンダガルバ阿闍梨は，その〔受用身を示す一切如来たち〕は〔一切義成就菩薩が〕三無数劫に種々の生を受け，福智の二資糧を円満なされて，〔四〕禅定と〔四〕無色定〔界〕に生まれ変わった。すなわち，第四禅定の大中の大に生まれ変わって三摩地の力で意生身 manomaya-kāya の最後身 carama-bhavika となって，一切如来に衣灌頂を得て，一切衆生に利益と安楽の因を悟らせようと思って〔無動三摩地に住して〕呼吸を止めて色究竟〔天〕の菩提道場に住している世尊一切義成就〔菩薩〕の所へ行って〔受用身を示して〕住し，つぎのように言われた。

ここでの解釈は，シャーキャミトラが言うように一切義成就菩薩が尼蓮禅河辺に残していた異熟身から智身としてやって来たのではなく，意生身の最後身として色究竟天に行ったとする。

この「意生身」は，『楞伽経』に見た「法の自性を悟る意生身 dharma-svabhāva-bodha-manomaya-kāya」と，一切の仏法の自内証である安楽の相を悟る「〔聖なる〕種姓と倶生する行を作す意生身 nikāya-sahaja-saṃskāra-kriyā-manomaya-kāya」と関連する。

iii）プトンの解釈

そしてこの後に人間界に下生し，菩提道場で悟る経緯について，プトンは(24)，

受用身の毘盧遮那は色究竟天から動かないで，変化身の毘盧遮那が須弥の

山頂の金剛宝で造られた楼閣へ行って一切如来を加持し，菩薩の身を師子座と化作し四面を向いて住された。それに対し，四方に阿閦をはじめとする四〔仏〕もまた各々が一切如来と自身を加持して象等の〔獣〕座の上に住された。

そこで毘盧遮那が十六菩薩を四菩薩ずつ化作し，阿閦等の四〔仏〕は金剛薩埵妃等の四〔波羅蜜妃〕を，また毘盧遮那は嬉妃らの〔内の〕四〔供養妃〕を，また阿閦等の四〔仏〕は香妃らの〔外の〕四〔供養妃〕を，また毘盧遮那は鉤等の四〔摂の菩薩〕を化作し終わって，毘盧遮那と一切如来は集って彼らは化作した曼荼羅の尊衆を礼拝し，ウダーナを唱え，彼ら一切は毘盧遮那の心(むね)に住する。そして，つぎに心から各々の眷属を伴う如来たちとなって顕れると諸々の化作した者たちと交わってウダーナを唱えた。そして彼らは三三摩地の門から曼荼羅を化作した。

と示す。ここでは，金剛界菩薩が一切如来の加持を受けて金剛界如来となってから，受用身の毘盧遮那如来として色究竟天から動かないで，変化身の毘盧遮那として須弥山頂に行き説法するとする。

ここでの色究竟天から須弥の山頂に行く毘盧遮那の仏格について，受用身が化作した変化身の毘盧遮那が行ったとするのは，アーナンダガルバのみである。この解釈は，須弥山は人間界の中心であるから，当然変化身でなければならないとする唯識思想に立脚したものであるが，受用身が変化身を化作するという従来の仏身説にない説明となる。すなわち，『大智度論』のところで色身から異類身を生み出さないように(25)，この受用身からも異類身を生み出さない。それ故に，受用身から生み出される仏格を等流身としたのである。このように考えると，アーナンダガルバはこの受用身を法身に近い自受用身と理解したのかもしれない。

これに対し，須弥山から人間界に下生する点について，シャーキャミトラとアーナンダガルバとの解釈の相違を，プトンはさらにつぎのように言う(26)。

つぎに毘盧遮那は悟ってすぐ須弥の山頂から〔人間界の〕菩提道場へ行ったという義について，シャーキャミトラは須弥から〔尼蓮禅河辺に残していた異熟身の〕苦行者の身に還ったと看做すけれど，アーナンダガルバは須弥山頂より色究竟にいる受用身に還って，それから兜率天で白い勝幢を化作して諸天に説法する。

したがって，アーナンダガルバの解釈だけが，須弥山頂より色究竟天に住する受用身に還って，それから兜率天で天子たちに説法するとするのである。

さらに，この後の下生の説段についてプトンは，『吉祥金剛曼荼羅荘厳と名づける大タントラ *Śrīvajramaṇḍalālaṃkāra nāma mahātantrarāja*』を引いて，つぎのように言う(27)。

つぎに釈迦牟尼（＝毘盧遮那）は彼らが請問した言葉を聞いて色究竟天からやって来て，兜率天に住して兜率〔天〕部の天子たちに説法して，シュッドーダナの種族を見て〔下生し〕，出家して菩提道場に住した。

この人間界に下生する釈迦牟尼は，色究竟天の受用身の毘盧遮那から化作された変化身であると理解すべきである。それでは色究竟天から兜率天に降りて来た毘盧遮那は何身であろうか。この点についての解釈はない。

では色究竟天の受用身の毘盧遮那はというと，常恒に色究竟天に住し続ける仏格であり，そこで天子たちの中に生まれた菩薩たちに法を説いておられる受用身であると解釈して差し支えない。

以上によって，今問題の報身と受用身の活動範囲は，色界の最高頂の色究竟天と須弥山頂に限定して考察しなければならないことが知られた。

2．自受用身と他受用身

つぎに上記(B)の経文は，色究竟天で一切義成就菩薩が五相成身観により受用身の毘盧遮那を悟った，そのときの受用身に，自受用身と他受用身との２種があることを示すものである。そこで，今までに見てきた『聖位経』の報身を簡単にここでもう一度整理しておく。

最初に見た変化身と報身（他受用身）と自受用身との関係では，変化身は人間界である閻浮提で地前の声聞縁覚凡夫たちに説法する仏格である。報身は色究竟天で地上の菩薩たちに説法する他受用身の仏格であり，その菩薩たちとは色究竟天で毘盧遮那とともに居る九億九千万の菩薩たちを意図している。これに対し，自受用身は色究竟天に在って心から無量の菩薩を流出する仏格だと示されている。

以上のように変化身と報身と自受用身の仏格の特色を見た上で，つぎにこの報身を2つに分けた他受用身の考察に入ろう。

まずこの両仏格を具体的に示す(C)と(D)の経文をここに再出してみよう(28)。

(C) 毘盧遮那仏は内心に於て，自受用の四智たる大円鏡智と平等性智と妙観察智と成所作智を証得し，外は十地満足の菩薩に他をして受用せしむるが故に，四智の中より四仏を流出し，各々本方に住して本座に坐したまえり。

(D) 毘盧遮那仏は内心に於て，五峰金剛の菩提心の三摩地智を証得して，自ら受用するが故に，五峰金剛の菩提心の三摩地智の中より金剛の光明を流出して，遍く十方世界を照らし，一切衆生の大菩提心を浄め，還り来て一体に収りぬ。一切菩薩をして，三摩地智を受用せしめんが為の故に，金剛波羅蜜形と成って，毘盧遮那如来の前の月輪に住したもう。

ここでの(C)と(D)のアンダーラインを付した箇所の自受用と他受用の用例が，自受用身と他受用身に繋る。即ち，「自受用身」とは悟りの法味を「自ら受用する」仏格であり，「他受用身」とは悟りの法味を「他をして受用させる」仏格である。

この(C)では，毘盧遮那が自ら受用する四智を悟り，自ら受用するその四智を他の十地満足の菩薩たちにも受用させるために，その四智から阿閦・宝生・無量光・不空成就の四仏を流出する。

この毘盧遮那が自ら悟って受用する自受用身に当たる『初会金剛頂経』の経文は，つぎのものである(29)。

〔名灌頂された一切義成就菩薩の〕金剛界大菩薩は，自身を〔受用身の毘盧遮那〕如来なりと現等覚して，彼ら〔阿閦をはじめとする四如来の〕一切如来たちを礼拝して，つぎのように申し上げた。

世尊諸如来様，わたしを加持してこの現等覚を堅固にしてくださいと。

そこで以上のごとく言うと，〔阿閦をはじめとする彼ら〕一切如来たちは，その金剛界如来の薩埵金剛に入られた。

すると，世尊金剛界如来は，まさにその刹那に，一切如来と等しい智を現等覚した者となり，一切如来の金剛と等しい智印である秘密の三昧耶に入った者となり，一切如来の法と等しい智に通達した自性上清浄な者となり，一切如来の一切と等しい自性上光明な智蔵となり，如来応供正等覚者となられた。

この経文は五相成身観の第五の仏身円満で金剛界如来が，

oṃ yathā sarva-thatāgatās tathā 'ham /

オーム　一切如来がある如くわたしもある。

と唱える真言によって，頭上の四仏の智が彼らの加持力で金剛界如来の心（むね）の五股金剛杵の四方に吸い込まれる。このとき金剛界如来は四仏の四智を受用する毘盧遮那そのものとなったのである。

これに対する他受用身の箇所の，自ら受用するその四智を他の十地の菩薩たちにも受用させるために，その四智から阿閦，宝生，無量光，不空成就の四仏を流出し，その流出した四仏が曼荼羅の座に着いたとする『初会金剛頂経』の経文が，つぎのものである(30)。

そこで，また〔阿閦をはじめとする彼ら〕一切如来たちは，彼（か）の一切如来の薩埵金剛から出て，虚空蔵大摩尼宝の灌頂をもって〔金剛界如来を〕灌頂し，観自在の法智を生じ，一切如来の一切の事業に住せられて，須弥山頂の金剛摩尼宝の尖塔をもつその楼閣へ行った。到達して，金剛界如来を一切如来の性質あるものと加持し，一切如来の師子座に一切（四方）を向いて住させた。

つぎに，阿閦如来と宝生如来と観自在王如来と不空成就如来とが一切如来の性質ある者として各々が自身を加持して，世尊釈迦牟尼（毘盧遮那）如来の一切と平等性なりと通達する故に，一切諸方と平等なりと観察して，四方に住した。

以上によって，上記(C)における文意がかなり明確になったが，つぎの(D)によって，この自受用身と他受用身の意味がさらに明確となる。

すなわち，上記(D)の自受用身の用例では，毘盧遮那が清浄な心の幖幟である月輪の上に五智の幖幟である五股金剛杵を観想し終わり，普光三摩地に住してその金剛から光明を流出すると，その光は十方世界を照らし，そこに住む一切衆生の本来もっている清らかな心を取り戻させ，ふたたび毘盧遮那の金剛に還る仏格が，自受用身であるとされる。したがって，これがすでに見た心より無量の菩薩を流出するとされる等流身の仏格と全同である。

他受用身の用例では，毘盧遮那が自ら受用した三摩地の智を他の一切菩薩たちに受用させるために金剛波羅蜜という色身の尊形をとって曼荼羅の毘盧遮那の前の月輪に住する。したがって，自らの悟りの智を他の者に受用させるために流出したこの色身の仏格が他受用身である。このパターンは，他の曼荼羅の諸尊においても同様に見られる。

以上によって，自受用身とは毘盧遮那自身の心の中で，各尊の三摩地の智を自ら受用し，その三摩地の智の光で輝いている仏格であるとともに，この光り輝いている光が十方世界を常に照らし一切衆生を様々に救済する仏格でもある(31)。

ここでの曼荼羅は，須弥山頂のものであるから，変化身の領域に属するものである。したがってこの観点に立てば，ここでの他に受用させる他受用身は変化身に限りなく近づくものであるが，ブッダグフヤは『大日経広釈』で須弥山頂の毘盧遮那を受用身の仏格と捉えている。

これに対し，色究竟天の天子の中に生まれた菩薩たちに説法する場合の他受用身は，受用身の領域であるから，報身（他受用身）に属することは言うまでもない。

そこで，この報身と自受用身の相互関係について，つぎの『聖位経』の経文を見ておく(32)。

(E) 若し次第に依りて説けば，前後に差有り，報身仏に拠らば，頓に身口意の三種の浄業を証し，法界に遍周して，一一の法門と一一の理趣と一一の毛孔の身分の相好に於て，虚空界を尽して，相い障礙せず。各々本位に住して，以て遍照光明の毘盧遮那の自受用身と他受用身と成る。若し二乗に依りて，次第して説かば，若し具に三十七菩提分法を修せず。道果を証得すといわば，是の処（ことわ）り有ることなし。若し自受用身の仏を証するには，必ず三十七の三摩地智を須（もち）いて以て仏果を成ずべし。

(F)　梵本入楞伽の偈頌品に云く。 自性及び受用変化並に等流，仏徳三十六なれども，皆自性身に同じ。法界身を並せて，総じて三十七と成る。

ここでの(E)の最初の「若し次第に依りて説けば」の一句は，金剛頂系次第でしばしば用いられるものである(33)。その用法は，この句から最後までが，行者の実践次第を示し，この点を「前後に差有り」と示して，これ以前の教理的な次第と，以後の実践次第には差別があると明記している。

また，この句は，実践次第の五相成身観などでは五相の一々の段階で教理を述べた後，実践次第のこの句を示し，実際に行者は実践としてどうすべきかを具体的に示す。たとえば，ここで自受用身仏を悟るには，三十七の三摩地智を用いなければならないとする点である。

この点を考慮して解せば，つぎの「報身仏に拠らば」から「以て遍照光明の毘盧遮那の自受用身と他受用身と成る。」までは，報身仏による具体的な実践次第である。そこでこの文を理解するために，すでに見た以下の経文(34)をもう一度挙げる。

報身の毘盧遮那〔は変化身〕と同じからず。色界頂第四禅の阿迦尼吒天宮に於て，雲集せる尽虚空遍法界の一切諸仏を十地満足の諸大菩薩の証明として，身心を警覚して頓に無上菩提を証せるに，自受用仏は心より無量の菩薩を流出す。皆同一性なり。

上記(E)の「法界に遍周して，一一の法門と一一の理趣と一一の毛孔〔から流出する〕身分の相好に於て，虚空界を尽して，相い障礙せず」は，ここでの「雲集せる尽虚空遍法界の一切の諸仏」の具体的な記述内容と受け取れる。即ち，行者は報身仏を拠り所とすれば，速やかに身口意の三業を浄めることを得て，法界に普く行き渡り，報身としての一切諸仏の三十二相と八十種好の姿をとって虚空界を覆うことができるが，その一切の仏たちは互いにその働きを妨げ合うことはない。この理論は，華厳経の「無礙」の思想を受けたものである。

上記(F)の『入楞伽経』偈頌品の四身説については，すでに論じた[35]ので，ここでは割愛する。

以上のように，報身の特色を三十二相と八十種好をもつものとしたが，実はこれにはそれなりの典拠がある。この点について，さらに論を進めよう。

3．チベット資料に散見される四種身中の報身と受用身

まず四種身の中に報身 vipāka-kāya と受用身 sambhoga-kāya とを並列的に扱っている主要な資料として，『初会金剛頂経』の釈タントラである *Vajraśekharamahāguhyayogatantra*（『金剛頂タントラ』）[36]と，この釈タントラを自らの注釈に引用しているアーナンダガルバの『初会金剛頂経』の注釈 *Sarvatathāgata-tattvasaṃgraha-mahāyānābhisamaya nāma tantratattvālokakarī nāma vyākhyā*[37]と，この両者を参照しながら著しているプトンの *rdo rje thams cad ḥbyuṅ baḥi rgya cher bśad pa yid bshin nor bu shes bya ba bshugs so*[38]の3種を挙げることができる。これらの資料は，四種身を自性身・受用身・報身・変化身とする。

それではまず，*Vajraśekharamahāguhyayogatantra* の記述から見てみよう[39]。

金剛薩埵の灌頂によって　自性身とみなし
金剛法灌頂によって　受用身とみなし
金剛宝灌頂によって　同様に〔三十二〕相と〔八十〕種好〔の報身とみなし〕
一切諸仏の大智たる　虚空と等しい法蔵ある
金剛羯磨灌頂によって　変化身とみなす
〔この〕秘密四灌頂によって　等正覚者の菩提を得ん

ここでは，受用身と報身とを金剛法灌頂と金剛宝灌頂とによって区分し，アーナンダガルバとプトンは，三十二相と八十種好の仏格を報身に当てる。この点は，従来の唯識思想の三十二相と八十種好を受用身に充てる解釈と少し異なるが，ここでの三十二相と八十種好を報身に充て，三摩地に住して心の五股金剛杵より無量の菩薩を流出する自受用身を受用身に充てる点は，唯識思想が示す受用身をさらに細分化したものである。この点が *Vajraśekhara-*

mahāguhyayogatantra の特色ともいえるし，ひいては密教の仏身説の大きな特色ともいえるものである。

そこで，この報身と受用身をさらにはっきりと四種身に組み込むアーナンダガルバの釈(40)を見てみよう。

> 如来部等の部の様相をもって光り輝くから毘盧遮那である。その〔毘盧遮那〕は，法〔身〕と受用〔身〕と報身とをもって常住であり，過去と未来と現在として生じた三つの時間が三世であり，それら三世には世俗としての変化身が住する。あるいは〔三世の〕三つの時間におけるが故に世俗の様相をとって住するが，これに対し勝義においては時間〔の区分〕は存在しないから三世に〔わたって〕住するのである。
>
> 一切の身は，自性〔身〕と報〔身〕と受用〔身〕と変化身の差別によって四種である。

ここでの「常住身」とは自性身と報身と受用身であり，常住であるから三世に無差別に住し，「変化身」のみが過去と未来と現在に別々に住すとする。この点でも，常住身とされる仏格は色究竟天においてのみ認められるものであり，これら報身と受用身は色究竟天で常住する仏格である。

そこで，この解釈をもう一歩踏み込んで知るために，このアーナンダガルバの四種身について注釈し，上述の *Vajraśekharamahāguhyayogatantra* の記述を引くプトンの解釈を見てみよう(41)。

> 身密は身界である。即ち，身は自性〔身〕と……自性身は自性上清浄な界と究竟じた無漏智とが無差別となったものであり，他で説かれた法身と意趣は同じである。
>
> 報身と……報身は二資糧の果を究竟じ，〔三十二〕相と〔八十〕種好とで化現した身であり，三界の法王として灌頂されたものである。
>
> 受用〔身〕と……受用身とは，八万四千の法蘊を示して正法の受用を示すものである。
>
> 変化身とであって，四〔身〕である。………変化身は，それぞれの所化者に種々の教化身を示す者である。
>
> 即ち，『金剛頂〔タントラ〕』に，
>
> 金剛薩埵の灌頂によって　　自性身とみなし
>
> 金剛法灌頂によって　　受用身とみなし
>
> 金剛宝灌頂によって　　同様に〔三十二〕相と〔八十〕種好〔の報身

とみなし〕

一切諸仏の大智たる　　　　虚空と等しい法蔵ある

金剛羯磨灌頂によって　　　変化身とみなす

という。

この資料では，前半に上掲のアーナンダガルバの四種身説を引き，その四種身の一々に細字で注記を入れる。後半には上掲の『金剛頂タントラ』の偈頌を細字で引く。したがって，プトンの自性身，報身，受用身，変化身の解釈は，これら2資料に拠っていることを知る。

ここでまず，四種身の一々の仏格を見ておこう。身密は身界であるとした上で，自性身を「自性身は自性上清浄な界と究竟じた無漏智とが無差別となったものであり，他で説かれた法身と意趣は同じである」とする中で，自性上清浄な「界」とするのは，この釈の直前の(42)，

金剛薩埵等の身語心の秘密が金剛界であって，(中略)〔金剛界において，〕有為の一切の城市を滅することのできる空性の智恵が金剛であり，秘密が界であって，その場合，身密は身界である。

と示される場合の「界」の概念を意味している。したがって，この「界」は「法界」に遍満する三密の曼荼羅界会であるから，『聖位経』のいう「法界身」(法そのものの集合体) と同一であり，「自性身」とは界 (法そのもの) と (衆生教化の) 智が無差別になった「法身」であり，「法界身」であるということになる。

つぎの報身と受用身との，「報身は二資糧の果を究竟じ，三十二相と八十種好とで化現した身であり，三界の法王として灌頂されたものである」と「受用身とは，八万四千の法蘊を示して正法の受用を示すものである」とにおいては，「報身」は行位における福智の二資糧を究竟じた仏格であり，菩薩の特相としての三十二相と八十種好を具し，三界の法王として灌頂された他受用身の仏格である。

これに対し，「受用身」は八万四千の法蘊を示して正法を受用する仏格とされる。この受用身の「八万四千の法蘊を示して正法の受用を示すものであ

る」[43]とする仏格の意味は，すでに見た三摩地に住して心の五股金剛杵より無量の菩薩を流出する「自受用身の仏格」と同じであるから，この受用身の仏格は『聖位経』の自受用身の仏格と同じである。

この線上から「報身」を解釈すると，上述したように受用身から流出した報身は三十二相と八十種好の尊形を示す仏格であるから，『聖位経』の受用身を２種に開いた「他受用身の仏格」である。この点は，チベット訳の金剛頂経系資料によっても傍証される。

第３節　法身と大毘盧遮那

ここでは，法身・大毘盧遮那 Mahā-vairocana の仏格がいかなるものかを，『初会金剛頂経』[44]に対するインドの注釈家たちの解釈を通して考察する。

インドのタントリストたちの中で，「法身が説法する」と明言するのはパドマヴァジュラ Padmavajra である。彼の生存年代は不明であるが，ブッダグフヤの『タントラ義入 *Tantrārthāvatāra*』に復注である『タントラ義入釈 *Tantrārthāvatāravyākhyāna*』を作ったことで有名であり，プトンはブッダグフヤの弟子系統の人と記す[45]。

いま彼の説を見ると，『タントラ義入釈』[46]の五相成身観を説明する中に，つぎのように五成就（教師・法・衆会者・住所・方法）について示される。

他の者たちが謂く，以上の如く，

(1)　説法したまう教師はどのような方であり，

(2)　法はどのようなものが示され，

(3)　衆会は誰に示され，

(4)　住所はどこで示され，

(5)　理趣，道，方法はどのように示されたか，

とならば，謂く，

(1)　教師は３種であって，法身と受用身と変化身である。

(2)　法にもまた３種があって，相乗と外乗と内乗である。

(3) 衆会にもまた3種があって，因縁より生じたものと，誓願より生じたものと，智より生じたものである。

(4) 説法の住所にもまた3種があって，地上と空中と天上の3つの城と楼閣と天宮等に住して説法される。

(5) 説法の方法にもまた3種があって，あるものには法身が説法することもあり，あるものには受用身が説法することもあり，あるものには変化身が説法することもあって，有情が信解するままに説法する。その中，大瑜伽タントラである『聖真実摂経』等は，受用身が智より生じた衆会以上の者たちの住所でお説きになられたものであるという。

この(5)に関連する思想が，華厳経[47]から『大日経』[48]へと展開したことはすでに見た。それによると，この両経の「仏身を以て度す者には仏身の形色を示す」に当たる「仏身」の箇所を，パドマヴァジュラは，「法身」と捉えるが，この思想は(1)の3種の教師の中の法身によるものである。

これによって，パドマヴァジュラが最初に「他の者たちが謂く」と示すことと合わせて，当時，このような意見をもつタントリストたちによって，「法身の説法」が提唱されていたことを知る。この場合の「法身」とは，大毘盧遮那であるが，では，ここでいう「法身説法」とは，実際いかなる義であろうか。

この点を繙く鍵は，パドマヴァジュラが注釈を作ったブッダグフヤの『タントラ義入』中の5種の教師，すなわち，法身・受用身・変化身・毘盧遮那・牟尼に求められる。それは，上述のパドマヴァジュラの3種の教師の釈が，このブッダグフヤの5種の教師に基盤を置いているからである。

いま，その5種の教師を見るに，ブッダグフヤの『タントラ義入』[49]中に，

大毘盧遮那の智が　善逝の御心に住し[50]
金剛界をはじめとする色身〔と〕　仏をはじめとする者たちが〔法〕輪を転ず
以上の如く法身と　受用〔身〕と変化身と
毘盧遮那と牟尼もまた　このタントラの教師たちであり〔彼らを〕称讃して

『真実摂タントラ』中　　真実を成就する次第を
賢者を喜ばすために　　要約して釈そう

と示されている。この第2偈の中の5種の教師とは，三身に摂すると，法身と受用身と変化身である。

パドマヴァジュラの釈によれば，三身の教師とは，第1偈がその内容に相当し，法身とは「大毘盧遮那の智が　善逝の御心に住し」の前半の二句に相当し，受用身と変化身が後半の「金剛界をはじめとする色身〔と〕　仏をはじめとする者たちが〔法〕輪を転ず」の二句に相当するとする。毘盧遮那と釈迦牟尼の2人の教師は，当然，法身でもあり，受用身と変化身でもあり得る。

この「法身の教師説」をもって，密教の「法身説法」と，初期仏教からの「法身説法」との思想的関連と展開を明確になし得るであろう。その点で，パドマヴァジュラの教師説は重要である。

以下，これらの点を考慮しつつ，パドマヴァジュラの釈を通して，5種の教師についての理解を深めよう。

この偈の釈については，パドマヴァジュラ自身の釈があるのはもちろんであるが，これ以外に他の3種類の阿闍梨の解釈が紹介されている。彼らの解釈も含め，4種類の解釈を見ながら，「法身が教師である義」がいかなるものかを見てみよう。

1．パドマヴァジュラの法身が教師であるという説

〔ブッダグフヤ阿闍梨は〕この成就法のテキストをお作りになって，最初に法身を称讃されて，その後に2種の色身をも称讃された。即ち，それはまた，最初は自利円満の門から，法身の自性を称讃する義を述べられた。即ち，

大毘盧遮那の智が　　善逝の御心に住し
金剛界をはじめとする色身〔と〕　　仏をはじめとする者たちが
〔法〕輪を転ず

という等の言葉を述べられた。

その中，毘盧遮那とは，法身と無二の智性とすべきである。即ち，勝義においては，その智は自性上光り輝き，また俗諦においては，所化の衆生のままに身語心を一切三界に種々様々な相として顕現したまうが故に，毘盧遮那という。このような功徳は，彼ら十地の菩薩たちにもあるけれども，彼らより勝れているから，「大毘盧遮那」という。即ち，〔偉〕大な毘盧遮那というのである。

「智」とは法身である五智の自性の種々様々な種類を有する功徳にして，如鏡智等として示されたものであって，それらの智の三摩地門を部と部族のサッタ等として示すことのできるものである。

「善逝の御心に住して」とは，法身の自性にして，前のような功徳の多種の差別を具す彼の善逝である毘盧遮那は，かくの如き三世一切の善逝の三摩地の自性に住すという意味であって，「御心」とは，真実性たる不退転の三摩地の自性という意味である。法身の自性の門から，自利円満が示された。

以上の如く，法身たる無二の智は，勝義としては自性の依所であると言われて，自性上光り輝く自性に住するけれども，過去の誓願力と大悲の力とによって，智の解脱と功徳の門となった受用身と四部と部族の主等を顕現して，利他円満をなされたまうが故に，色身の称讃を述べられたのである。

（中略　東北 No. 2502，ḥi 帙，fol. 102b^{1}）

つぎは，それらの義を要約する門から，称讃する歓喜の頌を述べられて，「以上の如く，法身と」という等が述べられた。即ち，「法身」とは無二の大智にして，自性上光り輝く自性となったもので，智界を覆う無二の分位となった因の自性と認められる自らの特相である。

「受用身」とは，煩悩を有する意と意識から転じた平等性智と妙観察智の自性から悟って，清浄な〔心〕相続の諸の所化を成熟なされる方である。

「変化身」とは，五門の識から転じた成所作智の自性から悟ったものにして，相と密の２種の門から現覚する理趣を示されて，天と人をはじめとする諸の福分ある所化を成熟なされる方である。

それ故に，その義を明らかに示さんがために，「毘盧遮那と〔釈迦〕牟尼もまたこのタントラの教師たちであり」と言われて，〔毘盧遮那は〕自性上成就の大自在天の住所（色究竟天）で，十地の菩薩たちに三摩地の門から，『真実摂タントラ』等を説きたまう。その場合，自在天王（色究竟天）の住所と須弥山頂等で，同族の衆会を伴う天の主たちにこのタントラを説法したまう。また，〔釈迦牟尼は〕閻浮提の人々の同じ福分の衆生たちにも，同様に説法したまうが故に，〔毘盧遮那は〕タントラを説き，そして〔釈迦牟尼は〕衆生を導く自性となりたるが故に，以上の如く言われたのである(51)。

ここでは，最初に「毘盧遮那とは，法身と無二の智性」であると押さえた上で，勝義の立場では「自性上光り輝く自性」であり，智界を覆う諸相の因となったものであるとする。

世俗の立場では，所化の衆生が欲する種々様々な相を三界に顕現する毘盧遮那であるという。

つぎに三身に触れ，「法身」とは，智でもあり，自性上光り輝く自性となって智界を覆う因の自性であるとする。

「智」とは，法身である五智の自性であって，部と部族のサッタ等を示す智である。したがって，「法身」は理法身に当たり，「智」は智法身に相当する。

「受用身」とは，五智の中の平等性智と妙観察智の自性を悟った身であり，十地の清浄な心相続の所化に顕現して教化する仏格である。

「変化身」とは，五門の識から転じた成所作智の自性を悟ったもので，相と密の２種の門から現覚する理趣を示されて，初地以前の天と人をはじめとする諸の福分ある所化を成熟する仏格である。

さらに，「毘盧遮那」とは色究竟天で悟りを得て須弥山で『真実摂経』を説く方で，「大毘盧遮那」とは色究竟天の十地の菩薩たちよりも徳が勝れているから「大毘盧遮那」という。この解釈は，アーナンダガルバの解釈と関連している。

「釈迦牟尼」とは，閻浮提の衆生たちに説法する仏格で，衆生を導く自性であるという。したがって，毘盧遮那は色究竟天と須弥でタントラを説いた受用身の教師であり，釈迦牟尼は閻浮提の変化身の教師である。

2．他説Ｉ

ある者が謂く，「大毘盧遮那の智が」というこれは，大毘盧遮那とその智とを合わせたものである。すなわち，「大毘盧遮那」とは，自性上，自然成の位に住したまう大毘盧遮那というものにして，転輪王の姿に住して，自らの衆会を成熟する。その場合の煩悩を有する意と清浄な意識から転じた平等性智と妙観察智の自性から転じた門が，色身たる毘盧遮那である。彼はまた，その姿をとる他の者たちの居る中で殊勝となりたるが故に，「大」というのであって，受用身である。

「智」とは，彼の〔大毘盧遮那の〕智である。すなわち，清浄法界の境に遍入する極めて清浄な智であって，清浄なアーラヤ識から転じた如鏡智の自性が界と混合して，諸の前後身を生ずる根源となったものである。

〔それは〕他にある智の中で，根源と根本からのすべての因の自性であるから，智という。それは三世の諸如来の御心の自性であり，三摩地に住するから，「善逝の御心に住して」という。

「金剛界をはじめとする」というのは，天の楼閣と人々の城などで覚者の様相を示して殊勝な天と福徳を具せる人々を成熟したまう方にして，清浄な五門の識から転依した成所作智の自性より身に顕現するものである。即ち，世尊金剛界という如来と，「はじめとする」という言葉をもっては，眷属たる阿閦をはじめとする四如来と，諸の〔十六〕大薩埵と，内外の〔八供養〕尊母と，四門護をはじめとする種々様々な姿を示して聖者を喜ばしたまう眷属と，衆生の利に精進しようと密意される方々を摂したものである。

「仏」とは，閻浮提の金剛座で現覚する方法を示された世尊釈迦牟尼と，「はじめとする者たちが」〔という〕言葉をもっては，彼の衆会となった者たちを摂すとすべきである。

「〔法〕輪を転ず」とは，彼らが自身の衆会に輪と同じく囲繞されていることでもあって，彼ら衆会と，彼の部分となった者たちに，意願と信解のままに大法輪を断絶なく転じたまうが故に，このように言われる(52)。

「大毘盧遮那の智が」という「毘盧遮那」とは，「平等性智と妙観察智の自性から転じた色身の毘盧遮那で，受用身」である。「大毘盧遮那」とは，他の者たちより殊勝であるから「大」といわれる。この点では，上記の「パドマヴァジュラの法身が教師であるという説」と変わらない。

「智」については，「清浄法界の境に遍入する極めて清浄な智」を指し，「清浄なアーラヤ識から転じた如鏡智の自性」であり，諸の前後身を生ずる根源であるという。

この「法身大毘盧遮那」の法界体性智をアーラヤ識と捉える記述から考えるに，眼・耳・鼻・舌・身の前五識を成所作智の自性を悟った「変化身」とし，第六・七識の意と末那識（意と清浄な意識）を平等性智と妙観察智の自性を悟った「自受用身と他受用身」とする解釈からすれば，如鏡智はアーラヤ識に含まれ，五股金剛杵という法身の智としての「自性身」ということになる。

それらを上述の五仏と関連させて図示すると，つぎのようになる。

大毘盧遮那	→法界体性智	→法身	→第八アーラヤ識
阿閦（金剛薩埵）	→如鏡智	→自性身	
宝生	→平等性智	→自受用身	→第六・第七意と末那識
阿弥陀	→妙観察智	→他受用身（報身）	
不空成就	→成所作智	→変化身	→前五識

教師については，三十六尊の眷属とともに天の楼閣などで覚者の姿を示して説法する教師が金剛界如来としての毘盧遮那である。世尊釈迦牟尼は，閻浮提の金剛座で現覚する姿を示しながら言葉をもって説法する方である。

3．他説Ⅱ

他の者たちの一義に謂く。

「大毘盧遮那の智が　善逝の御心に住して」というは，毘盧遮那と大毘盧遮那とその智とを合せたものである。すなわち，その中の毘盧遮那とは，法性の受用を断絶なく受用して，地と波羅蜜を完成する階位に住している諸の菩薩たちと一緒に住し，十万の三摩地門で灌頂し，自身の衆会である彼らを満足させたまいて，また，疑いの網を切って，悟り難き障礙を除きたまう神力 anubhāva あらせられる方である。

「大毘盧遮那」とは，大功徳の一切を摂しおもちになっている根源となった方で，現覚者というものであり，毘盧遮那にはあらせられない解脱を，いかほどの者たちにでも示したまう方であると。

その「智」というは，一切諸仏の智にして，金剛の如き法界と等しきもので〔福智の〕大資糧を円満なされた自性であり，虚空の如き一切を覆う自性となった五智具足の身である。

しからば，それらはどこに住するのか，どこから出生したものであるのかと思う者たちのために，「善逝の御心に住して」と述べられた。即ち，1つに住する月〔輪〕をもって，すべての月〔輪〕であるという〔ような〕ものである。すなわち，のちのちの者たちの所依となったものは，諸の前々の身であって，彼らの基となった大智が，五智を具す身であり，その所依となったものが，三世の一切の善逝であって，それに住するから，「善逝の御心に住す」という。何故かとならば，それは一切の所依を離れて，いかなる辺にも転ぜざるが故に，無住処の特相をもつものであるけれど，しかしながら，一切如来の御心の自性か，あるいは本性となって，御心に住するからであるという。即ち，「御心」とは三摩地という意味である。

それでは，それらの中，大功徳に入る相が他の者たちにも具足しているものなのか，また，彼らは真実の自性に住するものなのか，と思う者たちのために，「金剛界をはじめとする色身〔と〕」という等を述べられた。すなわち，彼らの悲と智の力から生じた5種の現覚（五相成身観）をもって，金剛界という仏を目の当たりに示して，衆会たる〔四〕部と部族の主と，サッタとサッタ母等の群集を化作し，その曼荼羅で4種の事業をもって，教化し難き諸の衆生を教化したまう主となった方である。
では，閻浮提で正法を示したまうその方は，どのような方であるかと思う者たちのために，「仏をはじめとする者たちが〔法〕輪を転ず」といって，それと同時に，閻浮提の金剛座〔のある〕菩提樹下で，二諦を如実に現覚する方法を示されて，天と人々の利をおなしになるために，近住の衆会となった者等に大法輪を転じたまう方である。すなわち，その功徳の殊勝となった法身が一切の自性に住し，その功徳と智の殊勝から生じたものが，色身をはじめとする諸の部であって，以上の如く，同族を有するものとなって，自他利を究竟ずるのは，たとえば，灯明に生ずる光と太陽から生ずる光線をもって，他を照らす虚空のようなものである。
それはまた，そのような特相あるその法身が，１つの自性から多種をも示し，多種から１つの自性にも住し，一方に断絶なく，いずれにおいても所縁とならないならば，彼らの中で，このタントラの教師は誰であるのか，理趣，道，方便はどのように示されるのかと思う者たちのために，

以上の如く，法身と　受用〔身〕と変化身と
毘盧遮那と〔釈迦〕牟尼もまた　このタントラの教師〔たち〕であって

というこれを述べられた。すなわち，彼らはこの『真実摂と名づけるタントラ』を，〔欲界の〕煩悩を有する者と，〔色界の〕煩悩なき者と，〔無色界の〕自性上光明(53)な各々のどのような国土においても，同様にわかりやすく説法したまう方である(54)。
（以下省略）

「毘盧遮那」とは，法性を断絶なく受用する受用身であって，色究竟天で十地の菩薩たちとともに住し，自身の衆会を満足させ，疑いの網を切って，悟り難き障礙を除く神力 anubhāva あらせられる方である。
「大毘盧遮那」とは，他の者がもたない大功徳をもつ現覚者であって，毘盧遮那にしかない解脱をすべての者に示される偉大な方であるから「大」というとされる。
「教師の毘盧遮那」は，色究竟天で五相成身観によって悟りを得て，金・

蓮・宝・羯磨の四部とその部族の主とサッタとサッタ母等を化作し，教化し難き諸の衆生たちを教化する主である。

「教師の釈迦牟尼」は，閻浮提の菩提樹下で悟り，天人たちを利するために正法の大法輪を転じる方である。

法身等の三身は，功徳の殊勝な法身が生み出した色身の自性に住し，その色身が諸の部族の教師となる。それはあたかも灯明や太陽の光が，虚空を照らすようなものであるとされる。

4．他説Ⅲ

ある阿闍梨たちが謂く，最初の言葉のこれら五種身は，『真実摂経』の経文と合わせて釈されたものと認められる。どうしてかというと，大根本タントラ中，「世尊大悲毘盧遮那は，一切如来の金剛加持と」というより，「各々の如来身からもまた，無数，無量の諸の仏国土が顕現する。それらの仏国土においてもまた，これらの法の理趣を釈す。」というに至るまでをもっては，「毘盧遮那」ということを示された。

「つぎに世尊大毘盧遮那は，一切の虚空界の如く常住して」というより，「大方便と大勝の勝とすべての中の最勝と大地の自在者なり。」というに至るまでをもっては，「大」ということを示された。

「普賢菩薩摩訶薩は，一切如来の御心に住す」ということをもっては，「〔毘盧遮那の〕智が善逝の御心に住す」ということを示された。それは，所縁なき大智にして，金剛薩埵（五股金剛杵）のことである。

「つぎに一切如来が集まって，一切義成就と名づける大菩薩が菩提道場に住しているそこへ行って」というより，「須弥山頂の重閣の中の一切如来の師子座で，御顔を〔十方〕すべてに向けて住された。」というまでをもっては，「金剛界をはじめとする色身〔と〕」ということを示された。四重曼荼羅の薩埵の出生方法をもっては，「仏をはじめとする者たちが〔法〕輪を転ず」ということを示された。

後の諸の義の釈は，前の如く知るべし。以上をもって，三身を礼拝し称讃する義は釈し了る[55]。

ここでは，『真実摂経』の経文の「世尊大悲毘盧遮那は[56]，一切如来の金剛加持と」[57]というより，「各々の如来身からもまた，無数，無量の諸の仏国土が顕現する。それ等の仏国土においてもまた，これらの法の理趣を釈す。」[58]というまでが，「毘盧遮那」の意味を説く箇所であるという。

また，「つぎに世尊大毘盧遮那は，一切の虚空界の如く常住して」[59]というより，「大方便と大勝の勝とすべての中の最勝と大地の自在者なり。」[60]というまでが大毘盧遮那の「大」を説く箇所であるという。

そして，根本タントラの『真実摂経』と異なる「毘盧遮那の智が　善逝の御心に住す」の根拠を，「〔世尊大菩提心〕普賢菩薩摩訶薩は，一切如来の御心に住す。bhagavān mahā-bodhi-cittaḥ samanta-bhadro mahā-bodhisatvaḥ sarva-tathāgata-hṛdayeṣu vijahāra //」[61]であるとする。

「金剛界をはじめとする色身と」の経文も，「つぎに一切如来が集って，一切義成就と名づける大菩薩が菩提道場に住しているそこへ行って atha khalu sarva-tathāgatā mahā-samājam āpadya, yena sarvārthasiddhir bodhisatvo mahā-satvo bodhi-maṇḍa-niṣaṇṇas, tenopajagmuḥ /」[62]というより，「須弥山頂の〔金剛摩尼宝頂の〕重閣〔に移動した。移動すると金剛界如来を加持して一切如来である資格を授けた〕中の一切如来の師子座で，御顔を〔十方〕すべてに向けて住された。yena sumeru-giri-mūrdhā, yena ca vajra-maṇi-ratna-śikhara-kūṭāgāras tenopasaṃkrāntāḥ / upasaṃkramya vajra-dhātuṃ tathāgataṃ sarva-tathāgatatve 'dhiṣṭhāya, sarva-tathāgata-siṃh 'āsane sarvato mukhaṃ pratiṣṭhāpayām āsur iti //」[63]というまでであり，梵・蔵の間には若干の相違がある。教主の義の説明は省略されている。

上記の諸説をまとめると，つぎのようになる。

「パドマヴァジュラの法身が教師であるという説」では，第2偈は第1偈の要約であるとされる。そして，この第1偈四句を二句ずつに分け，前半二句をもっては法身の自性の門から自利円満が示され，後半の二句をもっては過去の誓願と大悲の力によって，金剛界をはじめとする2種の色身を示す門から利他円満が示されたとする。

ここでのすべての釈が，この法身が証得した大毘盧遮那であり，受用身の毘盧遮那の功徳あらせられる方とされているのは，『初会金剛頂経』(64)の

大悲毘盧遮那は，九億九千万の菩薩たちとともに色究竟天王の宮殿に住し，〔彼によって〕ガンジス河の砂の数ほどの如来をもまた閻浮提に顕現し，また，〔彼ら〕無量の如来たちもまた各々の如来身から無量無数の仏国土を顕現し，そして，それら諸の仏国土で，これと同じ法の理趣をお説きになられていた。(要旨)

という経文に依っている。即ち，ここでは，色究竟天で現覚した法身を証得し，光明を有する三摩地に等入した毘盧遮那は，九億九千万の菩薩たちとともに色究竟天宮に住する受用身である。この受用身の毘盧遮那は，これらの菩薩たちよりも功徳の面で勝れているから，大毘盧遮那と呼ばれる。

この光明を有する三摩地に等入した大毘盧遮那から流出された一切如来たちが，閻浮提に充満する無量無数の諸如来たちである。この諸如来たちもまた，各々の如来身から無量無数の仏国土を顕して，同じ法の理趣をお説きになられている。

そこで，このように，ブッダグフヤが示す5種の教師は，この『初会金剛頂経』の経文中から立証できると主張するのが，他説Ⅲである。

また，毘盧遮那と大毘盧遮那の解釈については，4種の釈がほぼ一致している。

第4節　各説の検討

1．アーナンダガルバの解釈

上記の点を，アーナンダガルバとシャーキャミトラの釈下において見ることも可能である。

すなわち，アーナンダガルバ Ānandagarbha の *Tantratattvālokakarī*(65)に，

「つぎに，世尊大毘盧遮那が一切如来の御心に住す。」とは，毘盧遮那と大

毘盧遮那を述べたものである。この両者の差別はどのようなものであるかと言えば，色究竟天で現等覚した五如来身の自性が毘盧遮那であって，それに対し，それによって無二の心，心所たる毘盧遮那と金剛薩埵をはじめとする様相nayaを生ずる因となった無始無終の相を有する法界が大毘盧遮那である。

と釈す。

ここでの毘盧遮那や金剛薩埵の心にある法身としての大毘盧遮那を「法界が大毘盧遮那である」と表現するのは，『中阿含経』巻第四十七(66)で，法身を十八界の「意界法界意識界」と捉え，『般若経』で真如法界を法身である般若波羅蜜多より生ず(67)とする思想の展開と捉えられる(68)。

2．シャーキャミトラの解釈

シャーキャミトラ Śākyamitra の *Kosalālaṃkāratattvasaṃgrahaṭīkā*(69)には，

つぎに，世尊大毘盧遮那は，どこに住されているのかと思うものに，「つぎに世尊大毘盧遮那は一切如来の御心に住す。」というまでの他の経文をもって示された。「つぎに」という言葉は，そのすぐ後にである。「世尊」は釈し了った。

毘盧遮那と大毘盧遮那とにどのような差別が存するかを知らないから，それを述べよう。すなわち，毘盧遮那は色身である。すなわち，等流身であって，転依の特相をとって色究竟天宮で，彼の天部の中に生まれた諸の菩薩たちに法を受用させるために，現覚の三摩地に拠って，次第に成熟身に転じて，等流の清浄な智を顕現する相をもち，その場所で囲繞されて説法するところのものを毘盧遮那という言葉で言われた。(中略)

「大毘盧遮那」とは，智の自性を有するものであって，煩悩と所智障から解脱し，万物の自性として顕現するものを示し行ずる方である。この世尊は実際に自性からどのように万物を示し行ずるのかと言えば，それ故に，「一切の虚空界の如く常恒に住して，身と語と意が金剛の如くなった方である。」という。すなわち，一切の虚空界とは，余りなき虚空の量である。

そこに常住する身と語と意が，その金剛であって，空性を了悟したものである。それは何故かと言えば，初地に遍在する空性を悟って，それ故に，そこで影像 gzugs brñan の方法をとって住されるからである。

と。この両者の解釈は，

atha bhagavān mahā-vairocanaḥ sarv'ākāśa-dhātu-sadā' vasthita-kāya-vāk-citta-vajraḥ / ……bhagavān mahā-bodhi-cittaḥ samantabhadro mahā-bodhisatvaḥ sarva-tathāgata-hṛdayeṣu vijahāra //

つぎに世尊大毘盧遮那は，一切の虚空界の如く常住する身と語と心が金剛〔の如くなった〕方であり，……尊き大菩提心たる普賢大菩薩〔の法身としての月輪〕が，一切如来の御心 hṛdaya に住した。

とある経文(70)を，「つぎに世尊大毘盧遮那は，一切如来の御心に住した。」と解している。この箇所の経文の解釈は，すでに見たブッダグフヤの「大毘盧遮那が　　善逝の御心に住して」とする解釈とまったく等しいものである。

したがって，ブッダグフヤが示す「大毘盧遮那の智が　　善逝の御心に住して」とは，「尊き大菩提心たる普賢〔地に住する〕大菩薩は，一切如来の御心に住した。」という経文の要約である。

また，アーナンダガルバの釈では，毘盧遮那から大毘盧遮那へ，さらに毘盧遮那をはじめとする金剛界の諸如来への相続を挙げる。

毘盧遮那から大毘盧遮那への相続は，色究竟天宮にいます受用身の毘盧遮那が法身を証得し，その証得した法身の三摩地から立ち上がり，光明を有する三摩地に等入する。そのときの毘盧遮那の心 hṛdaya に住する仏格が法身大毘盧遮那であり，その毘盧遮那と大毘盧遮那は理智の関係にある。

この大毘盧遮那から流出された金剛界の諸如来の中で，金剛界曼荼羅の中尊となった如来も，大毘盧遮那が住する毘盧遮那であり，それは大毘盧遮那から流出された等流仏としての毘盧遮那である。

以上の諸の釈義から，インドのタントリストたちは，一切義成就菩薩が色究竟天で五相成身観により悟りを得て金剛界如来となり，色究竟天の十地満足の菩薩たちに法を説き，つぎに欲界の須弥山頂に降りて『真実摂経』を説く。この金剛界如来を受用身の毘盧遮那如来と捉え，この毘盧遮那如来の心に住する肉身をもたない意生法身 manomaya-dharma-kāya が，法身大毘盧遮那として説法する仏格である。

これこそが，密教の立場に立つ法身説法である。この法身大毘盧遮那は，変化身の色身と，受用身にも内在される法身であり，同様に等流仏にも内在される。

したがって，密教においては，釈迦牟尼如来も閻浮提で色身を示現して説法する変化身の教師であり，同様の法身を内在すると捉える。これらの思想は，その淵源を般若経や初期仏教の法身思想にまで求め得るものである。

第5節　四身の特色

金剛頂系経軌の四種法身思想では，欲界閻浮提の須弥山頂に集まった無量無数の諸如来たちに，四面毘盧遮那が『真実摂経』を説く仏格を，「他受用法身」とし，これに対して，色究竟天の菩提樹下で悟り，常恒に光り輝き，言葉をもっては説法しない受用身の心に住する大毘盧遮那の仏格を，法身と同じ「自受用法身」とする。したがって，前者は毘盧遮那をはじめとする十地の階梯で説法する「受用身」の仏格であり，後者は法身ともいわれる大毘盧遮那の「自受用法身」の仏格である。

このように，ここでは，色究竟天宮で，無量無数の諸如来たちを常恒に遍満させる因となり，言葉をもって説法しない大毘盧遮那と，菩薩たちに言葉をもって説法する受用身の毘盧遮那を明確に区別して扱っている。

「変化仏」とは，閻浮提の菩提道場で，悟りを得る仏たちであり，その代表を変化身の釈迦牟尼とする。この釈迦牟尼は初期仏教で見たように，法身として教えの本体を胸にもつ仏格であった。

等流身(71)は，ジュニャーナシュリーバドラ Jñānaśrībhadra の *Ārya-laṃkāvatāravṛtti* に明確に示されたように，色究竟天の法身大毘盧遮那が，閻浮提に流出した無量無数の等流仏の諸如来である。またこの等流仏の諸如来たちも，等流の各々から無量無数の仏国土を流出する。これもまた，等流である。このように，等流仏 niṣyanda-buddha とは，法身と受用身と変化身と等流身の各々から流出された因と等しい仏たちを意味する。

これら法身から流出された受用身と変化身と等流仏にも，法身が内在されていることから，密教の四種法身の思想が展開した[72]のである。

註

（1） 大正18，No. 870.

（2） 大正18，No. 870，p. 291a.

（3） 堀内寛仁編『梵蔵漢対照　初会金剛頂経の研究　梵本校訂篇(上)』（密教文化研究所，1983年），pp. 32-101。東北No. 479，ña 帙，fol. 5a^{6}.

（4） 大正18，No. 876，pp. 288b-290c.

（5） 大正18，No. 869，p. 287c，No. 870，p. 288a，p. 291a. 四種法身を直接説くものは『金剛峰楼閣一切瑜伽瑜祇経』（大正18，No. 867，p. 254a）である。

（6） 大正18，No. 870，p. 287c.

（7） 大正18，No. 867，p. 254a.

（8） 大正18，No. 870，p. 291a.

（9） 大正18，No. 870，p. 288a.

（10） すでに見たように，華厳経「入法界品」では，一切義成就菩薩のサンスクリット名は，Sarvārthasiddha という a 語基の男性名詞で示されていた（*Gaṇḍavyūha-sūtra,* ed. by Dr. P. L. Vaidya, 1960, No. 5, p. 333. 東北No. 44，a 帙，fol. 253a^{3}参照）。この Sarvārthasiddha から Sarvārthasiddhi への変遷は，現時点では不明である。

（11） 拙稿「密教における破邪の論理—五相成身観を中心に」（『日本仏教学会年報』第48号，1983年），拙稿「法身説法について— Vairocana と Mahāvairocana」（『密教学研究』第17号，1985年）参照。

（12） 大正18，No. 870，p. 288b-c.

（13） 長尾雅人「仏身論をめぐりて」（『哲学研究』第521号，1971年）。

（14） 大正18，No. 870，p. 288b^{17}.

（15） 最近，この点を指摘されたものに川崎信定「チベット仏教における成仏の理解—仏伝十二相をめぐって」（玉城康四郎博士還暦記念論集『仏の研究』，春秋社，1977年）がある。

（16） 大正18，No. 870，p. 288a.

（17） 大正18，No. 870，p. 288b.

(18)　bhagavān mahā-bodhi-cittaḥ samanta-bhadro mahā-bodhisatvaḥ sarva-tathāgata-hṛdayeṣu vijahāra // atha sarva-tathāgatair idaṃ buddha-kṣetraṃ, tad yathā tila-bimbam iva, paripūrṇam / atha khalu sarva-tathāgatāḥ mahā-samājam āpadya, yena sarvārtha-siddhir bodhisatvo mahāsatvo bodhi-maṇḍa-niṣaṇṇas, tenopajagmuḥ / up-etya bodhisatvasya sāṃbhogikaiḥ kāyair darśanaṃ dattvaivam āhuḥ /: kathaṃ kula-putrānuttarāṃ samyaksaṃbodhim abhisaṃbhotsyase, yas tvaṃ sarva-tathāgata-tattvānabhijñatayā sarva-duṣkarāṇy utsahasī? ti //.

atha sarvārtha-siddhir bodhisattvo mahā-sattvaḥ sarva-tathāgataiś coditaḥ samānas tata āsphānaka-samādhi-to vyutthāya sarva-tathāgatān praṇipaty 'āhūyaivam āha /:

"bhagavantas tathāgatā ājñāpayata!: 'kathaṃ pratipadyāmi? kīdṛśaṃ tattvam?" iti //

20　evam ukte sarva-tathāgatās taṃ bodhisatvam eka-kaṇṭhenaivam āhuḥ //:

"pratipadyasva, kulaputra, sva-citta-pratyavekṣaṇa-samādhānena prakṛti-siddhena ruci-japtena mantreṇe!" 'ti //:（堀内，p. 22. 東北No. 479，ña 帙，fol. 3b[2]）.

(19)　oṃ yathā sarva-thatāgatās tathā 'ham /

29　athaivam ukte vajra-dhātur mahā-bodhisatvas tathāgatam ātmānam abhisaṃbudhya tān sarva-tathāgatān praṇipaty 'āhūyaivam āha /:

"adhitiṣṭhata māṃ! bhagavantas tathāgatā! imām abhisaṃbodhiṃ dṛḍhi-kuruta ce!" 'ti //

30　athaivam ukte sarva-tathāgatā vajra-dhātos tathāgatasya tasmin sattva-vajre praviṣṭā iti //.

(10)【金剛界如来の成道】

31　atha bhagavān vajra-dhātus tathāgatas tasminn eva kṣaṇe

① sarva-tathāgata-samatā-jñābhisaṃbuddhaḥ

② sarva-tathāgata-vajra-samatā-jñāna-mudrā-guhya-samaya-praviṣṭaḥ

③ sarva-tathāgata-dharma-samatā-jñānādhigama-svabhāva-śuddhaḥ

④ sarva-tathāgata-sarva-samatā-prakṛti-prabhāsvara-jñān 'ākara-bhūtas

⑤ tathāgato 'rhan samyaksaṃbuddhaḥ saṃvṛtta iti //.

(11)【宝灌頂】

32　atha sarva-tathāgatāḥ punar api tataḥ sarva-tathāgata-sattva-vajrān niḥsṛty' ākāśa-garbha-mahā-maṇi-ratnābhiṣekeṇābhiṣicyāvalokiteśvara-dharma-jñānam utpādya, sarva-tathāgata-viśva- karma-tāyāṃ pratiṣṭhāpya, yena sumeru-giri-mūrdhā, yena ca vajra-maṇi-ratna-śikhara-kūṭāgāras, tenopasaṃkrāntāḥ / upasaṃkramya vajra-dhātuṃ tathāgataṃ sarva-tathāgata-tve 'dhiṣṭhāya, sarva-tathāgata-siṃh 'āsane sarva-to mukhaṃ pratiṣṭhāpayām āsur iti //

(12)【金剛界如来の会座】

33 atha khalv akṣobhyas tathāgato, ratna-saṃbhavaś ca tathāgato, lokeśvara-rājaś ca tathāgato, 'mogha-siddhiś ca tathāgataḥ, sarva-tathāgata-tvaṃ svayam ātmany adhiṣṭhāya bhagavataḥ śākya-munes tathāgatasya sarva-samatā-suprativedha-tvāt / sarva-dik-samatām adhyālambya catasṛṣu dikṣu niṣaṇṇāḥ //（堀内，pp. 28(28)～31(33)．東北No. 479，ña 帙，fol. 4b[3]）.

(20)「一切を向いて」を，アーナンダガルバの注釈では，四仏ではなく，四仏の菩提心，布施，般若，精進波羅蜜の自性を四面とする四面毘盧遮那であるとする（東北No. 2510，si 帙，fol. 43b[4]）。

(21) *rnal ḥbyor rgyud kyi rgya mtshor ḥjug paḥi gru gziṅs shes bya ba bshugs so,* fol. 5a[7]（THE COLLECTED WORKS OF BU-STON, Part 11(DA)）（*gru gziṅs* と略称）.

(22) この説については，Ferdinand D. Lessing and Alex Wayman: Mkhas grub rje's FUNDAMENTALS OF THE BUDDHIST TANTRAS, Mouton, 1968, p. 25，註(15)前掲，川崎「チベット仏教における成仏の理解―仏伝十二相をめぐって」参照。

(23) 東北No. 2510，li 帙，fol. 38a[6]-b[2]．東北No. 479，ña 帙，fol. 6a[5].

(24) *gru gziṅs,* fol. 12a[3].

(25) 本書第3章第2節2「『大智度論』に見る法身・報身・化身」を参照。

(26) *gru gziṅs,* fol. 25a[4].

(27) *gru gziṅs,* fol. 5b[4]．東北No. 490，tha 帙，fol. 29a[5].

(28) 大正18，No. 870，p. 288b[11]参照。

(29) 堀内，pp. 28(29)～29(31).

(30) 堀内，pp. 30(32)～31(33).

(31) この仏格は，『楞伽経』の等流身に限りなく近づくものである。

(32) 大正18，No. 870，p. 291a.

(33) この句は，「髄入の場合には rjes ḥjug la」（*gru gziṅs,* fol. 10a[7], fol. 21a[1] など）と，「それに髄入する所化の修行者の次第を修行する場合には de rjes ḥjug gdul byaḥi nams len gyi rim pa la byar na」（Mkhas grub rje's FUNDAMENTALS OF THE BUDDHIST TANTRAS, p. 28[19], p. 30[11] etc.）などと示される。註(15)前掲，川崎「チベット仏教における成仏の理解―仏伝十二相をめぐって」（p. 276）を参照。

(34) 大正18，No. 870，p. 288a.

(35) 本書第8章第2節「『楞伽経』の法身思想」参照。拙稿「『楞伽経』の Dharmatā-buddha と Niṣyanda-buddha」（『密教文化』150号，1985年），註(11)前掲，拙稿「法身説法について ― VairocanaとMahāvairocana」，拙稿「密教の法身思想」（『日本仏教学会年報』第53号，1988年）参照。

（36）　東北No. 480.

（37）　東北No. 2510.　北京No. 3333.

（38）　*gru gziṅs,* fol. 5a[7].

（39）　東北No. 480，ña 帙，fol. 148a[5].

（40）　東北No. 2510，li 帙，fol. 29a[4].　北京No. 3333，fol. 34a[2].

（41）　*rdo rje thams cad ḥbyuṅ baḥi rgya cher bśad pa yid bshin nor bu shes bya ba bshugs so,* fol. 2b[4] (THE COLLECTED WORKS OF BU-STON, Part 11 (DA)).

（42）　*gru gziṅs,* fol. 2a[2].

（43）　この八万四千の法蘊を金剛杵より流出するとする解釈は，つぎのように増広されて，*Śrī-vajramaṇḍalālaṃkāra nāma mahā-tantra-rāja*（東北No. 490，ña 帙，fol. 29a[4]）中に記されている。

　　つぎに世尊一切如来たちはふたたび集って一切如来の大転輪〔王〕である大金剛瑜伽自在者に請問した。一切如来部を願わくば生じたまえ〔と〕。そこで世尊釈迦牟尼は彼等の請問する言葉を聞いて色究竟天からやって来て，兜率天に住して兜率天の天子たちに説法して，シュッドーダナ〔王〕の部族をご覧になって〔入胎し〕出家して，菩提道場等に至って住し，四魔降伏を示して菩提道場に住された。住し終わってまた普光三摩地である前行の八四ナユタ・コーティの三摩地に等入し，等入し終わってまた一切如来の金剛弾指の音で一切如来を招請しながら次の真言を述べられた。oṃ sarvva-tathāgata-vajra-samāja ākarṣaya sarva-tathāgatān Hūṃ.

（44）　大正18，No. 882.　東北No. 479.

（45）　*gru gziṅs,* fol. 139[8].

（46）　東北No. 2502，ḥi 帙，fol. 92a[3].　北京No. 3325，fol. 99a[4].

（47）　『六十華厳』の「若し沙門の中に於て沙門の形色を示し，婆羅門の中に婆羅門の形色を示し，刹利の中に刹利の形色を示し，居士の中に居士の形色を示し，四天王の中，帝釈の中，魔の中，梵天の中に梵天の形色を示し，乃至阿迦膩吒天の中に阿迦膩吒の形色を示す。声聞乗を以って度す者には声聞の形色を示し，辟支仏乗を以って度す者には辟支仏の形色を示し，菩薩乗を以って度す者には菩薩の形色を示し，仏身を以って度す者には仏身の形色を示す。……。」（大正９，No. 278，p. 565b）。

（48）　『大日経』「住心品」の「もし衆生あって，仏をもって度すべき者には即ち仏身を現じ，或は声聞の身を現じ，或は縁覚の身を現じ，或は菩薩の身を現じ，或は梵天の身を現じ，或は那羅延・毘沙門の身，乃至摩睺羅伽・人・非人等の身をもて，各々に彼の言音に同じて，種々の威儀に住したまう。」（大正18，No. 848，p. 1b）。

（49）　東北No. 2501，ḥi 帙，fo1.1b[1].　北京No. 3324，fo1.1b[3].

（50）　第十二章のパドマヴァジュラの「他説Ⅲ」では，『真実摂経』と異なる「毘盧遮那

の智が 善逝の御心に住す」の根拠を,「〔世尊大菩提心〕普賢菩薩摩訶薩は，一切如来の御心に住す bhagavān mahā-bodhi-cittaḥ samanta-bhadro mahā-bodhisatvaḥ sarva-tathāgata-hṛdayeṣu vijahāra //」(堀内, p. 22(17)) であるとする(『タントラ義入釈』東北No. 2502, ḥi 帙, fol. 104b7)。

(51) 東北No. 2502, ḥi 帙, fol. 101a7.

(52) 東北No. 2502, ḥi 帙, fol. 103a1.

(53) 東北No. 2502, ḥi 帙, fol. 104b4,「raṅ bshin gyis rnam par gsal ba」と改める。

(54) 東北No. 2502, ḥi 帙, fol. 103b8.

(55) 東北No. 2502, fol. 104b7.

(56) 註(3)前掲，堀内，p. 2(3).

(57) 註(3)前掲，堀内，p. 1(2).

(58) 註(3)前掲，堀内，p. 2(6).

(59) 註(3)前掲，堀内，p. 9(7).

(60) 註(3)前掲，堀内，p. 15(16).

(61) 註(3)前掲，堀内，p. 22(17).

(62) 註(3)前掲，堀内，p. 23(18).

(63) 註(3)前掲，堀内，p. 30(32).

(64) 註(3)前掲，堀内，p. 2の(3)～(6). 東北No. 479, ña 帙, fol. 2a1-b1.

(65) 東北No. 2510, śi 帙, fol. 31a2.

(66) 大正1, No. 26, p. 723b (一八一・多界経).

(67) 小品系『摩訶般若波羅蜜経』巻第二十七に，陽炎の喩えとともに，「真如は如来であり法身である」(Vaidya. No. 4, p. 253[21])。『大般若波羅蜜多経』巻第三百五に，「一切の真如法界と，法性，不虚妄性，不変異性，平等性，離生性，法定，法住，実際，虚空界，不思議界は，皆是の如き甚深の般若波羅蜜多に由りて現ずることを得るが故に。」(大正6, No. 220, p. 553a) とある。

(68) 『初会金剛頂経』の先駆思想を研究したものに，乾仁志「『初会金剛頂経』の基本にある如来蔵思想」(密教文化研究所紀要別冊2,『密教の形成と流伝』, 2000年)，乾仁志「『初会金剛頂経』の背景にある大乗仏教—如来蔵思想との関係を中心に」(松長有慶編著『インド密教の形成と展開』, 法藏館, 1998年)。

(69) 東北No. 2503, fol. 8a5.

(70) 註(3)前掲，堀内，pp. 9(7)-22(17). 東北No. 479, ña 帙, fols .2b1-3b2.

(71) Śākyamitra の釈においても，等流身＝受用身の解釈が出されるが，Jñānaśrībhadra の解釈との関連は今後の問題である。

(72) 註(11)前掲，拙稿「法身説法について— Vairocana と Mahāvairocana」, 註(35)前掲，拙稿「密教の法身思想」(『日本仏教学会年報』第53号，1988年)，註(35)前掲，拙稿「『楞伽経』の Dharmatā-buddha と Niṣyanda-buddha」，拙稿「Abhisamayālaṃkāra-kārikā の第 1 章第17頌」（成田山仏教研究所紀要11，特別号『仏教思想史論集』，1988年），堀内寛仁「『初会金剛頂経』所説の教主について」（勝又俊教博士古稀記念論集『大乗仏教から密教へ』，春秋社，1981年），註(15)前掲，川崎「チベット仏教における成仏の理解—仏伝十二相をめぐって」参照。

第13章　密教の五相成身観

第1節　五相成身観

1．心の行境

密教の法身思想を考察するとき，実践と切り離して法身の真の意味を探ることはできない。そこで，金剛頂経系の実践の中心となる五相成身観の考察に入る。

『タントラ義入 *Tantrārthāvatāra*』(1)の著者ブッダグフヤは，破せられるべき人法二種の我を邪見と捉え，それを破する方法が自心を観察して人法二無我を悟ることであるとする(2)。この自心の観察について『初会金剛頂経』(3)は，初地から十地までの心を悟る因位の行と，無上正等覚を成じて三摩地に住し，法の受用を享受している如来が過去の誓願力によってその三摩地かち立ち上がり，衆生界を御覧になって，種々の身を現じて衆生の利をなす果位の仏事とを合わせて「一切如来の真実 sarva-tathāgata-tattva」であるとする。

この一切如来の真実をいかに成就するかについて同経は，五相成身観という観法を用意する。そして，この観法を5段階に区分し，自心の観察から始めて心身を浄化して仏身に転変し，衆生の利を行ずるところまでを，完全にその観法の中に組み込んでいる。

密教の心の行境については，『大日経』(4)に，

> 秘密主よ，菩提と一切智性は自心の中に尋求すべし。それはどうしてかというと，その心は本性清浄であって，そ〔の心〕は内にもなく，外にもなく，両者の中間にも識得されない。（中略）
> それはどうしてかというと，その虚空の自性たるものは心の自性であり，その心の自性たるものは菩提の自性であって，秘密主よ，以上の如くであ

るから，心と虚空界とこの菩提とは無二であって，二とせられるべきではない。

と記す。このように，心は本性清浄であるという前提に立った上で，心の自性＝虚空の相(5)＝菩提の自性であるとしている。

この心の本性清浄説は，初期仏教の大衆部や『般若経』などの心性清浄説(6)を受け，虚空の清浄説(7)も『大般若経』などから展開したものである。

さらに，如実知自心についても，

秘密主よ，この中，菩提とは何かというと，自心を正しく如実に知ること（如実知自心）であって，それはまた，無上正等覚することである(8)。

と示し，菩提＝如実知自心の理念を明確に打ち出している。この『大日経』所説の如実知自心観では，心の差別の相である百六十心をまず出過し，その出過した出世間心にはまだ唯蘊性の思いが残っているから，その思いをも捨てなければならない。そこで，浮泡，幻化，陽炎等の十喩を観想しながら，蘊・界・処・所執・能執を捨て，法無我を悟り，最終的にはこの法無我の思いをも捨て去る(9)。この点，この如実知自心観は，般若経の十喩観や瑜伽行派の唯識観と基本的に一致する。

他方，『初会金剛頂経』は，心を本性清浄であるとする点では『大日経』と同じ立場に立つ。しかしながら，心の観察という点では，その方法に大きな相違が見られる。すなわち，『大日経』が幻化，陽炎等と破して，人法二無我を悟るのに対し，『初会金剛頂経』は，五相成身観という観法を通じて，本来清浄な心を満月輪に置き換え，その上に智としての五股金剛杵を観想して，悟りを完成する。

2．五相成身観の名称

五相成身観という名称が『初会金剛頂経』中にそのまま示されないことは，周知の如くである。では，どのような表現で，いつ，どのテキストで使用されたのであろうか。

まず，『初会金剛頂経』の釈タントラである『金剛頂大秘密瑜伽タントラ

Vajraśekharamahāguhyayogatantra』（*Vajraśekharatantra*）(10) に，「五種の現等覚 mṅon par byaṅ chub rnam pa lṅa」として２度使用される。これが最も初期の資料であるが，この釈タントラがブッダグフヤとアーナンダガルバとパドマヴァジュラといった注釈家たちに依用されている点と，彼らと同時代の不空三蔵の『金剛頂瑜伽十八会指帰』(11) 中にも，「五相現成等正覚」という訳語が用いられており，これらによって遅くとも８世紀のインドでこの名称が一般化されていたことを知る。それとともに，この『十八会指帰』中の第二会と第三会の経文が，この *Vajraśekharatantra* に比定されていること(12) からも，『十八会指帰』の作者がこの *Vajraśekharatantra* を知っていたことになり，両者が同じ名称を使用する必然性が窺える。

さらに，この観法はやがて Anuttarayogatantra 部に属する *Samputa nāma mahātantra* (13) へと名称ともども受け継がれ，またチベットにおいてもプトン(14) やケートゥブジェ(15) によって，この名称と観法が継承される。したがって，インドとチベットでは，この観法名が「五〔種の〕現等覚 mṅon par byaṅ chub rnam pa lṅa（skt. pañcābhisaṃbodhi）」と呼ばれていたことを知る。他方わが国では，「五相成身観」が一般的である。

この *Vajraśekharatantra* がいつ頃成立したかは判然としないが，８世紀後半に活躍したブッダグフヤに使用されている点と，８世紀中葉のシャーキャミトラにはまだ使用されていない点から，成立は８世紀中葉以後となり，したがってこの観法の名称を出す *Vajraśekharatantra* の成立も，８世紀中葉以後となる。

以上の点を踏まえた上で，ここでは，五相成身観というこの名称を便宜上使用する。

３．五相成身観の資料

さて，チベット大蔵経のカンギュル bkhaḥ ḥgyur の中に，五相成身観を説くテキストが５本収められている(16)。それは，瑜伽タントラ Yogatantra 部に属する

Sarvatathāgatatattvasaṃgraha nāma mahāyānasūtra（東北No. 479）

Vajraśekharamahāguhyayogatantra（東北No. 480）

Śrīvajramaṇḍalālaṃkāra nāma mahātantrarāja（東北No. 490）

Āryaguhyamaṇitilaka nāma sūtra（東北No. 493）

と，無上瑜伽タントラ Anuttarayogatantra 部に属する

Samputa nāma mahātantra（東北No. 381）

である。これら5本のテキストを五相成身観の観法の内容から区分すると，つぎのようになる。

A 『初会金剛頂経』系：東北No. 479.

B 釈タントラ・*Vajraśekharatantra* 系：東北No. 381，東北No. 480，東北No. 493.

C 『初会金剛頂経』の発展系：東北No. 490.

Aのテキストは，瑜伽タントラ部の根本タントラである『初会金剛頂経』系，Bのテキストは『初会金剛頂経』の釈タントラである *Vajraśekharatantra* 系で，五相の第二修菩提心で菩提心を第2の満月として観想するものである。Cのテキストは Aの『初会金剛頂経』系をさらに発展させたものである。

したがって，五相成身観を説くこれら5本のテキストは，根本タントラの『初会金剛頂経』系と，釈タントラ系との2つの流れに分かれる。

この根本タントラである『初会金剛頂経 *Tattvasaṃgraha*』には，4種の注釈書がある。それらは，

シャーキャミトラ造 *Kosalālaṃkāratattvasaṃgrahaṭīkā*(17)

ブッダグフヤ造 *Tantrārthāvatāra*(18)

アーナンダガルバ造 *Tantratattvālokakarī nāma vyākhyāna*(19)

パドマヴァジュラ造 *Tantrārthāvatāravyākhyāna*(20)

であり，最後のものは，ブッダグフヤの *Tantrārthāvatāra* に対する復注である。

これらを分類すると，つぎのようになる。

Aの根本タントラ系：シャーキャミトラ

Bの釈タントラ系：ブッダグフヤ，アーナンダガルバ，パドマヴァジュラ

パドマヴァジュラのものは，ブッダグフヤの注釈に対する復注であるから，

当然Bに属するものであるが，彼の注釈中には五相成身観に関する自身の2種の解説と，彼が聴聞した他の2人の阿闍梨の説をも挙げる。

第2節　五相成身観の7種の解釈

以下，五相成身観の全般的な流れを見た上で，各注釈家たちの第一通達本心から第五仏身円満までの特色を概観し，さらに経文と釈タントラによって理解を深めよう。

まず最初に，五相成身観に対する3人の注釈家の立場と，パドマヴァジュラの4種の解釈を概観する。

1．シャーキャミトラの解釈

シャーキャミトラの解釈(21)では，根本タントラである『初会金剛頂経』によって解釈を進め，釈タントラを使用しないため，注釈が簡素化されている。

その解釈の特色は，五相の第1段階で，心の標示として顕現した朔日の月が，福智の二資糧を積集することによって秋の十五夜の満月の如くになる点と，智の資糧が第3段階で円満されるとする点にある。この第1段階で得た朔日の月の解釈は，『初会金剛頂経』を遵守した解釈によるという(22)。

他方，第1と第2段階で福の資糧，第3段階で智の資糧を円満するとする解釈では，パドマヴァジュラの他説Ⅱの解釈と一致する。この解釈は，釈タントラによるアーナンダガルバが第1段階で福の資糧を積集し，第2段階で智の資糧を積集するとする点と異なっている。

この解釈を，五相成身観の5段階にまとめて要約すると，以下のようになる。

以下，(1)を通達本心，(2)を修菩提心，(3)を成金剛心，(4)を証金剛身，(5)を仏身円満とする。

(1)┐
(2)┴─月輪─朔日の月から十五夜の満月─福の資糧円満(23)
(3)　　五股金剛杵　　　　　　　　　　─智の資糧円満(24)

(4)　堅固[25]

(5)　転依―三十二相，八十種好で荘厳して，一切衆生の利をなす[26]。

2．ブッダグフヤの解釈

ブッダグフヤの解釈[27]では，第1段階で自心を観察して人法二無我を悟るとする点は，第3段階の五智を標示する五股金剛杵で，邪見の一切の山を破すとする点と同意趣である[28]。また，朔日の月についてはすでに触れた。

第2段階で広観と斂観とによって朔日の月を秋の満月の如く無濁とする観がここで用いられている[29]が，シャーキャミトラとアーナンダガルバの注釈中には見られないものである。しかし，この広斂の観法は *Śrīvajramaṇḍalālaṃkāra*[30]と *Samputa*[31]の五相成身観中に明確に示されている。また，第5段階での無住処涅槃は，毘盧遮那を太陽の光に喩え，この光が世間を照らすとき，釈迦の姿をとると観想する。これは，法身毘盧遮那と変化身の釈迦の関係を表現した重要な解釈の1つである[32]。

この解釈を，五相成身観の5段階に要約すると，以下のようになる。

(1)　人法二無我[33]―朔日の月の部分と等しい内空の月輪の相を信解する[34]。

(2)　月輪の相を多くの光を広める（広観）瑜伽によって，秋の満月の如く濁りなしと信解する[35]。

(3)　両面の五股金剛杵―邪見の一切の山を破す―如来地に住す[36]。

(4)　堅固[37]。

(5)　無住処涅槃―太陽の光輪によって無辺の世間を覆っている毘盧遮那が釈迦の身に転変したと観想する[38]。

3．アーナンダガルバの解釈

アーナンダガルバの解釈[39]では，ブッダグフヤと同様に釈タントラによって解釈する。しかし，彼の解釈は，シャーキャミトラとブッダグフヤの第1の月が朔日の月から満月へと進むとする説をとらず，客塵の煩悩に覆われた月が福智の二資糧を円満することによって満月となるとする[40]。また，第5の仏身円満では，一切如来の加持[41]によって，虚空界に遍満する極微細な身語心金剛界が入るとする金剛界如来の薩埵金剛 sattvavajra を，シャーキャミトラは金剛薩埵 vajrasattva の大印とするが，アーナンダガルバは薩埵金剛としてこれを認めない[42]。またさらに五相に五智と五仏等を配する点にも大きな特色がある。

彼の解釈については，プトンが『瑜伽タントラの海に入る筏と名づくるもの *rnal ḥbyor rgyud kyi rgya mtshor ḥjug paḥi gru gziṅs shes bya ba bshugs so*』[43]中に述べている各段階の最後の箇所を要約して示せば，つぎのようである。

(1)　心の観察から現等覚するもの—菩提心の自性—如鏡智—阿閦の自性[44]

(2)　発菩提心から生じたもの—施波羅蜜の自性—平等性智—宝生の自性[45]

(3)　堅固金剛から悟るもの—般若波羅蜜の自性—妙観察智—無量光の自性[46]

(4)　金剛の自性を具したことから悟るもの—精進波羅蜜の自性—成所作智—不空成就の自性[47]

(5)　一切の仏が1つに集まったもの—〔法界体性智〕—毘盧遮那の自性[48]

4．パドマヴァジュラの第1説

パドマヴァジュラ[49]の2説は，釈タントラによるブッダグフヤの注釈を通じて得た彼自身の解釈である。そこでは，五相を因位と果位に分け，一般大乗の菩薩の階位をそれに配している。この点は，彼自身の独特な会通によるものである。

その彼の第1説[50]を要約すると，つぎのようになる。

(1)　自心をよく知ることから現等覚するとは，自心を観察したけれど，心はいかようにも識得されなくて，月輪の相を見る。すなわち，それは初地から十地までの因の智である無間道の自性である。

(2)　菩提心を発こすことから現等覚するとは，菩提心は大満月にして円満した月輪の自性であって，それは解脱道〔の自性〕である。

(3)　法身に住することから現等覚するとは，五智の自性たる五股金剛杵の如きものに転じて，その自性に住することは解脱智を得ることである。

(4) 堅固になったことから現等覚するとは，五智などの遍満しているすべてを胸に摂して同一の自性となることである。

(5) 仏の身に転変したことから現等覚するとは，仏は我 ātman であるということであって，大印を示して，その姿どおりに転ずることである。

ここでの(1)の「月輪の相を見る」とは，煩悩に覆われた心を丸い月輪のようなものとして見る段階で，これは初地から第十地までの無見道の自性であるとする。

(2)では，菩提心を満月と捉えることが現等覚であるとし，それは解脱道に当たるとする。(3)では，現等覚した段階で，月輪に五股金剛杵を観想することにより解脱智を得るとする。(4)では，頭上の金剛界曼荼羅の一切如来たちが五股金剛杵に入ることで現等覚が堅固になるとする。(5)では，「仏は我 ātman である」とは，東晋・法顕訳『仏説大般涅槃経』「哀歎品第四」(51)の「我 ātman というのは仏 buddha という意味である。常 nitya というのは法身 dharma-kāya という意味である。楽 sukha というのは涅槃 nirvāṇa という意味である。浄 śubha というのは法の仮の名（正法）である。」に依っている。その我である仏を，ここでは「大印を示して，その姿どおりに転ずる」と表現している。

5．パドマヴァジュラの第2説

パドマヴァジュラの第2説(52)を要約して箇条書きにすると，つぎのようになる。

(1) 自心を正しく知って心の法性を悟る─┐因の智┌見道──初地～十地
(2) 発菩提心が月輪となって顕現する ─┘　　　└修道
(3) 智の自性たる五股金剛杵が月輪に安立する──果の智
(4) 堅固になったこと───┐等流の果の智─┬無学─法 身
(5) 仏身に転変したこと─┘　　　　　　　└──仏身に転変

(1)と(2)では，初地から十地の見道と修道で，心の法性を悟るとする。その心の法性を悟るとは，心が本来清浄であるという心性清浄説の立場に立ち，煩悩に覆われた心を満月のような清らかさと徳をもつ月輪の顕現までと捉え，それを因の智とする。(3)では，その月輪に安立した五股金剛杵を果の智と捉える。(4)と(5)では，無学道とし，一切如来が五股金剛杵に入った毘盧遮那を等流仏と押さえ(53)，その果の智を法身と捉える。このように法身を(4)に見る立場は，つぎのパドマヴァジュラの他説Ⅱとここだけである。(5)は法身から様々な仏身を生み出し，悟りの果位から因位の世間へ衆生救済に赴く段階である。

6．パドマヴァジュラの他説Ⅰ

他説Ⅰ(54)は，第1段階で人無我と法無我の2種の無我を悟るとする点ではブッダグフヤの釈と同じである。第1段階から順に五智を配する点で，法界体性智を「大空智」とするところに特色があり，アーナンダガルバの如鏡智・平等性智・妙観察智・成所作智・法界体性智とする五智の配釈と異なっている(55)。

すなわち，最初に心は本来清浄であるという立場から，大空智（法界体性智）の自性と捉え，最後が衆生救済というあらゆる行為（所作）をなすことのできる智として成所作智を当てる。

それを要約すると，つぎのようになる。

(1)　自心を観察して2種の無我を悟ることは大空智である。
(2)　発菩提心が月輪に顕現することは如鏡智である。
(3)　月輪の中の御心の標示たるものに金剛を安立するのは，妙観察智である。
(4)　諸如来の身口意金剛のあるだけの加持によって，堅固にして不動としたことは，平等性智である。
(5)　大印が完全な相に転依したのは，成所作智である。

7．パドマヴァジュラの他説Ⅱ

他説Ⅱ(56)は，シャーキャミトラの解釈とほぼ一致する。ここでは，「法身を得させる因」から「法身に住する。」までを(1)から(4)とし，(5)でその法身から色身を示現して衆生を利益するとする。この法身からの流出仏を明確に色身と捉えるのは，この説のみである。

それを要約すると，つぎのようになる。

(1) 法身を得させる因

(2) 福の資糧

(3) 智の資糧

(4) 法身に住すること

(5) その法身から色身を示現して衆生の利に入ること

以上７種類の説によって，第一通達本心から第五仏身円満までの相違点と特色とを見てきた。(3)から(5)までの内容は，(3)の成金剛心で満月となった月輪の中央に五智を標示する五股金剛杵を安立し，(4)の証金剛身でその金剛杵と一体となり，その境地を堅固にする。さらに(5)の仏身円満で法界に遍満する極微細な諸如来が，その五股金剛杵の中に一切如来の加持力によって摂せられると，その諸如来たちがその金剛の中で１つの自性となる。その１つになった自性と自身とが入我我入して我即諸如来(57)となるのである。これらの点は『初会金剛頂経』とさして異なるところはない。

以上によって，五相成身観のひと通りの理解が，各注釈家たちの解釈を通して得られた。これらの要約を踏まえて，経と釈タントラに説かれる五相成身観を，さらに詳しく検討してみよう。

第３節　梵文『初会金剛頂経』における五相成身観の実践

『初会金剛頂経』では，五相成身観を一切義成就菩薩に開示するにあたって，まず，つぎのような舞台設定を行う。

一切如来は集まって，一切義成就菩薩(58)が住しているその菩提道場へ行って，彼のために受用身の曼荼羅を示現し，阿闍梨となって，彼をアースパーナカ三摩地 āsphānaka-samādhi から立たせ，一切如来の真実 sarva-tathāgata-tattva を悟るこの五相成身観を示す(59)。この内容を示すものが，つぎの五相成身観の経文である。

1．第一通達本心

『初会金剛頂経』「金剛界品」の五相成身観の最初の通達本心(60)では，つぎのようにいう。

19 atha sarvārtha-siddhir bodhisattvo mahā-sattvaḥ sarva-tathāgataiś coditaḥ samānas tata āsphānakasamādhi-to vyutthāya sarva-tathāgatān praṇipaty'āhūyaivam āha / :
"bhagavantas tathāgatā ājñāpayata!: 'kathaṃ pratipadyāmi? kīdṛśaṃ tattvam?" iti //

20 evam ukte sarva-tathāgatās taṃ bodhisatvam eka-kaṇṭhenaivam āhuḥ // :
"pratipadyasva, kulaputra, sva-citta-pratyavekṣaṇa-samādhānena prakṛti-siddhena ruci-japtena mantreṇe! 'ti // :
'oṃ citta-prativedhaṃ karomi' //".

21 atha bodhisattvaḥ sarva-tathāgatān evam āha / :
"ājñātaṃ me, bhagavantas tathāgatāḥ, sva-hṛdi candra-maṇḍal'ākāraṃ paśyāmi"
sarva-tathāgatāḥ procuḥ:
"prakṛti-prabhāsvaram idaṃ, kulaputra, cittam. tad yathā parikarmyate tat tathaiva bhavati //: tad yathā 'pi nāma śveta-vastra-rāga-rañjanam" iti /

そこで，一切義成就菩薩摩訶薩は一切如来たちに驚覚されるやいなや，そのアースパーナカ三摩地から起って一切如来たちを頂礼して，つぎのように申し上げた。

尊き諸如来さま，ご教示ください。わたしはどのように成就すべきでしょうか，真実とはどのようなものでしょうか。

このように言うと，一切如来たちは，彼(か)の〔一切義成就〕菩薩に口を揃えて，つぎのように言われた。

善男子よ(61)，自心を観察することに専念して，この本性成就の真言を欲するだけ誦じて成就しなさい。

oṃ citta-prativedhaṃ karomi（オーム，わたしは心の観察をします。）
そこで〔一切義成就〕菩薩は一切如来たちに，つぎのように申し上げた。
尊き諸如来さま，わたしにご教示くださった〔ように〕，自身の心（むね）の上に月輪の如きものが見えます。
一切如来たちが言われた。
善男子よ，この心は本性光明である〔から〕，それは清浄にされればそのようになる。それはたとえば白い布を染料で染めているようなものであるから。

2．第二修菩提心

この第2の修菩提心(62)では，煩悩にまみれた心を月のような漠然とした丸いものとして表現し，真言によって，その丸いものが，清らかな満月の心に転化するように，一切義成就菩薩に指導する。

22 atha sarva-tathāgatāḥ prakṛti-prabhāsvara-citta-jñānasya sphītī-karaṇa-hetoḥ punar api tasmai bodhi-sattvāya,
'oṃ bodhi-cittam utpādayāmī' 'ty
anena prakṛti-siddhena mantreṇa bodhi-cittam utpāditavantaḥ /.

23 atha bodhisatvaḥ punar api sarva-tathāgat'ājñāyā bodhi-cittam utpādyaivam āha / :
"yat tac candra-maṇḍal'ākāraṃ, tac candra-maṇḍalam eva paśyāmi /."

そこで，一切如来たちは本性光明な心をさらに知らせるために，ふたたびその菩薩に，
oṃ bodhicittam utpādayāmi（オーム，わたしは菩提心を発こします。）
という本性成就のこの真言によって，菩提心を発こさせた。
そこで，菩薩は，ふたたび一切如来の教勅によって菩提心を発こしたので，つぎのように申し上げた。
月輪の如く〔見えていたもの〕が，月輪そのものと見えてきました。

3．第三成金剛心

この第3の成金剛心(63)では，一切義成就菩薩の胸に現れた清らかな月輪の上に，五智と五仏を表す五股金剛杵を観想させる。

24　sarva-tathāgatā āhuḥ /:

"sarva-tathāgata-hṛdayaṃ te samanta-bhadraś cittotpādaḥ sāmīcī-bhūtaḥ /. tat sādhu pratipadyasva sarva-tathāgata-samanta-bhadra-cittotpādasya dṛḍhī-karaṇa-hetoḥ sva-hṛdi candra-maṇḍale vajra-bimbaṃ cintayānena mantreṇa! //:

'oṃ tiṣṭha! vajra!' //"

25　bodhisatva āha /:

"paśyāmi, bhagavantas tathāgatāś, candra-maṇḍale vajram //"

一切如来たちが言われた。

あなたに一切如来の心である普賢発心（月輪）が現前した〔なら〕，それをよく成就しなさい。一切如来の普賢発心を堅固にするために，つぎの真言によって，自心の上の月輪に〔五股〕金剛〔杵〕の姿を観想しなさい。

oṃ tiṣṭha vajra（オーム，金剛よ，安立したまえ。）

菩薩は申し上げた。

尊き諸如来さま，月輪の中央に金剛が見えます。

4．第四証金剛身

上記の第3段階までは，心の浄化の段階であったのが，この第四証金剛身(64)からは，一切義成就菩薩の肉体の浄化へと観想が進む。

25-2　sarva-tathāgatā āhuḥ /:

"dṛḍhī-kurv idaṃ sarva-tathāgata-samanta-bhadra-citta-vajram anena mantreṇa! //:

'oṃ vajr' ātmako 'ham!! //"

26　atha yāvantaḥ sarv'ākāśa-dhātu-samavasaraṇāḥ sarva-tathāgata-kāya-vāk-citta-vajra-dhātavas, te sarve sarva-tathāgatādhiṣṭhānena tasmin sattva-vajre praviṣṭāḥ tataḥ sarva-tathāgataiḥ sa bhagavān sarvārtha-siddhir mahā-bodhisattvo 'vajra-dhātur vajra-dhātur!!' iti vajra-nāmābhiṣekeṇābhiṣiktaḥ /.

一切如来たちは言われた。

つぎの真言で，この一切如来の普賢心（月輪）にある金剛を堅固にしなさい。

oṃ vajr' ātmako 'ham（オーム　わたしは金剛そのものです。）

【金剛名灌頂】

すると，一切虚空界に遍満していた〔毘盧遮那如来である〕一切如来の身語心金剛界のあるだけのすべてが，一切如来（毘盧遮那）の加持によってその薩埵金剛の中に(65)入った。

そのとき，〔阿閦をはじめとする四如来の〕一切如来たちによって，彼の尊き一切義成就大菩薩は，

vajra-dhātur vajra-dhātur（〔あなたは〕金剛界である，金剛界である）

という金剛名灌頂で灌頂された。

5．第五仏身円満

上記の段階で，菩薩の胸の月輪に現れた五股金剛杵の中央の突起に，頭上の金剛界曼荼羅の毘盧遮那如来が最初に入る。すると，頭上に残っていた四如来が菩薩に名灌頂して金剛界菩薩とする。そして，真言によって四如来と一体になり，第五仏身円満の観想が完成する(66)。

27 atha vajra-dhātur mahā-bodhisattvas tān sarva-tathāgatān evam āha /:
"paśyāmi, bhagavantas tathāgatāḥ, sarva-tathāgata-kāyam ātmānam //"

28 sarva-tathāgatāḥ prāhuḥ /:
"tena hi mahā-satva! satva-vajraṃ sarv'ākāra-varopetaṃ buddha-bimbam ātmānaṃ bhāvayā! 'nena prakṛti-siddhena mantreṇa rucitaḥ parijāpya //:
'oṃ yathā sarva-tathāgatās tathā 'ham'"//

そこで，金剛界大菩薩は，彼の〔阿閦をはじめとする四如来の〕一切如来たちに，つぎのように申し上げた。

世尊諸如来さま，わたしを〔四如来の〕一切如来の身であると見ます。

一切如来たちは言われた。

大薩埵よ，それによって自身は仏の姿であり，あらゆる最勝の相を具える薩埵金剛であると，自性上〔かならず〕成就するその真言を欲するだけ誦じて，観想しなさい。

oṃ yathā sarva-tathāgatās tathā 'ham（オーム　一切如来たちがあるように，そのようにわたしもある。）

ⅰ）加持現証

この真言の力により，四如来は加持によって，菩薩の胸の五股金剛杵の四方の突起に入り，菩薩は肉体のままで曼荼羅諸尊と一体になる。その四如来の加持を説くところが，この加持現証(67)である。

29 athaivam ukte vajra-dhātur mahā-bodhisatvas tathāgatam ātmānam abhisaṃbudhya tān sarva-tathāgatān praṇipaty' āhuyaivam āha /:

"adhitiṣṭhata māṃ! bhagavantas tathāgatā! imām abhisaṃbodhiṃ dṛḍhi-kuruta ce!" 'ti //

30 athaivam ukte sarva-tathāgatā vajra-dhātos tathāgatasya tasmin sattva-vajre praviṣṭā iti //.

そのように言われて，金剛界大菩薩は，自身を如来であると現等覚して，彼ら〔阿閦をはじめとする〕一切如来たちに礼拝し，つぎのように申し上げた。

諸の世尊如来さま，わたしを加持してください。そしてこの現等覚を堅固にしてくださいと。

そのように言われると，〔阿閦をはじめとする四如来の〕一切如来たちは，金剛界如来のその薩埵金剛に入られた。

ⅱ）金剛界如来の成道

四如来が菩薩の薩埵金剛に入ると，金剛界如来(68)となって曼荼羅の五部

（仏部・金剛部・蓮華部・宝部・羯磨部）の智恵をすべて有するものとなった。

31 atha bhagavān vajra-dhātus tathāgatas tasminn eva kṣaṇe

① sarva-tathāgata-samatā-jñānābhisaṃbuddhaḥ

② sarva-tathāgata-vajra-samatā-jñāna-mudrā-guhya-samaya-praviṣṭaḥ

③ sarva-tathāgata-dharma-samatā-jñānādhigama-svabhāva-śuddhaḥ

④ sarva-tathāgata-sarva-samatā-prakṛti-prabhāsvara-jñān'ākara-bhūtas

⑤ tathāgato 'rhan samyak-saṃbuddhaḥ saṃvṛtta iti //.

そのとき，尊き金剛界如来は，その刹那に，直ちに，

①一切如来と等しい智恵（羯磨部）を現等覚したものとなり，

②一切如来の金剛と等しい智恵の印（金剛部）である秘密三昧耶に証入したものとなり，

③一切如来の法と等しい智恵（蓮華部）に通達した自性上清浄なものとなり，

④一切如来のすべてと等しい本性光明な智恵（宝部）の相となり，

⑤如来・阿羅漢・正等覚者（仏部）となった。

iii）宝灌頂

金剛界如来となると，阿閦をはじめとする四如来は，金剛界如来の胸の薩埵金剛から出て頭上の虚空に住した。そして，ふたたび宝灌頂(69)で灌頂されて教え（法）の自在者（観自在）としての智恵を得て，須弥の山頂の楼閣に下り，四面毘盧遮那如来として住された。

32 atha sarva-tathāgatāḥ punar api tataḥ sarva-tathāgata-sattva-vajrān niḥsṛty' ākāśa-garbha-mahā-maṇi-ratnābhiṣekeṇābhiṣicyāvalokiteśvara-dharma-jñānam utpādya, sarva-tathāgata-viśva-karma-tāyāṃ pratiṣṭhāpya, yena sumeru-giri-mūrdhā, yena ca vajra-maṇi-ratna-śikhara-kūṭāgāras, tenopasaṃkrāntāḥ /. upasaṃkramya vajra-dhātuṃ tathāgataṃ sarva-tathāgata-tve 'dhiṣṭhāya, sarva-tathāgata-siṃh'āsane sarva-to mukhaṃ pratiṣṭhāpayām āsur iti //

そこで，〔阿閦をはじめとする四如来の〕一切如来たちはまた，か〔の金

剛界如来〕の一切如来の薩埵金剛から出て，虚空蔵大摩尼宝の灌頂で灌頂し，観自在〔と等しい〕法の智恵を生起させ，一切如来〔と等しい〕一切事業者としての地位に任じ，須弥の山頂にある金剛摩尼宝の楼閣に移動した。

移動すると，金剛界如来を一切如来の資格あるものとして加持し，一切如来の師子座に一切の方角（四方）を向いて住させた。

iv）金剛界如来の会座

金剛界如来が須弥山頂の楼閣に住すると，四如来は各々が自身を加持して，金剛界如来の四方に住された(70)。これにより，須弥の頂上に金剛界曼荼羅の五仏が出現することになる。そのことを，つぎのようにいう。

33 atha khalv akṣobhyas tathāgato, ratna-saṃbhavaś ca tathāgato, lokeśvara-rājaś ca tathāgato, ’mogha-siddhiś ca tathāgataḥ, sarva-tathāgata-tvaṃ svayam ātmany adhiṣṭhāya bhagavataḥ śākya-munes tathāgatasya sarva-samatā-suprativedha-tvāt / sarva-dik-samatām adhyālambya catasṛṣu dikṣu niṣaṇṇāḥ //

そこで，阿閦如来と宝生如来と観自在王（阿弥陀）如来と不空成就如来は，〔各々〕一切如来であるとの資格を自分自身に加持し，釈迦牟尼（毘盧遮那）如来のすべてと等しいと通達していたために，一切の方角（四方）を等しいと観て，〔金剛界如来の〕四方に住された。

以上が『初会金剛頂経』の五相成身観である。

第4節　*Vajraśekharatantra*の心の観察と真言

『初会金剛頂経』の釈タントラである*Vajraśekharatantra*は，この五相成身観をさらに詳しく説く。以下，その解説を見てみよう。

まず，この第一通達本心の自心の観察の前に，釈タントラ(71)は，つぎのように記す。

大救護者である一切諸仏が　　言葉を合わせて申された。

心の行境は何と等しいか　自心を観察しなさい。
一切諸仏のお言葉を聞いて　自心を観察しながら
しばらく住していたが　心の相は見られなかった。そこで
五体投地して礼拝し　お尋ね申し上げた。尊き諸如来さま
心の相が見えませんでしたが　心の幖幟はどのようなものでしょうか
すると一切諸仏が申された　心の行境は知り難い
あなたに心呪を授けるから　微細の念誦を行じなさい
oṃ citta-prativedhaṃ karomi（オーム，わたしは心の観察をします。）
清浄な心呪を授かって　自心を観察しながら
しばらくそこに住していると　〔心が〕月輪の如くに見えてきた。

ここでは，五相成身観に入る前段階として，頭上に現れた金剛界曼荼羅の諸尊が，一切義成就菩薩に「自心を観察しなさい」という。しかし，いくら瞑想しても，心を捉えることができない。そこで，心がもし姿形のあるものなら，どのようなものであるかの教示を請う。ここから，以後に五相成身観の記述が具体的に始まる。この心の観察という前段階の記述は，釈タントラだけにしか存在しない。

五相成身観に入ると，５つの段階で５種類の真言が説かれる。その真言の効用についても，釈タントラは，ここでいう本性成就の真言とは，「真言は自性成就の力を具すものであるから，誦ずるだけでその通りになる。」(72)と示され，さらに，真言の効用として(73)，

自性成就のとは，sva-citta-siddhi（自心成就）という言葉をこのように欲して，この真言を誦ずれば，自心を観察するままに悟ることができるし，あるいはその真言の力によって，欲するままに成就できる義である。すなわち〔これは〕すべての真言にも同様に当てはまる。

と示される。したがって，真言の念誦に際しては，正しい真言を誦じ，その真言の正しい意味を知らねばならないが，真言を誦ずることでその真言のもつ内容通りの境地を成就できるとされる点は，真実語 satya-vacana の考察で見た「真実の言葉」と関連する。

第5節　*Vajraśekharatantra*所説の五相成身観

1．第一通達本心

自身の心を観察したが，どうしても心を捉えることができなかった。そこで，そのことを諸如来に申し上げると，つぎの真言が授けられる。この「第一通達本心」で漸く「月輪の如きもの candra-maṇḍal'ākāra」が見えてくる。その観想を釈タントラは，つぎのように記す[74]。

そこで，この心は何であろうか　煩悩の種子を有するものか
善か不善の心か　アーラヤ〔識〕の種子を有する心なのか
〔と〕法の等流を観察すると　六波羅蜜に親近するところの
これは清浄な大心[75]であって　雑染に住するものではない

と。このように観察してから福智の二資糧を円満すれば，この最初の月輪の如きものが満月輪そのものとなる。これが経文中では，「第二修菩提心」の行境とされる[76]。すなわち，経文中で，「その月輪の如く見えていたものが，月輪そのものに見えてきました[77]。」と示されるところがそれである。

これに対する釈タントラの解釈[78]は，つぎのように記す。

2．第二修菩提心

一切諸仏が申された　本来この心は善なるものである〔から〕
まず諸の客塵の煩悩を　菩提心で清浄にしなさい
一切の実体を捨てた　この清浄な心呪をもって
〔最初の〕月輪の中央に　菩提心を観察しなさい

oṃ bodhi-cittam utpādayāmi（オーム，わたしは菩提心を発こします。）

清浄な心呪を授かって　心の中央を観察していると
〔最初の〕月の中央にもまた　第2の月輪が見えてきた。〔そのことを〕
諸の牟尼たちに申し上げた　清浄な第2の月輪が見えてきました。

ここでは，最初の客塵の煩悩に覆われている月の中央に，第2の満月輪を清浄な菩提心として観想するのである。この菩提心について，シャーキャミトラは第十地の仏地の普賢発心を意味し，菩提＝心であると解釈する。

そして，最初の月輪の如くといわれたその心が月輪そのものとして見える場合の，その心の浄化の過程を，朔日の月輪の如くに顕現していた心の境を，観想の力によって，秋の十五夜の月のように顕現させる[79]とする。この月輪の喩えは，『四十華厳』に見た法身の浄化と同じものである。

これに対し，この釈タントラは，満月輪としての菩提心を最初の月輪の上に重ね合わせて，その諸の客塵の煩悩に覆われた最初の月輪の汚れを取り除くとする。

この解釈を忠実に注釈の中に取り入れているのがアーナンダガルバであり[80]，また第2の月輪までの過程を，朔日の月から秋の満月の如くとするのはブッダグフヤである[81]。

この観想の方法として，さらにブッダグフヤは，第3段階に広観と斂観を使用する[82]。この点は，この段階の観法をより具体的にしている。

この第2の月輪に，智の自性たる五股金剛杵を安立する次第が，「第三成金剛心」である。この第3の次第を，アーナンダガルバと釈タントラは，五股金剛杵の安立により菩提心を堅固にするものとする。その釈タントラの解釈[83]を，つぎにみてみよう。

3．第三成金剛心

そこで一切諸仏が申された　　菩提心の自性を堅固にしなさい
堅固にするために　　そ〔の金剛〕をよく成就しなさい
あなたに心呪を授けるから　　誦じて堅固にしなさい。

om̥ tiṣṭha vajra（オーム，金剛よ，安立したまえ。）

第2の〔月〕輪の中央に住する　　大金剛を思惟しながら
しばらく観察していると　　非常に堅固になったのが見えたので
申し上げた。諸の正覚者さま　　〔月〕輪の中央に金剛が見えます
第2の〔月〕輪の　　中央に金剛のあるのが見えます

と。この段階では，この第２の「理」としての満月に，「智」としての働きが具わるとするが，パドマヴァジュラは第１説で「法身」の階位と捉える。

さらに，つぎの「第四証金剛身」では，頭上に住する金剛界曼荼羅の毘盧遮那如来が，一切義成就菩薩の胸の金剛の中心に入る。この段階こそ「堅固」であると捉えるのが，シャーキャミトラと，ブッダグフヤと，パドマヴァジュラと，この釈タントラである。

経文では，「堅固」となる記述を，薩埵金剛の中央に五股金剛杵が現れた「第三成金剛心」と，毘盧遮那如来が五股金剛杵の中心に入った「第四証金剛身」の段階と，四如来が五股金剛杵の四方に入った「第五仏身円満」の段階との，３カ所で説く。この点を踏まえて，各注釈は，「第三成金剛心」から「第五仏身円満」までに「堅固」を当てはめるが，五相のどの特色が堅固かを見たとき，「堅固」の特色は「第四証金剛身」の特色とされる場合が多い。

それとともに，菩薩の「心」を清める「第一通達本心」から「成金剛心」までと，「肉体」を清める「第四証金剛身」と「仏身円満」とによって，菩薩は心から肉体（身）までを完全に浄化する。その肉体の浄化に入る「第四証金剛身」の解釈(84)を，つぎに見てみよう。

４．第四証金剛身

そこで，一切諸仏は言われた　一切諸尊の中の大金剛よ
金剛界を生起して　堅固となるこ〔の真言〕を誦じなさい
oṃ vajrātmako 'haṃ（オーム　わたしは金剛そのものです。）

ここで「オーム　わたしは金剛そのものです。」という真言を誦じると，頭上にいる金剛界曼荼羅の毘盧遮那如来が，一切義成就菩薩の胸の五股金剛杵の中央に入ってくる。

それによって，頭上に残る金剛界曼荼羅の阿閦・宝生・阿弥陀（無量光）・不空成就の四如来が一切義成就菩薩に「あなたは金剛界である。金剛界である。」という名灌頂をもって，金剛界大菩薩と灌頂する。

つぎに，「第五仏身円満」では，この頭上に残る阿閦・宝生・阿弥陀・不空

成就の四如来が，つぎの真言によって，金剛界大菩薩の心の五股金剛杵の四方に入ると，金剛界大菩薩の身体は，金剛の自性をもつ金剛身 vajrātmaka となる。その釈タントラの解釈(85)を見てみよう。

5．第五仏身円満

清浄な心呪を授かって　　金剛身を観想している〔と〕
彼は堅固となり虚妄なき　　金剛身を得るものとなったので
申し上げた。諸の正等覚者さま　　わたしは自身を金剛身と見ます
すると一切諸仏は言われた　　〔つぎの真言で自身を〕諸仏の身であると観想しなさい

oṃ yathā sarvatathāgatās tathā 'haṃ（オーム　一切諸如来があるように，わたしもあります。）

清浄な心呪を授かって　　仏身であると観想すると
一切種の最勝を有す　　一切智智を得るものとなった。そこで
一切諸仏を礼拝して　　申し上げた　尊き諸如来である
救世主さま　わたしを加持して　　わが菩提を堅固にしてください
高名な一切諸仏は　　金剛界〔菩薩〕の言葉を聞いて
諸の救世者の　　御心〔の五股金剛杵の四方〕に入られ
〔つぎの〕金剛瑜伽〔の真言〕を説かれた

oṃ sarva-tathāgatābhisambodhi-dṛdha-vajra bandha（オーム　一切如来を現等覚した堅固な金剛よ，縛せよ。）(86)

この段階は，金剛界大菩薩の心の五股金剛杵の四方に，頭上に留まっていた四如来が入り，菩薩の薩埵金剛が曼荼羅の諸尊そのものとなる。この四如来が金剛に入る力が四如来の加持力であり，この加持力によって，金剛界大菩薩の薩埵金剛（＝菩提）が完全に「堅固」になったのである。

〔金剛界大菩薩である〕高名な一切諸仏が　大明呪を誦すると
金剛界が極めて堅固となり　　彼は〔一切智〕智を現覚した
そこで一切諸仏たちは　　金剛〔薩埵〕の心から出て

法〔をはじめとする〕四灌頂で	そのとき牟尼〔である金剛界大菩薩〕を灌頂した
〔この〕金剛薩埵とならしめる	菩提心の灌頂は
果としての菩提心を持たせる	金剛薩埵灌頂である
三無数劫の	施と施物〔と施者〕の妙果と
虚空と等しい宝を得させるものが	摩尼宝灌頂である
三無数劫に	〔牟尼以外の〕他者として苦行を行じまた
精進して果を成就させるものが	金剛羯磨灌頂である
如来の心呪等は	法界の大真実にして
煩悩の泥に汚されないものが	金剛蓮華灌頂である
菩提心を円満した金剛瑜伽の	それら四灌頂が法界である
つぎにまた秘密灌頂は	仏の最勝の自性と功徳の集まりである(87)

ここでは，金剛界大菩薩の薩埵金剛である五股金剛杵から四仏が出て頭上に留まると，金剛界大菩薩を秘密四灌頂で灌頂し，つぎに名灌頂によって釈迦牟尼である金剛界大菩薩を毘盧遮那如来である金剛界如来として灌頂する。その「秘密四灌頂」とは，金剛薩埵灌頂，摩尼宝灌頂，金剛羯磨灌頂，金剛蓮華灌頂である。

したがって，経文の「大摩尼宝灌頂」の内容を，「秘密四灌頂」であると釈タントラは捉えている。

6．五仏と灌頂

つぎの釈タントラの文は，「第五仏身円満」で一切諸仏が毘盧遮那如来の一身に集まると，その「法身」から四身を生み出して衆生の利益を行う。その立場から，釈タントラは，自性身をはじめとするつぎのような五身を出す(88)。

金剛薩埵灌頂によっては	〔阿閦の〕自性身であると認められ
金剛法灌頂によっては	〔阿弥陀の〕受用身であると認められ

金剛宝灌頂によっては　　　同様に〔宝生の報身である三十二〕相と〔八十〕種好である〔と認められ〕
一切諸仏の大智は　　　虚空と等しい法性の心髄を具す
金剛羯磨灌頂によっては　　　〔不空成就の〕変化身であると認められ
〔このように〕秘密四灌頂によって　　　円満覚者の灌頂を得る
つぎに名灌頂によっては　　　彼の牟尼を大毘盧遮那に転変し
法性をも悟り　　　法〔身〕と受用〔身〕としても悟る
一切諸法は実体なく　　　相もなく明らかにするものも無く
無相にして虚空と等しく　　　所縁は捨てられるべきものである。ゆえに
無自性にして述べられるものもなく　　　一切諸法は言葉の境界にあらず
さらに秘密に悟るべきものにして　　　それ故にここに悟るべしといわれる

これらの「秘密四灌頂」は，阿閦の「自性身」と，金剛法灌頂による阿弥陀の「受用身」と，金剛宝灌頂による宝生の三十二相と八十種好の「報身」と，金剛羯磨灌頂による不空成就の「変化身」と，名灌頂による大毘盧遮那の「法身」との五身である。

これらの五身は，すでに見た，『三十七尊礼懺文』[89]や，『金剛頂瑜伽三十七尊礼』[90]の清浄法身の毘盧遮那仏と，金剛堅固な自性身の阿閦仏と，功徳荘厳聚身の宝生仏と，受用智恵身の阿弥陀仏と，作変化身の不空成就仏とする五身と密接に関連する。

また，すでに見たように，プトンはこの宝生仏の「福徳荘厳聚身」や「功徳荘厳聚身」を「報身」と捉える[91]。

以上のように，『初会金剛頂経』の五相成身観では，「第二修菩提心」で法身の階位を得，「第五仏身円満」では曼荼羅の諸尊が１尊に集まり，そこから衆生利益のために，自性身，受用身（自受用身），報身（他受用身），変化身の四身を四仏として生み出す。その場合の「自性身」が阿閦如来に配当されるのは，阿閦如来の三昧耶形が五股金剛杵であり，それが毘盧遮那の薩埵金剛の自性であるからだと考えられる。そうすると，薩埵金剛の自性をも，姿形ある阿閦如来として顕し出していることになる。

このように，『初会金剛頂経』の仏身説は，五相成身観という観想を通じて，それぞれの仏格を理解することができるのである。

註

（1）　東北No. 2501．北京No. 3324．

（2）　東北No. 2501，ḥi 帙，fol. 16a^{2}（Padmavajra 釈．東北No. 2502，ḥi 帙，fol. 70b^{2}）．東北No. 2501，ḥi 帙，fol. 17b^{2}（Padmavajra 釈，東北No. 2502，ḥi 帙，fol. 77b^{1}）．

（3）　堀内寛仁『梵蔵漢対照　初会金剛頂経の研究　梵本校訂篇（上）』（密教文化研究所，1983年）。東北No. 479．

（4）　大正18，No. 848，p. 1c．拙稿「新校訂チベット文『大日経』」（『高野山大学論叢』第27巻，1992年），pp. 37^{9}-38^{13}．

（5）　虚空の清浄については，『勝天王経』巻第三「法性品第五」に「諸法は不生なり。……是を法身と名づく。清浄にして変ぜざること猶し虚空の如く無等等なり……菩薩摩訶薩は般若波羅蜜を修行し，此の法を修行して清浄に通達すれば，三千大千世界，若しくは閻浮提の城邑聚落において菩薩は悉く能く色身を示現す」（大正８，No. 231，p. 701c）と説く。

（6）　『八千頌般若経』には「心というものは心ではない。心の本性は清く輝いている tac cittam acittam / prakṛtiś cittasya prabhāsvarā //」（AṢṬASĀHSRIKĀ PRAJÑĀPĀRAMITĀ, ed. by Dr. P. L. Vaidya, Mithila Institute, 1960, No. 4, p. 3^{18}）とあり，『八十華厳』巻第二十五「十回向品第二十五之三」（大正９，No. 278，p. 524b．東北No. 44，kha 帙，fol. 108a^{1}）にも心の清浄を記す。

（7）　『大般若経』巻第二百九十三に「虚空は清浄なるが故に般若波羅蜜多も清浄なり」とし，その無我性を「虚空には生なく滅なく染なく浄なきが故に清浄にして，虚空清浄なるが故に般若波羅蜜多も清浄なり」（大正６，No. 220，p. 491b）と記す。これ以外にも『放光般若経』巻第九（大正８，No. 221，p. 67a），『摩訶般若波羅蜜経』巻第十二（大正８，No. 223，p. 310b）にもあり。

（8）　註(4)前掲，拙稿「新校訂チベット文『大日経』」，p. 37^{1}．

（9）　註(4)前掲，拙稿「新校訂チベット文『大日経』」，p. 48．

（10）　東北No. 480，ña 帙，fol. 194a$^{2\text{-}7}$．

（11）　大正18，No. 869，p. 284c．

（12）　酒井真典著作集第３巻『金剛頂経研究』（法藏館，1985年），p. 122．

（13）　東北No. 381．

（14）　*rnal hbyor rgyud kyi rgya mtshor hjug pahi gru gziṅs shes bya ba bshugs so*, fol. 5b^{2}（10-2），fol. 6b^{6}（12-6）(THE COLLECTED WORKS OF BU-STON, Part 11

(DA))（*gru gziṅs* と略称）.

（15） mkhas grub rje's *FUNDAMENTALS OF THE BUDDHIST TANTRAS*, 1968, p. 28.

（16） 註(12)前掲，酒井『金剛頂経研究』，pp. 3-22.

（17） 東北No. 2503．北京No. 3326.

（18） 東北No. 2501．北京No. 3324.

（19） 東北No. 2510．北京No. 3333.

（20） 東北No. 2502．北京No. 3325.

（21） 東北No. 2503，i 帙，fols. 19b[2]-22b[5]．北京No. 3326，fols. 22a-25b[5].

（22） 東北No. 2503，i 帙，fol. 176b[4].

（23） 東北No. 2503，i 帙，fol. 20a[3-]，fol. 21a[1-].

（24） 東北No. 2503，i 帙，fol. 21a[6].

（25） 東北No. 2503，i 帙，fol. 21b[1].

（26） 東北No. 2503，i 帙，fol. 22a[7].

（27） 東北No. 2501，ḥi 帙，fols. 15a[5]-17a[8]．北京No. 3324，fols. 17a[8]-21b[4].

（28） 東北No. 2501，ḥi 帙，fol. 17b[2]．Padmavajra 釈（東北No. 2502，ḥi 帙，fol. 177b[1]）.

（29） 東北No. 2501，ḥi 帙，fol. 16b[2]．Padmavajra 釈（東北No. 2502，ḥi 帙，fol. 173b[1]）.

（30） 東北No. 490，tha 帙，fol. 30a[3].

（31） 東北No. 381，ga 帙，fol. 97b[2].

（32） 東北No. 2501，ḥi 帙，fol. 17b[6]．Padmavajra 釈（東北No. 2502，fol. 178b[3]）.

（33） 東北No. 2501，ḥi 帙，fol. 16a[2].

（34） 東北No. 2501，ḥi 帙，fol. 16a[3].

（35） 東北No. 2501，ḥi 帙，fol. 16b[2].

（36） 東北No. 2501，ḥi 帙，fol. 17a[7].

（37） 東北No. 2501，ḥi 帙，fol. 17b[3].

（38） 東北No. 2501，ḥi 帙，fol. 17b[6].

（39） 東北No. 2510，li 帙，fols. 39a[5]-42a[1]．北京No. 3333，fols. 45a[5]-48a[5].

（40） 東北No. 2510，li 帙，fol. 39b[5]．この点についてプトンも指摘する（*gru gziṅs*, fol. 8b[1]）。

（41） この加持の概念については，Śākyamitra（東北 No. 2503，i 帙，fol. 21b[7]）と Ānandagarbha（東北 No. 2510，li 帙，fol. 41a[5]）は全同である。

（42） Śākyamitra，東北 No. 2503，i 帙，fol. 22a[6]．Ānandagarbha，東北 No. 2510，li 帙，fol. 41a[7].

（43） 註(14)前掲，*gru gziṅs*, fol. 5b[2]（10-2），fol. 6b[6]（12-6）.

（44） 註(14)前掲，*gru gziṅs*, fol. 7b[4]（14-4）.

(45)　註(14)前掲，*gru gziṅs*, fol. 8b[4] (16-4).

(46)　註(14)前掲，*gru gziṅs*, fol. 9a[4] (17-4).

(47)　註(14)前掲，*gru gziṅs*, fol. 9b[7] (18-4).

(48)　*gru gziṅs*, 9b[7] (22-3).

(49)　東北No. 2502，ḥi 帙，fol. 109b[4]，fol. 113a[2]，fol. 166b[4]，fols. 167a[1]-182b[5].

(50)　東北No. 2502，ḥi 帙，fol. 109a[2].

(51)　東北No. 120，tha 帙，fol. 32a[3]．大正12，No. 376，p. 862a.

(52)　東北No. 120，tha 帙，182a[7].

(53)　「毘盧遮那は色身である。すなわち，等流身であって，転依の相」(Śākyamitra の *Kosalālaṃkāra*．東北No. 2503，fol. 8a[5])。

(54)　東北No. 2502，ḥi 帙，fol. 181b[3].

(55)　3．のアーナンダガルバの五智配釈は，如鏡智→平等性智→妙観察智→成所作智の四智円満が毘盧遮那の自性となると示すのに対し，6．の他説Ⅰでは，大空智→如鏡智→妙観察智→平等性智→成所作智と次第し，かならずしも五智の順序通りには配されていない。

(56)　東北No. 2502，ḥi 帙，fol. 182a[4].

(57)　この一切如来をシャーキャミトラは「阿閦等の四如来」(東北No. 2503，i 帙，fol. 21b[6]) とし，アーナンダガルバは「世尊毘盧遮那と阿閦等であって，彼らの心・心所もまた一切如来である」(東北No. 2510，li 帙，fol. 41a[4]) とする。

(58)　この段での真言は，oṃ yathā sarva-tahāgatās tathā 'ham（オーム　一切如来たるものは，我なり。）である。

(59)　この菩薩は，色究竟天に住して五相成身観を修すのである。この仏身説については，川崎信定「チベット仏教における成仏の理解―仏伝十二相をめぐって」(玉城康四郎博士還暦記念論集『仏の研究』，春秋社，1977年)，p. 41参照。

(60)　別名，通達菩提心ともいう。堀内，p. 24参照。

(61)　堀内，p. 24 (19)．東北No. 479，ña 帙，fol. 3b[5]．Isshi Yamada: Sarva-tathāgata-tattva-saṇgraha, śatapiṭaka series, vol. 262, New Delhi, 1981, p. 7.

(62)　註(3)前掲，堀内，『梵蔵漢対照　初会金剛頂経の研究』，p. 25.

(63)　同上。

(64)　註(3)前掲，堀内，『梵蔵漢対照　初会金剛頂経の研究』，p. 27.

(65)　「薩埵金剛の中に」とは，一切義成就菩薩の胸の月輪にある金剛を指す。すなわち，薩埵とは人という意味で一切成就菩薩を指し，金剛とはその菩薩の胸の月輪の上にある五股金剛杵を指す。したがって，一般的には行者の胸の月輪にある五股金剛杵の中心に毘盧遮那如来が眷属を引き連れて入ったのである。

(66)　註(3)前掲，堀内，『梵蔵漢対照　初会金剛頂経の研究』，p. 28.

(67) 同上。

(68) 註(3)前掲，堀内，『梵蔵漢対照　初会金剛頂経の研究』，p. 29.

(69) 註(3)前掲，堀内，『梵蔵漢対照　初会金剛頂経の研究』，p. 30.

(70) 註(3)前掲，堀内，『梵蔵漢対照　初会金剛頂経の研究』，p. 31.

(71) mgon chen saṅs rgyas thams cad kyis / / gsuṅ gcig gis ni bkaḥ ḥstsal pa //
sems kyi spyod yul ci ḥdra shes / / raṅ gi sems ni so sor rtog //
saṅs rgyas kun gyi gsuṅ thos nas / / raṅ gis sems la rtog bshin du //
yun riṅ du ni gnas pa na / / sems kyi rnam pa ma mthoṅ ste //
yan lag kun gyis rab btud nas / / shus pa bcom ldan de bshin gśegs //
sems kyi rnam pa ma mthoṅ ste / / sems kyi mtshan ñid ji lta bu //
de nas saṅs rgyas kun gsuṅs pa / / sems kyi spyod yul śes par dkaḥ //
khyod la sñiṅ po rab sbyin gyis / / phra moḥi bzlas pa rab tu spyod //
oṃ citta-prativedhaṃ karomi /
sñiṅ po dag pa blaṅs nas ni / / raṅ gi sems la rtog bshin du //
thaṅ cig de la gnas pa na / / zla baḥi dkyil ḥkhor bshin du mthoṅ //
(東北No. 480，ña 帙，fol. 147a[1])

この釈タントラ中の五相成身観の箇所は，ブッダグフヤの釈（東北 No. 2501，ḥi 帙，fol. 16b[7]）中に引用され，これに対する注釈文がパドマヴァジュラの釈（東北 No. 2502，ḥi 帙，fol. 17b[3]）中に見られる。しかし，これら引用文と釈文とは，『金剛頂タントラ』（東北No. 480）の訳文とは一致せず。前者の方が旧訳に属すか？

(72) パドマヴァジュラ釈．東北No. 2502，ḥi 帙，fol. 166b[6].

(73) 東北No. 2502，ḥi 帙，fol. 170a[6].

(74) de nas sems ḥdi ci shig yin / / ñon moṅs sa bon can nam ci //
dge baḥam mi dge ba yi sems / / kun gshi sa bon can sems sam //
chos kyi rgyu mthun rtogs gyur nas / / pha rol phyin pa drug bstan pa //
ḥdi ni sems can dag pa ste / / kun nas ñon moṅs gnas ma yin //
(東北No. 480，ña 帙，fol. 147a[3]).

(75) sem cad とあるが，sems chen と改める（東北No. 2501，fol. 17a[1]）。東北No. 480，ña 帙，fol. 147a[7].

(76) 註(3)前掲，堀内，『梵蔵漢対照　初会金剛頂経の研究』，p. 25.

(77) 東北 No. 480，ña 帙，fol. 147a[7].

(78) saṅs rgyas thams cad kyis gsuṅs pa / / thog mar byuṅ baḥi sems ḥdi bzaṅ //
daṅ por blo bur ñon moṅs rnams / / byaṅ chub sems kyis dag par byed //
dṅos po thams cad rnam spaṅs paḥi / / dag pa yi ni sñiṅ po ḥdis //
zla baḥi dkyil ḥkhor dbus su ni / / byaṅ chub kyi ni sems la rtogs //

oṃ bodhicittam utpādayāmi /
sñiṅ po dag pa blaṅs nas ni / / sems kyi dbus su rtog pa na //
zla baḥi dbus su yaṅ zla baḥi / / dkyil ḥkhor gñis pa mthoṅ ba ni //
thub pa rnams la tshig smras pa / / dkyil ḥkhor gñis pa dag mthoṅ ṅo //
（東北No. 2503，i 帙，fol. 20b[5]）.

(79)　東北No. 2510，li 帙，fol. 40a[3].

(80)　東北No. 2501，ḥi 帙，fol. 16a[3]．アーナンダガルバの十六空性，十六字等は今は省く。詳しくはロルフ・ギーブル「密教的実践における象徴をめぐる試論―月輪観を中心に」（『東洋学術研究』第21巻第2号，1981年）参照。

(81)　東北 No. 2501，ḥi 帙，fol. 16b[2].

(82)　東北 No. 2501，ḥi 帙，fol. 17b[1].

(83)　de nas saṅs rgyas kun gsuṅs pa / / byaṅ chub sems kyi raṅ bshin brtan //
brtan par bya baḥi ched du ni / / de ni legs par bsgrub par gyis //
khyod la sñiṅ po sbyin bya ste / / zlos śiṅ de ni brtan par dgoṅs //
oṃ tiṣṭha vajra /
dkyil ḥkhor gñis paḥi dbus gnas paḥi / / rdo rje chen po sems byed ciṅ //
thaṅ cig so sor brtags pa na / / śin tu brtan pa mthoṅ gyur nas //
smras pa rdsogs paḥi saṅs rgyas rnams / / dkyil ḥkhor dbus su rdo rje mthoṅ //
zla baḥi dkyil ḥkhor gñis pa yi / / dbus na rdo rje daṅ ldan mthoṅ //
（東北No. 480，ña 帙，fol. 147b[2]）.

(84)　de nas saṅs rgyas kun gsuṅs pa / / lha rnams kun gyi rdo rje che //
do rje dbyiṅs ni skyed pa yi / / śin tu brtan pa ḥdi smras śig //
oṃ vajrātmako 'haṃ /
（東北No. 480，ña 帙，fol. 147b[4]）.

(85)　sñiṅ po dag pa blaṅs nas ni / / rdo rjeḥi lus ni rnam bsgoms pa //
des ni sra brtan khoṅ stoṅ med / / rdo rjeḥi sku ni thob gyur nas //
smras pa rdsogs paḥi saṅs rgyas rnams / / raṅ bdag rdo rjeḥi skur mthoṅ ṅo //
de nas saṅs rgyas kun gsuṅs pa / / saṅs rgyas gzugs su rnam par bsgom //
oṃ yathā sarvatathāgatās tathā 'haṃ /
sñiṅ po dag pa blaṅs nas ni / / saṅs rgyas gzugs su rnam bsgoms pas //
rnam pa kun gyi mchog ldan paḥi / / kun mkhyen ye śes thob par ḥgyur //
saṅs rgyas kun la rab btud nas / / smras pa bcom ldan de bshin gśegs //
mgon po bdag la byin rlob ciṅ / / bdag gi byaṅ chub brtan par mdsod //
grags chen saṅs rgyas thams cad kyis / / rdo rje dbyiṅs kyi tshig thos nas //
mgon rnams thugs kar shugs par gyur // （東北No. 480，ña 帙，fol. 147b[5]）.

(86)　この真言oṃ sarva-tathāgatābhisambodhi-dṛdha-vajra bandhaは「オーム　一切如来を現等覚した堅固な金剛を縛せるものよ。」とも読める。

(87)　grags (東北No. 480, ña帙, fol. 148a) chen saṅs rgyas thams cad kyis // rig sṅags chen po brjod pa na //

rdo rje dbyiṅs ni śin tu brtan / / de ñid ye śes mṅon saṅs rgyas //
de nas saṅs rgyas thams cad ni / / rdo rje thugs ka nas byuṅ ste //
chos kyi dbaṅ bskur bshi po yis / / de tshe thub pa dbaṅ bskur gyur //
rdo rje sems dpaḥ byas pa yi / / byaṅ chub sems kyi dbaṅ bskur ba //
ḥbras bu byaṅ chub sems ldan gaṅ / / rdo rje sems dpaḥi dbaṅ bskur yin //
bskal pa graṅs med gsum dag gi / / sbyin daṅ sbyin paḥi ḥbras bzaṅ daṅ //
mkhaḥ mtshuṅs rin chen thob byed pa / / nor bu rin chen dbaṅ bskur yin //
bskal pa graṅs med gsum du ni / / gshan gyis dkaḥ ba sbyad pa daṅ //
brtson ḥgrub kyis ni ḥbras bsgrub pa / / rdo rje las kyi dbaṅ bskur yin //
de bshin gśegs paḥi sñiṅ po dag / / chos kyi dbyiṅs kyi tshul chen te //
ñon moṅs ḥdam gyis ma gos pa / / rdo rje padmaḥi dbaṅ bskur yin //
byaṅ chub sems rdogs rdo rje rnal ḥbyor gyi //
dbaṅ bskur bshi po de rnams chos kyi dbyiṅs //
de nas gshan yaṅ gsaṅ baḥi dbaṅ bskur ba //
saṅs rgyas raṅ bshin yon tan dam paḥi tshogs //(東北No. 480, ña帙, fol. 147b7).

(88)　rdo rje sems dpaḥi dbaṅ bskur bas / / ṅo bo ñid kyi sku ru ḥdod //
rdo rje chos kyi dbaṅ bskur bas / / loṅs spyod rdsogs paḥi sku ru ḥdod //
rdo rje rin chen dbaṅ bskur bas / / de bshin mtshan daṅ dpe byad do //
saṅs rgyas kun gyi ye śes che / / mkhaḥ mtshuṅs chos ñid sñiṅ po can //
rdo rje las kyi dbaṅ bskur bas / / sprul pa yi ni sku ru ḥdod //
gsaṅ ba bshi yi dbaṅ bskur bas / / rdsogs saṅs rgyas kyi byaṅ chub thob //
de nas miṅ gi dbaṅ bskur bas / / thub de nam snaṅ mdsad chen gyur //
chos ñid kyaṅ ni yaṅ dag rtogs / / chos daṅ loṅs spyod rdsogs par brtag /
chos kun dṅos po med pa ste / / mtshan ma med ciṅ gsal byed med //
mtshan ñid med ciṅ mkhaḥ daṅ mtshuṅs / / dmigs pa rnam par spaṅs pa ste //
raṅ bshin med ciṅ brjod du med / / chos kun tshig gi spyod yul min //
gshan yaṅ gsaṅ bar brtags pa ste / / de phyir ḥdir ni rtogs par brjod //
(東北No. 480, ña帙, fol. 148a5).

(89)　大正18, No. 878, p. 336a.

(90)　大正18, No. 879, p. 337a-b.

(91)　註(14)前掲, *gru gziṅs*, fol. 5a7.

終　章

本書は，従来の密教研究になかった初期仏教から密教へという視点から，一貫した法身思想という仏教の根本テーマに取り組んだものである。ここでは，初期仏教がもつ法身の「教えの本体」「教えの集合体」という意味が，般若経や涅槃経等の法身にも見られるという最近の研究成果に着目し，その視点から，法身思想に再検討を加えた。その結果，密教の法身思想は，初期仏教から密教まで連綿として展開しており，密教の法身研究は，初期仏教の法身の上に展開した思想であるという結論に達した。その結論を導き出した本書の全容をまとめて，終章としたい。

序章の法身思想の研究方法と法の概念規定では，まず法身研究の方法として師資相承句を水先案内とし，諸経論に説かれる師資相承句の法と関連する法身思想を捉えた。

その場合，まず法身の法の概念を規定するにあたり，先行研究の水野弘元博士の「法の四特質」に拠った。そして，それによって筆者は，初期仏教から密教までの法身の定義を，「菩提樹下で悟りを得た縁起の真理（理法）」と，「その悟りの境地を説示する教えの言葉（教法）」と，「ブッダの絶対善としての威光（功徳）」と，その無我性を悟って初めて完成する「初期仏教の人無我と，大乗仏教の法無我（無自性空）」の四義にまとめ，これらを「教えの本体（悟りの理法）」「教えの集合体（言葉の教法）」として集約した。それとともに，その具体的な６種の記述として，第１は，ブッダが悟った「法」の記述。第２は，肉身のブッダを指していう「法身」の記述。第３は，師資相承句に説かれる「法」の記述。第４は，「法と律」とを汝の師とすべしと説いた「法」の記述。第５は，肉身は滅したが法身は存在するとされた「法身」の記述。第６は，法から生まれたものへの無我性を説く「不来不去」と「仏出世不出世」の比喩に見られる「法」を挙げた。

第1章の初期仏教における師資相承句と法身思想では，師資相承句の成立を *Aggañña-suttanta* までたどった。そこには，バラモンに伝承されていた定型句をブッダが仏教側の定型句に言い換え，師資相承の定型句が成立したことを見た。それとともに，悟りを得たブッダを法身とも呼び，如来とも呼ぶそこには，初期仏教の最初の法身説法が説かれていた。

この師資相承句は，やがて大乗仏教の諸経論に伝承され，密教の『五秘密儀軌』をはじめとする灌頂儀礼の師資相承の定型句として展開する。

ここでの法身とは，ブッダの縁起を悟った悟りの教えであり，それは，ブッダの心 hadaya にあると *Aggañña-suttanta-vaṇṇanā* が捉えるものである。その心にある悟りの教法を弟子たちは聞いて阿羅漢の位を得ていった。その教えを法身と呼んだのであり，内容は上記に見た法の四特質としての「教えの本体」「教えの集合体」である。

第2章の般若経の師資相承句と法身思想では，師資相承の法身の法を般若波羅蜜多と捉え，その無我性を説く方便として如来の「不来不去」と「仏出世不出世」の定型句を挙げた。この不来不去の定型句は，『大日経』の真言の不来不去へと展開し，真言の住所を心 hṛdaya とする思想は，*Aggañña-suttanta-vaṇṇanā* の注釈にも見たように，法である法身が心 hadaya にあるとされた思想に拠っている。また，法身の真言化では，初期仏教の「真実 sacca」から『八千頌般若経』の「真実 satya」「真実語 satya-vacana」に展開した。これらは，さらに『八千頌般若経』の般若波羅蜜多を明呪 vidyā と捉え，それを『般若心経』で真言 mantra に置き換えて「虚しからざるが故に，真実 satya なり」とし，『大日経』では，この真言 mantra を真実語 satya-vacana であるとした。そのことは，法身としての般若波羅蜜多が真言化される経緯を物語っていた。

さらに，般若経所説の四十二字門は，『大日経』の三十四字門へと受け継がれ，五十字門系の文字の順序に並び変えられる。従来この『大日経』の三十四字門は五十字門系とされてきたが，実際には四十二字門系のものであった。また，『瑜伽金剛頂経釈字母品』の五十字門は，『大日経』の三十四字門に五十字門系のアーリの15母音と kṣa を加えて50字としたもので，他の五十字門系とは全く異なるものであった。また，すでに栂尾祥雲博士から『大日経』所説の五大の意味のルーツが明確でないとされていたが，それも本書で解決した。

第3章の般若経の仏身説と法身思想では，まず梶山雄一博士とランカスター博士の『八千頌般若経』の法身が初期仏教の思想と同じであるとする説を受け，その上で般若経の二身説を3グループ，すなわちA「諸仏如来は色身を以て見るべからず，諸仏如来はみな是れ法身なるが故に」，B「十方無量阿僧祇の諸の世界の中に仏の法身と色身〔と智身〕を見んと欲わば，この人般若波羅蜜を聞き受持し読誦し憶念し他人の為に演説すべし」，C「その他の二身説と六身説と十身説」の3グループの文脈をもつものに分け，考察した。

その中で特筆すべきは，Aグループの「諸の如来たちは諸の法身なのだから。dharma-kāyās tathāgatāḥ /」の句である。ここでは，如来と法身が，初めて複数形の主格補語の関係で捉えられる。また，『楞伽経』の「肉食品」(NANJIO, p. 232, p. 255) にも法身の複数形が現れている。これは，法身が三千大千世界の諸如来に内包されていることを示し，密教の自性法身・受用法身・変化法身・等流法身の四種法身思想へと展開する。

この法身と捉えた「般若波羅蜜多」は，Cグループの『勝天王経』になると「経典 sūtra」とされる。また，『勝天王経』や『大般若経』では十地に当てはめた十身が説かれ，華厳経「入法界品」では，それらは十種法身とされた。

また，鳩摩羅什訳『摩訶般若波羅蜜経』には，全身から生み出した多仏がさらに多仏を生み出す思想を記している。このように，ブッダ一尊の全身から放たれた諸の光明からさらに大光明を放つという表現は，他の般若経の小品系にも大品系にもまだ見られない思想であった。

『大智度論』の「法身仏常放光明常説法」は，従来，法身説法の根拠とされた記述である。これについて宇井伯寿博士は，密教の法身説法ではないと言明したが，田久保周誉博士は密教の法身説法であるとした。まさに，この『大智度論』の説は，鳩摩羅什訳『摩訶般若波羅蜜経』に見たブッダ一尊から生み出された諸仏がさらに諸仏を生み出すとする思想とともに，インド大乗仏教の中の密教の法身説法と深く関連する記述であった。

また，度すべき衆生に従って諸仏菩薩天神等を教師として示す思想では，『六十華厳』になると，教師は如来・菩薩・声聞・縁覚・梵天等とされる。この思想は『大日経』に受け継がれ，さらに『初会金剛頂経』系の思想家パドマヴァジュラの *Tantrārthāvatāravyākhyāna* になると，如来の教師を法身に置き換えて「あるものには法身が説法することもあり」とする。このように，8世紀の後半頃には，法身が教師として捉えられていた。

『金剛般若論』では，法を「言説法身」と「証得法身」の2種とし，言説法身は「教えとして説かれる法身」の意味をもち，証得法身とは「悟られる法身」を意味した。この2種の法身とは，『金剛般若経』と『宝性論』の用例からも知られるように，法 dharma を「法身」と訳したのであるから，所説の法 deśanā-dharma と所証の法 adhigama-dharma の意味に解した。

また，この二種身は，ブッダグフヤの『大日経広釈』では「証悟の法 rtogs paḥi chos」と「口説の法 luṅ gi chos」として説かれる。この「証悟の法」とは，勝義においては真如の智海から真言を光として放ち，世俗においては如来の身より真言を出し，諸仏を生み出して三界に遍満することであると説く。また「口説の法」とは，アン Aṃ 字から多くの真言（百字）を流出して，一切法界に遍満させることであると説く。

これら般若経系経論でも，法身思想は，初期仏教の思想を展開させていた。

第4章の法華経の師資相承句と法身思想では，『妙法蓮華経』「譬喩品第三」と「長者窮子」に説かれる定型句を見た。前者では，舎利弗がブッダから大乗の大法である『妙法蓮華経』を聞き，大乗を悟ったことを謳いあげる中にこの定型句があった。後者は，如来を父とし，真子（弟子）を子としての師資相承句で捉え，父親が蓄えた宝蔵の財を弟子たちに法財として相続すべき喩えとして説いた。

法華経の法身思想では，śarīra を法身と捉え，その尊格を三十二相と八十種好を有するものと見る。これは，のちの「報身」や「受用身」の仏格と等しく，さらにはのちの法性仏や法身にこよなく近い仏格であった。

この『妙法蓮華経』の法身の特色は，「法師品第十」の如来の全身と如来の分身に見られる。ここでは，如来の舎利をテーマに，如来の塔 tathāgata-caitya には如来の舎利 tathāgata-śarīra が一塊り eka-ghana となっているから，さらに如来の舎利 tathāgata-śarīrāṇi を安置する必要がないという。ここに，法身を宝塔と捉える思想が明確に説かれていた。この『法華経』の法身思想でも，初期仏教の思想的展開が見られた。

第5章の華厳経の師資相承句と法身思想，第6章の華厳経の法身思想では，法身毘盧遮那を説き，密教と密接な関係をもつ。それとともに，すでに見てきたように般若経と法華経では，法身と色身は釈迦牟尼自身の法の身体（法身）と父母生身としての色身の展開であったが，6世紀訳の『勝天王般若経』「法性品第五」になると，菩薩の法身から色身が示現されることを強調しながら説かれるようになる。

この思想は，1世紀頃の華厳経「入法界品」にすでに説かれ，そこでは菩薩が修行によって浄化した心を「清浄法身」と呼び，その法身から流出する色身を「清浄色身」と呼ぶ。

師資相承句については，成立の早い『十地経』にあり，華厳経の「十地品」では第六地にこの師資相承句が説かれる。他の章でも「如来の法より化生し」によって，変化身の仏格を示すようになる。

毘盧遮那の仏伝では，『八十華厳』「如来名号品」にブッダの十種の名前が挙げられ，その中に一切義成就と毘盧遮那と釈迦牟尼が登場する。この釈迦と毘盧遮那の関係は名号信仰による思想の一端であり，釈迦から毘盧遮那へと変遷する経緯は十種の理趣経系類本に明確に示されていた。また，「如来名号品」の一切義成就菩薩とは，『初会金剛頂経』の五相成身観の瞑想の主人公で，釈迦牟尼の幼名であり，受用身とされる。即ち，一切義成就菩薩が色界の色究竟天で五相成身観により悟りを得たとき金剛界如来と呼ばれるが，この金剛界如来が須弥山に降りて『初会金剛頂経』を説法するときには，毘盧遮那如来と呼ばれる。

さらに，毘盧遮那の仏伝では，華厳経の「如来随好光明功徳品」に，毘盧遮那が兜率天から釈迦族のマーヤー夫人の胎内に下生する記述がある。そこでは，毘盧遮那菩薩という菩薩名で兜率天から下生し，誕生し，出家し，悟りを開く等が菩薩形の毘盧遮那として説かれている。この記述はおそらく，密教の曼荼羅の毘盧遮那如来が菩薩形であることと無関係ではない。いや，おそらく毘盧遮那の菩薩形に直結する初期資料となるであろう。

これらの仏伝では，漢訳は一切義成就とシッダールタ（悉達）を同時に扱い，厳密な使い分けはしない。また，サンスクリット名では，華厳経の「入法界品」では Sarvārtha-siddha，『初会金剛頂経』では Sarvārtha-siddhi とし，語末の母音が異なる。これらの理由はまだ判明しないが，注記したように両例が同時に一文中に示される用例などもあり，それをも含めて，今後の研究課題として残った。

三密については，「十地品」に身密・語密・心密があり，華厳経「世主妙厳品」では身・智・音で法身毘盧遮那の働きを表している。

さらに，密教の瞑想で重要な広観と斂観が説かれ，心の浄化から肉身の浄化までがすでに華厳経「入法界品」に説かれていた。それ以外に，師子奮迅三昧なども，密教と深い関連を有していた。

加持は，『大日経』の神変加持の具体的な働きと様相を知るために，避けて通ることのできない思想である。この加持は，般若経系に詳しい用例がまず説かれ，それが瞑想の中でブッダが菩薩に説法させる加持のメカニズムとして鮮明に記されている。この加持のメカニズムは，その後の密教では具体的に示されなくなる。その点で，これらの記述は重要となる。

また，この華厳経の法身思想でも，初期仏教の思想的展開が見られた。

第７章の涅槃経の師資相承句と法身思想では，常楽我浄と法身の関係に重点を置いた。それは，法身が常住するという常住法身の思想が，果位の常楽我浄に明確に説かれているからであった。

また，月輪の清浄性とその功徳についても若干の考察をなした。涅槃経では，月の清浄さと功徳を同時に説き，密教の月輪観へと展開する跡を示した。

さらに，『勝鬘経』の法身思想と常楽我浄の四顚倒は，師資相承句の直前に示され，『宝性論』から回収した梵文と漢訳とチベット訳があり，そこでは如来の法身を常楽我浄の四波羅蜜と見，衆生は如来性を悟るとする。その如来の法身を果位の常楽我浄といい，「正しく見る」見解を「如来の法身を見る」こととした。

すでに指摘されるように，この涅槃経にも，同じく初期仏教の法身思想が見られた。

第８章の『楞伽経』の師資相承句と法身思想では，法性仏と等流仏について，顕密両修のジュニャーナシュリーバドラと，顕教のジュニャーナヴァジュラの２人の解釈の相違を論じた。

密教の四種曼荼羅の中の法曼荼羅は，まさに初期仏教の法身の意味である「教えの集合体」をビジュアルに示した一大パノラマであり，その意味で法曼荼羅に描かれる法の種字は，法身毘盧遮那如来から生み出された教えの言葉であり，言葉の集合体であった。そのように理解したとき，法曼荼羅の真の意味が見えてくる。ここでも，法性仏としての毘盧遮那と大毘盧遮那および等流と変化が，問題の中心となっている。

また，意生法身についても説かれる。意生法身とは，ブッダが兜率天で最後身を示すその身を表現したものであり，中期密教の文献にも出現する仏格である。

さらに，四身説では，『聖位経』が，金剛界曼荼羅の三十七尊の出生段を完了した直後に，『入楞伽経』の偈頌を引き，金剛頂経系の自性身・受用身・変化身・等流身の四身を説く。この解釈も，『入楞伽経』と密教の関連を知る上で重要であった。また，この『楞伽経』でも，初期仏教の法身思想の展開が見られた。

第９章の唯識・如来蔵系経論の師資相承句と法身思想では，法身から受用身と変化身が生み出される仏身説を基調とし，『現観荘厳論』第一章第17頌による四種身について論じた。そこでは，14種の注釈書を，三身説と四身説の解釈の違いによって区分し，その論点を整理した。そして，自性身には働きがなく，法身には二十七種の働きがあるとする解釈に基づき，両者の相違を明らかにした。

第10章の密教の師資相承句では，大日経系，金剛頂経系，陀羅尼経系に区分して概観した。大日経系の『阿闍梨大曼荼羅灌頂儀軌』では，如来蔵思想に裏づけされた灌頂の儀軌思想を通して，等正覚の真子を明呪と禁戒を得た菩薩とする『大日経』「持明禁戒品第十五」の思想と合わせて見た。それはまた，それぞれが三昧耶戒と強く関連し合っていた。

また，『底哩三昧耶不動尊威怒王使者念誦法』に示される定型句の「法」は，阿字としての法身であり，法界生の真言であった。このように，阿字を法身と捉える思想は，『大日経』「悉地出現品」にも見られ，そこでは「仏口」や「仏心」を阿字と捉えた。また，この法界生の真言と印を『要略念誦経』では「清浄法身の印」とも捉えていた。この清浄法身は，すでに見た『四十華厳』の菩薩の清浄法身と如来の清浄法身の思想と深く関連したものであった。

このように，大日経系資料では，師資相承句の法を，究極的には阿字法身の一字に集約し，如来蔵思想と関連させながら，灌頂の定型句や，阿字の真言に昇華していた。

金剛頂経系の『五秘密儀軌』では，毘盧遮那仏の加持によって，弟子が曼荼羅阿闍梨に会い，曼荼羅に入って灌頂を受ける。阿闍梨は，その灌頂を授ける前に，戒と三昧耶戒を授け，金篦で心の煩悩を取り除くために眼膜を除き，明鏡によって人我と法我の執着を取り除く。このときに授けられる師資相承句の「その人一切如来の心より生じ，仏口より生じ」は，すでに見たように，『別訳雑阿含経』や『大日経』に見られたものと同じであった。そして，この師資相承句で初めて「仏の法財を得べし」と強調する「法財」を，明確に如来の三密と捉えていた。

この『五秘密儀軌』を翻訳した不空三蔵が『不空三蔵表制集』「三蔵和上遺書一首」の中にこの師資相承句を唱えることは，中国密教でも灌頂の儀式にこの定型句が使用されていたことを裏づけている。

三昧耶戒については，華厳経から密教への三昧耶戒の変遷を見た。ここでは，華厳経の10項目の三昧耶戒の記述が，密教の三昧耶戒の４項目に収まることを論じ，三昧耶戒を命に代えても守らなければならないとする理由を，三昧耶戒の戒相として論じた。

第11章の密教の法身思想では，『大日経』「悉地出現品第六」における阿字を法身と捉え，その阿字から光明を発して諸仏を十方世界に遍満し，衆生を利益する記述を検討した。

ここでは，発心 a・修行 ā・菩提 aṃ・涅槃 aḥ の四転（点）阿字を集合した āḥ 字には，その根底に「教えの本体」（理）としての阿 a 字と，多くの光明を放って諸仏を流出する aṃ 字（智）が「仏口」とも「仏心」ともなって働く。このように，中央の āḥ と四転阿字は，その根源となった法身毘盧遮那の a 字とその働きとしての aṃ 字とが，表裏の関係にあるものであった。

この aṃ 字を『大日経』「説百字生品」は，ka，kha，ga，gha，ca，cha，ja，jha，ṭa，ṭha，ḍa，ḍha，ta，tha，da，dha，pa，pha，ba，bha の20字と aṃ，ya，ra，la，va を足した25字に，発心 a・修行 ā・菩提 aṃ・涅槃 aḥ の４字を掛け合わせた百字とする。この満数の百字は aṃ 字から生み出される無量無数の法身を示し，この法身の文字を生み出す百字真言王 aṃ が，師資相承句の毘盧遮那の口であり，心であるとされた。

このように，般若経や『大日経』の字門と『瑜伽金剛頂経釈字母品』の字門を１字に集約した阿字本不生は，ブッダの説かれたすべての教法である八万四千の法門を含蔵する阿字として展開した。これがまさに初期仏教の法身の最終的な展開の姿であった。

密教の仏身説では，『大日経疏』所説の本地法身を取り上げた。ここでは，法界宮殿に住する毘盧遮那を諸仏を生み出す本源の意味で本地法身と呼び，その本地法身から生み出された一切如来たちにもまた，この本地法身が住すとした。そのことを「心王の毘盧遮那より加持尊特の身が現ず」とし，「一切智とは所謂諸如来なり」と示しながら，本地法身から生み出された諸如来には，この毘盧遮那の一切智がすべての心に住すとする。この心王である本地法身が諸如来の心に内包されるとする説は，本地法身の複数化を示し，この複数の法身思想は，すでに見た『八千頌般若経』の「如来たちは諸の法身である。dharma-kāyās tathāgatāḥ」や，『楞伽経』の複数の法身に思想的根源を見る。

また，『大疏』は，引き続き毘盧遮那とそれより生み出された諸如来を心王cittarājaと心数caittaとして捉える。その上で，本地法身の毘盧遮那を心王の無相法身，加持身を心数の智身と捉える。この解釈も唯識思想の線上で頷首できる。

さらに，密教経軌に説かれる二身説から五身説への展開を表10にまとめた。すると『三十七尊礼懺文』と『金剛頂瑜伽三十七尊礼』の毘盧遮那・阿閦・宝生・阿弥陀・不空成就に，法身・自性身・聚身・智恵身・変化身の五身を配当するユニークな思想に気づく。これは*Vajraśekharatantra*の説に見られるものであるが，結論として，この曼荼羅の毘盧遮那に法身を配し，阿閦に自性身を配し，他のものに聚身・智恵身・変化身を配する記述こそ，法身説法を打ち出す新たな仏身説の根拠となったことが知られた。

最後のブッダグフヤの四身説では，ブッダが悟りを得たシーンを再現する菩提道場身と法身は説法しないとされ，説法するのは受用身と変化身であるとされていた。しかし，他方，この菩提道場身と法身は言葉では説法しないが，加持の力で発した光明によって説法し，それが三摩地に住する毘盧遮那（菩提道場身）と毘盧遮那の心にある五股金剛杵（法身・大毘盧遮那）による説法であった。ここにも法身説法の根拠が見られた。

第12章の金剛頂経系の法身思想では，『聖位経』所説の四種身中の受用身の仏格は，自受用身と他受用身である。この自受用身の意味は，自ら悟りの法味を享受する身を意味し，他受用身とはその自らの悟りの法楽を他のものに享受させる仏格であると理解されていた。

『瑜祇経』では，この『聖位経』の四身を，自性法身，受用法身，変化法身，等流法身の四種法身と捉え，この四種法身に共通する法身思想では，法身が働きをもつという点に特色があり，この法身の働きを三摩地の実践で具体的に示すのが，金剛頂系経軌である。

シャーキャミトラとアーナンダガルバの法身解釈は，プトンの『瑜伽タントラの海に入る筏』に詳しい。そこでは，この法身について，プトン自身の解釈に，パドマヴァジュラの解釈を加えて，毘盧遮那と大毘盧遮那について論じた。結論として，毘盧遮那は色究竟天で悟りを得た受用身の毘盧遮那であり，その毘盧遮那の心にある法身が大毘盧遮那であるとされ，その毘盧遮那が色究竟天の菩薩たちの中で特に勝れているから，大毘盧遮那であるともされていた。

第13章の密教の五相成身観では，注釈家たちの７種の解釈をまず整理し，つぎにサンスクリット文からの五相成身観の解釈を見，釈タントラによる五相成身観の解釈で，それらをさらに掘り下げた。そこでは，瞑想という実践面からの毘盧遮那と大毘盧遮那の特色が明確に浮かび上がり，前章に見た毘盧遮那とは受用身であり，大毘盧遮那とはその毘盧遮那の心にある法身を指していた。

この法身は，三十二相や八十種好で飾る受用身の毘盧遮那として月輪に住し，常恒に説法する。それが，パドマヴァジュラの言う密教の法身説法であった。

また，この三十二相や八十種好で飾る受用身の毘盧遮那は，心に法身大毘盧遮那を有することから，自性法身（自性として働く法身）とも法性仏（法性をもつ仏）とも呼ばれる仏格である。

以上の考察から，初期仏教の法身思想は，ものの見事に般若経を皮切りに，華厳経，法華経，涅槃経等の大乗の諸経論に展開し，密教の阿字法身へと受け継がれ，法曼荼羅や法身の真言化として結実していたのである。

和 漢 語 索 引

あ

アースパーナカ三摩地　328, 372, 373
アートマン　196, 231, 370
アーナンダ（阿難）　6, 16, 17, 19, 20, 57, 61, 174, 281, 282
アーナンダガルバ（阿闍梨）　330〜333, 338〜340, 345, 352, 354, 365〜369, 371, 382, 403
アーラヤ（識）　216, 223, 231, 259, 347, 381
――識の境界　216
アーリ　45, 395
アールヤ・ヴィムクティセーナ　252
阿迦尼吒天宮（→色究竟天宮）　307, 326, 327, 337
悪魔　109
阿字　4, 5, 31, 32, 41〜44, 278, 279, 281, 297, 298, 304〜306, 309, 311, 317, 400, 401
――金剛薩埵　311
――としての法身　400
――等をはじめとする三十四字門　305
――の三昧　304, 305
――の三昧地　304
――の自性　318
――の真言　400
――法身　317, 400, 403
――本不生　4, 64, 279, 305, 401
――門一切諸法本不生故　38, 44
アジャパーラ榕樹　5
阿闍梨　3, 20, 279, 281, 282, 292, 343, 350, 367, 372, 400
阿閦（仏）　259, 307〜309, 323, 328, 329, 332, 334, 335, 346, 347, 369, 376〜378, 383, 402
――の自性身　385, 386
阿閦如来　233, 324, 327, 329, 335, 379, 386
――を自性身と捉える解釈　222
阿修羅王　176
アスラ（王）　108, 162
阿声　301, 311
あなたは金剛界である。金剛界である。という名灌頂　383
阿耨多羅三藐三菩提　70, 75, 76, 145, 276
天野宏英　250
阿弥陀（仏・如来）　259, 277, 298, 307〜309, 324, 327, 347, 379, 383, 402
――の受用身　385, 386
阿弥陀仏の真子　276, 277
阿羅漢　394
――果　315
阿蘭若法（の）菩提道場　143, 144
アン字　83, 305, 396

い

意界法界意識界　61, 62, 353
筏の喩え　82, 83
意から生起する身　215
遺骨　106, 107
意識のみで作られた身　216
異熟身　330, 331, 333
意生身　123, 204, 214, 215, 216, 331
――の最後身　331
意生法身　214〜216, 355, 399
威神　176
――の功徳　176
――力　8, 279
一乗　101, 103, 104
一即一切　114
一即多，多即一　43, 132
一仏から多仏を生み出す思想　114
一切義成就（菩薩）　133, 134, 136, 138, 139, 141, 142, 291, 325, 326, 327〜334, 350, 351, 354, 372〜376, 380, 383, 397, 398
――の胸の五股金剛杵の中央　383
――の胸の金剛の中心　383
――摩訶薩　327, 328, 373
一切住持蔵法如来　135
一切種智　67
一切諸仏の法身　129

一切相智性　246
一切智　140, 150, 303, 384, 402
——者　231
——者性　183, 184
——性　149, 363
——智　80, 175, 272, 288, 384
——智の境界　203
——の境界　203
一切如来　28, 29, 31, 60, 135, 180, 181, 183〜185, 277, 278, 288, 297, 303, 307, 316, 327〜329, 330〜332, 334, 335, 350〜352, 370〜379, 384, 402
——の加持（力）　332, 369, 372, 376
——の薩埵金剛　329, 335, 379
——の獅子座　329, 335, 350, 351, 379
——の身　377
——の身語心金剛界　376
——の真実　150, 291, 327, 328, 363, 372
——の法身を加持するもの　315
——の御心　350〜354
——の御心の自性　348
——の心　31, 279, 280, 327, 375, 400
——の心より生じ　3
一切の毛孔　183, 184
一切毘盧遮那如来　140
一切毘盧遮那如来住最後身　140, 141
一切仏国土の集会に行く身　215, 216
一身で遍満する神変　185
意密の法　20, 303
異類身　68, 234, 332
印　5, 32, 143, 278
因と果と業（働き）　254
因と等しい仏たち　356
因と等しきもの　234
因位　371
因位と果位　325, 369
因位の顛倒　197
因縁より生じたもの　342
因の智　369〜371
因不可得　44, 45

う

ヴァーサンティー　172
ヴァーセッタ　14, 15, 27
ヴァイシュヤ　79
ヴァイローチャナ　310
有為（法）　196, 198, 340
有為と無為　245
宇井伯寿　69, 71, 395
ヴィムクティセーナ　243, 253
ヴィローチャナ　161
ヴェーサリー　6
有覚有観　8
兎　7
鄔声　301, 311
有相　7, 35
ウダーナ　332
ウパーリ　20
蘊　39, 183, 199, 212, 231, 232, 364

え

衣灌頂　331
廻向思想　129
恵厳　193
穢食身　17, 193〜195
依他起性　230
縁覚（身）　79, 80, 309, 315
縁起　4, 6, 27, 34, 394
——の真理（理法）　4, 7, 393
——の法　34, 36
——の理性　27
——の理法　4, 5, 6, 26
閻浮提（ジャンブドゥヴィーパ）　64, 123, 140, 170, 230, 306, 326, 333, 345, 346, 349, 352, 355
——の金剛座で現覚する姿　347
——の（金剛座のある）菩提樹（の）下　349, 350
円満覚者の灌頂　386
円満月　133

お

応化身　198, 199
王舎城　8, 17, 316, 317
応身　68, 302, 311
横超恵日　193
大きな宝塔　108, 109, 111
オーム　84, 276, 301, 328, 335, 374〜377, 380〜384
教えの言葉（教法・集合体）　4, 6, 7, 13, 14, 19, 57, 59, 104, 131, 195, 200, 216, 217, 260, 264, 266, 298, 305, 309, 318, 393, 394, 399
教えの法　65, 298
教えの本体　4, 13, 14, 19,

32, 57, 131, 132, 204, 266, 298, 305, 309, 317, 318, 355, 393, 394, 401
越三昧耶 290
音 143〜146
音の輪 147
唵 84, 276, 300〜302, 311
——の三身解釈 301
音声と言音と妙音（の語） 145

か

我（アートマン） 196, 197, 203, 370
カーリ 45
果位 371
戒 281, 282
界 340, 346, 364
開三顕一 98
戒・定・恵・解脱・解脱知見 6, 16
戒と三昧耶戒 279, 400
界と智 224
界と智が無差別の自性たる法身 226
果位の常住法身である常楽我浄の立場 197
果位の常楽我浄 398, 399
果位の不顚倒 197
戒波羅蜜 163
開敷華王 297
カウシカ 56
輝ける光明としての等流 234
覚者の様相 331, 346
過去の誓願力 224, 344, 363
加持 32〜34, 77, 80, 109, 112〜114, 126, 132, 133, 135, 145, 174〜178, 181〜183, 185, 223, 229, 232, 233, 273, 277, 287, 297, 302〜304, 310, 315〜317, 327〜330, 332, 334, 335, 351, 371, 377, 379, 384, 398, 400
——現証 377
——した光明 136
——身 302〜305, 310, 402
——神変 178
——尊特の身 303, 402
——と神変 178
——による音声 193
——による神変 182, 183
——の教勅 307
——（の）力 20, 77, 142, 150, 290, 303, 310, 330, 335, 384, 402,
——の特色 174
——の働き 182, 185
——の光 68
——のメカニズム 398
訶字門一切諸法因不可得故 39, 44
梶山雄一 57, 64, 395
加持力 20, 303, 310, 335, 384
我即諸如来 372
月輪 4, 201, 233, 309, 336, 348, 354, 364, 367, 370〜372, 374〜376, 382, 403
——観 4, 201, 399
——そのもの 374, 381, 382
——の如きもの 374, 381
——の如く 380
——の自性 369
——の清浄性とその功徳 399
——の相 368〜370
——の喩え 382
月婆首那 58, 64, 65
羯磨部 327, 378
羯磨曼荼羅 255
火天 315
我というのは仏という意味 196
果の智 370, 371
我は如来 197
我は無我 197
我波羅蜜 203
カピラヴァストゥ 140
神々の王 162
辛嶋静志 97
迦蘭陀竹林 8
観自在 315, 378, 379
観自在王如来 327, 329, 335, 379
観自在の法智 329, 335
観自在法王の智 327
観自在菩薩 262, 301
ガンジス河の砂 68〜70, 111, 214, 230, 352
灌頂 3, 5, 9, 13, 20, 31, 273〜275, 277〜282, 291, 292, 307, 329, 330, 335, 340, 348, 376, 378, 379, 383, 385, 394, 400, 401
——儀軌次第 275
願身 171
ガンダヴァティー 28, 59
ガンダルヴァ王 162
願智 245
観音菩薩 134
願波羅蜜 163

き

帰依される法身　200
吉祥金剛（手）　30
嬉妃　332
義無礙（智）　288
客塵の煩悩　368, 381, 382
客塵の煩悩に覆われている月　381
佉字門一切諸法等虚空不可得故　38, 44
九億九千万の菩薩　225, 229, 334, 352
驚覚　307, 326, 328, 337, 373
行願　150, 186, 311
経巻受持の信仰　55
教化身　147, 339
教化の方便　8
教師　286, 287, 289, 341, 343, 347, 349, 350, 396
教師の釈迦牟尼　350
教師は三種　341
教主・釈迦　134
教主・毘盧遮那　134
鏡智　309
経典受持思想　104
経典の集合体　65
禁戒　282〜286
キンナラ王　162

く

句　82
空性　35, 38, 41, 44, 68, 203, 216, 244, 354
——の智恵　340
空中　342
苦蘊　184
究竟平等法身　165
九次第定　245
クシナガラ　6, 60
クシャトリヤ　79, 112
具受用（身）　243, 261
口説　314, 315
——の法　83, 396
口　149
——から発せられる光明　193
——より生じ（たもの）　5, 13, 15, 16, 18, 20, 26, 98, 132, 202, 274, 275, 281
功徳　4, 6, 9, 32, 43, 56, 76, 77, 126, 130, 144, 145, 164, 166〜168, 170, 171, 195, 201, 245, 263, 280, 311, 344, 348〜350, 352, 385, 399
——荘厳聚身　259, 308, 386
——荘厳聚身の宝生仏　310, 386
瞿曇　8
求那跋陀羅　201, 211, 219, 220, 227
苦は一切の外道　197
クマーラシュリーバドラ　261, 265, 266
鳩摩羅什　58, 62, 63, 71, 78, 81, 83, 97, 103, 124, 395
薫香の喩え　132

け

警覚　307, 326, 337
夏安居　20
ケートゥプジェ　365
華厳　68
華厳経の十地思想　184
華厳経の神変加持思想　290
華厳経の神変（と）加持の用例　176, 179
華厳経の毘盧遮那・報身　69
下生　136〜138, 142, 218, 220, 330〜333, 398
外乗　341
下生する記述　398
下生の説段　333
化身　68, 74, 75, 114, 198, 300〜302, 310, 311
解脱智　370
解脱道の自性　369
結婚　330
月蝕　7
外の四供養妃　323, 332
化仏　74, 77, 78, 227, 228
化楽（天）　79
現覚身　310, 314〜317
幻化の如き相　256
顕教と密教　235
堅固　43, 195, 225, 285, 309, 328〜330, 334, 368, 370〜372, 375〜377, 382〜384
堅固金剛　369
玄奘　25, 58, 60, 62, 64, 65
原人（プルシャ）　18, 27, 281
現世利益　7〜9, 175
乾闥婆城　29
見道　370
現等覚身　304, 312〜314, 316〜318
慳悋　283〜286, 288〜290

こ

後有 212
業異熟身 80
業因縁 76
恆河沙 75
——に等しきが如き世界 76
広観 185, 368, 382, 398
業寿を生起した衆生 314
業寿を滅した者 314
光線 149, 150, 223, 226〜228, 234, 349
光線を伴う光輪 179
肯定的な常楽我浄 196
——の果位の四徳 197
香妃 332
業報身 79, 80
光明 6, 7, 67〜74, 76〜78, 111, 132, 135, 136, 142〜144, 168, 219, 224〜229, 231, 233, 234, 276, 288, 297, 298, 301, 303, 311, 317, 325, 328, 336, 352, 354, 395, 401, 402
——として法界に諸仏を放射する働き 298
——のあるもの 224
——のないもの 224
——毘盧遮那自受用身 310
——法体 227
広斂 185
——の観法 368
五蘊 216
ゴータマ（・ブッダ） 5, 8, 14, 110, 133, 204, 219, 262, 264, 271, 301, 313, 314
ゴーパー 138, 139
五逆の重罪 276
虚空界 61, 62, 73, 75, 77, 149, 272, 287, 289, 336, 337, 350, 351, 353, 354, 364, 369, 376
虚空清浄 64
虚空身 67, 79, 80, 167
虚空蔵大摩尼宝 335
——の灌頂 329, 379
虚空等身 55, 66
虚空と等しく不可得 44, 45
虚空の自性 363
虚空の清浄説 364
虚空の相 169, 364
国土身 79, 80
極微塵が集った自性身 224
五股金剛杵 233, 309, 329, 330, 336, 338, 341, 350, 364, 367〜372, 375, 382〜384, 386, 402
——という法身の智 347
——の安立 382
——の自性 326
——の四方の突起 377
——の姿 375
——の中央の突起 376
語言道 41, 44, 80
語言道より離れ（る） 45
心 5, 8, 16, 19, 25, 42, 43, 60, 73, 123, 125, 126, 145, 149, 150, 163, 168, 185, 212, 262, 272〜274, 279, 286, 291, 300, 303, 307, 309, 325, 326, 328, 332, 336
——から肉身の浄化 185
——から無量の菩薩を流出する仏格 334
——と肉体を同時に浄化してゆく理論 185
——にある月輪の五股金剛杵の中心 329
——の観察 328, 364, 369, 374, 379, 380
——の行境 363, 380
——の根源 204
——の自性（の相） 231, 363, 364
——の浄化 185, 375, 382, 398
——の浄化から肉体の浄化 186
——の清浄 130, 186
——の所作 30
——の相 380
——の幖幟 336, 380
——の菩提の印 300
——の法性 370
——は善なるもの 381
——は本性光明 374
——は本性清浄 363, 364
——より生じた（仏自身の）子 274, 275
——より生じた子 16
——を清める 383
五字 40, 42〜44, 297, 306
五字厳身観 40, 41, 114, 185, 186, 305
五字法身真言 310
五十字門 37, 39, 40, 44〜46, 298, 394, 395
五種身 257, 350
五種の教師 342, 343, 352
五種の現覚 348

五（種の）現等覚　365
五成就　341
五身（説）　299, 308〜310, 312, 385, 386, 402
五相　369
五相現成等正覚　365
五相成身観　134, 150, 186, 233, 291, 325, 326, 328〜331, 333, 335, 337, 341, 348, 349, 354, 363〜368, 372, 373, 379〜381, 386, 387, 397, 403
五大　37, 40, 41, 43, 305, 395
五体投地　380
五智　258, 259, 265, 292, 307, 308, 310〜312, 324, 345, 348, 368, 369, 370〜372, 375
——具足の身　348
——三十七等（の）不共仏法　306, 324
——の五瓶　308
——の自性　344, 345, 369
——の幖幟　336
語と心の平等性無尽荘厳蔵　150
言葉で法を説くシーン　143
言葉をもって説法しない大毘盧遮那　355
言葉をもって説法する受用身の毘盧遮那　355
言葉をもっては説法しない大毘盧遮那の仏格　355
五如来（身）　308, 353
五峰金剛の菩提心の三摩地智　327, 334
五仏　297, 308, 309, 324, 347, 369, 375, 385
五仏身円満　367, 372, 376, 383〜386
五分法身　6, 16
五方　297
五法　214, 215, 219
五法三自性　213
五密　279
語密　145, 146, 398
——の声　20, 303
五門の識　344〜346
五欲　9
五輪塔婆　114, 185
金剛　30, 36, 41, 43, 65, 195, 274, 285, 302, 311, 323, 324, 328, 335, 336, 340, 353, 354, 371, 372, 375, 376, 378, 382〜384
——印　30
金剛界　275, 307, 308, 327, 340, 346, 351, 376, 383, 384
——三十七尊　308
——成身会曼荼羅　325
——大悲毘盧遮那仏　310
——大菩薩　328〜330, 334, 377, 383, 384, 385
——大菩薩の薩埵金剛　384
——大菩薩の薩埵金剛である五股金剛杵　385
——大菩薩の身体　384
——大菩薩の心の五股金剛杵の四方　384
——という仏　348
——（という）如来　325, 328〜330, 332, 335, 346, 351, 354, 355, 377〜379, 397
——如来としての毘盧遮那　347
——如来の薩埵金剛　328, 335, 369
——如来の四方　379
——如来の心の五股金剛杵の四方　335
——の諸如来　226, 354
——毘盧遮那仏　327
——菩薩　332, 376, 384
——曼荼羅　142, 329, 354, 370, 376, 380, 383
——曼荼羅の五仏　312, 379
——曼荼羅の三十七尊　308, 324
——曼荼羅の三十七尊の出生段　220, 399
——曼荼羅の三十六尊　221, 325
——をはじめとする色身　342, 343, 348, 350, 351
金剛加持　350, 351
金剛羯磨灌頂　338, 340, 385, 386
金剛堅固　386
金剛堅固自性身　308, 309
金剛堅固自性身阿閦仏　310
金剛座　346
金剛薩埵　226, 233, 274, 311, 340, 347, 350, 353, 369, 384, 385
——灌頂　385
——の位　279
——の灌頂　338, 339
——の大印　369
——妃　332
金剛手　30, 143, 150, 178,

272, 273, 274, 275
金剛心　382, 383
金剛身　55, 65, 66, 195, 384
金剛蔵菩薩　145
金剛蔵菩薩摩訶薩　145
金剛頂　223, 226, 233, 234, 323, 324, 326, 337, 355, 403
金剛頂経系　31, 45, 142, 218, 222, 235, 271, 275, 279, 281, 285, 306, 323, 341, 363, 399, 400, 402
金剛幢菩薩　132
——摩訶薩　131, 132
金剛の光明　327, 334
金剛の如き法界　348
金剛の性　307, 325, 326
金剛の自性　369
——をもつ金剛身　384
金剛の不壊　36
金剛のような不壊の身 195
金剛波羅蜜（形）　327, 334, 336
金剛平等智印の三昧耶 327
金剛部　304, 316, 327, 378
金剛宝　332
金剛法界宮　302
金剛法灌頂　338, 339, 385, 386
金剛摩尼（宝）　329, 335, 351, 379
金剛摩尼宝峰楼閣　327
金剛名灌頂　376
金光明経の化身・応身・法身　302
金剛瑜伽　385
——の真言　384
金剛蓮華灌頂　385
言説法身　81～83, 396
金胎両部の灌頂　275
金篦　274, 279, 400

さ

サーラドヴァジャ比丘の神変　183, 184
財　212～214
最後身　140, 331, 399
最勝仏　133
最初の月輪　381, 382
——の如きもの　381
——の如く　382
財身　213, 214
財の相続者　16, 17, 20, 26, 194, 213
財分　16, 26, 27, 102
朔日の月　168, 367, 368, 382
作変化身　308, 309
作変化身釈迦牟尼仏　310
作変化身の不空成就仏 386
サダープラルディタ（常啼菩薩）　32, 33
サッタ　348, 350
薩埵金剛　327, 329, 335, 369, 376, 377, 378, 383
薩埵金剛の自性　386
サッタ母　348, 350
悟った縁起の理法　26
悟り　4～6, 9, 18～20, 27, 31, 82, 98, 99
——の教え　13, 60, 218, 317, 394
——の果位の常住法身 195
——の功徳　19
——の身から光明を流出する仏格　325
——の真理　6
——の働き　144
——の法味を他として受用させる仏格　334
——の法味を受用している自利の姿　246
——の法味を自ら受用する仏格　334
サハー世界　109
サマンタネートラ　162
沙羅双樹　306
三悪道　68
三院　304
三界　16, 83, 129, 172, 345
——の有頂天　193
——の法王　340
——の法王として灌頂されたもの　339, 340
三角印　304, 315～317
三句の思想　291
散骨　291
三三摩地　332
三自性　214, 215, 219, 220, 229, 232, 233
三車火宅の比喩　98
三十三（天）　79
三十四字　40
——門　38～40, 44, 45, 298, 305, 394
——門の観想　304
三十七尊　323
——出生段　323
三十七の三摩地智　325, 337
三十七菩提分（法）　245, 246, 337

三十二身　308, 311
三十二相　73, 104～106, 112, 162, 171, 172, 229, 233, 246, 325, 337, 338, 339, 340, 368, 403
——と八十種好の尊形　341
——と八十種好の報身　338, 339
——と八十種好を有するもの　396
——の色身　172
三十二尊　308, 325
三十六尊　221, 324, 325, 347
三種清浄　65
三種の教師　342
三種曼荼羅　255
三乗　75, 103, 104
——の開会（開三顕一）　98
——の教法　306, 326
——の解脱の果　306
三身　63, 224, 226, 228, 233, 234, 247, 251～258, 260, 261～265, 300～302, 310, 311, 343, 345, 350
——説　55, 58, 62, 63, 226, 247, 251, 252, 254, 255, 262, 265, 300, 302, 312, 313, 400
——の教師　343
三世　339, 348
——の諸如来の御心の自性　346
三千大千世界　19, 64, 67, 69～73, 75, 123, 162, 165, 170, 220, 395
——の衆生　193
三尊真言　84
三尊の種子　83
三尊曼荼羅の種字　84
三大　74
讃歎雲　137
三智　258
三念処　246
三平等句の無尽荘厳　273
三宝の常住　193
三昧　8, 9, 70, 72, 149, 183, 215, 276, 304, 305
——王三昧　70, 72
三摩地　5, 32, 77, 78, 143, 144, 146, 148, 150, 177, 178, 219, 223～226, 229, 231, 233, 234, 290, 291, 297, 298, 305, 310, 313, 315, 325, 338, 341, 344～346, 348, 352, 353, 354, 363, 402, 403
——身　224, 229, 231
——（の）智　324, 325, 334, 336
——の力　331
——の智の光　336
——門　348
三昧耶（三摩耶）　275, 276, 282, 283～286, 290, 307
三昧耶戒　277, 281, 282, 284～291, 400, 401
——頌　283
——の戒相　286, 290, 401
——の四項目　401
——の内容　286
——の変遷　282, 401
三昧耶形　308, 386
三昧耶形の三角の遍智印　308
三昧耶曼荼羅　255
三密　3, 5, 20, 31, 66, 143, 146, 149, 273, 279～281, 398
——の曼荼羅界会　340
——門　307
——瑜伽　32
三無護　246
三無忘失法　246
三論　68

し

慈　302
四灌頂　385
色界　307, 317, 326, 327, 333, 397
——の色究竟天　317
——の色究竟天で悟った毘盧遮那菩薩　142
色究竟宮殿　225
色究竟（天）　79, 142, 218～220, 225, 291, 313, 314, 316, 317, 326, 330～334, 336, 339, 345, 346, 349, 352～355, 403
色究竟天宮　218, 229, 313, 325, 352～355
——の楼閣宮殿　223
色究竟天王の宮殿　229, 352
色究竟天の報身毘盧遮那　326
色究竟（天）の菩提道場　317, 331
色究竟天の法身大毘盧遮那　355
色身　28, 29, 55, 57～66, 72, 112, 114, 123, 132, 149, 161, 164～166, 170

～174, 199, 204, 214, 263, 264, 299, 311, 312, 332, 336, 344, 349, 350, 353, 355, 371, 372, 395, 397
――業清浄　171
――相好　171
――の受用身　225
――の（たる）毘盧遮那　346, 347
――の毘盧遮那如来　162
――の仏格　197, 336
色の身体　161
子宮の栴檀の楼閣　137
竺法護　97, 123
四項目の禁戒　282
地獄　76, 136
地獄の衆生　136
四根本罪（四波羅夷）　284
自在神力　140, 303, 304
自在天（王）　315, 345
自恣　20
師子吼　133
師子座　301, 302, 311, 327, 332
師資相承（の）　5, 8, 13, 15, 31, 202, 271, 292, 394
――句　3～6, 9, 13～15, 17, 18, 20, 25, 26, 31, 64, 97～99, 101, 102, 123, 124, 126, 127, 131, 132, 165, 193, 194, 201, 202, 211～213, 243, 271～273, 275, 277～282, 291, 292, 297, 298, 300, 317, 393, 394, 396～401
――句の原形　14
――句の仏口・仏心・説者　31
――句の法の相続　214
師資相承の定型句　3
師資相承の法身　394
師子奮迅三昧　148～150, 398
四種一切相清浄　246
四洲　73
四十二字門　4, 37～41, 44, 45, 64, 279, 298, 305, 394
四種身　221, 246, 247, 251, 252, 254, 256～258, 260, 262, 263, 265, 306, 312, 313, 316, 323, 324, 326, 338, 339, 340, 400, 402
四種の集会　110
四種法身　226, 235, 248, 255, 262, 307, 308, 310, 323, 324, 356, 403
――思想　355, 395
――に共通する法身思想　324, 403
四重曼荼羅の薩埵の出生方法　350
四種曼荼羅の中の法曼荼羅　399
自受用　307, 327, 334
――の四智　307, 327, 334
――仏　307, 325, 326
――法身　355
自受用身　222, 262, 279, 302, 307～312, 315, 323, 325, 326, 332～338, 347, 402
――の毘盧遮那　325
――の仏格　263, 315, 334, 341
――仏　325, 337
四摂（四門護）　323～325
自性　35, 36, 103, 178, 201, 220, 221, 224, 225, 231, 244, 246, 247, 252～255, 257～265, 273, 310, 313～315, 317, 328, 337, 344～346, 348, 349, 353, 369～372, 377, 380, 385, 403
四摂事　149, 150
――の力　146
自性上光明な智蔵となった如来応供正等覚者　335
自性清浄　25, 253
自性上成就する真言　328
自性上清浄　204, 340, 378
――な界　339, 340
――な者　328, 335
自性上光り輝く自性　344, 345
自性身　214, 217, 220, 221, 226, 234, 243, 244, 246～248, 252, 253～266, 302, 305～311, 323, 324, 326, 337～340, 347, 385, 386, 399, 400, 402
――と法身　221, 246, 247, 253, 255, 257, 258, 260～263, 265
――の阿閦仏　386
四摂の三十六尊　221
四摂の菩薩　332
自性仏　220, 221, 224, 226
――の法身説法　71
自性法身　224～226, 278, 279, 324, 395, 403
自性を具す法身　253
四身　220, 221, 251, 257, 258, 261～263, 265, 304, 306～308, 310, 312, 313,

315, 316, 324, 326, 339, 355, 385, 386, 403
自心成就　380
四身説　220, 243, 247, 248, 251, 262～265, 302, 312, 313, 318, 323, 326, 338～400, 402
自身に加持　80, 379
自心の観察　363, 379
自身を加持　329, 332, 335, 379
自心を観察すること　373
四禅定　331
地蔵　316
四大州　133, 140
四大（天）王　79
自他利円満の特相を有する仏格　258
四智　67, 148, 258, 307, 325, 327, 334, 335
七現観　264
七宝の塔　106
悉地の果　245, 246
実叉難陀　66, 123, 211, 220, 221, 227
実践次第　337
実相　305, 311
シッダールタ（菩薩） 134, 136, 138, 139, 140, 398
悉達太子　138～141, 398
十波羅蜜　66, 162
——の賞賛　162
四転阿字　298, 401
四天下　133, 134
四顛倒　196
四顛倒の常楽我浄　198
自内証の智　225, 228
四如来　328～330, 334, 346, 376～379, 383, 384
四如来の加持（力）　377, 384
地婆訶羅　124
四波羅蜜　203, 221, 308, 323, 324
——妃　332
四部　350
四仏　221, 265, 307, 310, 323, 324, 332, 334, 335, 385, 386
——の四智を受用する毘盧遮那そのもの　335
四部と部族　344
四菩薩　332
四魔　133
——を降伏　331
——降伏　331
四無畏　246, 288
辞無礙（智）　288
四無礙解　246
四無礙弁　287～289
四無色定界　331
四無量　245
四面　332
——毘盧遮那　355
——毘盧遮那如来　378
下田正弘　193
四門護　308, 346
シャーキャミトラ（阿闍梨） 330～332, 352, 353, 365～369, 371, 382, 383, 403
シャーリプトラ（舎利弗） 16
舎衛城　14, 316, 317
釈迦院　316
釈迦から毘盧遮那へと変遷する経緯　397
釈迦から毘盧遮那への変遷の跡　134
釈迦師子　142
釈迦如来　135
釈迦の身　368
釈迦牟尼　123, 133～135, 142, 144, 146, 254, 304, 315, 333, 345～347, 355, 397
——世尊の働き　78
——である金剛界大菩薩　385
——と同体の不空成就　309
——如来　112, 113, 135, 148, 329, 335, 355, 379
——如来の生身舎利　300
——如来の八相あるいは十二相　330
釈迦文仏　76
——の寿命　7, 60
寂静身　55, 65～67, 167
寂静法身　317
釈尊の色身　65
釈タントラ（系）　222, 338, 364, 365～369, 372, 379, 380～385, 403
シャクラ　32, 33, 56, 174, 175
邪見　227, 363, 368
闍那崛多　97
沙門　78, 109
舎利　55, 104, 106, 107, 199, 306
——＝遺骨　106
——塔　200
——の蘊　199
舎利弗（シャーリプトラ） 17, 25～27, 98, 99,

102, 127, 396
舎利を収める宝塔　199
ジャンブ州（閻浮提）　140
ジャンブドゥヴィーパ（閻浮提）　55, 56
十五夜の清浄な満月の輝き　168
十五夜の満月　367
執金剛　34, 150, 274, 276, 315
——身　314, 315
十地　67
十自在　246
十地と十身　66
十地の階梯で説法する受用身の仏格　355
十地の功徳身　166
十地の菩薩　145, 224, 246, 262, 263, 307, 314, 315, 335, 344, 345, 349
十地満足の菩薩　307, 327, 334, 354
十地満足の諸の大菩薩　326, 337
十身（説）　55, 58, 66, 67, 167, 168, 395
十善戒　282, 284
シュードラ　15, 79
十八界　61, 62, 353
十喩　60, 364
14日の月の輝き　168
十力　246, 287〜289
十六大薩埵　346
十六（大）菩薩　221, 233, 308, 323, 324, 332
種子曼荼羅　4
修集身　167
衆生身　79, 80
衆生への大悲　246
聚身　308, 402
修多羅　65, 66, 81
出家　14, 281, 330, 333, 398
十項目の三昧耶戒　401
十種身　79, 80
十種の如来の清浄身　162
十種の法身　167
十種の名前　133, 134, 397
十種の名号　73
出世間心　364
出世間道　256
シュッドーダナ（王）　137, 138, 140, 330, 333
十遍処　245
十法　286
十方世界の衆生　67, 72, 74
修道　370
ジュニャーナヴァジュラ　222, 224, 226, 228〜230, 232, 234, 399
ジュニャーナシュリーバドラ　222, 223, 225, 226, 228, 229, 231, 233〜235, 355, 399
修菩提心　366, 367, 374, 381, 386
修菩提心の行境　381
須弥　73, 330〜332, 346, 378, 379
須弥壇　308
受明灌頂　285
受用身（仏）　73, 74, 80, 106, 214, 220, 221, 224〜226, 229, 232〜234, 243, 246〜248, 252〜265, 303, 304, 306〜316, 318, 323〜327, 330〜333, 336, 338〜346
——が化作した変化身の毘盧遮那　332
——が説法すること　80, 312, 342
——が変化身を化作する　332
——の教師　346
——の御事業　232, 233
——の自性　314
——の毘盧遮那　143, 307, 315, 317, 328〜331, 333, 352, 354, 403
——の毘盧遮那如来　317, 329, 332, 334, 355
——の毘盧遮那の功徳　352
——の仏格　172, 246, 314, 326, 336, 341, 402
——の曼荼羅　372
受用智恵身　259, 308, 309
受用智恵身（の）阿弥陀仏　310, 386
受用法身　324, 395, 403
シュリーヒ　84
除闇（暗）遍明　78
除一切蓋障　316
常　196, 203, 370
浄　196, 203, 370
聖位経の四種法身　235
聖位経の毘盧遮那　330
聖位経の報身　333
聖位経の法身　325
商羯羅天　315
勝義　38, 43, 44, 196, 256, 263, 339, 344, 396
——の立場　83, 275, 345
正見　203
聖堅　124

正見者　202, 203
証悟　135, 314, 315
——の法　83, 396
証金剛身　367, 372, 375, 383
成金剛心　367, 372, 375, 382, 383
声字　304, 305
——実相　304〜306
——実相としての法身　309
勝者の子　211
常住　26, 34〜36, 195, 196, 198, 204, 309, 313, 339, 350, 351, 354, 398
常住三世浄妙法身　308, 309, 310
常住身　339
常住法身　74, 193〜196, 198, 218, 275, 313
——毘盧遮那　197
——の思想　398
成熟身　353
清浄色身　65, 123, 167, 170, 171, 397
清浄荘厳蔵という三摩地　297
清浄身　55, 66, 67, 165, 167
清浄なアーラヤ識から転じた如鏡智の自性　346, 347
清浄な大心　381
清浄な月　201
清浄な妙法の身　173, 200
清浄の法身　126, 127
清浄仏国土　259
清浄法　169
清浄法界（智）　83, 259, 324, 346
清浄法界の境に遍入する極めて清浄な智　347
清浄（な）法身　65, 123, 164〜167, 169〜173, 199, 279, 308, 309, 397, 400
清浄法身の印　278, 279, 400
清浄法身（の）毘盧遮那仏　310, 386
清浄妙法身　199
小乗の小法　98
小乗法　102
生身　6, 68, 197, 198, 201
清信園林　14
生身舎利　299
生身と法身の二身説　198
生身の釈迦　201
生身の舎利　299
精進波羅蜜　163, 369
生身仏　72, 74
成所作智　148, 258, 307, 309, 324, 327, 334, 347, 369, 371
——の作変化身　309
——の自性　344〜347
常啼（菩薩）　27〜29, 59, 60
常というのは法身という意味　196
浄というのは法の仮の名　196
証得法身　81, 82, 396
浄は諸仏菩薩のあらゆる正法　197
浄は不浄　197
常は如来の法身　197
常は無常　197
常波羅蜜　203
定波羅蜜　163
正法　43, 126, 161, 170, 173, 195〜197, 277, 283〜287, 289, 290, 339, 340, 349, 370
——の大法輪を転じる方　350
——より生じ　202, 203
浄法身　165, 172
浄飯王家　137, 138, 140
小法　101, 102
勝鬘経の「正しい見解をもつもの」　276
勝鬘経の法身思想　202, 399
生母　140
声聞（身）　79, 80, 309, 315
常楽我浄　36, 195, 197, 198, 202, 203, 398
——の思想　193, 275
——の四顛倒　202, 399
——の四顛倒の思想　193
——の四波羅蜜　399
——の常　194
青龍寺　275
生・老・病・死　198
——憂・悲・苦・悩・悶　212
初会金剛頂経系　366
初会金剛頂経の発展系　366
初会金剛頂経の仏身説　387
初期仏教　3〜5, 7, 13, 17〜19, 27, 32, 34〜36, 57, 59, 61, 65, 99, 104, 169, 176, 194, 195, 198, 200, 204, 213, 217, 264, 266,

271, 282, 298, 299, 309, 355, 393〜396
——からの法身説法　343
——から密教へという視点　393
——経典　8, 15, 176
——の教えの集合体　6, 216, 264
——の最初の法身説法　394
——の思想的展開　397, 398
——の大衆部　364
——の法　66
——の法の意味　14
——の法の真理　26
初期仏教の法身　7, 131, 167, 168, 197, 218, 260, 305, 393, 399
——思想　14, 57, 131, 355, 399, 403
——思想の展開　399
——の最終的な展開の姿　401
——の展開　318
初地　67
初地歓喜地　124
所執　364
所執能執　213
所証の法　82, 83, 396
所説の法　29, 35, 82, 83, 396
所説の法性仏　222
諸如来は諸の法身　62
諸仏の身　247, 303, 384
諸仏の真子　64, 102, 126, 127
諸仏法蔵　57
所変化（身）　214, 220
221
諸法皆空　73
諸法の法爾　35
——常住　36
尸羅達摩　124
自利　165, 246, 263, 290
——円満　343, 344, 351
——の受用身　246, 263
白黄赤青黒等の五輪　30
身　143〜146, 149, 162, 165, 172, 194, 199, 261, 311, 347
身・音・（心）智　144〜146
身・口・意　336
——金剛　371
——の三業　337
身・口・心の法財　20
身・智・音の三密　148
身・智・音の（如来の）三つの働き　146, 147
心意意識よりの解脱（離）　212
身雲　162
甚可愛楽　136
身界　61, 340
信解行　257
信解遊戯神変　302
心眼　274, 281
身語意の三密　255
心業　72
尋香城　29, 60
——の比喩　28
身業と語業　72
尽虚空遍法界　307, 337
身語心　20, 143, 146, 273, 344
——金剛界　369
——の三密（の働き）
143, 146, 280
——の秘密　340
真言　5, 27, 29〜34, 36, 81, 83, 84, 143, 178, 277〜279, 283, 298, 300, 304, 310, 315, 328, 330, 335, 374〜377, 379〜381, 383, 384, 394, 396
——化した法身　5
——行　30
——行者　286, 290, 291, 300
——道　150, 255, 314
——の効用　380
——の悉地　277
——の住所　30, 394
——の心位　31
——の力　330, 377, 380
——の不来不去　30, 394
——の法爾　36
——の法性　36
——密教　69
四根本罪　285
真子　5, 16, 18, 31, 64, 101, 126, 128, 273, 276, 277, 280, 281, 396, 400
真実　32, 33, 291, 373, 394
——語　32〜34, 380, 394
——語の王　34
——語の加持　32, 33
——際　61
——者　33
——性　344
——の加持　32, 33
——の言葉　175, 380
——の自性　348
真実摂経を説く方　345
身舎利　306
心呪　178, 380, 381, 382,

384, 385
心所　353
心清浄　130, 186
心性清浄説　364, 370
心清浄なるが故に身清浄なり　186
真身　74, 75
甚深広大　314
心数　303, 402
心相続　273, 313, 344, 345
身体の塔　109
心智　145, 146
神通　7, 167, 176, 215, 301
——三昧耶　277
——力　7〜9, 35, 144, 170, 171, 277
——変化身　74
——利益　75
心と意と意識　212, 214
身と語と意　255, 310, 316, 353, 354
真如　26, 32, 36, 38, 61, 62, 68, 216, 229, 232, 396
——の悟り　229, 232
——の智海　83
——の無我性　26
——法界　28, 29, 60, 61, 62, 353
心王　303, 402
——である本地法身　402
——（の）毘盧遮那　303, 402
身の形をした塔　109, 110, 113
真の弟子　8, 100
真の仏子　26, 29
身平等性無尽荘厳蔵　150
神変　140, 143, 144, 149, 150, 162, 170, 171, 176〜179, 181, 183〜185, 229, 232, 290
——の具体的な内容　182
——の働き　143, 178
——の光　144, 178, 181, 182
——を行う三昧　178
——を加持する　176
——を加持する神力　176
——をもって化作する仏　234
神変（と）加持　150, 171, 174, 176〜179, 181〜185, 290, 398
——のメカニズム　179
心法二無我　212
心密　146, 398
身密　145, 146, 340, 398
身密・語密・心密　145, 398
身密の色　303
身密は身界　339, 340
神力　76, 77, 110, 112〜114, 132, 174〜176, 182, 348
真理の海　138
真理を身体とするもの　59

す

随衆生優劣現化仏　76
水天　315
姿形ある何閦如来　386
優れた正しい（第七）仙　133
図像学的な表現　77
スブーティ　81, 101
須菩提　25〜27, 29
須弥山　133, 142, 218, 314〜317, 327, 329, 330, 332, 333, 335, 336, 345, 350, 351, 354, 355, 379, 398
——頂の毘盧遮那如来　329
——王　69
——の頂上にある法界宮殿　272
スムリティジュニャーナキールティ　259, 265

せ

誓願　108, 110, 112, 113, 150, 151, 170, 171, 186, 291, 351
——身　171
——より生じたもの　342
精神的な正嫡子　16, 273
制底　299, 300
——と質多　300
施護　58
世自在　315
世主如来　135
世俗　83, 114, 196, 254, 256, 263, 264, 275, 301, 339, 345, 396
——的立場から否定した常楽我浄　196
——の四顛倒の常楽我浄　195
世尊自身の（御）子　13, 15, 16, 18, 26, 202, 203
世尊の加持　176
世尊の心より生じた御子　202
世尊の白毫相　180
世尊の御口　179, 181
世尊毘盧遮那　135, 142, 149, 181, 310, 312〜316

——如来　135
——の加持　150
——の現覚身を見ようと親近する者たち　316
——の最後身の菩薩　139, 140
——の自性（身）　312, 316
——の受用身　316
——の身　150
——の身の一切の働き　150
説者　31, 297
絶対善としての威光（功徳）　4, 7, 393
説法したまう教師　341
説法の音声　74, 77
説法の教師　80, 81
説法の光明　78
施波羅蜜　369
善巧方便波羅蜜　163
前五識　347
前後身を生ずる根源　346, 347
善根の迴向　129, 130
善財童子　127, 139, 162, 170, 171
前七識　216
善趣　184
善修身　67
善修得身　55, 66
全身（法身）　199
全身から化現されたもの　112
全身舎利　106
全身の形をした塔　109, 110, 113
善逝の真子　124, 126
善逝の御心　342～344, 346～348, 350, 351, 354
善恵地　288
千輻の相輪　70
千輻輪　70
善無畏　273, 302, 306, 310

そ

葬儀　3, 291
相好　72, 164, 166, 171, 301, 336, 337
相乗　341
即身成仏　186
俗諦　344

た

第一の月　368
大印　369～371
大円鏡智　307, 324, 327, 334
大迦葉　17, 20, 99, 195
大迦葉菩薩　200
大帰依所　200
対機説法　162
大空智　371
第九地　67
大光線　162
大光明　71～73, 136, 303, 395
——の光　70
第五地　67
大金剛　382, 383
大薩埵　30, 377
第三地　67
第三禅　8
第四焔恵地　124
大自在天　80
——の住所　345
第四地　67
第四禅　307, 326, 331, 337
第七地　67
帝釈天の種子　84
大沙門　133
第十地　67, 145, 146, 165, 262, 370, 382
大乗経典　8, 15
大乗の（大）法　98, 101, 301, 315, 396
大乗の法華一乗　98
大乗仏教　3, 4, 6, 14, 18, 19, 61, 62, 64, 66, 271, 282, 393, 394, 396
大乗法　102
大真言　33
胎蔵生曼荼羅　142, 313
胎蔵輪　315
大智　102, 103, 338, 340, 344, 348, 350, 386
——の光明　132
——盧舎那　162
大導師　133
第二地　67
第二禅　8
大日経の加持の用例　178
大日経の三昧耶戒　289
大日如来の加持力　20
第二の月輪　381, 382
第二の満月　366
——輪　381
第八地　67, 78, 176, 214, 215
第八識（アーラヤ識）　216
大般涅槃経の師資相承句　194
大般若　104
大悲　288
——生曼荼羅　310, 315
——胎蔵生大曼荼羅王　275

——胎蔵生曼荼羅　148, 297, 304, 315〜317
——の力　170, 171, 344, 351
——の本願　277, 278
——毘盧遮那　229, 350, 351, 352
——毘盧遮那仏　308
大毘盧遮那　134, 177, 226, 272, 325, 326, 341, 342, 344〜354, 402, 403
——の自受用法身の仏格　355
——の説法　313
——の智　342, 343, 346, 347, 354
——の仏格　225
——の法身　386
——仏　135
大悲心　125
大遍照如来　135
大法　64, 102, 179, 182, 311
大法師　288
大法蔵　64, 102
大法輪　301, 311, 347
——を転じたまう方　349
大菩提心　327, 334, 351, 354
——たる普賢（地に住する）大菩薩　354
——普賢満月不壊金剛光明心殿　307
大摩尼宝灌頂　385
大曼荼羅　255
大明呪　32, 384
大妙宝王　302
大牟尼　142, 178
大瑜伽タントラ　342
太陽　5, 8, 68, 69, 178, 349, 350, 368
——の光輪　368
——や月の光　78
大楼閣宝王　302
第六・七識の意と末那識　347
第六地　67
高崎直道　217, 218
田久保周誉　69, 71, 395
他化自在（天）　79
他受用身　302, 307〜309, 311, 312, 315, 323, 325, 327, 333〜336, 386, 347, 402
——の仏格　315, 333, 340, 341
他受用法身　355
多身説　65
正しい見解をもつ者たち　203
正しい法界の蔵　204
正しく見る（もの）　27, 202, 203, 271, 399
他のものに受用させる身　307
多宝　68
多宝塔如来　106
——の全身舎利　106
玉城康四郎　4
陀羅尼　280, 300
ガルダ王　162
ダルマーランニャの菩提道場　144
ダルマキールティシュリー　260, 265, 266
達摩笈多　97
達磨駄都　300
タントラ（中）の教師　316, 342, 345, 349
檀波羅蜜多　165

ち

智　36, 132, 143, 144, 146, 172, 344, 346, 347
智印　328, 335
智恵　6, 76, 147, 199, 219, 378, 379
——身　55, 308, 402
——の相　215
——の日光　131, 132
——の光　5, 233
智界　344, 345
竹園精舎　8, 19
智眼　171, 177
地上　342
智身　55, 58, 63, 66, 67, 79, 80, 111, 123, 144, 161, 171, 172, 330, 331, 395, 402
智（心）・身（身）・音（語）の三つの働き　143
智相　81, 82
——の法身　82
チッタとフリダヤ　31
智としての働き　265, 383
智と働き　257
地と波羅蜜を完成する階位　348
智のエネルギー　233
智の自性　224, 256, 263, 370, 382
——を有するもの　353
智の資糧　367, 372
——円満　367
智の相　147
智波羅蜜（多）　163, 165
智法身　6, 172, 306, 345

中国仏教　6
中国密教　67, 292, 401
中台八葉（院）　297, 300, 316
澄観　81
長子　277
長者窮子　99, 396
——の譬喩　99
智より生じた衆会以上の者たち　342
理智の性格　226

つ

通達本心　367, 372, 373, 379, 381
月　201, 317
——に喩える思想　201
——の喩え　168, 184

て

ディーヒ　84
ディグナーガ　243
定型句の法　13, 20, 126
——財　280
——性　278
天　109, 315
天鼓雷音（仏）　148, 298
——仏　148
天眼　70, 72, 137, 138
天上　342
天乗　229
天台　68
天帝　280
顚倒　196, 197
伝灯大阿闍梨　285
顚倒の見　203
転依　211, 212, 346, 353, 368, 371
——を特相とする法身 247
伝法灌頂　285
転法輪　288
転輪（王）　63, 112
転輪王の姿　346
転輪聖王　8, 176

と

塔　108, 111, 113, 114, 200, 280, 299, 306
投華得仏　31, 282
等虚空身　67
等正覚の真子　276
塔崇拝の現世利益　280
灯明　6, 349, 350
等流　220, 221, 224, 225, 228, 233, 234, 259, 310, 337, 356
——変化（の身）　223, 226〜228, 399
——身　214, 220〜222, 226, 228, 229, 234, 248, 262, 306〜308, 310, 323, 324, 326, 332, 336, 353, 355, 356, 399
——の果の智　370
——の清浄な智　353
——の変化身　228, 229, 234
——の変化身の諸の光線 224, 225, 229
——法身　255, 259, 265, 324, 395, 403
——としての毘盧遮那 354
——の教説　231
——の諸如来　355
——の説法　231
栂尾祥雲　68, 69, 71, 72, 134, 135, 395
兜率天　79, 136, 218〜220, 333, 398, 399
兜率天宮　136, 138
——から下生　138
——からマーヤー妃の体内に入胎する記述　142
——で離垢三昧に入っている毘盧遮那菩薩　136
——の天子　136, 142
兜率天子　218
トッラナンダー比丘　17
曇無讖　193, 196, 198, 199

な

ナーガールジュナ　57
内空の月輪の相　368
内外の（八供養）尊母 346
内外の八供養（妃）　221, 308, 324, 325
内乗　341
内の四供養（妃）　323, 332
内部　111
那羅延　80

に

肉食　213, 214
肉身　5〜7, 20, 60, 61, 73, 194, 195, 198, 199, 216, 355, 393
——の浄化　185, 398
——の滅したブッダの身・語・心　165
肉体の浄化　375, 383
肉体の清浄　186
肉体を清める　383
二十七種の（法身の）働き

244～246, 253, 254, 256, 257, 259, 264, 265, 400
二十八宿　281
二種身　72, 83, 215, 396
二種の色身　226, 234, 343, 351
二種の無我　371
二種法身　81, 83
二資糧　257, 339, 340
二身（説）　55, 57～64, 67, 72, 74～77, 198, 299, 310, 312, 395, 402
二身それぞれから流れ出る仏格　234
二諦　349
二智　258
日月の威神　176
日月の光明　77, 78
二無我　214
入我我入　372
入胎　138
如　169
如意輪観音　300
如鏡智　258, 259, 324, 344, 347, 369, 371
如幻の喩え　28
如実知自心（観）　364
如如　38, 169
如陽炎の喩え　28
如来　5, 13, 15, 18, 20, 26～29, 35, 36, 43, 55～66, 185, 194～196, 198～200
如来応正等覚の法身の子　64
如来加持　310
如来自性　217
如来出生と名づける光　179, 180
如来性起妙徳菩薩（摩訶薩）　179, 181, 182
如来身　79, 80, 111, 168, 199
如来心王　310
如来全身　111
如来蔵　83, 203, 204, 211, 213, 243, 271, 274, 275, 400
——（の）思想　128, 130, 133, 148, 168, 193, 202, 204, 275, 276, 281, 400
如来になる方法を不断に示す諸の法門　128
如来の意生法身　214, 215
如来の一切世界に一身で遍満する神変　185
如来の大いなる秘密　127, 128
如来の思い　5, 179
如来の音声　73
如来の加持　174, 200
——（の）力　113, 170, 171
如来の形　73
如来の口より生じた仏心の子　275
如来の功徳　126
——の輝き　168
如来の口浄　65
如来の光明　67
如来の声　28, 113
如来の心より生じたもの　31
如来の三種の清浄　65
如来の三密　146, 147, 400
如来の色　73
如来の師子座　180
如来の自性（実性）　201, 217
如来の自性身　305, 306
如来の実義身　56
如来の実性　201
如来の舎利　55, 56, 107, 108, 111, 397
——供養の信仰　55
如来の十力　288
如来の出世不出世　34
如来の常住法身　218, 219
如来の清浄色身　169
如来の清浄な（身体の）色や形　163
如来の清浄な色身　173
如来の清浄な身体　163
如来の清浄（な）法身　4, 162, 163, 165, 167, 174, 262, 279, 400
如来の身（全身）　65, 83, 108, 109, 111, 143, 147, 167, 195, 396
如来の身雲　162
如来の身形　110, 113
如来の身・語・意清浄の三業　66
如来の身・語・心の三密　146
如来の真子　281
如来の真実語　34
如来の身浄　65, 66
如来の身体　56, 107, 163
如来の身塔　111
如来の真如　26
如来の神変　180, 181
如来の身密の色　20
如来の神力　174
如来の姿　5, 28, 73, 298
——や声　28
如来の全てに法身を内在するとする思想　71

如来の全身　102, 104, 106〜108, 111, 112, 114, 397
——と分身　71
如来の胎児　204, 211
如来の智恵の相続　101
如来の長子　127, 128, 133
如来の塔　107, 397
如来の働き　280
如来の不来不去　28, 58, 394
如来の分身　106, 108, 112, 397
如来の変化身　306, 326
如来の法王の真子　128
如来の法の無我性　26
如来の方便身　201
如来の法身　5, 7, 28, 29, 36, 60, 61, 65, 66, 167, 168, 196, 202〜204, 214〜216, 218〜220, 279, 399
——との差別　167
——の功徳　184, 203
——の相　218
——の働き　165
如来の名号　133
如来の文字　73
如来は法身　59, 62, 194, 195, 214, 303
如来秘密之蔵　43
如来法身　194, 199, 204
——之相　217, 218
如来を加持身に解する解釈　302
尼蓮禅河　5, 330, 331, 332
人我　212
——と法我の執着　279, 400
人間王　162
人天勝妙の果報　306
人と非人　80, 109, 315
忍波羅蜜　163
人法二種の我　363
人法二無我　4, 212, 213, 363, 364, 368
人無我　4, 371, 393

ね

涅槃　7, 43, 69, 193, 195〜197, 216, 245, 253, 254, 279, 313, 330, 370, 401
——の因　306
涅槃経の常楽我浄の思想　275
涅槃経の法身思想　193

の

能執　364
飲んだり食べたりする身　194

は

バーラドゥヴァージャ　14
薄伽梵　302, 303, 310
——金剛界遍照如来　307, 310
——如来　135
——毘盧遮那　135
——を本地法身に（解する解釈）　302
白象　218
縛字門一切諸法語言道断故　38, 44
パセーナディ王　6
働きを具す法身　243, 248, 253, 254, 258, 264
働きを持たない自性（身）　257, 306, 309, 313
働きを持つ智法身　306
働きを持つ法身毘盧遮那の法性　309
働く智としての性格　257
八解脱　245
八地以上の菩薩摩訶薩　215
八十種好　73, 104〜106, 112, 162, 172, 229, 233, 246, 325, 337, 338〜340, 368, 403
八十随形好　142
八勝処　245
八大仏塔の供養　306
八万四千の法蘊　339, 340
八万四千の法門　66
八万四千の法門を含蔵する阿字　298, 401
八葉蓮華　31
抜除習気　246
パドマヴァジュラ　80, 341〜343, 347, 351, 365〜367, 369, 370, 371, 383, 396, 403
——の教師説　343
波羅蜜　316
——の行　150
——の薩埵　316
婆羅門（バラモン）　14, 15, 18, 19, 27, 109, 112, 172, 281, 394
——側定型句　27
——独特の定型句　14
——の定型句　15, 17
ハリバドラ　256, 257, 259〜261, 265
般若　6, 41, 42, 56, 60, 62, 73, 75, 76, 231
般若経以来の法性仏　325

般若経系成就法　84
般若経の十喩観　364
般若三蔵　65, 66, 168
般若心経　32, 33, 394
般若と智　219
般若と方便　284
般若波羅蜜　37, 58, 64～66, 74～76, 123, 163～165, 170, 174, 369, 395
——多　26～28, 32, 33, 37, 55～57, 59, 61～68, 73, 104, 107, 111, 169, 224, 305, 353, 394, 395
——多母　84
般若仏母　81, 83, 84
——の種子　84

ひ

日　78
光　179, 182
比丘の神変　183
毘沙門天　80
——の威神　176
毘首羯磨の善巧智　327
ビシュヌ天　315
非想非非想処　16
苾芻尊者　29
秘密灌頂　385
秘密（の）三昧耶　328, 335, 378
秘密四灌頂　338, 385, 386
白黄赤青黒等の五輪　30
白月の初の一日より十五日　168
白毫　111
百字　178, 298, 396, 401
——真言（王）　83, 298, 401
辟支仏身　79
百万億の清浄法身　169
百六十心　364
百光遍照　298
幖幟　315
平等身　55, 66, 67, 167
平等性智　258, 307, 309, 324, 327, 334, 347, 369, 371
——と妙観察智の自性　344, 345, 346, 347
平等智　327
毘盧遮那　4, 7, 8, 31, 68, 78, 114, 133～136, 138, 141～143, 147～150, 162, 176～179, 181, 182, 220, 221, 223～225, 229, 233, 259, 272, 275, 290, 298, 300, 302, 303, 305, 307, 308, 310, 311, 315～317, 323～325, 329～334, 336, 339, 342, 344～348,
——が法身説法すること　317
——最後身　141
——と釈迦牟尼　345, 349, 397
——と釈迦牟尼の二人の教師　343
——と大毘盧遮那　225, 347, 352～354, 399, 403
——と大毘盧遮那の特色　403
——の加持　143, 150, 178, 182
——の行願　150
——の功徳　226
——の（口であり）心　298, 332, 354, 401, 402
——の薩埵金剛の自性　386
——の自性（身）　309, 369
——の身　223～225, 229
——の身（語・心）の一切の働き　150
——の神変（と）加持　177
——の神変の働き　143, 182
——の神力　182
——の説法　147, 182
——の智　350, 351
——の智恵の顕現　298
——の兜率天からの下生　136, 218
——の働き　150
——の仏格　226, 332
——の仏伝　142, 397, 398
——の法界身　221
——の心にある法身　403
——仏　133, 143, 279, 307, 308, 311, 327, 334, 400
——菩薩　136, 137, 138, 141, 218, 314, 325, 398
——本地法身　310
——を本地法身と捉える解釈　306
毘盧遮那如来　134, 135, 142, 144, 146, 161, 171, 173, 182, 272, 278, 290, 303～306, 311, 313, 316, 324, 325, 329, 355, 376, 383, 385, 398
——である金剛界如来　385
——と釈迦牟尼如来との同

一性　329
——の種子である阿字　305
——の成道の地　218
——の法性　305
——の法身説法　68
——の前の月輪　327, 334

ふ

風天　315
不可覚知身　55, 66
不可得空　35, 37
不空　3, 83, 221, 277, 323
不空三蔵　3, 278, 365, 401
不空成就　259, 307〜309, 323, 334, 335, 347, 369, 383, 402
——如来　324, 327, 329, 335, 379
——の変化身　386
——仏　308
不共身　55, 65
不共仏法　288
複数の法身思想　402
複数の法身と加持身　303
福智　280
——の大資糧　348
——の二資糧　309, 331, 367, 368, 381
——の二資糧を究竟じた仏格　340
福徳　76, 275, 309, 346
福徳荘厳聚身　308, 309, 386
福徳荘厳聚身宝生仏　310
福徳荘厳身宝生仏　310
福徳智恵の二資糧　309
福徳（と）智恵　76, 279
福の資糧　372
福の資糧円満　367
普賢　144, 176, 186, 274, 292, 314, 382
——心　376
——の行と願　150
普賢大菩薩　327, 354
普賢菩薩　98, 142, 146, 149, 150, 170, 171, 182, 262, 272, 314
——行　163
——の身の師子座　180
——の御口　180, 181
——摩訶薩　144, 180, 350, 351
普賢菩薩摩訶薩の師子座　180
普賢発心　375
普光三摩地　336
不思議身　55, 66, 67, 167
不浄は有為　197
布施波羅蜜　162
二つの色身　225, 228
仏形　308
仏経身　57
仏口　27, 31, 273, 277, 278, 297, 298, 400, 401
——より生じ（る）　3, 8, 16, 26, 31, 202, 203, 278, 279, 291, 400
仏家　279
仏性　168
仏心　31, 278, 297, 298, 400, 401
仏身　55, 58, 64, 74, 76, 80, 123, 147, 162, 198, 222, 230, 255, 261, 299, 301, 302, 308, 309, 311, 312, 318, 323, 332, 342, 371, 384, 395, 400, 402
——円満　335, 367, 368, 372, 383
——に転変　363, 370
——の常住（常住法身）　193
——を以って度す者　162, 342
仏真子　従仏口生　従仏法生　従法化生　273
仏像　299
仏陀（ブッダ）　4〜9, 13〜20, 26, 27, 30, 56, 57, 60, 61, 63, 70〜74, 76, 77, 82, 98, 99, 102, 109〜114, 123, 128, 175, 193, 197, 198, 200, 216, 217, 262, 271, 282, 298, 303, 305, 306, 393〜399, 401, 402
——牛王の加持　185
——の加持　174
——の真子　213
——の神力　33, 132, 174, 175
ブッダグフヤ　34, 302, 304, 306, 310, 312, 313, 315〜318, 336, 341, 342, 343, 352, 354, 363, 365, 366, 368, 369, 371, 382, 383, 396, 402
ブッダシュリージュニャーナ　258, 260, 263〜266
仏駄跋陀羅　66, 123
仏地経論の法性身・報身・化身　302
仏智の灌頂　212
仏伝　134, 136, 138, 142, 398
仏塔　114, 199, 200, 281,

299, 300
仏塔信仰の功徳　281
仏塔廟　200
仏徳三十六（尊）　221
仏の加持神変三昧　178
仏の清浄な身体　163
仏の身語心より生ずる　273
仏の真子　26, 126〜128, 194, 202, 203, 211, 271〜273, 280〜282
仏の身体　163, 172
仏の長子　271, 276, 277
仏の法分　3, 8, 16, 292
仏の法身　58, 168, 203, 395
仏部　304, 378
仏法僧の三宝　287, 290
仏法より生じ　3
仏名信仰　134
仏蓮金の三部　315
仏子にして法身（より）生じたもの　125, 126
不顛倒　197
——の常楽我浄　195
不動　309, 327
——地　78
——の菩提心　277, 278
部と部族のサッタ　344, 345
プトン　326, 330〜333, 338〜341, 365, 369, 386, 403
不滅不生　213
父母生身（生身仏）　57, 61, 72, 74
父母生身としての色身　123, 397
ブラーフマナ　78, 79
不来不去　5, 7, 27, 29, 32, 34, 169, 393, 394
プラジュニャーカラマティ　261
プラブータ・ラトナ　108, 109
——如来　104, 109, 110, 112, 113
——如来の加持　113
フリーヒ　84
フリダヤ　31, 32
プルシャ　18, 27
糞掃衣　17
文の集まり　82

へ

変化　220, 221, 243, 247, 261, 316
——した変化身（変化仏）　214
——したものからさらに変化した仏　231, 232
遍計所執性　230, 231
変化　243, 247, 316
変化身　19, 74, 80, 123, 132, 133, 161, 172, 214, 220, 221, 226, 228〜230, 232〜234, 243, 246, 247, 248, 252〜265, 304, 306〜313, 315〜318, 323, 324, 326, 331〜334, 336, 338〜344
——が説法すること　80, 312, 342
——から分かれた現覚身　304
——の教師　346, 355
——の釈迦　312, 368
——の釈迦牟尼　355
——の仏格　74, 124, 263, 397
——の利他行　246
——不空成就仏　310
変化仏　214, 355
変化変化仏　214
変化法身　234, 324, 395, 403
遍照光明の毘盧遮那の自受用身と他受用身　336, 337
遍照如来　135, 307
遍智（知）印　173, 304, 316

ほ

法（教え）　3〜6, 15, 16, 19, 20, 32, 130, 341, 393, 396
——そのものの集合体　340
——と戒　282
——と法身　26, 317
——と律　5〜7, 16, 19, 393
——の概念規定　3, 393
——の獲得　212
——の教示　81
——の自性身　317
——の自性を悟る意生身　215, 331
——の四特質　3, 4, 393, 394
——の集合体　20, 30, 169
——の受用を享受しているもの　261〜263
——の身体（集合体）　123, 161, 172, 309, 397
——の相続者　5, 13, 15,

16, 18〜20, 26, 27, 98, 99, 132, 202, 213
——の等流　381
——の不来不去　30
——の本体　20
——より生まれたもの　18, 19
——より化現し　130, 132, 133
——より化生（する）　3, 8, 16, 19, 20, 26, 31, 124, 130, 131, 202, 203, 276, 279, 292, 397
——より生じたもの　5, 13, 15, 16, 18, 19, 26, 27, 31, 98, 124, 126, 129, 130〜133, 202
——を釈する者　316
——を見（る）　27
——を見るより生じ　26
——＝法身＝阿字　317
法雲地　146
法王の御子　280
法我　212
法界　34〜36, 38, 61, 62, 83, 132, 138, 139, 143〜145, 147, 149, 150, 162, 178〜181, 183〜185, 204, 213, 216, 233, 278, 279, 287, 289, 297, 305, 310, 325, 326, 336, 337, 340, 353, 372, 385, 396
——宮殿　143, 303, 401
——性　38, 305
——生　305
——常住　34, 35
——清浄智　258, 259
——たる理身　123
——塔婆　114
——の自性　256, 263, 278, 279
——の常住　26
——の大真実　385
——の等流　83
——は常住　7
——を見る明と印　278
法界生の印の真言　278
法界生の真言　278, 400
——の種子　278
法界身　123, 220, 221, 310, 323, 337, 340
——である毘盧遮那一仏　221
法界体性智　324, 347, 369, 371
——の毘盧遮那　325
宝灌頂　329, 330, 378
法鼓　147, 148
法財　3, 20, 31, 66, 273, 279, 280, 396, 400
——を得　3, 31, 202, 203, 279, 400
宝手菩薩　142, 143
宝生　68, 259, 307, 308, 323, 334, 335, 347, 369, 383, 402
——仏　308, 309, 386
——如来　73, 324, 327, 329, 335, 379
法生の印　277
宝生の三十二相と八十種好　386
——の報身　386
法身（ほうしん）→ほっしん
報身　68, 73, 106, 300〜302, 310〜312, 323, 326, 333, 334, 336〜340, 341, 347, 386, 397
——の毘盧遮那　307, 326, 337
——仏　337
——を自受用身と他受用身に開く成唯識論　302
法蔵　43, 81, 204, 288, 338, 340
宝塔　102, 104, 111〜114, 199, 280
宝幢　280, 297
宝塔崇拝　280
宝塔如来の全身　104
法体　13, 15
法爾　35, 36, 304
——常住　36
法平等自性光明の智蔵　327
宝部　327, 378
法部　327
報仏　214
法分を取る　27
方便　73, 199
——身　197〜199, 201
——と般若　285
方法　341
法曼荼羅　4, 5, 255, 399, 403
法無我　214, 215, 364, 371, 393
——性　34
——の思い　364
法無礙智　288
法涌菩薩　28, 29, 59, 60
法華経思想　104
法華経の原形　97
法華経の法身思想　106, 396, 397
菩薩が得た十種法身　167

菩薩行　108, 139, 186, 286, 287, 289
菩薩形の毘盧遮那　398
菩薩身　79, 80, 309
菩薩地　168
菩薩道　244, 288〜291
菩薩と如来の法身　126, 169
菩薩の行と誓願　150
菩薩の功徳　126, 145
——の輝き　168
菩薩の解脱の神変　183, 184
菩薩の薩埵金剛　377, 384
菩薩の三密　146
菩薩の十種（の）法身　167, 168
菩薩の清浄色身　173
菩薩の清浄法身　4, 169, 170, 172, 197, 198, 200, 262, 279, 400
菩薩の法身　123, 127, 168, 184, 213, 397
菩薩の心相　25
菩薩摩訶薩　64〜66, 68, 108, 123, 129, 130, 144〜146, 170, 174, 175, 214, 215, 217, 274, 280, 287
菩提　67, 161, 162, 179〜181, 224, 225, 229, 245, 272, 287〜289, 291, 299, 306, 307, 310, 311, 326, 337, 338, 363, 364, 384, 401
——＝心　382
——の自性　363, 364
——流支　201, 220, 221, 227
——分法　245
菩提樹　129, 176
——（の）下　4, 5, 129, 161, 162, 219, 262, 313, 314, 325, 331, 355, 393
菩提心　130, 201, 278, 282〜291, 311, 366, 369, 370, 374, 381, 382, 385
——慳悋　285
——の灌頂　385
——の教法　3, 20, 31, 279
——の自性　369, 382
——を因と為し，悲を根本と為し，方便を究竟と為す　272
——を堅固にするもの　382
菩提道場（身）　304, 306, 310, 313, 314〜316, 325, 327, 331〜333, 350, 351, 355, 372, 402
法華一乗　99, 104
弗袈裟　281
法顕　193〜195, 198, 199, 370
法性　13, 26, 28, 29, 32, 35, 36, 39, 42, 59, 61, 62, 67, 68, 106, 125, 131, 135, 147, 229, 232, 256, 311, 349, 370, 386, 403
——等流仏　230, 232
——印の法　278
——生身（仏）　76, 77
——として得る身と語と意の無尽荘厳　314
——と等流仏　231
——と等しくなった仏　233
——の受用　348
——の常住　29
——は常住　34
法性身（仏）　67, 69, 72〜75, 78, 104, 112, 114, 167, 214, 222〜233, 226, 233, 235, 253, 255, 302, 397, 399, 403
——の説法　78
法身　3〜8, 13〜15, 19, 20, 26〜32, 35, 36, 55〜69, 72, 73, 75, 79〜81, 82, 83, 102〜107, 111, 112, 114, 123, 126, 130〜133, 143, 147〜149, 161, 164, 165〜169, 171, 172, 193〜195, 197, 198
——が生み出した色身の自性　350
——が教師であるという説　343, 347, 351
——が説法すること　80, 312, 342, 396
——から色身を示現する　65
——から流出された三十二相と八十種好を有する受用身　233
——から流出された受用身と変化身　254, 356
——現等覚　256
——光明　147
——色身　63
——思想　3, 13, 25, 55, 57, 59, 61, 67, 68, 97, 102, 104, 112, 123, 131, 161, 169, 193〜195, 197, 201, 211, 216, 217, 243, 264, 271, 298, 323, 393〜400, 402
——（の）舎利　200, 299,

300
——常住　197
——常住の思想　197
——清浄　126, 173
——説法（説）　67, 69, 312, 342, 355, 395, 402
——と智　131, 132
——と報身と化身の三身　301
——と無二の智性　344, 345
——等の三身　350
——の因から生じたもの　224
——の階位　383, 386
——の現覚の分位　243
——の子　64
——の光明　220
——の自性　59, 64, 232, 317, 343, 344, 351
——の自性仏　225, 228
——の住処　82
——の浄化　382
——の常住　36, 68
——の清浄性　169
——の真言化　32, 34, 394, 403
——の説法　342
——の蔵　204
——の如来　214
——の働き　72, 245, 252～254, 257, 258～260, 262, 264, 265, 313, 324, 403
——の複数化　169
——の仏格に当たる自受用身　325
——の瑜伽　232
——は真如法界である　60
——仏　67～69, 75, 147, 164, 166
——仏常放光明常説法　67～69, 71, 72, 395
——仏説法　69
——仏にも説法あり　75
——報身　311
——を世俗に配する思想　264
——を宝塔と捉える思想　397
法身毘盧遮那（如来）　31, 133, 134, 226, 298, 309, 368, 397
——の阿字　309
——の働き　255, 398
——の三密の働き　146
——から生み出された教えの言葉　399
——の自性　309
——の仏格　151
法身大毘盧遮那　62, 74, 354, 355, 403
——の法界体性智　347
発心・修行・菩提・涅槃の四（転阿）字　297, 298, 401
法相　39, 68, 227
発菩提心　139, 285, 369～371
仏をもって教化すべきもの　80, 309
仏の加持身　303, 304
仏の加持神変三昧　178
仏の口と法より生ぜしもの　125, 133
仏の口より生ぜし真の仏子　125, 126, 133
仏の清浄な身体　163
仏の身語心より生ずる　273
仏の真子　26, 126～128, 194, 202, 203, 211, 271～273, 280, 282
仏の真身　74
仏の身体　163, 172
仏の身に転変　370
仏の長子　271, 276, 277
仏の法分　3, 8, 16, 292
仏の法身　58, 168, 203, 395
仏は我（である）　370
梵　109
本地　303
本地法身　302～306, 401, 402
——の複数化　402
本性光明な智恵　378
本性光明な心　374
本性常住　35
本性成就の真言　373, 380
本性清浄　169, 272, 364
本性清浄説　169, 364
梵身　13, 15, 137
梵体　13, 15
梵天　32, 79, 80, 138, 232, 281, 315, 396
——王　27, 162
——子　137
——自身の子　15, 18
——乗　229
——の威神　176
——の言葉　218
——の種子　84
——の相続者　15, 19
——の定型句　281
——より生じ　15, 19
煩悩障所知障　213

煩悩と所智障　353
煩悩なき者　349
本不生　38, 41, 44, 45, 302, 311
本来清浄　272, 370
——な自性身　262

ま

マーヤー（王）妃　137, 139
マーヤー（摩耶）夫人　136, 138, 140, 218, 220, 398
——の胎内　136, 138, 218, 398
マイトレーヤ　243
前田慧学　34
摩竭提（陀）国　143, 144, 306
——の菩提道場　326
魔軍　5, 8
摩睺羅伽　80
目覚め　4, 5, 315
麼声　301, 311
摩登伽（女）　281
末那識　347
摩尼　167, 168, 327
摩尼珠（の喩え）　168
摩尼宝灌頂　385
魔の加持　175
魔の能力　175
真野龍海　248, 250
マハー・プラティバーナ　108〜111, 113
——菩薩摩訶薩　108, 109, 110, 111
マハーマティ　212, 213, 215, 218, 223〜225, 227〜232
——菩薩摩訶薩　217
マホーラガ王　162
マラヤ山　216
満月輪　201, 382
万字（卍）　70
曼荼羅　31, 59, 62, 84, 127, 142, 143, 173, 233, 275, 279, 283, 291, 300, 304, 308, 316, 317, 325, 330, 332, 335, 336, 346, 377, 386, 398, 400, 402
——阿闍梨　279, 400
——の依処は意　30
——の観想の場所　31
——の五部　378
——の五部の智恵　377
——の諸尊そのもの　384
マントラ　33, 34

み

御心　16, 344, 348, 371, 384
微細の念誦　380
水野弘元　3, 393
密教　3〜5, 8, 13, 14, 16, 25, 31, 33, 34, 36, 40, 45, 59, 62, 66〜69, 74, 80, 83, 114, 134, 141〜143, 146, 150, 151, 173, 175, 186, 197, 201, 218, 220, 222, 223, 226, 234, 235, 248, 255, 259, 262, 264, 265, 271, 277, 280, 281, 290, 297, 298, 299, 310, 312, 323, 355, 356, 363, 393, 394, 395, 397〜400
——観法　185
——経典　15, 142, 281
——の五身説　222
——の四身　254, 255, 265
——の四身説　254
——の仏身説　260, 323, 339, 401
——の仏伝　142, 218〜220, 330
——の法財　20
——の菩薩道思想　290
——の法身思想　235, 297, 363, 393, 401
——の法身説法　69, 71, 72, 343, 395, 396, 403
——の曼荼羅の仏身説　114
——の理・智法身　132
——の理法身　69
——の菩薩道　290
微妙の法身　130, 131, 132
宮坂宥勝　176
明恵の日光　78
妙観察智　258, 307, 309, 324, 327, 334, 347, 369, 371
——の智恵を持つ仏格　309
名灌頂　328, 329, 334, 376, 385, 386
名号信仰　397
妙色身　173, 174
明呪　32, 394
——と禁戒を得た菩薩　276, 400
明受用身　311
妙智身　67, 167
妙宝真珠　167
妙法の身　131, 200
妙法蓮華経の法門　108
弥勒（菩薩）　82, 127, 243, 254, 261, 266

む

無畏の究竟　179, 181
無我　30, 196, 197, 202, 212, 230
無学　198, 370
——位　264
——道　371
無覚無観（三昧）　8
無我性　4, 5, 7, 64, 393, 394
無我は生死　197
無礙　129, 130, 145, 169, 170, 172, 173, 337
無見道　370
無間道の自性　369
無去無来　29
無色界の自性上光明　349
無自性　30, 32, 59, 386
——空　4, 73, 393
無住処涅槃　313, 368
無常　197
——は声聞と縁覚　197
無諍（三昧）　245
無上呪　32
無上正等覚　108, 109, 129, 149, 175, 328, 363, 364
無生法忍　225
無上瑜伽タントラ　366
無尽身　55, 66, 67, 167
娘と妻を廻向するもの　129, 130
無相　7, 35, 147, 215, 386
無相法身　303, 310, 402
無智の眼翳　274
無著　81, 82, 129, 130
無動　309
——三摩地　331
無等呪　32
無等等呪　32
無等等身　55, 65
牟尼　30, 142, 178, 244, 246, 256, 263, 342, 381, 385
——の自性身　257
——の十八不共法　246
——を大毘盧遮那に転変　386
無二の三摩地　231
無二無別　303
心（むね）　4, 6, 18, 30, 31, 32, 62, 338, 341, 384, 394
——にある月輪の五股金剛杵の中心　329
胸の月輪　376
胸の卍　70
無妄分別　259
無来無去　26, 59, 61
無量光　323, 334, 335, 369, 383
無量身　55, 65
無漏　256, 263
——智　339, 340
——の自性　263
——法　244, 246

め

眼　6, 8, 61, 170, 219, 223, 274, 279, 347, 400
名　82
明　6, 8, 20, 42
明鏡　274, 279, 400
滅諦　82

も

目連　8, 19
文字　37, 41, 55, 56, 178, 283, 298, 299, 311, 317, 394, 401
文字と塔　299
文殊　316
文殊師利童子　178
文殊童子　280
文殊菩薩　133, 178, 304
聞と思と修　223

や

ヤクシャ王　162
夜摩（天）　79, 315

ゆ

唯識　271
唯識思想　73, 74, 172, 216, 219, 263, 264, 266, 304, 312, 314, 315, 332, 338, 402
——の三身思想　198
——の変化身や応化身　197
唯識説の受用身　229
唯心　216
瑜伽　5, 42, 215, 219, 223～225, 231, 233, 368
瑜伽行派の唯識観　364
瑜伽行唯識派　312
瑜伽タントラ　331, 365
瑜伽タントラ部の根本タントラ　366

よ

陽炎の喩え　28, 62
影像　38, 259, 354
欲天子　137
欲界　218～220, 317, 354
——の煩悩を有する者　349

ら

楽　196, 203, 370
——説無礙智　288
——というのは涅槃という意味　196
——は苦　197
——は涅槃　197
——波羅蜜　203
羅睺羅阿修羅　7
囉字門一切諸法離一切諸塵染故　38, 44
ラトナーカラシャーンティ　254, 255, 265
ラトナ・ヴィシュッダー　108
ラトナキールティ　264
ランカスター　57, 395
ランチャ文字　301

り

離覚観身　67
力波羅蜜　163
リグヴェーダ　18, 27, 281
離垢三昧　136
理趣経類本の記述　74
理趣，道，方便（方法）　341, 349
離尋伺身　67, 167
利他　246, 263, 290
——円満　344, 351
理智　226, 354
律　20
理としての満月　383
理と智　222
——の仏格　67
理法身　6, 172, 253, 257, 306, 345
——と智法身　67
龍王　162
龍樹　57, 69, 74, 78
龍輩の大威神力　176
楞伽経の衆生観　211
楞伽経の法身　307
楞伽経の法身思想　214, 216
楞伽城　216
両足尊　142
悋惜　101
輪廻転生の最後身　216

る

盧舎那　141
——仏　161
——菩薩　137, 141
——菩薩摩訶薩　138, 141
流出仏　234, 307, 371

れ

斂観　185, 368, 382, 398
蓮華部　304, 316, 378
蓮華曼拏羅　276

ろ

楼閣　137, 176, 225, 329, 332, 335, 342, 346, 347, 378, 379
老・病・死　195
ローカーヤタ　212
六種神変　8
六種に震動　179, 180, 181, 182
六身（説）　55, 58, 65, 395
六神通　246
六波羅蜜　244, 381
——の妙法　77
六百万億の光明　70, 71, 72
鹿母講堂　14

わ

我が真子　211, 212, 214, 271, 277, 281
我が法子　291

典籍名索引

あ

阿闍梨大曼荼羅灌頂儀軌　272, 275, 400

い

一万頌般若経　25
一万八千頌般若経　25, 249
一切功徳荘厳王経　280

か

海意菩薩所問浄印法門経（巻第十三）　37
観察諸法行経巻（第二）　37
観自在菩薩如意輪瑜伽　301

き

起世因本経　176
吉祥金剛曼荼羅荘厳と名づける大タントラ　333

く

究竟一乗宝性論→宝性論
倶舎論　314
供養法　34

け

華厳経　4, 8, 32, 33, 35, 37, 41, 42, 65〜69, 73, 74, 78, 80, 81, 114, 123, 124, 126, 128, 131〜133, 141〜143, 148, 150, 151, 161, 162, 169, 174〜176, 179, 198, 200, 218, 271, 279, 282, 286, 289, 290, 305, 330, 337, 342, 397, 398, 401, 403
――十地品　126, 144, 146, 397, 398
――世主妙厳品　146, 147, 176, 398
――入法界品　33, 41, 42, 65, 112, 123, 134, 140, 149, 161, 162, 170, 171, 174, 176, 177, 183, 185, 201, 262, 395, 397, 398
――如来出現品　179
――如来性起品　127
――如来随好光明功徳品　136, 140, 398
――如来名号品　73, 134, 136, 140
華厳経探玄記　81
華厳経入法界品四十二字観門　40
華厳随疏演義鈔　81
現観荘厳頌　243
現観荘厳頌註具足浄と名づけるもの　249
現観荘厳論　221, 243, 246〜248, 250, 251, 254, 264, 306, 309, 313, 400
――第一章第17偈　243, 252
現観荘厳論釈の写本　250
現観荘厳註の要義　250
現観荘厳註称分と名づけるもの　251
原始大乗涅槃経　193

こ

光讃経巻第九「摩訶般若波羅蜜等三世品第二十三」　37
光讃経（巻第七）　37
光讃般若経　63
五秘密儀軌　3, 13, 16, 20, 31, 66, 279, 280, 394, 400, 401
金剛頂経　142, 290, 311, 329, 330
金剛頂経金剛界大道場毘盧遮那如来自受用身内証智眷属法身異名仏最上乗秘密三摩地礼懺文→三十七尊礼懺文
金剛頂タントラ　338, 339, 340
金剛頂瑜伽金剛薩埵五秘密修行念誦儀軌→五秘密儀軌
金剛頂瑜伽三十七尊礼懺　308, 402
金剛頂瑜伽三十七尊礼　259, 299, 310, 386
金剛頂瑜伽十八会指帰　365
金剛頂瑜伽略述三十七尊心要→三十七尊心要
金剛頂瑜伽中略出念誦経　282, 285
金剛頂大秘密瑜伽タントラ　364
金剛般若経　81〜83, 396
金剛般若波羅蜜経　81

金剛般若論　81～83, 396
金剛峰楼閣一切瑜伽瑜祇経→瑜祇経
金光明経　302
金剛場荘厳と名くる大儀軌王　134

さ

最勝仏頂陀羅尼浄除業障呪経　280
薩曇分陀利経（一巻）　97
三十七尊礼懺文　259, 299, 308, 310, 386, 402
三十七尊心要　299, 302

し

四十華厳　65, 66, 124, 127, 139, 148, 162, 165, 168, 169, 171, 173, 279, 309, 382, 400
——巻第三十　140
——巻第三十二「入不思議解脱境界普賢行願品」　167
——巻第十一　164
——巻第十七「入不思議解脱境界普賢行願品」　161
——巻第二十九　139
七巻理趣経　134
実相般若経　134
思益梵天所問経巻第四　29
舎頭諫太子二十八宿経　281
舎利弗陀羅尼経　280
十地経　35, 124, 397
——巻第四「菩薩現前地第六之一」　125
——巻第六　35
十住経　124, 126
——巻第三「現前地第六」　125
十住毘婆沙論巻第二　16
集頌細疏　249
十八会指帰　365
十万頌般若経→大般若波羅蜜多経
守護国界主陀羅尼経　301
——入如来不思議甚深事業品　36
——巻第九　299～301, 311
——巻第三　37, 40
修習般若波羅蜜多観行念誦儀軌　83
濡首菩薩経　25
長阿含経　176
聖位経　220, 221, 226, 234, 235, 255, 299, 302, 306, 307, 310, 323, 324, 325, 326, 329, 330, 333, 336, 340, 341, 399, 402, 403
小縁経　13
聖真実摂経　342
摂大乗論　234
小註　257, 260
小註（般若波羅蜜多ウパデーシャ論たる現観荘厳と名づける註）　250
勝天王（般若）経　25, 55, 64～67, 73, 107, 395
——巻第一　65
——巻第三　169, 170
——巻第三「法性品第五」　58, 64, 66, 123, 397
——巻第二「法界品第三」　66
勝天王般若波羅蜜経→勝天王（般若）経
聖二万五千頌般若波羅蜜多ウパデーシャ論たる現観荘厳頌釈　248
聖二万五千頌般若波羅蜜多ウパデーシャ論たる現観荘厳註　248
聖八千頌般若波羅蜜多釈たる現観荘厳明と名づけるもの→大註
正法華経　97, 98, 103, 105, 111
——巻第一「善権品」　98
——巻第三「信楽品」　98
——巻第六「七宝塔品」　105
小品系　25, 27, 55, 57, 59, 60, 62, 65, 66, 74, 175, 395
——般若　58, 73, 104, 174
小品般若波羅蜜経巻第九　57
小品般若波羅蜜経巻第十　58
勝鬘経　27, 201, 202, 204, 211, 271, 276
——法身章第八　204
——顛倒真実章第十三　202, 203
勝鬘師子吼一乗大方便方広経→勝鬘経
攝無礙経　299, 302, 308
攝無礙大悲心大陀羅尼経計一法中出無量義南方満願補陀落海会五部諸尊等弘誓力方位及威儀形色執持三摩耶幖幟曼荼羅儀軌→攝無礙経
成唯識論　302

初会金剛頂経　81, 134, 141, 142, 150, 218, 222, 225, 229, 291, 312～314, 323, 334, 335, 338, 345, 350～352, 354, 355, 363, 364, 366, 367, 372, 379, 386, 387, 396～398
――金剛界品　326, 327, 373
真実摂経→初会金剛頂経
真実摂タントラ（真実摂と名づけるタントラ）　343, 345, 349

せ

請請経　13
漸備一切智徳経　124

そ

雑阿含経　7
――巻第三十　34
――巻第四十五　20
――巻第十九　13
――巻第十二　34, 36
――巻第十八　13
――巻第二十三　8, 13
増一阿含経　61
――巻第四十四　7, 60
――巻第四十六　8
造像量度経解　299
蔵訳理趣広経　134
蔵訳理趣略経　134

た

大迦葉問大宝積正法経（巻第五）　29
大疏　273, 274, 297, 299, 302～304, 310, 402
――巻第一　302
――巻第九具縁品　275
――巻第十四秘密漫荼羅品第十一　305
――巻第六　299
――息障品　277
大乗荘厳経論　246, 253, 263, 314
大乗入楞伽経　211, 217, 221, 227
――巻第五無常品第三之余　217
大乗涅槃経　35, 313
大乗宝雲経　127
大智度論　26, 27, 40, 57, 61, 67, 68, 69, 71, 72, 74, 75, 77, 78, 81, 112, 114, 134, 198, 234, 332, 395
――巻第九　72
――巻第九十三　77
――巻第三十　74
――巻第三十四　75
――巻第四十二　26, 27
大註（聖八千頌般若波羅蜜多釈たる現観荘厳明と名づけるもの）　249, 256, 257, 259, 260
大日経　29, 32～34, 36～40, 44～46, 78, 81, 114, 127, 142, 143, 146, 148～150, 162, 171, 177, 179, 185, 218, 271, 272, 274～276, 279～283, 285, 289～291, 297～299, 301～303, 305, 306, 308, 312, 314, 317, 318, 342, 363, 364, 394～396, 398, 400, 401
――阿闍梨真実智品　33
――第七巻・供養法　34
――具縁品　36, 273, 275, 280, 282, 286, 300, 304
――悉地出現品　278, 297, 400, 401
――持明禁戒品　271, 276, 400
――受方便学処品　282, 284, 291
――住心品　80, 143, 149, 271, 272, 302
――成就悉地品　29, 30, 317
――説百字生品　178, 298, 401
――入曼荼羅具縁真言品　271
――百字生品　305
――普通真言蔵品　178
大日経疏　78, 401
――悉地出現品　31
大日経広釈　34, 83, 299, 302, 306, 310, 312, 316, 317, 336, 396
大日経要義（釈）　304, 306, 310, 312, 313, 316
大般泥洹経　36, 37, 43, 200
――如来性品　200
大般涅槃経　35, 37, 43, 193, 197, 199, 201
――迦葉菩薩品　198
――寿命品　193, 196
――如来性品　201
大般若経　25, 28, 37, 64～67, 101, 364, 395
大般若波羅蜜多経　16, 25, 26, 35, 40, 44, 55, 58, 60～65, 169, 249
――初分校量功徳品　63

大毘盧遮那成仏経疏→大疏
大毘盧遮那成仏神変加持経→大日経
大毘盧遮那仏説要略念誦経 272
大方広仏華厳経 123, 124
——入法界品 124
大宝積経巻第六清浄陀羅尼品 35
大宝積経巻第八密迹金剛力士会 146
大宝積経第四十八会勝鬘夫人会 201
大方等大集経 37
大品系 25, 37, 55, 60, 65, 74, 107, 395
大品系般若 58
大明度経 57
陀羅尼集経 84
般若波羅蜜多大心経 84
タントラ義入 341, 342, 363
タントラ義入釈 341

ち

中阿含経（巻第四十七） 61, 62, 353

て

底哩三昧耶不動尊威怒王使者念誦法 277, 278, 400
底哩三昧耶不動尊聖者念誦秘密法 16
——無動金剛法界生印明第十三 272, 277
添品妙法蓮華経 97～99, 103, 105
——見宝塔品 105
——信解品 98
——譬喩品 98
——法師品 106
——方便品 98
——薬草喩品 103

と

道行般若経 25, 57
唐梵翻対字音般若波羅蜜多心経 40

に

二万五千頌般若経 25, 26, 32, 57, 63, 67, 69, 72, 74, 99, 111, 112, 149, 243, 248, 249, 254, 303
——勧学品 25
——序品 70, 78
——大品系 55, 59
二万五千頌般若波羅蜜多 248
入楞伽経 211, 217, 220, 227, 399
——偈頌品 220, 337, 338
——法身品 216～218
如意輪菩薩観門義注秘訣 299, 300, 311
如来名号品 133

ね

涅槃経 35, 74, 193～195, 197, 198, 202, 271, 275, 305, 393, 398, 399, 403

の

能断金剛般若経 25

は

薄伽梵功徳宝集の頌の細疏と名づけるもの 249
薄伽梵般若波羅蜜多ウパデーシャ論たる現観荘厳註「般若燈鬘」と名づけるもの 250
八十華厳 66, 114, 123, 124, 131, 139, 142, 161, 164～166, 169, 171～173, 182
——十廻向品 129～131
——十行品 148
——十地品 125, 126, 145
——入法界品 139, 140
——如来出現品 127, 128
——如来随好光明功徳品 137
——如来名号品 133, 397
八十華厳経 289
——十地品 288
——如来出現品 290
——普賢行品 286
八千頌般若経 7, 25, 26, 28, 32, 33, 55, 57, 63, 64, 71, 72, 77, 106, 107, 114, 174, 176, 249, 303, 394, 395, 402
——常啼菩薩品 27, 28
——小品系 55, 59
——第三十一章「法涌菩薩」 58
——第二十一章「魔の所行」 175
婆羅婆堂経 13
般若経 4, 25, 28, 29, 34, 35, 37～41, 45, 55～61, 64, 65, 66, 67, 71, 73, 97, 104, 106, 107, 111, 114, 123, 124, 126, 172, 174, 175, 197, 199, 204, 249～251, 253, 260, 265, 271,

279, 298, 299, 302, 305, 325, 353, 355, 364, 393, 394～398, 401, 403
──小品系　71
──大品系　71
般若波羅蜜多ウパデーシャ論たる現観荘厳と名づくる註の難語を明らかにすると名づける註疏　250
般若波羅蜜多ウパデーシャ論たる現観荘厳と名づける註→小註
般若波羅蜜多経　66
般若波羅蜜多思想研究　250
般若波羅蜜多母の広説たる十万〔頌〕と，中品として説かれた二万五千〔頌〕と，略摂して説かれた一万八千〔頌〕を同等に八義をもって説いたもの　249
般若波羅蜜多要義と名づけるもの　250
般若理趣経　134
般若理趣分　25, 134

ひ

白衣金幢二婆羅門縁起経　13
百五十頌般若波羅蜜多理趣　134

ふ

不空羂索神変真言経　299, 300, 301, 311
──法界密印荘厳品　276, 272
──無垢光神通解脱壇三昧耶像品　272, 277
不空三蔵表制集　291, 292, 401
仏垂般涅槃略説教誡経→仏遺教経　7
仏説十地経　124
仏説大般泥洹経　17, 193, 214
──哀歎品　193, 195, 370
──金剛身品　193, 194
──四依品　198
──序品　193
──大身菩薩品　193
──長者純陀品　193, 194
──如来性品　199
仏説如来不思議秘密大乗経　146
仏説羅摩伽経　124
仏地経論　302
仏頂尊勝心破地獄転業障出三界秘密三身仏果三種悉地真言儀軌　299, 310
仏頂尊勝陀羅尼経教跡義記（巻下）　299～301, 311
仏泥洹経（巻上）　13
仏本行集経巻第十一　37
仏母出生三法蔵般若波羅蜜多経巻第二十五　58
普曜経巻第三　37

へ

別訳雑阿含経　280, 400
遍照般若経　134

ほ

宝行王正論第三章　57
方広大荘厳経巻第四　37
放光般若経　25, 26, 29, 37, 63, 76
放光般若波羅蜜経　149
宝性論　82, 83, 202, 271, 396, 399
法華経　33, 63, 66, 71, 77, 97, 98, 102, 104, 106, 107, 111, 112, 114, 123, 126, 175, 199, 271, 305, 396, 397, 403
──見宝塔品　114
──提婆達多品　102, 104, 114
──宝塔品　102
──薬草品　102
梵網六十二見経　176

ま

摩訶般若波羅蜜多経（大品系）　73
摩訶般若波羅蜜経　25, 58, 62, 63, 67, 71, 72, 78, 102, 107, 395
摩訶般若鈔経　57
摩登伽経　281

み

未曾有経　7
密教思想と生活　68
妙法蓮華経　32, 97～99, 101～103, 105, 106, 108～113, 396
──観世音菩薩普門品　134
──見宝塔品　106, 108
──信解品　98, 99, 101, 102
──提婆達多品　111, 104
──譬喩品　97, 98, 102, 396
──法師品　106, 397

——方便品　98
——薬草喩品　103

む

無上依経巻上　16

も

文殊師利宝蔵陀羅尼経　280
文殊師利問経　37, 44
文殊般若経　25
文殊問経　37, 44

ゆ

瑜伽金剛頂経釈字母品　37, 40, 44, 45, 46, 298, 394, 401
瑜伽タントラの海に入る筏と名づくるもの　330, 369, 403
瑜祇経　255, 299, 302, 307, 310, 323, 324, 403

よ

要略念誦経　278, 400

り

理趣経　134
——の研究　134, 135
理趣広経　134
理趣般若経　134
律（大品）　176
略述金剛頂瑜伽分別聖位修証法門→聖位経
楞伽阿跋多羅宝経　211, 219, 227
——一切仏語心品　217
楞伽経　83, 204, 211, 213, 214, 216〜218, 220〜223, 230, 235, 307, 323, 331, 399, 402
——偈頌品　216
——三万六千一切法集品　214, 223
——総品　211
——肉食品　213, 395
——無常品　212, 215

ろ

六十華厳　66, 123, 124, 126, 131, 138, 139, 142, 161〜163, 165, 166, 168, 169, 171〜173, 182, 396
——金剛幢菩薩迴向品　128〜131
——十地品　78, 125, 145
——初発心菩薩功徳品　130
——入法界品　126, 138, 140
——仏小相光明功徳品　137, 142
——菩薩十住品　130
——如来性起品　128

梵・巴語索引

A

aurasa 16, 31, 273
aṃ 297, 298, 317, 401
akaniṣṭha 316, 326
a-kṛtrima 253
akṣobhya 308, 309, 323
aggañña-suttanta 6, 13, 14, 16, 17, 18, 19, 27, 32, 99, 176, 394
aggañña-suttanta-vaṇṇanā 394
aṅguttara-nikāya 7
acalā 78
adhigama-dharma 82, 83, 396
adhiṭṭāna 176
adhivacana 196
adhiṣṭhāna 77, 109, 112～114, 126, 132, 143, 174～176, 182, 279
anuttarayogatantra 365, 366
anuttara-samyak-saṃbodhi 108
anuttarā vidyā 32
anupada-sutta 13, 16, 17, 194, 213
anubhāva 77, 110, 112～114, 132, 174～176, 182, 348
anuvyañjana-yuktaṃ 104
apratibala 174
a-pramāṇa 245
abhijñā 246
abhibhv-āyatanāny aṣṭa 245
abhisamayālaṃkāra-kārikā 243
abhisamayālaṃkāra-kārikā-vṛtti-śuddhamatī nāma 249
abhisamayālaṃkāra nāma prajñāpāramitopadeśa-śāstra-vṛtti 250
abhisamayālaṃkāra nāma prajñāpāramitopadeśa-śāstra-vṛtti-durbodhāloka nāma ṭīkā 250
abhisamayālaṃkāra-bhagavatī-prajñāpāramitopadeśa-śāstra-vṛtti-prajñā-pradīpāvali nāma 250
abhisamayālaṃkāra-vṛtti-kīrtikalā nāma 250
abhisamayālaṃkāra-vṛtti-piṇḍārtha 250
abhisamayālaṃkāra-śāstra-ṭīkā 264
abhisamayālaṃkārāloka 249
abhisamayālaṃkārālokā prajñāpāramitāvyākhyā 249
amitābha 308, 323
amoghasiddhi 308, 323
arakṣaṇa 246
araṇā 245
aṣṭasāhasrikā prajñāpāramitā 249
asama-samā vidyā 32
asamā vidyā 32
asura 108

Ā

ātma(n) 103, 110～112, 166, 196, 197, 203, 230, 283, 370, 379
ātma-kāyaṃ adhitiṣṭhati 80
ātma-bhāva 63, 108, 109, 111, 112, 161, 162, 163, 165, 172
ātma-bhāva-nirmita 110, 112
ādarśa-jñāna 324
ānandagarbha 352
ābhā 69
āmiṣa 17, 20, 194, 212, 213, 214
āmiṣa-kāya 194
āmiṣa-saṃgraha 212
āmiṣā-kāyā 213
āmiṣāhārā 214
āmisa 17, 194
āryaguhyamaṇitilaka nāma sūtra 366
ārya-ghanavyūha nāma mahāyāna-sūtra 225
ārya-pañcaviṃśatisāhasrikā-prajñāpāramitopadeśa-śāstrābhisamayālaṃkāra-kārikā-vārttika 248
ārya-pañcaviṃśatisāhasrikā-

prajñāpāramitopadeśa-śāstrābhisamayālaṃkāra-vṛtti 248
āryalaṃkāvatāra nāma mahāyānasūtra-vṛtti-tathāgata-hṛdayālaṃkāra nāma 222
āryalaṃkāvatāravṛtti 222, 355
ārya-vimuktisena 248, 252
āryāṣṭasāhasrikā-prajñāpāramitā-vyākhyānābhisamayālaṃ=kārāloka nāma 249
ārya-saṃdhinirmocana nāma mahāyānasūtra 224
āloka 6
āveṇikā muner eva dharmā 246
āśraya-parāvṛtta 212
āsphānaka-samādhi 372

I

itivuttaka-nikāya 13, 16, 17

U

upaśūnya 65

E

eka-ghana 107, 397
eka-yāna 103

O

Obermiller 248

K

kāya 112, 161, 162, 163, 165
kāya-guhya 146
kāyaṃ manomayaṃ 216
kumāraśrībhadra 250, 261, 265
kusmāñjali-guhyasamāja-nibandha nāma 255
kṛtyānusthāna-jñāna 324
kṛtsnaṃ daśavidh'ātmaka 245
kolopama 82
kosalālaṃkāratattvasaṃ=grahaṭīkā 353, 366
kautūhala 108

G・GH

gandharva-nagara 29
garbha 204
guhya 146
ghoṣa 28, 99

C

cakkhu 6
cakravarty-ātmabhāva 63
catvāri vaiśāradyāni 246
candima 7
candra 201, 374, 375
candra-maṇḍal'ākāra 373, 374, 381
carama-bhavika 140, 216, 331
citta 25, 31, 166, 183, 223, 230, 354, 373
citta-guhya 146
citta-jñāna 145, 374
citta-mātra 216
cittarāja 303, 402
citta-viśuddhyā kāya-viśuddhiṃ 186
cīvaraṃ 13, 17
caitta 303, 402

J

jananī 140
jina-putra 211
jinamitra 123
jñāna-kāya 79, 80, 123, 161
jñānavajra 222
jñānaśrībhadra 222, 355
jyeṣṭha 99

Ñ

ñāṇa 6, 219

T

tattva 291
tattvasaṃgraha 366
tathatā 26, 216
tathāgata 13, 55, 107, 110, 111, 113, 166, 173, 183, 185, 202, 203, 215, 217〜219, 351, 373, 375, 377〜379
tathāgata-kāya 79, 80, 219, 376
tathāgata-garbha 204
tathāgata-caitya 107, 397
tathāgata-jñāna-dāyādā 101
tathāgata-dharma-kāyaṃ paśyanti 203
tathāgata-nirmita 112
tathāgata-śarīra 107, 397
tathāgata-śarīrāṇi 107,

397
tathāgatasyātma-bhāvaḥ 108, 111, 112
tathāgataṃ dharma-kāyaṃ 214
tathāgata-vigraha 110, 112
tathāgatātmabhāva 103, 104, 106, 111, 112
tantratattvālokakarī 352
tantratattvālokakarī nāma vyākhyāna 366
tantrārthāvatāra 341, 363, 366
tantrārthāvatāravyākhyāna 80, 341, 366, 396
tejas 69
trividhaṃ smṛty-upasthānaṃ 246
triṣṭubh 97

D・DH

daśabhūmika-sūtra 124
divyadundubhi-megha-nirghoṣa 148
devarājapravaraprajñāpāra=mitā 65
deśanā-dharma 82, 83, 396
dvātriṃśal lakṣaṇaiḥ 104
dhana-ratnopacaya 163
dhamma 20
dhamma-kāya 13, 20
dhamma-ja 19
dhamma-dāyāda 16
dhamma-nimmita 15, 19, 194
dhamma-bhūta 13
dharma 3, 20, 25, 26, 28, 35, 62, 83, 98, 99, 107, 110, 113, 126, 131, 145, 161, 165, 166, 170, 172, 173, 177, 183, 201, 202, 212, 219, 223, 227, 247, 264, 284, 378, 396
dharma-kāya 57, 79, 80, 103, 104, 161, 170, 171, 173, 203, 213, 216, 219, 243, 245, 247, 252, 253, 256, 370
dharmakāya-pariśuddha 126
dharma-kāyās tathāgatāḥ 59, 303, 395, 402
dharmakīrtiśrī 250, 260
dharma-jāta 124, 126
dharmatā 26, 28, 35, 36, 59, 73, 112, 223, 227, 230
dharmatā-niṣyanda-buddha 231
dharmatā-buddha 73, 214, 222, 223, 225
dharma-deśanā 81, 82
dharma-dhātu 61
dharma-dhātuka 216
dharma-dhātu-kāya 123
dharma-dhātu-naya-śarīra 123
dharmadhātu-viśuddhi-jñāna 324
dharmadhātu-svabhāva-jñāna 324
dharma-nirmita 19
dharma-nirvṛtta 98, 99
dharma-pariśuddhi 169
dharma-śarīra 161, 163, 172
dharma-śarīra-viśuddhi 165
dharma-saṃgraha 212
dharma-saṃbhoga 247
dharma-svabhāva-bodha-manomaya-kāya 215, 331
dharma-viśuddhi 169
dharmodgata 28

N

nav'ātmikā samāpattiḥ 245
nāgārjuna 57
nāma 82
nikāya-sahaja-saṃskāra-kriyā-manomaya-kāya 331
nitya 196, 197, 370
nirodha-satya 82
nirmāṇa 228, 247
nirmāṇa-kāya 123, 161
nirmita-kāya 114
nirmita-nirmāṇa 229, 232, 234
nirmita-nirmāṇa-buddha 214
nirvāṇa 196, 216, 370
niṣyanda 223, 228, 234, 259
niṣyanda-nirmāṇa-kiraṇa 223, 226, 227, 228, 234
niṣyanda-buddha 73, 214, 221～223, 229, 230, 233, 234, 356
netrī-citrī-kāra 56
nairmāṇika 247
no āmisa-dāyādo 16, 17, 20, 194, 213

P

pada 82
pañcaviṃśatisāhasrikā
padmavajra 80, 341
pañcābhisaṃbodhi 365
paññā 6, 219
paṃsukūla 17
pariśuddhi 169
pariśuddho dharma-kāyaḥ 171
putto oraso 15, 16, 18, 31, 194
putra aurasaḥ 16
pūrva 108
paunarbhavikī 212
prakṛti-lakṣaṇa 244
prajñākaramati 250, 261
prajñā-jñāna 219
prajñāpāramitā 248, 249
prajñāpāramitā-piṇḍārtha nāma 250
prajñāpāramitā-mātṛkā-śatasāhasrikā-bṛhacchāsana-pañcaviṃśatisāhasrikā-madhya-śāsanāṣṭā-daśasāhasrikā-laghuśāsanāṣṭasamānā=rtha-śāsana 249
prajñāpāramitā-sādhana 84
praṇidhi-jñāna 246
pratibhāna 174
pratisamvid 246, 288
pratyavekṣaṇā-jñāna 324
prabhūta-ratna 106, 108

B・BH

balāni daśa 246
buddha 196, 370
buddha-gaṇa 221
buddha-guṇa 221
buddhaguhya 312
buddhaśrījñāna 249, 250, 258, 263
buddhaḥ svābhāvikaḥ 220
buddhānubhāva 33
buddhāvataṃsaka nāma mahāvaipūlya-sūtra 123, 125
buddhā vipākajāḥ 214
bodhi-citta 201, 283, 284, 374
bodhi-pakṣa 245
bodhisattva-caryā 108
brahma-kāya 13
brahma-bhūta 13
brahmuno puttā orasā 14, 18
brāhmaṇika 109
bhagavataḥ putrā aurasā 202, 203
bhagavataḥ putro jyeṣṭha auraso 98
bhagavato adhiṭṭānaḥ 176
bhagavad-ratnaguṇa-saṃcaya-gāthā-pañjikā nāma 249
bhagavāṃs tathāgato vairocanaḥ 135
bhāradvāja 14
bhūta-koṭi 61

M

manas 31
manomaya-kāya 214, 215, 331
manomaya-dharma-kāya 214, 215, 355
manomaya-śarīra 123
mantra 32～34, 394
mamātma-bhāva-vigraha-stūpa 109, 110, 113
mahatī karuṇā jane 246
mahā-prajñā 103, 104
mahā-pratibhāna 108
mahā-bodhi-citta 351, 354
mahā-maṃtra 32, 33
mahā-ratna-stūpa 108, 109
mahā-vidyā 32
mahā-vairocana 74, 226, 341
mātaṅga 281
mānuṣa 108
māṃsa-bhakṣaṇa 213
migāramātu-pāsāda 14
mukha 14, 25, 31, 149, 183, 351, 378
mukhato jāto 15, 18, 98, 194

Y

yathā-bhūta 61
yāna-traya 103
yogatantra 365

R

ratnākaraśānti 249, 254
ratnakīrti 250, 264

ratna-viśuddhā 108
ratnasaṃbhava 308, 323
ratnāvalī 57
raśmi 67, 70, 111
rājagṛha 316
rāhu-asuriṇḍa 7
ridhā 'saṃmoṣa-dharmatā 246
rūpa 28, 59, 62, 99, 166, 170, 171, 173
rūpa-kāya 161, 214
rūpa-śarīra 161

l

laṅkāvatārasūtra 222
lalitavistara 37, 43
loka 108, 109
loka-dhātu 108
lokāyatikā 212

V

vajraśekharatantra 365, 366, 379, 381, 402
vajraśekharamahāguhya-yogatantra 222, 338, 339, 365, 366
vajrasattva 369
vajrātmaka 384
varṇa 69
vaśitā daśa 246
vāg-guhya 146
vāsanāyāḥ samudghātaḥ 246
vāseṭṭha 14
vikurvita 143, 162, 170, 171, 183, 185
vikurvitādhiṣṭhāna 171, 177
vigraha 111, 113
vijjā 6
vidyā 32, 394
vinaya-piṭaka, mahāvagga 176
vipāka-kāya 79, 80, 106, 326, 330, 338
vimuktisena 248, 253
vimokṣa 245
virocana 7, 161
viśuddhi 169
verocana 7, 8
vairocana 8, 31, 133, 136, 140, 142, 223, 255, 308, 323, 354
vairocanas tathāgataḥ 135
vairocanābhisambodhi-tantrapiṇḍārtha 304, 312
vyañjana-kāya 82
vrata 282～284, 286, 290

Ś

śarīra 104～107, 111, 112, 149, 161～163, 165, 72, 396
śarīra-stūpa 109, 111
śarīrāṇi 106, 107
śalāka 274
śākyamitra 353
śākyamunis tathāgataḥ 135
śubha 196, 197, 370
śūnyatā 35, 202, 216, 244
śrāvastī 316
śrīvajramaṇḍalālaṃkāra 368
śrīvajramaṇḍalālaṃkāra nāma mahātantrarāja 333, 366
śloka 97, 103

S

saṃhāra 185
saṅghāṭī 17
sacca 32, 394
saṃcaya-gāthā-pañjikā 249
sattvavajra 369
sattvārtha 247
satya 32, 33, 245, 394
satyavacana 33, 34, 380, 394
satyavacanādhiṣṭhāna 32, 33
satyādhiṣṭhāna 32, 33
sadāprarudita 27
sa-deva 108
sa-devaka 109
saddharma 283, 284
saddharmapuṇḍarīka 97
saddharma-puṇḍarīka-dharma-paryāya 108
saddharmapuṇḍarīka nāma mahāyānasūtra 103, 105
saddharmapuṇḍarīkasūtra 103, 104, 108
sa-brahmaka 109
samatā-jñāna 324
samanta-bhadro mahā-bodhisatvaḥ 351
samaya 109, 114, 248, 282, 283
samayāḥ vratāḥ 284
samādhi 148
sa-māraka 109
samputa 368

samputa nāma mahātantra 365, 366
sambhoga-kāya 106, 263, 326, 338
sarva- tathāgata-tattva 150, 363, 372
sarva-tathāgatatattvasaṃgraha nāma mahāyānasūtra 222, 365
sarva tathāgata-tattvasaṃgraha-mahāyānābhisamaya nāma tantratattvālokakarī nāma vyākhyā 338
sarva-tathāgata-hṛdaya 351, 354
sarv'ākāra-jñatā 246
sarv'ākārāś catasro 'tha śuddhayaḥ 246
sarvārthasiddha 133, 134, 136, 138, 139, 141, 398
sarvārthasiddhi 141, 142, 325, 398
sa-śramaṇa 109
sahāyāṃ loka-dhātau 109
sāmbhogika-kāya 326
sāmbhogya 247
siṃha-vijṛmbhita 148
siddhārtha 134, 136, 138, 139, 141
siddhārthaṃ bodhisattvaṃ 140
sukha 196, 197, 370
sugata-putrā aurasā 124, 126
subhūti 25, 26
sumerugiri 316
surendrabodhi 123
sūtra 65, 82, 395
stūpa 108, 111, 199
spharaṇa 185
smṛtijñānakīrti 249, 259
sva-kāyam adhitiṣṭhiti 80
sva-citta-siddhi 380
svara-ruta-ghoṣa 145
svābhāvika 247
svābhāvika-kāya 244
svābhāviko muneḥ kāyaḥ 257

H

hadaya 4, 6, 18, 394
haribhadra 249, 250, 256, 257, 260
hṛdaya 4, 30, 31, 32, 70, 354, 375, 394

真言・種字索引

A

a 39, 40, 44, 45, 297, 298, 301, 305, 306, 317, 400, 401, 403
aṃ 83, 178, 298, 305, 306, 396, 401
aḥ 297, 298, 401

Ā

ā 298, 401
āḥ 297, 298

U

u 300

O

oṃ 84, 276, 300〜302, 311, 375
oṃ citta-prativedhaṃ karomi 328, 373, 374, 380
oṃ tiṣṭha vajra 375, 382
oṃ bodhi-cittam utpādayāmi 374, 381
oṃ yathā sarva-tathāgatās tathā 'ham 328, 329, 335, 376, 377, 384
oṃ vajrātmako 'haṃ 375, 376, 383
oṃ sarva-tathāgatābhisambodhi-dṛdha-vajra bandha 384
oṃ sarvatra amogha sid=dhya siddhya sādhaya hūṃ 276

KH

kha 40, 44, 45, 301, 305, 306
khaṃ 306

DH

dhīḥ 84

N

namaḥ samanta-buddhānāṃ/ aṃ / 298
namaḥ samanta-buddhānāṃ dharma-dātu-svabhāvātmako' ham 278
namaḥ sarva-buddha-bodhisattvānām a sarvathā sarvatārāloke svāhā / 277, 278
namo bhagavate prajñāpāramitāyai 84
namo ratna-trayāya nama āryāvalokiteśvarāya bodhisattvāya mahākāruṇikāya tadyathā oṃ cakra-vartti cintāmaṇi mahā-padme ru ru tiṣṭha jvalākarṣāya hūṃ phaṭ svāhā / 300

B

ba 40, 45

M

m 300
ma 301

R

ra 40, 44, 45, 301, 305, 306
raṃ 306

V

va 40, 44, 305, 306
vaṃ 306

Ś

śurti-vijaye svāhā 84
śrīḥ 84
śrīḥ dhīḥ 84

H

ha 40, 44, 45, 301, 305, 306
haṃ 306
hrīḥ 84
hva 44

チベット語索引

K・G・Ṅ

sku gduṅ 106～108, 198
gru gziṅs 403
rgyal sras chos kyi sku skyes paḥo 125
rgyu ḥdra ba sprul paḥi sku 223, 229
ṅo bo ñid 232, 243, 252, 273, 312
ṅo bo ñid kyi sku 252
ṅo bo ñid ldan paḥi chos kyi sku 253
mṅon par byaṅ chub rnam pa lṅa 365
sṅags pa 33, 282
sṅags rgyal 34

C・CH・Ñ

bcom ldan ḥdas kyi sras thugs las skyes pa daṅ / shal nas skyes pa 202
chos kyi sku 63, 103, 126, 148, 166, 194～196, 198～200, 225, 226, 232, 252, 313
chos kyi skuḥi sñiṅ po 204
chos kyi sku yi phrin las 252
chos kyi sku yi saṅs rgyas 147
chos kyi sku yoṅs su dag pa 165
chos kyi rgyal poḥi sras 280
chos kyi rṅa 148
chos kyi raṅ bshin 147
chos kyi lus ldan śes 131
chos kyi loṅs spyod la spyod pa 262
chos kyis sprul pa 16, 19, 202
chos ñid 29, 36, 131, 227, 232
chos ñid ḥdra bar ḥbyuṅ baḥi saṅs rgyas 231, 233
sñiṅ 30, 31
sñiṅ po 204

T・TH・D・N

bstan paḥi chos kyi sku 82
rtogs paḥi chos 83, 396
rtogs paḥi chos kyi sku 82
brtul shugs 282, 284, 286
tha dad pa yaṅ dag par shes pa 288
thu bo 277
theg pa gcig 103
theg pa gsum 103
dam paḥi chos 204, 282, 284
dam tshig 282
de bshin gśegs pa rnams kyi sras kyi thu bo 127, 128
don grub 138, 141
don thams cad grub pa 133, 138, 141
de bshin gśegs paḥi sku 111
de bshin gśegs paḥi tshul la ri mor bgyi ba 56
bdag ñid kyi sku 224, 226
bde gśegs sku 147
bden paḥi tshig 34
rdo rje thams cad ḥbyuṅ baḥi rgya cher bśad pa yid bshin nor bu shes bya ba bshugs so 338
nam par ḥphrul pa byin gyis rlob paḥi mthu 176
rnam par snaṅ mdsad 133
rnam par sprul pa byin gyis rlob pa 177
rnam par ḥphrul pa daṅ byin gyi rlabs 176, 177
rnal ḥbyor rgyud kyi rgya mtshor ḥjug paḥi gru gziṅs (shes bya ba bshugs so) 330, 369

P・B

dpe byad bzaṅ bo rnams 105
sprul paḥi sku 224, 229, 252, 313
bu ston 326
bu mo daṅ chuṅ ma rab tu ḥphro bar byed pa 129
byaṅ chub sems dpaḥ

rnam par snaṅ mdsad 136
byin gyi rlabs rnam par ḥphrul pa shes bya baḥi tiṅ ṅe ḥdsin 178
dbyaṅs kyi dkyil ḥkhor 147
dbyiṅs daṅ ye śes dbyer med paḥi bdag ñid chos kyi sku 226

DS

rdsogs par byaṅ chub paḥi sku 313

SH・Z・Y

shal zas yi sku 17, 194
gzugs kyi sku 63
gzugs brñan 354
yaṅ dag paḥi mthaḥ 61
yid 30, 282～284
ye nas gnas pa 36
ye śes kyi sku 63
ye śes kyi bdag ñid 224
ye śes sde 123
ye śes rnam pa 147

R・L・Ś・S

raṅ bshin 204, 221, 224, 244, 284
raṅ bshin gyi chos kyi sku 226
raṅ bshin gyi saṅs rgyas 221, 225
rin chen ḥbyuṅ gnas 73
rin chen yod pa 68
luṅ gi chos 83, 396
loṅs spyod rdsogs paḥi sku 224, 252, 313
śaḥi sku 17, 194, 195, 199
saṅs rgyas thams cad kyi chos kyi sku 128
saṅs rgyas phal po che shes bya ba śin tu rgyas pa chen poḥi mdo 123
sum cu rtsa gñis mtshan rnams 105
sems 30, 31, 105, 147, 166, 200, 244, 245, 272, 273, 282, 284
sras kyi thu bo 276, 277
gsaṅ sṅags 33, 34, 298

Ḥ

ḥog min gyi pho braṅ gshal med khaṅ 225

越智淳仁（おち　じゅんじ）

1945年、高知県生まれ。高野山大学大学院文学研究科密教学専攻博士後期課程単位取得退学、博士（密教学）。高野山大学教授（文学部長）、伝燈大阿闍梨。1977年から、ラダックをはじめ、インド、チベット、バングラデシュ、中国等においてフィールド・ワークを重ねる。

（著書・論文）『図説マンダラの基礎知識——密教宇宙の構造と儀礼』（大法輪閣）、『密教瞑想法から読む般若心経—空海般若心経秘鍵と成就法の世界』（大法輪閣）、『真言密教の新たな展開』（共著・小学館スクウエア）、『弘法大師空海と唐代密教』（共著・法藏館）、『インド密教の形成と展開』（共著・法藏館）など多数。

法身思想の展開と密教儀礼

平成21年5月12日　初版第1刷発行

著　者　越　智　淳　仁

発行者　西　村　明　高

発行所　株式会社　法　藏　館

京都市下京区正面通烏丸東入

電　話　075(343)0030(編集)

075(343)5656(営業)

印刷・製本　中村印刷株式会社

ISBN 978-4-8318-7638-6 C3015　Printed in Japan

乱丁・落丁本はお取り替え致します